मानव सभ्यता का विकास

मानव सभ्यता का विकास

डॉ. रामविलास शर्मा

वाणी प्रकाशन

वाणी प्रकाशन
4695, 21-ए, दरियागंज, नयी दिल्ली 110 002
फ़ोन : +91 11 23273167 फ़ैक्स : +91 11 23275710
शाखाएँ
अशोक राजपथ, पटना 800 004, बिहार
कॉफ़ी हाउस कैम्पस, महात्मा गांधी मार्ग, इलाहाबाद 211 001, उत्तर प्रदेश
महात्मा गांधी अन्तरराष्ट्रीय हिन्दी विश्वविद्यालय, वर्धा 442 001, महाराष्ट्र
www.vaniprakashan.in
marketing@vaniprakashan.in
sales@vaniprakashan.in

MANAV SABHYATA KA VIKAS
by Dr. Ramvilas Sharma

ISBN : 978-81-7055-230-7
Criticism

संस्करण 1956, 1983, 1991, 2000, 2015, 2017
आवृत्ति 2019

मूल्य : ₹ 695

हर्ष प्रिंटर्स, दिल्ली-110 093 में मुद्रित

वाणी प्रकाशन का लोगो मक़बूल फ़िदा हुसेन की कूची से

तीसरे संस्करण की भूमिका

पिछले दो-तीन वर्षों में जिस घटना ने सारी दुनिया को हिला दिया है, वह पूर्वी यूरुप और सोवियत संघ में समाजवाद का विघटन है। पूंजीवाद या सामंतवाद के निर्माण में किसी भी राजनीतिक पार्टी की ऐसी सचेत भूमिका नहीं रही जैसी समाजवाद के निर्माण में बोल्शेविक पार्टी की रही है। इसलिए पार्टी और सोवियत जनतन्त्र का सम्बन्ध सदा ही महत्वपूर्ण रहा है।

नौ वर्ष पहले इस पुस्तक के दूसरे संस्करण की भूमिका में मैंने लिखा था : "विश्व कम्युनिस्ट आन्दोलन में अन्त-विरोधों के बढ़ने का एक कारण समाजवादी देशों में सर्वहारा जनतन्त्र के प्रसार पर रोक है।" समाजवाद के विघटन का एक कारण यही है—सर्वहारा जनतन्त्र के प्रसार पर रोक। यह जनतन्त्र पूंजीवादी समाजों की पार्लियामेंटशाही से भिन्न है। सर्वहारा जनतन्त्र में निर्णायक भूमिका मज़दूर वर्ग की होती है, उसका व्यापक सामाजिक आधार मज़दूरों और किसानों की मजबूत एकता है। इस एकता की धुरी के चारों ओर वे तमाम लोग सिमट आते हैं जिनका उत्पादन से सीधा सम्बन्ध नहीं होता। इस जनतन्त्र की विशेषता है राज्यसत्ता के कामों में उत्पादक वर्गों की सक्रिय भागीदारी। इन वर्गों का स्थान कोई पार्टी नहीं ले सकती, किसानों और मज़दूरों की पंचायतों का स्थान पार्टी कमेटियाँ नहीं ले सकतीं। सर्वहारा जनतन्त्र का विस्तार हो तो उससे समाजवाद मज़बूत होगा, उसके विघटित होने का सवाल ही नहीं है।

गर्बाचेव ने जब खुलेपन और पुनर्गठन की बात कही तब लोगों को यह बात पसन्द आयी। संचार-माध्यमों में अधिक स्वतन्त्रता, राजकाज में किसान-मज़दूरों की अधिक भागीदारी—ये दोनों चीज़ें आवश्यक थीं। परन्तु गर्बाचेव ने सर्वहारा जनतन्त्र का विस्तार नहीं किया; उसकी जगह उन्होंने पूंजीवादी पार्लियामेंटशाही की स्थापना का प्रयास किया। उनके खुलेपन का एकतरफा उपयोग समाजवाद के शत्रुओं ने किया। गर्बाचेव के आर्थिक सुधारों के फलस्वरूप पहले के अन्त-र्विरोध और गहरे हुए, जहाँ नहीं थे, वहाँ और नये पैदा हो गये। नये-पुराने अन्तर्विरोधों से निपटने के लिए गर्बाचेव ने अधिकाधिक विदेशी पूंजी का सहारा लिया। विदेशी पूंजी के चंगुल में फँसा हुआ देश आर्थिक रूप से आत्मनिर्भर नहीं

रह जाता, वह अपनी आज़ादी की रक्षा भी नहीं कर सकता, समाजवाद की रक्षा करना तो बहुत दूर की बात है।

यह महाजनी पूंजीबाद का युग है। मुठ्ठीभर साहूकार देशों से संसार की बहुसंख्यक कर्ज़दार जनता का अन्तर्विरोध बराबर बढ़ेगा। इस कर्ज़दार जनता में भूतपूर्व समाजवादी देशों के लोग शामिल हो गये हैं। एशिया, अफ़्रीका, लातीनी अमरीका में करोड़ों आदमी महाजनी पूंजी के गुलाम बने हुए निरक्षरता, गरीबी और भुखमरी में दिन बिता रहे हैं। यह मानव सभ्यता का विकास नहीं उसका ह्रास है। विकास तब होगा जब पूंजीशासित इस संसार का पुनर्गठन होगा। जो संसाधन समाज के जीवनयापन की सामग्री जुटाते हैं, उन पर कुछ पूंजीपतियों का नहीं, पूरे समाज का अधिकार होना चाहिए—यह समाजवाद का मूल सिद्धान्त है। इस सिद्धान्त को अमल में लाये बिना संसार की जनता चैन से साँस नहीं ले सकती। पूंजीवाद से कोई समस्या हल होने वाली नहीं है। उसका एक ही विकल्प है—समाजवाद। मानव जाति 1917 की क्रान्ति के बाद उसी दिशा में बढ़ती रही है। पूर्वी यूरुप और सोवियत संघ के परिवर्तनों से उसे गहरा धक्का लगा है, इसमें सन्देह नहीं। इस धक्के से सँभलकर वह नयी दृढ़ता और नये विश्वास से अपने लक्ष्य की ओर बढ़ेगी, इसमें भी संदेह नहीं है।

नयी दिल्ली, रामविलास शर्मा

13 मई 1991

दूसरे संस्करण की भूमिका

यह पुस्तक लगभग पच्चीस वर्षों से अप्राप्य रही है। इस अवधि में प्राचीन गण-समाजों की आंतरिक व्यवस्था, परिवार के पुराने रूपों, राज्यसत्ता के उद्भव, व्यक्तिगत सम्पत्ति के चलन, अंग्रेज़ी राज से पहले भारत में पूंजीवादी सम्बन्धों के प्रसार पर हिन्दी में ऐसी सामग्री प्रकाशित नहीं हुई जिससे कहा जा सके कि 'मानव सभ्यता का विकास' जैसी पुस्तक की अब ज़रूरत नहीं है। अंग्रेज़ी में देश-विदेश के विद्वानों ने ऐसी काफी सामग्री प्रकाशित की है जिसमें भारत और एशिया के सामाजिक विकास के लिए किन्हीं विशेष नियमों की कल्पना की गई है, जिसमें माना गया है कि भारत में व्यक्तिगत सम्पत्ति नहीं थी, यहाँ के गतिरुद्ध समाज में अंग्रेज़ों ने पहली बार हरकत पैदा की। ऐसी स्थिति में मुझे आशा है कि कुछ पाठकों के लिए यह पुस्तक अभी प्रासंगिक सिद्ध होगी।

इसकी अनेक स्थापनाएँ 'भाषा और समाज' तथा 'भारत में अंग्रेज़ी राज्य और मार्क्सवाद' नाम की मेरी दो पुस्तकों में कहीं परिवर्धित, कहीं संक्षिप्त रूप में मिलेंगी। इस पुस्तक के अंतिम अध्याय में देश-विदेश की तत्कालीन परिस्थितियों का विवेचन है। तब से दुनिया बहुत बदल गई है। उसके बदलने का एक परिणाम यह हुआ है कि तीसरे महायुद्ध का खतरा आज पहले की अपेक्षा बहुत बढ़ गया है। इस खतरे का सामना करने के लिए विश्व कम्युनिस्ट आंदोलन में उत्पन्न अन्तर्विरोधों को दूर करना जरूरी है। १९५६ में इस आंदोलन की स्थिति कैसी थी, यह जानने से अन्तर्विरोध दूर करने में सहायता मिल सकती है। अन्तिम अध्याय में जो बातें भारत की आर्थिक स्थिति के बारे में कही गई हैं, उनकी जानकारी देश की वर्तमान स्थिति को समझने के लिए ज़रूरी है।

पुस्तक के पहले अध्याय में आदम और हव्वा के उद्यान की कथा और सतयुग-कलियुग सम्बन्धी धारणाओं को अन्धविश्वास कहा गया है। इन अन्ध-विश्वासों के पैदा होने के सामाजिक कारण थे। ये कारण थे : पुराने गण-

समाजों में वर्गों और वर्ग-संघर्ष का अभाव, सामूहिक श्रम और समान वितरण का चलन, व्यक्तिगत सम्पत्ति, राज्यसत्ता, दंडविधान, दासता का अभाव। उसी अध्याय में अमरीकी आदिवासियों के लिए कहा गया है कि वे वन्य और बर्बर व्यवस्था की विभिन्न मंज़िलों में थे। वास्तव में अनेक आदिवासी समाज सामन्ती व्यवस्था में प्रवेश कर चुके थे और कुछ बातों में वे यूरोप के देशों से आगे बढ़े हुए थे। अन्तिम अध्याय में सोवियत संघ की आर्थिक प्रगति के संदर्भ में मैंने लिखा है: "यह मज़दूर वर्ग के अधिनायकत्व से सम्भव हुआ।" अधिनायकत्व के दो पक्ष हैं: एक है मज़दूर वर्ग के शत्रुओं का दमन, दूसरा है श्रमिक जनता के जनतन्त्र का प्रसार। "सर्वहारा जनतंत्र ने, जिसका एक रूप सोवियत शासन है, जनतन्त्र का ऐसा विकास और प्रसार किया है जो संसार के लिए अब तक अभूतपूर्व है। जनतन्त्र का यह प्रसार और विकास बहुसंख्यक जनता के लिए ही है, शोषित और श्रमिक जनता के लिए है।" इस दूसरे पक्ष पर ज़ोर देना बहुत ज़रूरी है। यह स्वाभाविक है कि समाजवादी क्रांति के बाद दमन का पक्ष बराबर घटता जाय और जनतन्त्र के प्रसार वाला पक्ष निरन्तर बढ़ता जाय। ऐसा नहीं होता, किसी न किसी बहाने इस प्रसार पर रोक लगाई जाती है, तो समझना चाहिए कि कोई ऐसी बात हो रही है जो अस्वाभाविक है। विश्व कम्युनिस्ट आंदोलन में अन्तर्विरोधों के बढ़ने का एक कारण समाजवादी देशों में सर्वहारा जनतंत्र के प्रसार पर रोक है। इस रोक से अन्तर्विरोध और पेचीदा होते जाते हैं और उनकी पेचीदगी से युद्ध की तैयारियाँ करने वाले साम्राज्यवादी गुटों को नयी ताकत मिलती है। विश्व कम्युनिस्ट आंदोलन के अन्तर्विरोध सर्वहारा जनतंत्र के आधार पर ही दूर किये जा सकते हैं। विश्व-शांति की रक्षा के लिए विश्व कम्युनिस्ट आंदोलन की एकता ज़रूरी है। यह एकता सर्वहारा जनतंत्र के आधार पर कायम की जा सकती है।

नयी दिल्ली, — रामविलास शर्मा

६ जून १९८२

प्रथम संस्करण की भूमिका

यह पुस्तक मानव-सभ्यता का इतिहास नहीं है, मानव-सभ्यता के ऐतिहासिक विकास के नियमों के अध्ययन का प्रयास मात्र है। यह बात स्पष्ट कर देना इसलिए आवश्यक है कि पुस्तक की विषयवस्तु से अधिक की आशा आप उससे न करें। इस तरह का अध्ययन प्रस्तुत करना और उससे उचित निष्कर्ष निकालना समाजशास्त्रियों का काम है, साहित्य के आलोचकों का नहीं। फिर भी साहित्य के इतिहास का अध्ययन समाज के विकास के अध्ययन से इतना सम्बद्ध है कि उससे बचकर निकल जाना आज के किसी समालोचक के लिए सम्भव नहीं है। इसीलिए यह अनधिकार चेष्टा है जिसका मूल उद्देश्य इस विषय में अपने विचारों को ही श्रृंखलाबद्ध करना है। भरसक मैंने इस विषय के अधिकारी विद्वानों का अनुसरण करने का प्रयत्न किया है, लेकिन उनकी मान्यताओं और विश्लेषण-पद्धति को समझने और उसका परिचय देने में त्रुटियाँ रह जाना असम्भव नहीं—लेखक की क्षमता देखते हुए त्रुटियाँ रह जाना अनिवार्य है। इसके लिए पहले से क्षमा-याचना करता हूँ।

मानव-समाज के विकास का मूल सूत्र जीवन-यापन के लिए आवश्यक वस्तुओं के उत्पादन की पद्धति मानी गयी है। इस सम्बन्ध में विनिमय और वितरण का महत्त्व विचारणीय है। "एंटी-डूर्यरिंग" के दूसरे भाग में ऐंगेल्स ने अर्थशास्त्र के बारे में लिखा है कि यह उन नियमों का विज्ञान है जो मानव-समाज में जीवन-यापन के साधनों के उत्पादन और विनिमय पर लागू होते हैं। इस उक्ति से यह परिणाम निकलता है कि यदि हम केवल उत्पादन की पद्धति का ही अध्ययन सामने रखें तो यह अर्थशास्त्र का एकांगी अध्ययन होगा, वास्तव में उत्पादन और विनिमय का घनिष्ठ सम्बन्ध होने के कारण इस तरह उत्पादन का अध्ययन भी पूरी तरह न हो सकेगा। यदि कोई कहे कि उत्पादन कहने से विनिमय का भी बोध होता है और वह उसी के अन्तर्गत है तो यह बात सही नहीं होगी। ऐंगेल्स ने उपर्युक्त सम्बन्ध में आगे लिखा है कि उत्पादन और विनिमय दो भिन्न कार्यवाहियाँ हैं। विनिमय के बिना उत्पादन सम्भव है लेकिन उत्पादन के बिना विनिमय सम्भव नहीं हैं। उत्पादन और विनिमय

दोनों में प्रत्येक पर बाह्य प्रभाव पड़ते हैं लेकिन ये प्रभाव "अधिकांश रूप में उसके लिए विशेष होते हैं।" दूसरे शब्दों में उत्पादन के लिए बाह्य प्रभाव और हैं, विनिमय के लिए बाह्य प्रभाव और हैं। इस कारण उत्पादन अथवा वितरण की कार्यवाही के "अधिकांश रूप में अपने विशेष नियम होते हैं।" यदि विनिमय के बहुत कुछ अपने विशेष नियम होते हैं, तो यह स्पष्ट है कि उनका अध्ययन भी विशेष रूप से आवश्यक है, उन्हें उत्पादन-पद्धति के अन्तर्गत मानकर निर्विशेष नहीं किया जा सकता। ऐंगेल्स के अनुसार ये दोनों कार्यवाहियाँ एक-दूसरे को बराबर प्रभावित करती हैं और उन्हें निश्चित करती हैं। उत्पादन ही विनिमय को प्रभावित नहीं करता है, विनिमय भी उत्पादन को प्रभावित करता है, उसका विकास आदि निश्चित करता है।

"अर्थशास्त्र की आलोचना को देन" (पहला अध्याय) में मार्क्स ने आदिम समाजों के बारे में लिखा है कि वस्तुओं के विनिमय का आरम्भ इन समाजों के अन्दर नहीं होता वरन् उनके सीमान्त पर होता है जहाँ वे अन्य समाजों के सम्पर्क में आते हैं। "यहीं बार्टर शुरू होता है और यहीं से उसकी प्रतिक्रिया उलट कर समाज के अन्दर होती है और उसे विशृंखल करती है।" यहाँ हम देखते हैं कि आदिम समाज को विशृंखल करने वाली शक्ति उत्पादन से नहीं, विनिमय से पैदा होती है। आदिम समाज का विघटन—उपर्युक्त उदाहरण में—उत्पादन की पद्धति में तब्दीली से नहीं होता। वह अन्य समाजों से विनिमय की प्रतिक्रिया के फलस्वरूप होता है। यह आवश्यक नहीं कि प्रत्येक आदिम समाज का विघटन इसी प्रकार हो, लेकिन कुछ का अवश्य हुआ है, इसमें सन्देह नहीं। इस उदाहरण से हम एक दूसरी बात सीखते हैं, वह यह कि किसी भी समाज का अध्ययन करते हुए उसके आंतरिक विरोधों पर ही ध्यान केन्द्रित करना काफ़ी नहीं है। बाह्य सम्बन्धों से भी आंतरिक विरोध पैदा हो सकते हैं। संसार में कोई भी वस्तु अपने में निरपेक्ष इकाई नहीं है वरन् अन्य वस्तुओं से सम्बद्ध है, इसलिए सामाजिक विकास के नियमों के अनुसार कोई समाज-विशेष प्रगति करता हुआ शोषणमुक्त अवस्था तक पहुँच ही जायगा, इस भरोसे बैठ रहना उचित नहीं। यह भी हो सकता है कि अन्य समाजों के सम्पर्क से उसका अस्तित्व ही नष्ट हो जाय जैसा कि अनेक आदिम समाजों के साथ हुआ है।

"पूंजी" (खंड १, अध्याय १४) में मार्क्स ने आदिम समाजों अथवा कबीलों के विनिमय के बारे में लिखा है कि यहाँ विनिमय व्यक्तियों में नहीं कबीलों में होता है। "विभिन्न समाज अपने प्राकृतिक परिवेश में उत्पादन के विभिन्न साधन और जीवन-यापन के विभिन्न साधन पाते हैं। इसलिए उनके उत्पादन और जीवन की पद्धतियाँ और उत्पादित वस्तुएँ भिन्न होती हैं। जब विभिन्न

पैदावार वाले समाज एक-दूसरे के सम्पर्क में आते हैं, तब यह स्वतः प्रसूत विभेद विनिमय को जन्म देता है। उत्पादन का भेद विनिमय से नहीं पैदा होता, वह विभिन्न समाजों के विभिन्न उत्पादनों को एक सूत्र में बांधता है और इस तरह अनेक समाजों के अलग-अलग उत्पादन "एक अधिक विस्तृत समाज के सामूहिक उत्पादन की बहुत कुछ परस्पर निर्भर शाखाएँ बन जाते हैं।" यहाँ हम देखते हैं कि विनिमय महत्तर समाजों के गठन में सहायता देता है। उत्पादन की पद्धति वही रहती है, कौशल में रोई परिवर्तन नहीं होता, लेकिन विनिमय द्वारा अलग-अलग उत्पादन सम्बद्ध होकर एक अधिक विस्तृत समाज को जन्म देते हैं।

"परिवार, व्यक्तिगत सम्पत्ति और राज्यसत्ता की उत्पत्ति" (अध्याय १७) में ऐंगेल्स ने सौदागरों के अभ्युदय को श्रम का तीसरा महत्त्वपूर्ण विभाजन कहा है। यह वर्ग ऐसा है जो उत्पादन में हिस्सा नहीं लेता वरन् वस्तुओं के विनिमय मात्र से सम्बन्ध रखता है। यहाँ भी हम विनिमय का महत्त्व देखते हैं। विनिमय के विकास द्वारा श्रम का नया विभाजन सम्भव होता है जो अवश्य ही सामाजिक विकास के लिए अत्यन्त महत्त्वपूर्ण है।

अन्य देशों की तरह भारत के विभिन्न समाजों का विकास समझने के लिए विनिमय के महत्त्व को ध्यान में रखना जरूरी है।

ऐंगेल्स ने "ऐंटी-डूर्यरिंग" में वितरण के बारे में लिखा है कि वह उत्पादन और विनिमय का निष्क्रिय परिणाम नहीं है। "उन दोनों पर उसकी समानरूप से प्रतिक्रिया होती है।" ऐंगेल्स ने दिखलाया है कि वितरण की पुरानी पद्धति उत्पादन की नयी पद्धति पर रोक लगाती है, उत्पादन और विनिमय की पद्धति जितना ही गतिशील होती है, उतना ही जल्दी वितरण उस मंजिल तक पहुँच जाता है जहाँ उत्पादन और वितरण की प्रचलित पद्धति से उसकी टक्कर होती है। प्राचीन आदिम समाजों के अन्य समाजों के सम्पर्क से सम्पत्तिगत विषमता पैदा हुई और इसके फलस्वरूप उनका विघटन आरम्भ हुआ। आधुनिक पूंजीवादी उत्पादन ने—प्राचीन आदिम समाजों के विपरीत—"वितरण में अन्तर्विरोध पैदा किये हैं।" मुट्ठी भर लोगों में पूंजी का केन्द्रीकरण और बड़े-बड़े शहरों में सम्पत्तिहीन जनता का केन्द्रीकरण—वितरण में अन्तर्विरोध का यह रूप है। इस अन्तर्विरोध से "अनिवार्यतः उसका [पूंजीवादी उत्पादन का] पतन होगा।" इस कथन से यह निष्कर्ष निकलता है कि पूंजीवाद के पतन का कारण वितरण का अन्तर्विरोध भी है।

इसलिए अर्थशास्त्र में उत्पादन, विनिमय और वितरण तीनों का अध्ययन आवश्यक है। इसीलिए ऐंगेल्स ने आगे लिखा है, "अर्थशास्त्र उन परिस्थितियों और रूपों का विज्ञान है जिनके अन्तर्गत विभिन्न मानव-समाजों ने उत्पादन

और विनिमय किया है और इस आधार पर अपनी वस्तुओं का वितरण किया है। लेकिन इस विशद अर्थ में अर्थशास्त्र का निर्माण अभी होना है।" मार्क्स ने ऐसे ही अर्थशास्त्र का निर्माण किया था। तात्पर्य यह कि उत्पादन के साथ विनिमय और वितरण का अध्ययन आवश्यक है।

भारत में अंग्रेज़ी राज के पूर्व के सामाजिक विकास का अध्ययन करने के लिए उपर्युक्त तथ्य याद रखना आवश्यक है। एक स्थापना यह है कि भारत में कारखानों के अन्दर पूँजीवादी पद्धति से उत्पादन आरम्भ न हुआ था, इसलिए हम यहाँ सामन्ती व्यवस्था से आगे न बढ़े थे। यदि विनिमय का महत्त्व स्मरण रहे तो व्यापार की उन्नति से मंडियाँ कायम होने की सामाजिक प्रतिक्रिया ज्यादा स्पष्ट होकर सामने आये।

हमारे सामाजिक विकास की एक दूसरी समस्या दास-प्रथा से सम्बन्ध रखती है। समाजविज्ञान के अधिकारी विद्वान यह मानकर चलते हैं कि उत्पादन की एक विशेष पद्धति में समाज के अन्दर दो वर्ग रहते हैं—एक तो दास, दूसरे उनके स्वामी। इस सम्बन्ध में मार्क्स और एंगेल्स की स्थापनाओं का सम्यक् अध्ययन आवश्यक है। मार्क्स ने ८ मार्च १८५५ के पत्र में रोमन समाज के बारे में लिखा था कि "आंतरिक इतिहास सीधे-सीधे यह है कि छोटी भू-सम्पत्ति और बड़ी भूसम्पत्ति में संघर्ष हुआ।" एथेन्स के बारे में एंगेल्स ने परिवार आदि की उत्पत्ति वाली पुस्तक में लिखा है कि बहुसंख्यक स्वाधीन नागरिक मुफलिस थे "और बहुसंख्यक होने के कारण वे अपने साथ एथेन्स की सम्पूर्ण राज्यसत्ता को भी नीचे खींच ले गये।" यदि रोम और एथेन्स में धनी और निर्धन का यह भेद मौजूद था, तो स्पष्ट है कि इस समाज को दासों और उनके स्वामियों के दो मोटे वर्गों में बाँटना भी उचित नहीं है। रूस, ब्रिटेन, जर्मनी आदि देशों के इतिहास में दास-प्रथा का युग-विशेष नहीं मिलता। मेरी समझ में प्राचीन जन-व्यवस्था (ट्राइब) के विघटन के बाद सामन्ती व्यवस्था का ही जन्म होता है। रूस, ब्रिटेन और जर्मनी की तरह भारत में भी यही बात हुई। रोम और एथेन्स में दास-प्रथा प्राचीन जन-व्यवस्था का अवशेष है जैसे कि अमरीका में बहुत बाद को नीग्रो दासों का होना पूँजीवादी युग में एक प्राचीन अवशेष मात्र था।

भारत में ग्राम समाजों की चर्चा करके कुछ लोग यहाँ सामन्तवाद के विकास से भी इन्कार करते हैं। इस पुस्तक में ब्रिटेन का हवाला देते हुए मैंने यह दिखाने का प्रयत्न किया है कि सामन्तवाद में किसान का अर्धदास (सर्फ़) होना अनिवार्य नहीं। इसके सिवा भारत में व्यक्तिगत भूसम्पत्ति भी थी। सामाजिक विकास के सामान्य नियम भारत पर भी लागू होते हैं यद्यपि हर

देश की तरह भारत के विकास की भी अपनी विशेषताएँ हैं।

आज जब अणुशक्ति पर हावी होकर मानव ने ध्वंस के महाविनाशकारी साधन प्राप्त कर लिए हैं, मानव-सभ्यता के विकास का अध्ययन और भी आवश्यक है। मनुष्य ने युगों-युगों तक अपार यातनाएँ सहकर आज की सभ्यता को जन्म दिया है। यातना अधिकांश जनता के भाग्य में पड़ी, उस यातना से सुख उठाना थोड़े-से सम्पत्तिशाली लोगों के हाथ में रहा। यह युग मानव-समाज के विकास में एक विराट परिवर्तन का युग है। शोषण और ध्वंस की शक्तियाँ अपना विनाश सामने देख रही हैं। वे संसार की बहुसंख्यक जनता का नाश करके उस घड़ी को टालना चाहती हैं। शान्तिपूर्ण सह-अस्तित्व और पंचशील के सिद्धान्त उन्हें प्रिय नहीं लगते; व्यवहार में प्रतिदिन वे इन सिद्धांतों को तोड़ती हैं। साथ ही स्थायी शांति और शोषणहीन व्यवस्था कायम करने वाली शक्तियाँ अदम्य वेग से आगे बढ़ रही हैं। विजय इन्हीं प्रगतिशील शक्तियों की होगी। यह देश जो दो सौ वर्ष पहले संसार के किसी भी देश से पिछड़ा हुआ न था, शीघ्र ही अपना ऐतिहासिक स्थान प्राप्त करेगा और मानव-सभ्यता के विकास में अपने इतिहास के अनुरूप ही योग देगा। यह विश्वास सामाजिक विकास के वैज्ञानिक अध्ययन से पुष्ट होता है।

रामविलास शर्मा

विषय-सूची

१. आदिम समाज-व्यवस्था

मानव-समाज परिवर्तनशील है, इसे प्रायः सभी लोग मानते हैं। वह विकासमान है, इसे सभी लोग नहीं मानते। विकासमान है तो किन नियमों के अनुसार उसका विकास होता है, इस बारे में और भी मतभेद हैं। कुछ लोग कहते हैं कि सभी के दिन एक से नहीं रहते, यह सब भाग्य का खेल है। जीवन में किसी को दुखी, किसी को सुखी, किसी को अमीर, किसी को गरीब देख कर वे कहते हैं, यह अपना-अपना कर्मफल है। पिछले जनम में जो पाप-पुण्य किये थे, उनका फल अब भोग रहे हो, और अब जो कर रहे हो, उसका फल अगले जनम में भोगोगे। जो लोग भाग्य में विश्वास नहीं करते, उनका कहना है कि मनुष्य अपना भाग्य खुद बनाता है। लेकिन जहाँ एक तरह के विचारक कहेंगे कि यह भाग्य-निर्माण का काम किन्हीं ऐसी परिस्थितियों में और आवश्यकताओं के अनुसार होता है, जो हमारी इच्छा-अनिच्छा पर निर्भर नहीं है, वहाँ दूसरी तरह के विचारक कहेंगे कि मनुष्य का विकास उसके विचारों का फल है, जैसा वह सोचता है या चाहता है, वैसा ही वह अपना जीवन बना लेता है। अगर मनुष्य के चाहने से ही विकास होता तो शायद समाज का विकास होता ही नहीं। पुरखों की लीक पर चलने की आदत इतनी पुरानी है कि उसे छोड़कर सायर-सिंह-सपूत बनने की इच्छा बहुत कम के मन में पैदा होती है। जिनके मन में होती भी है, वे अपनी इच्छानुसार समाज-व्यवस्था नहीं बदल सकते। बदलने का काम किन्हीं सीमाओं के अन्दर ही होता है जो सपूत के जन्म से पहले ही विद्यमान थीं।

सामाजिक विकास में मनुष्य की इच्छाओं और उसके विचारों की महत्त्व-पूर्ण भूमिका है। लेकिन यह भूमिका प्रकृति या समाज की परिस्थितियों से स्वतन्त्र नहीं है; वह उनके नियमों को परख कर ही उन्हें बदलने का काम पूरा कर सकती है। इसीलिए प्रकृति और समाज के परिवर्तन और विकास के नियमों को समझने की जरूरत है। मनुष्य अपने जीवन की आवश्यकताओं की पूर्ति करता हुआ पशुजीवन से निकल कर मनुष्य बना है। विज्ञान से थोड़ा भी परि-चय रखने वाले लोग यह सत्य स्वीकार करते हैं। फिर भी ऐसे लोगों की कमी

नहीं है जो पुराने अन्धविश्वासों की वजह से यह मानते हैं कि किसी युग में आदम और हव्वा एक सुन्दर उद्यान में आदर्श सुखद जीवन व्यतीत करते थे। शैतान ने आकर उनका स्वर्ग चौपट कर दिया और संसार में मृत्यु, पाप और श्रम का जन्म हुआ। या पहले सतयुग में सब पुण्यात्मा थे और जैसे पाप बढ़ता गया, वैसे मनुष्य का दुख भी बढ़ता गया और अन्त में कलियुग में आकर अकाल, महामारी और युद्धों के मारे वह त्राहि-त्राहि करने लगा।

मनुष्य ने वन्य जीवन से निकलकर सभ्य जीवन की ओर प्रगति है, इसका प्रमाण अनेक देशों और महाद्वीपों में अब भी वन्य जीवन बिताने वालों का अस्तित्व है। इनके जीवन का अध्ययन करके वैज्ञानिकों ने सामाजिक विकास के ऐसे नियमों का पता लगाया है जिनसे पुराने ग्रंथों में उल्लिखित अनेक समस्याएं सुलझ जाती हैं और जिनका हल यह माने बिना सम्भव नहीं है कि कभी वे जातियाँ भी आज के वन्य मानव समाज की तरह जीवन बिताती थीं। पुरातत्व ने अपनी खोज से ऐसे समाजों पर प्रकाश डाला है जिनकी मूल विशेषताएँ वही हैं जो आज की अनेक पिछड़ी जातियों में मिलती हैं। स्वयं मनुष्य की भाषा ने ऐसे शब्दों को सुरक्षित रखा है जो उसके आदिम जीवन पर प्रकाश डालते हैं और जिनकी व्याख्या उसके सभ्य जीवन को देखते हुए नहीं की जा सकती। इस तरह इस बात के अनेक क्षेत्रों से प्रमाण मिलते हैं कि मनुष्य समाज का विकास वन्य जीवन से सभ्यता की ओर हुआ है।

सभ्यता से पहले मानव-समाज की यह विशेषता है कि उत्पादन—खाने-पहनने की चीजों का उत्पादन—मुख्यतः सामूहिक है। खरचने का काम यानी उन वस्तुओं के उपभोग का काम सीधे-सीधे वितरण से हो जाता है। इसके विपरीत सभ्यता समाज की वह अवस्था है जिसमें सामूहिक श्रम के बदले श्रम का विभाजन हो चुका है, सीधे वितरण के बदले परस्पर विनिमय होता है। मनुष्य सामूहिक श्रम द्वारा खाने-पहनने की चीजों को अपने लिये पैदा करके उनका मालिक नहीं रहता वरन् वह श्रम-विभाजन के आधार पर विनिमय के लिए चीजों का उत्पादन करता है। सामूहिक वितरण के बदले व्यक्ति का अधिकार मुख्य हो जाता है। सभ्यता की यह व्याख्या जर्मन विद्वान् ऐंगेल्स ने अपनी पुस्तक "परिवार, व्यक्तिगत सम्पत्ति और राज्य सत्ता की उत्पत्ति" में की है।

१८७७ में लीविस ऐच० मार्गन की एक पुस्तक प्रकाशित हुई थी—"प्राचीन समाज अथवा वन्य जीवन से बर्बर अवस्था होते हुए सभ्यता की ओर मानव प्रगति की रूपरेखा का अन्वेषण"। इसमें अमरीका के आदिवासियों के जीवन का अध्ययन किया गया था। ऐंगेल्स ने उसका उपयोग करते हुए और

नयी सामग्री से आदिम व्यवस्था सम्बन्धी मान्यताओं को पुष्ट करते हुए परिवार, व्यक्तिगत सम्पत्ति और राज्य-सत्ता की उत्पत्ति पर अपनी प्रसिद्ध पुस्तक लिखी थी जिसका पहला संस्करण १८८४ में प्रकाशित हुआ था।

ऐंगेल्स ने वन्य जीवन को तीन अवस्थाओं में विभाजित किया है। पहली मंजिल में मनुष्य उष्ण प्रदेशों के जंगलों में रहता था और उसका निवास ज्यादातर वृक्षों पर होता था। इस तरह वह हिंसक पशुओं से अपनी रक्षा कर सकता था। कंद, मूल, फल उसके भोजन थे। जिन जंगली जातियों का हमें पता लगा है, उनमें कोई भी इस अवस्था में नहीं पायी गयी। मनुष्य पशुजगत् से निकल कर क्रमशः विकास करता हुआ मनुष्य बना है, इस धारणा के आधार पर इस पहली अवस्था की कल्पना की गई है।

"प्रकृति का द्वन्द्ववाद" नाम की अन्य पुस्तक में ऐंगेल्स ने इस अवस्था पर और विस्तार से लिखा है। उन्होंने दिखलाया है कि पशुजगत् से निकल कर मनुष्य बनने में सबसे अधिक महत्त्व मनुष्य के श्रम का है। उनका कहना है कि एक अर्थ में मनुष्य श्रम द्वारा ही पशु से मनुष्य बना है। पशु-अवस्था से निकले हुए मनुष्य को लाखों वर्ष हो चुके और उस अवस्था का ठीक काल-निर्णय करना सम्भव नहीं है। लेकिन पशु-जीवन से निकलते-निकलते उसे लाखों वर्ष लगे होंगे, इसमें सन्देह नहीं। उसकी सभ्यता का इतिहास उसके पशुजीवन के इतिहास के समय को देखते हुए बहुत छोटा है।

उस अवस्था में पेड़ों पर चढ़ने के लिए वन्य मानव अपने हाथों से ज्यादा काम लेता था। इस तरह चौपाये से वह दोपाया बना; उसके हाथों और पैरों में भेद हुआ और उसने सीधे होकर चलना सीखा। ऐंगेल्स के अनुसार यह कार्य उसके मानव बनने की दिशा में निर्णायक कदम था। इस तरह मनुष्य का हाथ श्रम का साधन ही नहीं है, वह श्रम का फल भी है। जो जंगली जातियाँ आज मिलती हैं, उनमें सबसे पिछड़ी हुई भी पशुओं या वनमानुसों की अपेक्षा अपने हाथों के उपयोग में कहीं ज्यादा कुशल हैं। हाथ शरीर का ही एक अंग है और उसके विकास का अन्य अंगों पर प्रभाव पड़ा। हाथ के विकास से ही मनुष्य ने प्रकृति पर विजय पाना आरम्भ किया। आत्मरक्षा के लिए यह आवश्यक था कि वन्य मानव यूथों में रहे। अपने यूथ-जीवन में उसने अपना वाक्-यंत्र विकसित किया। भाषा की उत्पत्ति भी श्रम से हुई। पशु अपने जीवन-यापन के साधन श्रम द्वारा उत्पन्न नहीं करते, फलतः वे अपने वाक्-यन्त्र का विकास नहीं कर सके, न उनके पास भाषा है। श्रम और भाषण के प्रभाव से मानव-मस्तिष्क में परिवर्तन हुआ। बनमानुस के दिमाग से मनुष्य का दिमाग अधिक पूर्ण है। मस्तिष्क के साथ मनुष्य की इन्द्रियों का विकास हुआ। भाषण के

साथ मनुष्य की श्रवण शक्ति बढ़ी, उसने विभिन्न ध्वनियों में विवेक करना सीखा। इसी तरह श्रम द्वारा हाथ के विकास के साथ मनुष्य के स्पर्श की शक्ति बढ़ी। इसी तरह घ्राण और दर्शन की शक्ति विकसित हुई। पशुओं में यह शक्ति तीव्र हो सकती है लेकिन मानव जैसा दर्शन-श्रवण आदि का विवेक उनमें नहीं होता। इन्द्रिय-बोध और मस्तिष्क के विकास के साथ मानव-चेतना का विकास हुआ जो अन्ततोगत्वा श्रम का ही परिणाम है। इस चेतना के फलस्वरूप विवेक और बुद्धि का विकास हुआ और इससे लाभ उठाकर मनुष्य ने अपने श्रम और भाषण-शक्ति को और अधिक विकसित किया।

वन्य मानव-समाज और पशु-प्रथा में निर्णायक अन्तर श्रम का ही है। बनमानुसों के यूथ प्रकृति से जो कुछ मिल जाय, उसी से सन्तोष करते हैं। स्थान विशेष से जो सामग्री सहज प्राप्त थी, उससे अधिक प्राप्त करने की क्षमता उनमें नहीं थी। पशु जब किसी स्थान विशेष में एक तरह की खाद्य-सामग्री खत्म कर लेते हैं, तब उन्हें दूसरी तरह की सामग्री की तलाश होती है। भिन्न प्रकार के भोजन से उनके रक्त में परिवर्तन होता है और वन्य मानव के परिवर्तन का यह भी एक कारण रहा है। भोजन के लिए जिन पौधों पर वन्य मानव निर्भर था, उनकी संख्या बढ़ती गई। लेकिन यह सब श्रम अभी रूढ़ अर्थ में श्रम नहीं है। समाज-विज्ञान में जिस श्रम की बात कही जाती है, वह ओजार बनाने से शुरू होता है। मनुष्य के जो सबसे पुराने ओजार मिलते हैं, वे शिकार और मछली मारने के अस्त्र हैं। एंगेल्स ने इसे वन्य जीवन की दूसरी मंजिल कहा है। इस अवस्था में मनुष्य ने अग्नि का आविष्कार भी किया। अब वह स्थान-विशेष और उसकी जलवायु से एक हद तक मुक्त हुआ। नदियों के किनारे और समुद्र तट पर चलता हुआ अपनी वन्य अवस्था में भी मनुष्य बहुत बड़े भू-भाग में फैल गया। जिसे लोग प्रस्तर युग कहते हैं, उसके ओजार हर महाद्वीप में फैले हुए हैं। वन्य मानव के पर्यटन के प्रमाण हैं। एंगेल्स का कहना है कि केवल आखेट पर जीने वाली जातियाँ इतिहास में कभी नहीं रहीं। आखेट से बराबर भोजन प्राप्त करना संभव नहीं है। खाद्य सामग्री बराबर न मिलने से इस अवस्था में नर मांस भक्षण का जन्म हुआ। आस्ट्रेलिया और पोलीनीसिया के आदिवासियों में इसका चलन आधुनिक काल तक रहा है।

मांस-भक्षण के सिलसिले में एंगेल्स ने लिखा है, "शाकाहारियों के प्रति पूर्ण श्रद्धा प्रकट करते हुए भी यह स्वीकार करना होगा कि मांस-भोजन के बिना मानव अस्तित्व में नहीं आया।"

(प्रकृति का द्वंद्ववाद)

वन्य अवस्था की तीसरी मंजिल वह है जब मनुष्य तीर-कमान का आविष्कार करता है। इस तरह आखेट द्वारा वह अधिक भोजन प्राप्त करने लगा। ऐंगेल्स के अनुसार तीर-कमान के आविष्कार के लिए मनुष्य के पास दीर्घकाल तक का संचित अनुभव और बौद्धिक विकास चाहिये। इस समय तक मनुष्य गाँवों में बसना सीख गया है। लकड़ी के बर्तन-भाँडे, करघे के बिना उँगलियों से बुनना, डलिया बनाना, पत्थर के औजारों पर पालिश करना सीख गया है। जीवन-यापन के साधन पैदा करने में एक हद तक वह कुशल हो गया है। पत्थर की कुल्हाड़ी की सहायता से वह एक ही काष्ठ-खंड से नाव बनाने लगा है। मिट्टी के बर्तन बनाने का आविष्कार अभी उसने नहीं किया।

पुरातत्ववेत्ता गार्डन चाइल्ड ऐंगेल्स का बताया हुआ सामाजिक विकास-क्रम नहीं मानते। अपनी पुस्तक "सामाजिक विकास" (प्रथम संस्करण १९५१) में उन्होंने लिखा है कि विषय का प्रत्यक्ष अनुभव न होने से मार्क्स ने मार्गन का सहारा लिया। लेकिन मार्गन के पास भरोसे की सामग्री न थी। इसलिए नयी सामग्री मिलने से मार्गन का बनाया हुआ विकास-क्रम छिन्न-भिन्न हो गया। मार्गन के साथ ऐंगेल्स की मान्यताओं का भी उल्लेख अनावश्यक बतलाते हुए चाइल्ड ने लिखा है: "इसलिए आज मार्गन (या ऐंगेल्स) ने आर्थिक, राजनीतिक या रक्त सम्बन्धी संगठन की विभिन्न मंजिलों का जो वर्णन किया है, उसका सारांश देना भी व्यर्थ होगा। विशेष तथ्यों में वह निराधार है। फिर भी अपने ढंग का सर्वोत्तम प्रयास है।" गार्डन चाइल्ड ने यह तो स्वीकार किया है कि प्रस्तर-युग के बाद काँसे का युग और उसके बाद लोहे का युग आता है, लेकिन विकास की श्रृंखला या क्रम उन्हें मान्य नहीं है। उनके लिए सामाजिक विकास की धारणा वहीं तक सार्थक है, जहाँ तक मानव-समाज पर डार्विन का यह सूत्र लागू होता है, "विभिन्नता, वंशगत प्रभाव, अनुकूलता और चुनाव" (Variation, heredity, adaptation, and selection)। पुरातत्व से जिन संस्कृतियों का पता चलता है, उनमें कोई भी दूसरी से पूरी तरह नहीं मिलती। चाइल्ड के अनुसार हर संस्कृति अपने में पूर्ण इकाई है। उसके किसी एक तत्त्व को निकाल कर हम अन्य संस्कृति के किसी दूसरे तत्त्व के साथ बिठाकर कोई विकास-क्रम स्थिर नहीं कर सकते। जो चीज स्थिर होती है, वह केवल विकास का ढंग है जो ऊपर के सूत्र में बताया गया है। लेकिन स्वयं चाइल्ड ने जो प्रस्तर, काँसे और लोहे के तीन युगों का विभाजन किया है, वह बतलाता है कि विकास-क्रम को समझने के लिए किसी भी समाज-व्यवस्था के मूल तत्त्वों को देखना चाहिये, न कि केवल विभिन्नताओं को। उन्होंने ठीक ही कहा है कि पत्थर, काँसे और लोहे के 'युगों' के बदले

'मंजिलें' कहना ज्यादा उपयुक्त होगा। उन्होंने लिखा है, "प्रागैतिहासिक विवेचन में भ्रम का एक कारण सापेक्ष और निरपेक्ष काल-क्रम को उलझा देना है। यह भ्रम दूर हो जाता अगर युग (ages) के बदले मंजिल (stages) शब्द का प्रयोग किया जाता।"

भ्रम इसलिए पैदा होता है कि कुछ लोग यह समझ बैठते हैं कि प्रस्तर युग कोई इतिहास का युग है जो वैदिक युग या बौद्ध युग की तरह बीत गया है। पत्थर के औजार बनाना सामाजिक विकास की एक अवस्था बतलाता है, न कि इतिहास में काल निर्णय करता है। इसीलिए मंजिल शब्द ज्यादा उपयुक्त है। चाइल्ड मंजिलों का क्रम मानते हैं। उनकी मंजिलों और क्रम-निर्धारण का तरीका मूलतः ऐंगेल्स से भिन्न नहीं है।

सबसे पहली मंजिल पत्थर के औजार बनाने की है। इसे दो हिस्सों में बांटा गया है, प्राचीन प्रस्तर युग और नव प्रस्तर युग। प्राचीन प्रस्तुर युग की विशेषता यह है कि पत्थर के औजारों पर घिसकर पालिश नहीं की जाती। यह क्रिया नव प्रस्तर युग की है। यह अन्तर ऐंगेल्स में मौजूद है। जिसे प्राचीन प्रस्तर युग कहा जाता है, उसे मार्गन और ऐंगेल्स ने वन्य जीवन की दूसरी मंजिल कहा है। जिसे नव प्रस्तर युग कहा जाता है, उसे उन्होंने वन्य जीवन की तीसरी मंजिल कहा है। प्राचीन प्रस्तर युग का मानव आखेट, मछली मारकर और फल-मूल बटोर कर जीवन यापन करता है। यह मान्यता ऐंगेल्स की मान्यता से भिन्न नहीं है।

मार्गन का कहना था कि मिट्टी के बर्तन बनाना बर्बर अवस्था की विशेषता है। उस समय मनुष्य अपनी वन्य अवस्था से बाहर हो चुकता है। चाइल्ड भी कहते हैं, "मिट्टी के बर्तन ऐसे समाज के लिए ही उपयोगी हो सकते हैं जिसका जीवन अपेक्षाकृत टिकाऊ हो और किन्हीं विशेष प्रकार के कृषकों से वह अधिक स्थायी हो।" इसका अर्थ यही है कि मनुष्य के वन्य घुमन्तू जीवन समाप्त होने पर मिट्टी के बर्तनों का उपयोग अच्छी तरह हो सकता है। यह मान्यता भी मार्गन और ऐंगेल्स के अनुकूल है।

भारतीय इतिहास समिति के तत्वावधान में प्रकाशित "वैदिक युग" (The Vedic Age) नामक पुस्तक में भारत के प्रस्तर युग अथवा पुरातत्व से प्राप्त आदिम समाज व्यवस्था के अस्तित्व का हवाला दिया गया है। गंगा का मैदान छोड़कर भारत के प्रायः हर भाग से प्रस्तर युग के अवशेष मिले हैं। मध्य और नव प्रस्तर युग के अवशेष भी इसी तरह बिखरे हुए मिले हैं। नव प्रस्तर युग के अस्त्रों पर शान है जो प्राचीन प्रस्तर युग के अस्त्रों पर नहीं है। कुछ विद्वानों के अनुसार इस काल (या समाज-व्यवस्था) के लोग अग्नि का

उपयोग जानते थे और मिट्टी के बर्तन बनाने के साथ-साथ अन्न पैदा करना और पशु-पालन भी जानते थे। इससे सिद्ध होता है कि एंगेल्स ने वन्य जीवन की जिन दूसरी-तीसरी मंजिलों का उल्लेख किया है, वे किसी समय भारत में भी विद्यमान थीं।

मार्गन और एंगेल्स के अनुसार बर्बर अवस्था मिट्टी के बर्तन बनाने से शुरू होती है। आग से बचाने के लिए डलियों पर मिट्टी थोपी गयी और इस तरह मनुष्य ने सीखा कि अलग से भी मिट्टी के बर्तन बनाये जा सकते हैं। इस अवस्था में मानव जीवन के विकास पर प्राकृतिक परिस्थितियों का विशेष प्रभाव पड़ा। पूर्वी गोलार्द्ध में पालने योग्य सभी पशु थे और एकाध छोड़कर सभी धान्य थे। पश्चिमी गोलार्द्ध में इनका प्रायः अभाव था। इसका परिणाम यह हुआ कि अमरीका और एशिया में मनुष्य का विकास अपने-अपने ढंग से हुआ। पच्छिमी जातियों की विजय से पहले तक वहां बर्बर या वन्य अवस्था की प्रधानता थी।

जिन आदिवासियों पर मार्गन ने अपनी पुस्तक में सामग्री एकत्र की थी, वे बर्बर समाज-व्यवस्था की दूसरी मंजिल में थे। मिसीसिपी नदी के पूर्व में रहने वाले ये आदिवासी बागबानी द्वारा मक्का पैदा करते थे। बाग से कुम्हड़े वगैरह पैदा करके वह खाद्य सामग्री जुटाते थे। वे लकड़ी के बने मकानों में रहते थे और उनके गाँवों के चारों तरफ बाड़ा रहता था। उत्तर-पच्छिम की ओर रहने वाले कबीले अभी वन्य अवस्था की तीसरी मंजिल में थे। ये मिट्टी के बर्तन बनाना न जानते थे, न वे बागबानी द्वारा अन्न पैदा कर सकते थे। इसके विपरीत मेक्सिको और दक्षिणी अमरीका के अनेक कबीले बर्बर अवस्था की दूसरी मंजिल में थे। वे पत्थर के बने हुए गढ़ जैसे मकानों में रहते थे। बागों में सिंचाई करके मक्का वगैरह पैदा करते थे और दो-एक पशु भी पालते थे। लोहा छोड़ कर वे अन्य धातुओं का उपयोग जानते थे; इस कारण पत्थर के हथियार और औजार भी काम में लाते थे।

पूर्व में पशुपालन से प्राप्त मांस और दूध ने खाद्य सामग्री की पूर्ति की और मानव-विकास और तेजी से हुआ। खेती का काम काफी बाद में शुरू हुआ। नदियों के किनारे चरागाहों में पशुओं के बड़े-बड़े झुण्ड पाले गये। इस अवस्था में नरमांस भक्षण समाप्त हो गया। बर्बर समाज-व्यवस्था की तीसरी मंजिल में लोहे का उपयोग होने लगा और लेखनक्रिया के आविष्कार के साथ सभ्यता का आगमन हुआ। यूनानी कवि होमर ने जिन वीरों की गाथा लिखी है, वे इसी युग के थे। लोहे के हल द्वारा बागों के बदले खेतों में अन्न पैदा किया जाने लगा और जंगल साफ करके चरागाह और खेत बनाये गये। लोहे की

कुल्हाड़ी और फावड़े के प्रयोग द्वारा यह सब संभव हुआ।

वन्य और बर्बर अवस्था का भेद बतलाते हुए ऐंगेल्स ने लिखा है कि वन्य अवस्था में मनुष्य प्रकृति की दी हुई वस्तुओं का ही उपयोग करता था; जो चीजें वह खुद बनाता था, वे मुख्यतः प्रकृति की वस्तुओं को पाने का साधन थीं। बर्बर अवस्था में उसने पशु-पालन और खेती करना सीखा और मानवश्रम द्वारा प्रकृति की उत्पादकता बढ़ाने के उपाय सीखे।

मार्गन ने अमरीकी आदिवासियों का अध्ययन करके विवाह-प्रथा और पारिवारिक संबंधों के विकास का पता लगाया था। उसने अपने जीवन का अधिकांश भाग इरोकवा जनों के बीच बिताया और सेनेका जन ने उसे अपने अन्दर शामिल भी कर लिया था। इसलिए यह धारणा सही नहीं है कि उसने कुछ सुनी-सुनाई निराधार बातें कह दी थीं। उसने देखा कि उनके बीच नाते के ऐसे शब्द प्रचलित हैं जिनका वास्तविक नातों से सम्बन्ध नहीं है। इनके बीच एक पुरुष और एक नारी के बीच की विवाह-प्रथा का चलन था। लेकिन यह विवाह कुछ काल के लिए होता था, उसे आसानी से भंग करके दूसरा जोड़ा बन जाता था। इस जोड़े की सन्तान को सब जानते-पहचानते थे और इस बारे में कोई संशय न पैदा हो सकता था कि वास्तविक पिता, माता, बेटा, बेटी, भाई, बहन कौन है। लेकिन इरोकवा पुरुष अपनी सन्तान को ही बेटा-बेटी न कहता था; अपने भाइयों की सन्तान को भी वह बेटा-बेटी कहता था। वे भी उसे पिता कहते थे। अपनी बहनों की सन्तान को वह भतीजे-भतीजी कहता था और वे सब उसे चाचा कहते थे। इसी तरह इरोकवा नारी अपनी बहनों की सन्तान को अपनी ही सन्तान की तरह बेटा-बेटी कहती थी और वे सब उसे माँ कहते थे वह अपने भाइयों की सन्तान को भतीजे-भतीजी कहती थी और वे उसे चाची कहते थे, (हिन्दी में स्त्री अपने भाई की सन्तान को भतीजे-भतीजी ही कहती है लेकिन वे उसे चाची न कहकर बुआ या फूफू कहते हैं)। भाइयों की सन्तान एक-दूसरे को भाई या बहन कहती है (जो हमारे यहाँ भी है) और बहनों की सन्तान भी एक-दूसरे को भाई-बहन कहती है (हमारे यहाँ भी यही कहेंगे, लेकिन बहनें दूर-दूर रहती हैं, इसलिए इन शब्दों के प्रयोग का अवसर कम आता है)। किसी स्त्री और उसके भाई के बच्चे एक-दूसरे को चचेरा भाई कहते हैं ("कजिन" का पर्यायवाची कोई शब्द हमारे यहाँ नहीं है)।

वन्य और बर्बर अवस्था में मनुष्य का रक्तसम्बन्ध और नाते-रिश्ते बहुत महत्त्वपूर्ण होते हैं। अमरीकी आदिवासियों के नातों का अध्ययन करके मार्गन ने जो परिणाम निकाला था, वह यह कि पहले समाज की ऐसी अवस्था प्रचलित थी जिसमें एक समुदाय के नर दूसरे समुदाय की नारियों के

सामान्य पति थे, और इस तरह पुरुष अनेक पत्नी वाला था और नारी अनेक पति वाली। इसलिए उनकी सन्तान सभी की सामान्य सन्तान मानी जाती थी। इससे भी पहले, मार्गन ने कल्पना की, मनुष्य ऐसे समाज में रहता था जहाँ विवाह-संबंधी समुदाय आयु या अवस्था के अनुसार विभाजित रहते हैं। सभी दादा-दादी परस्पर पति-पत्नी हैं। इसी तरह उनकी सन्तान और उनके नाती-पोते। ये समुदाय अवस्था या पीढ़ियों के अनुसार बनते हैं। विवाह-कार्य से पिताओं और पुत्रों के समुदाय अलग रहते हैं। जिन वन्य जातियों का पता लगा है, उनमें भी इस प्रथा का चलन नहीं है लेकिन हवाई द्वीपों तथा पोलीनीसिया में जिस तरह की विवाह-प्रथा प्रचलित है, उससे अनुमान किया जाता है कि इस तरह की प्रथा पहले रही होगी।

विवाह और परिवार की दूसरी अवस्था वह है जब भाई-बहनों में परस्पर सम्बन्ध नहीं होता। पहले औरस भाई-बहनों का सम्बन्ध त्याज्य माना गया, बाद को चचेरे भाई-बहन का भी यह सम्बन्ध त्याज्य हुआ। हवाई द्वीपों में जो विवाह-प्रथा पायी गयी, उसमें सभी बहनें—सगी या चचेरी—अपने पतियों की सामान्य पत्नियाँ थीं। ये पति एक दूसरे को भाई न कहते थे वरन् पुनालुआ या सखा कहते थे। इसी तरह अनेक भाई—सगे या चचेरे—एक सम्मिलित विवाह द्वारा अनेक पत्नियों के पति होते थे। ये स्त्रियाँ एक दूसरे को पुनालुआ या सखी कहती थीं। इस प्रथा में एक ही परिवार के अन्दर नर-नारियों के दो समुदाय परस्पर पति-पत्नी होते थे लेकिन उनके इस सम्बन्ध से सगे भाई-बहन और बाद को चचेरे भाई-बहन, अलग रखे जाते थे। इस प्रथा के आधार पर अमरीकी आदिवासियों में नातों-रिश्तों की प्रचलित शब्दावली की व्याख्या की जा सकती थी।

ऐंगेल्स ने रोमन विजेता जूलियस सीजर का हवाला दिया है जिस के अनुसार ब्रिटेन में दस-बारह नर-नारी एक परिवार में परस्पर पति-पत्नी होते थे। इस तरह के परिवार-निर्माण का आर्थिक कारण यह था कि वन्य अवस्था में मनुष्य का श्रम और अस्त्र बहुत अविकसित अवस्था में थे और वह सामूहिक श्रम द्वारा ही अपनी जीवन-रक्षा कर सकता था। इस प्रथा से गोत्र (Gens) की उत्पत्ति हुई। एक गोत्र के लोग परस्पर विवाह न करते थे लेकिन एक ही कबीले के अन्दर दूसरे गोत्र से सम्बन्ध कर सकते थे। आरम्भ में ये गोत्र मातृसत्ताक थे। जहाँ भी इस तरह की प्रथा रही है, वहाँ पहले वंशक्रम माँ की ओर से चलता रहा है, क्योंकि पिता के बारे में निश्चय न हो सकता था। इस मातृसत्ताक गोत्र में सभी लोग अपने को एक आदि माता की सन्तान मानते हैं। इस गोत्र की नारियाँ अवस्था या पीढ़ी के अनुसार बहनें होती हैं।

उनके पति इस गोत्र में शामिल नहीं किये जा सकते यद्यपि उनके पुत्र उसी गोत्र के होते हैं। ऐंगेल्स ने आस्ट्रेलिया के एक कबीले का हवाला दिया है जो कोकी और कूमी नाम के दो भागों में बंटा हुआ था। कोकी दल अपने अन्दर विवाह सम्बन्ध नहीं कर सकता; न कूमी दल अपने अन्दर। हर कोकी दल का नर कूकी दल की हर नारी पर पति जैसा अधिकार रखता है। लेकिन उसकी लड़की कोमी दल की न होकर कूमी दल की समझी जायगी। वह कोकी दल के नर की पत्नी होगी।

इस सामूहिक विवाह प्रथा को व्यभिचार का प्रतिरूप न मानना चाहिए। ऐंगेल्स ने चेतावनी दी है कि जो लोग वर्तमान समाज में व्यभिचार देखकर उसी का आरोप वन्य या बर्बर समाज पर करते हैं, वे गलती करते हैं। हम देखेंगे कि भारत की वन्य या बर्बर जातियों का जीवन इस तथ्य की पुष्टि करता है। उनके अपने नैतिक नियम होते हैं जिनका पालन वे कठोरता से करते हैं।

पैदावार के साधन पिछड़े होने की वजह से मनुष्य का सांसारिक ज्ञान बहुत ही सीमित रहा है। वन्य और बर्बर समाजों में जादू-टोने का रिवाज जोरों पर रहता है। मार्गन ने इरोकवा जन में जो आठ गोत्र पाये थे, उनके नाम पशु-पक्षियों को लेकर थे, भेड़िया, हिरन, बाज इत्यादि। इसी को टोटम कहते हैं। हर गोत्र किसी पशु या पौधे से अपने को सम्बन्धित मानता है। अंग्रेज विद्वान् जार्ज टामसन ने अपने महत्त्वपूर्ण ग्रन्थ "प्राचीन यूनानी समाज का अध्ययन" में प्राचीन सामाजिक संगठन की छानबीन करते हुए टोटम और जादू के सम्बन्ध पर भी प्रकाश डाला है। किसी गोत्र के लोग अपने को टोटम—पशु या पौधे—का वास्तविक अंश समझते हैं। टोटम की उत्पत्ति उस स्थान से हुई जहाँ कोई पशु या पौधा विशेष रूप से रहता था और जिस स्थान से एक गोत्र के लोग अपनी खाद्य सामग्री पाते थे। नृत्य करते हुए सगोत्री जन किसी पशु या पक्षी विशेष की नकल करते हैं और समझते हैं कि इस तरह उसकी वृद्धि होगी। कभी कभी चट्टानों या बालू पर वे उसकी छवि भी आँकते हैं। पैदावार के साधनों में पिछड़ा होने से मनुष्य यह भ्रम पैदा करता है कि वह यथार्थ पर अधिकार किये हुए है। इस भ्रम को वह सत्य समझता है। मानव चेतना बाह्य जगत की वस्तुगत सत्ता को ठीक-ठीक नहीं समझती; इसलिए मनुष्य कल्पना करता है कि वह जादू-टोने से, जंतर-मन्तर से—या आगे चलकर योग-बल से।—उसे इच्छानुसार बदल लेगा।

आदिम समाजों में वंशानुक्रम और उत्तराधिकार माता या नारी के पक्ष से चलता है। सामूहिक विवाह में पिता का निश्चय नहीं रहता, माता ही

निश्चित रहती है। यद्यपि गोत्र की सभी सन्तान उसकी पुत्र-पुत्रियाँ होती हैं, फिर भी वह अपनी सगी सन्तान को पहचानती है। ऐंगेल्स के अनुसार वन्य अवस्था और निम्न बर्बर अवस्था के सभी जनों में माता से ही वंशानुक्रम चलता है। मातृसत्ताक गोत्रों में किसी एक परिवार में स्त्रियों का गोत्र तो होता है लेकिन पुरुषों का गोत्र अलग अलग हो सकता है। घर की स्वामिनी नारी होती है क्योंकि वंश उसी के हिसाब से चलता है। इसी कारण आदिम समाज में नारी का आधिपत्य रहता है। उत्पादन के विकास से ही नर-नारी के श्रम में महत्त्वपूर्ण विभाजन होता है। खेती और पशुपालन के प्रसार के साथ पुरुष आगे आता है और मातृसत्ताक परिवार के निर्मूल होने का समय आ जाता है।

जिस समय उत्तरी अमरीका में यूरोपवासियों ने प्रवेश किया था, उस समय वहाँ के अधिकांश आदिवासी मातृसत्ताक गोत्रों में संगठित थे। थोड़े-से ही गोत्र ऐसे थे जो पितृसत्ताक पद्धति पर संगठित थे। टॉमसन का कहना है कि गोत्रों का विकास मातृसत्ताक पद्धति से पितृसत्ताक पद्धति की ओर ही मिलता है, इसके विपरीत नहीं। आस्ट्रेलिया में दोनों तरह के गोत्र प्रायः समान अनुपात में हैं। इनमें मातृसत्ताक पद्धति उन गोत्रों में ज्यादा है जो मुख्यतः आखेट पर निर्भर हैं। जो गोत्र खेती करते हैं, उनमें मातृसत्ताक पद्धति कम है, और जो पशुपालन करते हैं, उनमें और भी कम है। टॉमसन ने इससे यह उचित परिणाम निकाला है कि वंश-पद्धति उत्पादन के तरीके से सम्बन्धित है। रीति-रिवाज, सामाजिक संगठन की पद्धति आदि को उत्पादन का तरीका नियमित करता है लेकिन एक बार उत्पन्न होने पर संस्कृति के अन्य अंगों की तरह से सब मूल आर्थिक आधार पर असर डालते हैं। आर्थिक आधार बदल जाने पर भी उनका अस्तित्व मानव चेतना में बना रहता है। यही कारण है कि पैदावार की पद्धति बदल जाने पर भी यांत्रिक ढंग से ये रीति-रिवाज हर जगह एक साथ नहीं बदल जाते।

मातृसत्ताक गोत्रों में किसी व्यक्ति की अपनी वस्तुएँ उसके न रहने पर उसके मामा, भांजे और भाई पाते हैं। उसकी अपनी संतान उन्हें नहीं पाती। नारी की वारिस उसकी अपनी संतान, उसकी बहनें और उसकी बहनों की सन्तान होती है। इस तरह गोत्र की संपत्ति गोत्र ही में रहती है। मातृसत्ताक विरासत का यह ढंग बहुत दिनों तक प्राचीन मिस्र में चलता रहा जहाँ राज परिवार में बहन-भाई इसलिए शादी करते थे कि अपने गोत्र की सम्पत्ति बाहर न जाय।

डॉ० डी० ऐन० मजूमदार ने अपनी पुस्तक "भारत की नस्लें और

संस्कृतियाँ" में अनेक वन्य या अर्ध-वन्य अवस्था में जीवन बिताने वाली जातियों का अध्ययन किया है। बिहार के सिंघभूम और मानभूम इलाकों के पहाड़ी खड़िया लोग खेती से थोड़ा ही अन्न पाते हैं। कंदमूल, फल और मधु से उनका भोजन पूरा होता है। कभी-कभी वहाँ उन्हें हफ्तों लग जाते हैं। इस बीच स्त्रियाँ बच्चों की और घर की देखभाल करती हैं। भात कभी-कभी मिल जाता है वर्ना वे साग-पात उबाल कर खाते हैं। उनके शयन-स्थान बने होते हैं जिनमें एक ओर कुमार और दूसरी ओर कुमारियाँ सोती हैं। इसे सामूहिक विवाह-प्रथा का ही अवशेष समझना चाहिये। अनेक आदिम अवस्था में रहने वाली भारतीय जातियों की तरह खेती के लिए वे झूम द्वारा जंगल साफ करते हैं। झूम का अर्थ है, जंगल में आग लगा देना। वहाँ वे साल दो साल तक अन्न उपजाते हैं, फिर छोड़कर चल देते हैं। यह क्रम असम प्रदेश के कूमी जनों में है। इनका टोटम कौआ है और इनका सर्दार पगड़ी में कौए का पर लगा रहता है। इनमें जादू और बलि का चलन है और इन्हीं के भरोसे वे पैदावार बढ़ाने की बात सोचते हैं।

मध्य भारत के गोंड़ों में भी झूम का रिवाज रहा है। पेड़ काटने के बाद वे जंगल में आग लगा देते थे और फिर जमीन में बिल खोदकर उनमें बीज डाल देते थे। वे देवी को बलि देकर नाचते थे और आशा करते थे कि खूब जोरों की फसल होगी। इनके यहाँ भी कुमार-कुमारियों के सामान्य शयन-स्थान का विधान है जिसे गोतुल कहते हैं। गोतुल का सम्बन्ध स्पष्ट ही गोत्र से है। इससे पता चलता है कि गोत्र शब्द का सम्बन्ध प्राचीन विवाह-प्रथा से है। इस सम्बन्ध में डॉ॰ मजूमदार का कथन है कि शयन-स्थान की प्रथा मुण्डा हो, ओराँव आदि छोटा नागपुर की जातियों में मिलती है। मध्य प्रदेश के गोंड़ों में, असम की अधिकांश नाग जातियों में यह प्रथा मौजूद है। मुण्डा और हो इसे गितिओरा कहते हैं, ओराँव जोंकेपा या धुमकरिया कहते हैं, गोंड़ इसे गोतुल कहते हैं।

अनेक गोंड़ गाँवों में एक बड़ा मकान होता है जहाँ अविवाहित लड़के-लड़कियाँ रात को इकट्ठे होते हैं और नाचते-गाते हैं। बस्तर राज्य के मुरिया और मरिया लोग गाँव के बाहर शयन-स्थान बनवाते हैं जहाँ लड़के-लड़कियाँ रात को खेलते और नाचते-गाते हैं। मुरिया गोतुल का सर्दार किसी भी लड़की से प्रेम कर सकता है और इसे घोषित कर सकता है। जब वह शादी कर लेता है, तब गोतुल से अलग हो जाता है और दूसरा सर्दार चुन लिया जाता है। जिनका विवाह होता है, उन्हें एक रात पूरे गोतुल के साथ बितानी पड़ती है। गोतुल के नृत्य-संगीत में कुमार-कुमारियों को यौन जीवन सम्बन्धी शिक्षा भी

मिलती है। गोतुल का नियम है कि कोई भी लड़की किसी लड़के पर विशेष प्यार न जताये। यह उस समय का अवशेष है जब मनुष्य सामूहिक विवाह की पद्धति पर चलता था और उसके जीवन में ईर्ष्या के लिए गुंजाइश न थी। लड़कियों के प्रेमी होते हैं लेकिन वे इसे जाहिर नहीं होने देतीं। गोतुलों में नृत्य द्वारा खेती, आखेट और शहद इकट्ठे करने का अभिनय भी किया जाता है। एक गोतुल में आधी रात को टार्च की रोशनी डालकर डॉ० मजूमदार ने देखा कि गोतुल में यौन उच्छृंखलता कहीं न थी। गोतुल की प्रथा ज्यादातर उन लोगों में पायी जाती है जो वन्य और घुमन्तू जीवन बिताते हैं।

डॉ० मजूमदार ने लिखा है, "परिवर्तित सामाजिक दृष्टिकोण के अनुकूल जहाँ कबीलों के रिवाजों में कुछ तबदीली हो गयी है, वहाँ उत्सवों और त्यौहारों के अवसर पर यौन सम्बन्धी छूट दे दी जाती है, लेकिन त्यौहार और उत्सव के समाप्त होते ही वह छूट भी समाप्त हो जाती है।" इस तरह की छूट प्राचीन सामूहिक विवाह प्रथा का अवशेष है। तोद और कोल जनों में यह प्रथा है कि चचेरे भाई और गोत्र के दूसरे लोग भी पत्नी या पत्नियों में साझा कर सकते हैं। मातृसत्ताक प्रथा के भौतिक आधार का उल्लेख करते हुए डॉ० मजूमदार ने लिखा है—"उत्तराधिकार के मामले में मातृसत्ताक पद्धति का स्रोत बागबानी की जरूरतें हैं। हल की खेती शुरू होने से नारी ने कृषि में अपना स्थान खो दिया है, कम से कम परिवार या गोत्र की वह एक मात्र खेती करने वाली नहीं रही।" खसी जनों में सम्पत्ति की मालकिन सबसे छोटी लड़की होती है। गारो जन में सबसे छोटी लड़की मामा के बेटे से ब्याह दी जाती है और वह सम्पत्ति का स्वामी या संरक्षक बन जाता है। नायरों की बहुपति प्रथा के अनुसार एक स्त्री के कई पति हो सकते हैं जो कभी एक-दूसरे के सम्बन्धी होते हैं और कभी नहीं होते हैं। जब किसी एक पति के साथ स्त्री रहती है, तब उस पर दूसरे पतियों का अधिकार नहीं रहता। श्री के० एम० पनिक्कर के अनुसार नायरों में भाई-भाई ही किसी स्त्री के सामान्य पति हो सकते हैं।

मार्गन के बताये हुए नाते के शब्दों की विशेषता सेमा नाग-जन में मिलती है। "अज़ा" का अर्थ माँ, चाची और मौसी तीनों हैं। "अपू" का अर्थ पिता, चाचा और मौसा है। "अनी" का अर्थ बुआ, सास (पति की माँ और पत्नी की माँ, दोनों तरह की सासें) और जेठानी होता है। सम्पत्ति घर में ही रखने के लिए सेमा पुरुष अपने पिता की विधवा से शादी कर लेता है बशर्ते कि वह उसकी माँ न हो। वह अपनी मासी, फुफेरी बहन, ममेरी बहन आदि से भी शादी कर सकता है जिसका उद्देश्य मातृसत्ताक पद्धति के अनुसार सम्पत्ति को

अपने ही यहाँ रखना है।

भारत की वन्य और अर्द्ध-वन्य अवस्था में जीवन बिताने वाली जातियों के अध्ययन से पता चलता है कि विवाह और परिवार के विकास के सम्बन्ध में ऐंगेल्स ने जो परिणाम निकाले थे, वे सही हैं। अमरीकी आदिवासी जनों की तरह यहाँ भी मातृसत्ताक पद्धति के गोत्र रहे हैं और उत्पादन के आदिम रूपों के अनुकूल सामूहिक विवाह-प्रथा यहाँ भी रही है जिसके अवशेष अभी मिलते हैं।

आदिम समाज-व्यवस्था का अध्ययन करके ऐंगेल्स ने यूरोप की प्राचीन सभ्य जातियों के सामाजिक संगठन का अध्ययन किया और वह इस नतीजे पर पहुँचे कि इनमें भी किसी समय मातृसत्ताक गोत्र-प्रथा का चलन था। मार्क्स और ऐंगेल्स के अनुसार यूनानियों में गोत्र का मूल रूप अर्थात् मातृवंशी रूप प्रचलित था। स्पार्टा में अस्थायी जोड़े वाली विवाह-प्रथा का चलन था और उसमें सामूहिक विवाह प्रथा के अवशेष मौजूद थे। कई भाई एक पत्नी रख सकते थे। मित्र की पत्नी में साझा करने का अधिकारी भी था। टॉमसन यह मानकर चलते हैं कि यूनानी लोग बाहर से आकर बसे थे और भारत-यूरोपियन शाखा के विघटन के समय उनमें पितृसत्ताक व्यवस्था कायम हो चुकी थी। लेकिन उन्हीं की दी हुई सामग्री से सिद्ध होता है कि यूनानियों में पहले मातृसत्ताक व्यवस्था का चलन था। यूनानी (अत्तिक) भाषा में गोत्र के सदस्यों के लिए एक शब्द है, होमोगलाक्तिस, जिसका अर्थ है, एक ही माता का दूध पीने वाले। मॉर्गन के ही अनुसार यह शब्द मातृवंशी गोत्र की ओर संकेत करता है। यूनानी भाषा में भाई-बहन के लिए अदेल्फोस और अदेल्फे शब्द हैं जिनका अर्थ है सहोदर। इससे भी मातृवंशी पद्धति की पुष्टि होती है। यूनानी गोत्रों के नाम के बाद ईदस (ईदेस) प्रत्यय लगा रहता है जिसमें 'इद' स्त्रीवाचक है। टॉमसन के अनुसार "इससे यह सिद्ध होता है कि प्राचीन काल में गोत्र के प्रतिनिधि पुरुष न होते थे, वरन् स्त्रियाँ होती थीं।" स्पार्टा के बारे में टॉमसन ने लिखा है कि एक पति-पत्नी वाली विवाह-प्रथा का बन्धन इतना शिथिल था कि छह भाई मिलकर एक पत्नी रख सकते थे और पत्नियों का अस्थायी आदान-प्रदान एक साधारण बात थी। इसके अलावा टॉमसन की यह स्थापना कि "यूनानी धर्म आमतौर से टोटमपंथी आधार पर स्थिर था" इस बात की पुष्टि करती है कि यूनानियों में टोटम के चलन के अनुकूल मातृसत्ताक गोत्रों का चलन भी था।

टोटम-प्रथा रोमन लोगों में भी प्रचलित थी। परम्परा के अनुसार राज्य का उत्तराधिकार मातृवंश के अनुसार चलता था। रोमन लोगों में मातृसत्ता

के अवशेष देखकर टॉमसन ने यूनानियों की तरह यहाँ भी उन्हें आदिवासियों की देन कहा है, लेकिन लैटिन के पारिवारिक शब्दों का विश्लेषण करके टॉमसन ने जो परिणाम निकाला है, वह यह है कि ये शब्द पुरानी गोत्रप्रथा के अनुकूल ही हैं। फ्रातेर और सोरोर (भाई और बहन) चाचा की सन्तान और मौसी की सन्तान के लिए भी प्रयुक्त होते हैं। पिता की तरह पिता का भाई भी पिता (पात्रुस) कहलाता है और माँ की तरह मौसी भी माँ (मातेर-तेरा) कहलाती है। ये नाते के शब्द मातृसत्ताक गोत्र के ही द्योतक हैं जैसा कि मार्गन और ऐंगेल्स ने इरोकवा जनों के बारे में लिखा था।

महाभारत में अर्जुन ने रणभूमि में खड़े हुए पितरों का उल्लेख किया है। ये सगे पिता नहीं हैं वरन् चाचा आदि एक पीढ़ी विशेष के लोग हैं। हिन्दी-भाषी प्रदेश में अनेक जगह पीती शब्द चाचा के अर्थ में प्रयुक्त होता है। पीतर शब्द पूर्व पुरुषों का पर्यायवाची है। कश्मीरी में पितुर्बोज का अर्थ चाचा का लड़का होता है जिससे सिद्ध हुआ कि पिता शब्द आज के प्रचलित अर्थ से भिन्न अर्थ भी रखता था। ऐसे ही दादा शब्द बड़ों के लिए प्रयुक्त होता है और उसमें बड़े भाई से लेकर पितामह तक की गिनती हो जाती है। चीनी भाषा का थ्ये ह और रूसी भाषा का द्याद्या शब्द चचा या बड़े के अर्थ में प्रयुक्त होते हैं। भाई शब्द तो बहुत ही व्यापक है। गाँव के समान अवस्था वाले लड़के भाई कहलाते हैं। बिरादरी, भैयाचार, रूसी शब्द ब्रात्स्त्वो नाते के भाइयों का बड़ा समूह अपने में समेट लेते हैं। जाति-बिरादरी का अर्थ ही नया या पुराना रक्त-संबंध है। यह निश्चित है कि पिता और भ्राता का वह अर्थ प्राचीन नहीं है जिसमें आज उनका साधारणतः प्रयोग होता है।

प्राचीन कथाओं में अनेक ऐसे सम्बन्धों का उल्लेख है जो एक पति वाली विवाह प्रथा से मेल नहीं खाते। द्रौपदी के पाँच पति प्रसिद्ध ही हैं। कृष्ण और गोपियों का रास स्पष्ट ही प्राचीन विवाह-प्रथा की ओर संकेत करता है। जिन पुरुषों के जनक देवता माने गये हैं लेकिन जिन की माताएँ मानवी हैं, वहाँ यह निष्कर्ष असंगत न होगा कि इनकी उत्पत्ति मातृसत्ताक गोत्रों में हुई है। माता के नाम पर पुत्र का नाम रखने की प्रथा यहाँ काफी दिनों तक रही हैं। महाभारत में उद्दालक की कथा उल्लेखनीय है। वह कहते हैं कि एक समय वर्ण-विवाह की प्रथा का चलन था। एक वर्ण का कोई भी पुरुष अपने सम्बन्धी वर्ण की किसी भी स्त्री का पति बन सकता था। उद्दालक के के पुत्र श्वेतकेतु ने परपुरुष के साथ माता के चले जाने पर बहुत क्रोध किया। तब पिता ने उन्हें समझाते हुए कहा, "अत्यन्त प्राचीन काल से यह धर्म चला आ रहा है। संसार में सभी वर्णों की स्त्रियाँ इस विषय में स्वाधीन हैं। सब

मनुष्य अपने वर्ण की स्त्रियों से गाय-बैल के समान आचरण करते हैं। जो जिससे चाहे विहार कर सकता है।" (आदि पर्व)

यहाँ वर्ण का वही अर्थ है जो "ग्रूप/मैरिज" में ग्रूप का है। वर्ण का यह मूल अर्थ मालूम होता है।

दुर्योधन आदि सौ भाई प्रसिद्ध हैं। यदि एक ही माँ के गर्भ से पैदा हुए हों तो जब दुर्योधन सौ साल का रहा होगा तब उसका सबसे छोटा भाई पैदा हुआ होगा। यह तब जब कि हम यह मान लें कि प्रतिवर्ष उसके एक भाई होता था। लेकिन यदि हम प्राचीन समाज की प्रथा के अनुसार भाई का व्यापक अर्थ लें तो यही सिद्ध होगा कि ये सब एक ही गोत्र के भाई थे जिनमें दुर्योधन के साथ दुःशासन भी पांचाली पर अपना अधिकार समझता था। यहाँ पर प्राचीन भारतीय कथाओं में वर्णित पारिवारिक सम्बन्धों का विस्तार से विवेचन संभव नहीं है लेकिन इसमें सन्देह नहीं कि अन्य देशों की आदिम समाज-व्यवस्था का अध्ययन करने से बहुत-सी समस्याओं पर प्रकाश पड़ता है। कंस ने अपनी बहन के पुत्र को मारने की कोशिश की। उसके कार्य का रहस्य तब समझ में आ जाता है जब हम देखते हैं कि मातृवंशी उत्तराधिकार के अनुसार देवकी-पुत्र राज्य के सहज उत्तराधिकारी थे। इस तरह की समस्याओं पर और विस्तार से विचार करने और लिखने की आवश्यकता है।

२. राज्यसत्ता का जन्म

यूरोप-निवासियों द्वारा अमरीका-प्रवेश के समय वहाँ के सभी आदिवासी एक-सी अवस्था में नहीं थे। उनमें से कुछ विकसित जन बर्बर अवस्था की दूसरी मंज़िल में थे। इनमें मेक्सिको के अज़तेक और पेरू के इंका जनों की संस्कृति काफी विकसित थी। विलियम फॉस्टर ने "अमरीकी महाद्वीपों के राजनीतिक इतिहास की रूपरेखा" (१९५१) में वहाँ के आदिवासी समाजों के बारे में लिखा है कि उनकी सामान्य विशेपता यह थी कि भूमि पर सामूहिक स्वामित्व और नियंत्रण रहता था; उसका उपयोग भी सारे कबीले के हाथ में सामूहिक था। लोग चाहे आखेट, मछली मारने, पशु-पालन या खेती से जीविका चलाते हों, चाहे इन सभी को मिला कर चलाते हों, सामूहिक स्वामित्व उनकी समाज-व्यवस्था की विशेषता थी। समाज में गोत्र आदि की व्यवस्था सम्पत्ति या निवासस्थान के अनुकूल न होकर पारिवारिक सम्बन्धों के अनुसार थी।

इस समाज के सदस्य स्वतंत्र थे। वे एक-दूसरे की स्वाधीनता की रक्षा करने के लिए बाध्य थे। किसी का कोई विशेषाधिकार न था। स्त्री का स्थान सम्मानपूर्ण था। वह वास्तव में गृहस्वामिनी थी। घर के धन्धों और आदिम खेती की देखरेख करती थी। कबीले के चुनावों में वह पूरा हिस्सा लेती थी। अमरीकी आदिवासियों में अधिकतर मातृवंशीय गोत्र थे, लेकिन प्रसिद्ध माया जनों में पितृसत्ताक गोत्र थे। क्लार्क विस्लर ने अमरीकी आदिवासी नारी के बारे में लिखा है कि वह परिश्रमी थी, कारीगरी अच्छी जानती थी, खेती से लेकर युद्ध में नेतृत्व तक का काम वह करती थी। इरोकवा जनों के बारे में फ्रांसिस पार्कमैन ने लिखा है कि इनके यहाँ स्त्रियाँ जितना राजनीतिक प्रभाव रखती थीं, उतना और किसी सभ्य समाज में नहीं देखा गया। स्त्रियों की यह स्वाधीनता और उनकी कार्य-क्षमता याद रखने योग्य है, क्योंकि पितृसत्ताक समाज व्यवस्था के आने पर नारी की स्वाधीनता ही खत्म नहीं हुई, पुरुष ने यह प्रचार किया कि नारी स्वभावतः पुरुष से हीन है, वह भोग की वस्तु है, सार्वजनिक जीवन में भाग के लेने योग्य नहीं है, उसका काम चौका-चूल्हा करना और बच्चे पालना भर है, इत्यादि। इस दृष्टिकोण का कारण और सार्वजनिक

जीवन में नारी के भाग न लेने का कारण समाज-व्यवस्था है, न कि यह कि नारी जन्म से ही पुरुष से हीन है।

पितृसत्ता का अभ्युदय मानव-विकास में बहुत आगे की मंज़िल नहीं है। आस्ट्रेलिया के आदिवासियों में मातृसत्ताक और पितृसत्ताक दोनों तरह के गोत्रों का उल्लेख हम कर चुके हैं। नितान्त वन्य जीवन से निकलते ही मानव पितृसत्ताक व्यवस्था की ओर बढ़ने लगता है। बर्बर अवस्था में भूमि पर सामूहिक अधिकार का यह अर्थ नहीं होता कि व्यक्तिगत सम्पत्ति होती ही नहीं है। अस्त्र-शस्त्रों पर, आखेट और खेती की उपज पर परिवार-विशेष का अधिकार होता है। इरोकवा जनों में मृत व्यक्ति की सम्पत्ति गोत्र के लोगों में बाँट ली जाती थी। पुरुष के मरने पर उसके सगे भाई-बहनें और मामा उसकी सम्पत्ति बाँट लेते थे। स्त्री के मरने पर उसके बच्चे और सगी बहनें (लेकिन भाई नहीं) उसकी सम्पत्ति बाँट लेते थे। इसका अर्थ यह हुआ कि मातृवंशीय जनों में भी व्यक्तिगत सम्पत्ति थी यद्यपि यह सम्पत्ति बहुत थोड़ी थी।

ध्यान देने की बात यह है कि मातृवंशीय गोत्र के ढाँचे में ही पुरुष के हाथ में शक्ति केन्द्रित होने लगती है। टॉमसन ने भारत के खासी लोगों का हवाला दिया है। इनमें गोत्र मातृवंशीय होते हैं, लेकिन गोत्र की सम्पत्ति की देखभाल माँ के बदले उसका भाई करता है। विरासत का नियम माँ के बाद लड़की के ही सम्पत्ति पाने का है, लेकिन भाई को प्रबन्ध का काम सौंप कर नारी उसे अपना मुख्तार बना देती है। "आमतौर से, जहाँ भी मातृवंशीय शासन बच रहा है, उसका रूप मामा के बाद भाञ्जे के उत्तराधिकार का है और इसे लोग मातृवंशीय शासन का साधारण रूप समझते हैं।" टॉमसन ने ठीक लिखा है कि यह मूल रूप नहीं है लेकिन उद्धृत वाक्य में यह ध्यान देने योग्य है कि उत्तराधिकार-क्रम मामा के बाद भाञ्जे वाला है। मातृवंशीय होते हुए भी स्वामित्व पुरुष का हो गया है।

लोहे के औजार बनने के साथ खेती का प्रसार होता है और हम ऐंगेल्स के पारिभाषिक अर्थ में सभ्यता की ओर बढ़ते हैं। लोहे के अस्त्र बनाना ऐंगेल्स के अनुसार बर्बर अवस्था की तीसरी मंज़िल है जो सभ्यता के अभ्युदय से मिल जाती है। लोहे की कुल्हाड़ी, फावड़े और हल से खेती का प्रसार होता है। लेकिन इस मंज़िल के पहले भी—लोहे के बिना—मानव-प्रगति ध्यान देने योग्य है। अज़्तेक लोग लोहे का प्रयोग न जानते थे, फिर भी फॉस्टर के अनुसार वे टीन और ताँबा मिलाकर एक ऐसी चीज़ बनाते थे, जिससे कि वे कठोर धातु और पत्थर भी काट लेते थे।

अज़्तेक लोगों में भूमि पर सामूहिक स्वामित्व की प्रथा थी। यह भूमि

विभिन्न परिवारों में व्यक्तिगत कृषि के लिए बाँट दी जाती थी। स्पेन-निवासियों से उनके सम्पर्क के समय यह सामूहिक स्वामित्व की प्रथा अपने ह्रास काल में थी। सर्दारों और पुरोहितों ने भूमि पर बहुत-कुछ अपना अधिकार कायम कर लिया था। कृषक भूमि से सम्बद्ध थे—अर्थात् सामन्ती दासों की तरह उसे छोड़कर न जोत सकते थे—यद्यपि भूमि पर उनका काफी अधिकार भी था। बहुत-से बेजमीन किसान थे जो सर्दारों और पुरोहितों की व्यक्तिगत या अर्ध-व्यक्तिगत भूमि जोतते-बोते थे। युद्ध में बनाये हुए बन्दी, "स्वेच्छा" से बिकने वाले लोग, अपराधी आदि गुलामों में शामिल थे। दस्तकारों और किसानों में विनिमय के लिए मेले भी लगते थे। टीन, स्वर्णधूलि आदि का उपयोग मुद्रा के लिए विनिमय के साधन रूप में होता था। खेती का काम हल से न होता था वरन् खोद कर बीज डाले जाते थे। इनके यहाँ चित्र-लिपि का चलन था। यूरोप के पादरियों ने इनकी हजारों पुस्तकें अपने धर्म-प्रेम के कारण अग्नि को भेंट कर दीं।

गृहनिर्माण की कला में ये लोग बड़े दक्ष थे। ये किले बनाते थे, मन्दिर बनाते थे, और इनके पिरामिडों के लिए फॉस्टर ने लिखा है कि वे मिस्र के पिरामिडों से भी सुन्दर थे। मौन्टे अल्बान प्रदेश में पन्द्रह वर्ग मील के क्षेत्रफल में इनकी इमारतों के ध्वंसावशेष बिखरे हुए हैं। इनके मिट्टी के बर्तन, सोने-चाँदी का काम और कपड़े बहुत ही सुन्दर होते थे। १६वीं सदी में जर्मन चित्रकार ड्यूरर ने स्पेन के राजा के पास भेंट स्वरूप आयी हुई अज़्तेक वस्तुएँ देखकर कहा था, "जीवन में ऐसा कुछ नहीं देखा जिनसे हृदय इतना प्रसन्न हुआ हो। उनमें आश्चर्यजनक कलाकृतियाँ थीं और उन दूर देश के लोगों का सूक्ष्म कौशल देख कर मैं चकित रह गया।''

यूरोप में ड्यूरर उस युग का प्रतिनिधि है जो वहाँ की कला का स्वर्ण युग है, जिसने रैफेल और शेक्सपियर जैसे चित्रकार और कवि विश्व को दिये हैं। उस ड्यूरर की आँखों में चकाचौंध हो गयी थी उन अज़्केतक लोगों की कला देखकर जिन्होंने लोहे के हल न बनाये थे और जिनके यहाँ नरमेध का चलन बन्द न हुआ था।

माया लोगों की संस्कृति और भी बढ़कर थी। इनके यहाँ अर्धचित्रमय लिपि प्रचलित थी। चित्रकला, स्थापत्य और शिल्प में ये अनुपम थे। ज्योतिष और गणित में इन्होंने खूब प्रगति की थी और पश्चिमी विद्वानों के विचार से इनका पंचांग उस समय—यानी ईसा के जन्म से दो हज़ार साल पहले—संसार में सर्वश्रेष्ठ था। ये लोग शून्य का आविष्कार कर चुके थे और गणित में उसका उपयोग करते थे।

इंका लोग युद्ध के लिए विख्यात थे। किसी समय इनकी फौज में दो लाख आदमी थे और उनकी कुल आबादी एक करोड़ थी। लोहे का उपयोग ये भी न जानते थे। भूमि पर सामूहिक अधिकार था। ये घोड़े और गाय से परिचित न थे। इन्होंने सिंचाई के लिए विस्तृत व्यवस्था कर रखी थी और पहाड़ों के ढाल पर खेत बनाये थे। हर एक व्यक्ति अपने बाप-दादों के पेशे पर ही चलता था। गुलाम नहीं थे लेकिन आम जनता बहुत गरीब थी। धुएँ के संकेतों द्वारा ये चार घंटे में दो हज़ार मील तक खबर भेज सकते थे। इनकी भाषा इतनी महत्त्वपूर्ण समझी जाती थी कि दूसरे कबीले अपनी भाषा के सिवा उसे सीखते थे। क्रो के अनुसार ये जितना सुन्दर कपड़ा बुनते थे, उतना आज तक नहीं बुना गया। मिट्टी के बर्तन बनाने, चित्रकला आदि में कुशल होने के साथ ये शल्य चिकित्सा में बहुत आगे बढ़े हुए थे और संभवतः बेहोशी की दवा देकर मस्तिष्क का भी आपरेशन करते थे। इनकी स्थापत्य कला दर्शनीय थी और कज्को में इनका सूर्य-मन्दिर अमरीका की सबसे शानदार इमारत थी। लोहे के औजारों, पहिये वाली गाड़ियों या लद्दू जानवरों के अभाव में भी इंका लोग चट्टानों से भारी शिलाखंड तोड़ लाते थे जिनमें कोई-कोई दो-दो सौ टन का भी होता था! इन्होंने सड़कें भी बनाई थीं जैसी उस समय यूरोप में भी न थीं।

इस संस्कृति के विनाश का श्रेय यूरोप की "सभ्यता" को है। अमरीकी आदिवासियों के विनाश का इतिहास अच्छी तरह प्रकट करता है कि यूरोप के लुटेरे वहाँ किस तरह की सभ्यता फैलाने गये थे। इसमें सन्देह नहीं कि यूरोप निवासी वहाँ न पहुँचते तो पेरू और मेक्सिको के लोग सभ्यता की अगली मंजिलों की तरफ बढ़ते। फॉस्टर ने ठीक लिखा है कि इनमें शासक वर्ग और राज्यसत्ता के निर्माण के लक्षण मिलते हैं। अज़्तेक और इंका लोगों ने दूसरे कबीलों को जीत कर अपना राज्य-विस्तार किया था और उन कबीलों से दास, सैनिक, नरमेध के लिए बलि प्राप्त करते थे। फॉस्टर ने लिखा है, "जब स्पेन के लोग अमरीका पहुँचे, तब दिखता है कि इंका और अज़्तेक लोग वैसे ही समाज का विकास करने में लगे हुए थे जैसे प्राचीन ग्रीस और रोम के लोग।" इससे सिद्ध होता है कि सामाजिक विकास के नियम अमरीकी आदिवासियों पर वैसे ही लागू होते हैं जैसे यूरोप के "सभ्य आर्यों" पर।

ईसा से लगभग पाँच हज़ार साल पहले मिस्र की प्राचीन संस्कृति का विकास हुआ। नील नदी की बाढ़ के कारण यहाँ की उर्वर धरती में जिस संस्कृति का विकास हुआ, उसका गहरा असर भूमध्यसागर के प्रदेशों पर पड़ा। यह प्राचीन संस्कृति बर्बर और अर्ध-बर्बर अवस्था की है। लोहे के औज़ार

बनना अभी शुरू नहीं हुए। ताँबा और काँसा मुख्य धातुएँ हैं। खेती (अर्थात् बागबानी) पहले हाथ से होती थी, फिर कुदाल को जुए से बाँधकर कर्षण द्वारा "कृषि" होने लगी। बागों के बदले क्षेत्रों को जोत-बो कर "खेती" होने लगी। जुए में बँधा हुआ कुदाल हल बना और बैल उसे खींचने लगे। इस तरह मनुष्य ने पशुओं के योग से अपने श्रम और उत्पादन की शक्ति बढ़ाई।

मिस्र की संस्कृति में टोटम के अवशेष थे। राजा मेनेस बाज़ गोत्र का था और उस दैवी पक्षी का अंश या अवतार समझा जाता था। मिस्र में चित्रलिपि का विकास हुआ। राजा बड़े-बड़े समाधिभवन बनवाता था जिनमें बने हुए चित्रों से उस समय के सामाजिक जीवन का पता चलता है। लेखनकला एक रहस्य समझी जाती थी और इसलिए लेखन-विशेषज्ञ शारीरिक श्रम से बरी थे। धातुएँ विनिमय का माध्यम थीं—और जब-तब अँगूठियाँ भी इस काम में आती थीं। फिर भी समाधिभवनों के चित्रों में दिखाई देता है कि बाज़ारों में आम लोग बर्तन देकर मछली खरीद रहे हैं, प्याज़ देकर पंखा ले रहे हैं, इत्यादि। कारीगर अपने काम में बड़े कुशल थे और यह श्रम-विभाजन द्वारा संभव हुआ। ताँबे के कारीगर तेरह सौ फुट लम्बे ताँबे के पाइप (ड्रेन-पाइप) बनाकर पिरैमिड के मन्दिर को दे सकते थे। मिट्टी के बर्तन बनाने के लिए चक्के का उपयोग होता था। सुनारों, ठठेरों आदि के अलावा काँच की बोतलें और बर्तन बनाने वाले भी थे। आज से लगभग पाँच हज़ार साल पहले मिस्र के लोग बहुत ही सुन्दर कपड़े बुनते थे। राजा के एक शव के साथ लिपटा हुआ उस समय का हाथ के करघे से तैयार किया वस्त्र अभी तक बच रहा है। इसके बारे में जेम्स ब्रेस्टेड ने लिखा है कि यह बिल्कुल रेशम जैसा लगता है। "आज की मशीनों का बढ़िया से बढ़िया काम इसके आगे मोटा मालूम होता है।" (प्राचीन युग : प्राचीन संसार का इतिहास)। मिस्र के लोग कागज बनाना भी जानते थे। मिस्र में दास-प्रथा थी लेकिन खेती करने वाले ज्यादातर मिस्र के ही स्वाधीन लोग थे। इनके श्रमफल से एक अभिजात वर्ग का निर्माण हुआ जिसने काफी भूमि अपने हाथ में कर ली।

इसी समय मध्यपूर्व में सुमेर की संस्कृति का विकास हुआ। इसके पुराने लेख ईसा से ढाई हजार साल पहले के हैं। यहाँ के लोग नगर और मंदिर बनाने में निपुण थे। इनके देवताओं के बारे में गॉर्डन चाइल्ड ने लिखा है कि वे गोत्रों और जनों के प्रतिनिधि थे। गोत्र के द्वारा विभिन्न परिवारों को खेती के लिए ज़मीन बांट दी जाती थी। कारीगरों का एक विशेष वर्ग यहाँ भी था। टोटम के चिह्न इनके धार्मिक चित्रों में मिलते हैं जहाँ लोग पशुओं का रूप धरे हैं। भूमि पर सामूहिक अधिकार है। दास यहाँ भी हैं। देवता का

प्रतिनिधि सबसे ज्यादा भूमि का मालिक होता था। मिट्टी की तख्तियाँ लिखने के लिए काम में लाई जाती थीं और उन्हें पका कर रख लिया जाता था जिससे वे अब तक सुरक्षित हैं। चित्रलिपि से क्रमशः सुमेर की अक्षर लिपि का विकास हुआ। नापने-तौलने के मापदंड निश्चित किये गये और गणित में प्रगति हुई। विनिमय के लिए चांदी और ताँबे से काम लिया जाता था यद्यपि मुद्रा का आविष्कार अभी न हुआ था।

सुमेर की संस्कृति की समकालीन इजियन समुद्र तट पर दक्षिणी यूनान में मिकिनी और क्रीट द्वीप की संस्कृति विकसित हुई। क्रीट के निवासियों पर मिस्री संस्कृति का काफी प्रभाव पड़ा। उन्होंने मिस्र से कुम्हार का चक्का और बंद आँवे में बर्तन पकाना सीखा। ईसा से दो हजार साल पहले इन्होंने चित्र-लिपि से आगे बढ़कर अक्षर लिपि का आविष्कार कर लिया था। इन्होंने नगर बसाये, धातु और मिट्टी की सुन्दर वस्तुएँ बनाईं, क्नौसस का प्रसिद्ध महल बनाया, वे धनुष-बाण और काँसे के हथियारों का उपयोग करते थे, व्यापार और युद्ध के लिए वे जहाज भी बनाते थे। इनके चित्रों में सामाजिक जीवन का सजीव रूप अंकित है।

होमर ने अपने महाकाव्यों में (यहाँ इस बात से बहस नहीं है कि वे महा-काव्य होमररचित हैं या नहीं) जिस वैभव का वर्णन किया है वह क्रीट की समकालीन और उससे मिलती-जुलती मिकिनी की संस्कृति है। टॉमसन के अनुसार जिस समय होमर की गाथाएँ रची गईं, उस समय लोहे ने काँसे की जगह ले ली थी। लेकिन गाथाओं में काँसे पर जोर रहता है और लोहे की चर्चा प्रायः नहीं की जाती। टॉमसन का कहना है कि यहाँ जानबूझ कर अतीत का एक कल्पनाचित्र खींचा गया है। प्राचीन कवियों से यह आशा करना कि वे जानबूझ कर एक युग-विशेष में लोहे के उपयोग की चर्चा न करेंगे, उनके इतिहास-ज्ञान को काफी महत्त्व देना है। आजकल के ऐतिहासिक उपन्यासकार भी इस तरह की भूलों से बच नहीं पाते। संभावना इसी की अधिक है कि होमर की गाथाओं में परम्परा से चले आते हुए एक युग-विशेष का चित्र खींचा गया है। समाज-व्यवस्था गोत्र-संगठन पर आधारित है, दास होते हैं, लोहे का उपयोग प्रायः नहीं है, कारीगरी का काम काफी आगे बढ़ा हुआ है, विनिमय के लिए मुद्रा का चलन नहीं हुआ।

प्राचीन संस्कृतियों में भारत की सिन्धु घाटी की संस्कृति का स्थान बहुत महत्त्वपूर्ण है। "मोहेञ्जोदड़ो और सिन्धु घाटी की सभ्यता" (१९३१) में सर जॉन मार्शल ने लिखा है कि पुरातत्व की खोज से चौथी सहस्राब्दी ई० पू० के जीवन का ही पता चला है "लेकिन मोहेञ्जोदड़ो में ही पहले के और कई नगर

एक-दूसरे के नीचे दफनाये पड़े हैं और उन तक अभी फावड़े की पहुँच नहीं हुई।" सिन्ध और बलूचिस्तान में और नगरों के मिलने की संभावना बतलाई गई है। मार्शल के अनुसार हड़प्पा और मोहेन्जोदड़ो में जैसी संस्कृति मिली है, वह काफी दिनों से विकसित होती रही होगी। वह "भारत की धरती पर काफी रूढ़िगत हो चुकी थी और उसके पीछे कई हज़ार वर्ष का मानव-श्रम निहित होना चाहिए।" इससे सिद्ध होता है कि सिन्धुघाटी की संस्कृति विश्व की प्राचीनतम संस्कृतियों में से है और यदि वह मिस्र की संस्कृति से पहले की नहीं है तो उसकी समकालीन अवश्य है।

सिन्धु घाटी के लोग नगर बनाना जानते थे और बाद की खुदाई से पता चला कि वे नगर के चारों ओर दीवाल भी बनाते थे। नगर योजना के अनुसार बना था और यह योजना, मार्शल के अनुसार, आज के किसी पश्चिमी नगर के लिए भी ध्यान देने योग्य होगी। बड़ी सड़कें तीस फुट चौड़ी थीं। मकान साफ-सुथरे और सड़कों के किनारे बने थे। उन्हें बनाने के लिए पक्की ईंटें इस्तेमाल की गयी हैं। यहाँ पर नालियों की व्यवस्था उत्तर भारत के अनेक नगरों के लिए आज भी अनुकरणीय है।

पुरातत्ववेत्ता अर्नेस्ट मैके ने अपनी पुस्तक "प्राचीन सिन्धु सभ्यताएँ" में लिखा है कि सड़कें सीधी रेखाओं में बनी हैं और चौराहों पर दूसरी सड़कें उनसे मिलती हैं। मैके के अनुसार "अभी तक की खुदाई से जितने नगर मिले हैं, उनमें योजना के अनुसार नगर बनाने की क्रिया इन प्राचीन भारतीय नगरों ही में मिलती है।" मकानों की दो-तीन मंजिलें भी उठाई जाती थीं, ज़ीने होते थे, सड़कों पर दूकानें होती थीं। नालियों में खपड़े लगाये जाते थे। हर मकान में एक स्नानागार होता था और कई जगह शौचालय भी मिले हैं। नालियों द्वारा पानी निकालने की व्यवस्था जितनी विस्तृत और विकसित यहाँ थीं, उतनी प्राचीन संसार में कहीं न थी। पानी के लिए कुएँ खोदे जाते थे और गोल ईंटों से ये पक्के कर दिये जाते थे। ये कुएँ आम जनता के उपयोग के लिए थे। पनघट पर पाँच हज़ार साल पहले बने हुए घड़ों के निशान अभी तक सुरक्षित हैं। एक बड़ी सुन्दर इमारत एक विशाल स्नानागार है जो ३९ फुट ३ इंच लम्बा और २३ फुट २ इंच चौड़ा है। यह स्नानागार पक्की ईंटों का बना हुआ है। इसमें आने के लिए सीढ़ियाँ बनी हुई हैं जो ९ इंच चौड़ी और ८ इंच ऊँची हैं। पानी या तो कुएँ से आता था या नाली से और उसे निकालने के लिए दूसरी नाली थी। संभवतः नगर में एक प्रासाद भी था जिसके आस-पास कारीगरों और सेवकों के रहने के कमरे थे।

गॉर्डन चाइल्ड के अनुसार सिन्धु घाटी के नगरों की आबादी मेसोपोटा-

मिया के नगरों से कम न रही होगी। गाँव के लोग खेती करते थे और शहरों में कारीगरों की काफी संख्या थी। यहाँ के कारीगर ताँबा और टीन मिलाकर काँसा तैयार करते थे। काँसे के वे बहुत से औजार और अस्त्र बनाते थे। लोग कपड़े बुनना जानते थे और मार्शल के अनुसार वस्त्रों के लिए कपास का उपयोग उस समय केवल भारत में होता था। पश्चिम के देशों में यह कौशल तीन-चार हजार साल बाद पहुँचा। व्यापार के लिए गाड़ियाँ और नावें काम में आती थीं। मध्यपूर्व के पड़ोसी देशों से व्यापार सम्बन्ध कायम कर लिये गये थे। उद्योग-धन्धों के लिए दूर-दूर से सामग्री मंगाई जाती थी। अरब समुद्र से मोहेंजोदड़ो के निवासियों के लिए मछलियाँ भी आती थीं (गार्डन चाइल्ड : "इतिहास में क्या हुआ ?")। कारीगर विनिमय के लिए उत्पादन करते थे यद्यपि यह निश्चित नहीं है कि विनिमय के लिए किन वस्तुओं का उपयोग होता था। अनेक घरों में बने हुए गोदाम देखकर यह अन्दाज़ लगता है कि ये सौदागरों के मकान थे। चाइल्ड का अनुमान है कि जनसाधारण के श्रम से अर्जित संपत्ति राजा या पुरोहित वर्ग के हाथ में थी और समाज में कारीगरों और व्यापारियों के जुदा-जुदा वर्ग थे। सोने-चाँदी के आभूषण और मूल्यवान प्रस्तर यहाँ काफी मिले हैं।

अधिकतर धातुओं के बर्तन और अस्त्र वगैरह उन घरों में मिले हैं जिन्हें धनी लोगों का समझा जाता है लेकिन चाइल्ड ने लिखा है कि हड़प्पा में जिसे श्रमिकों का घर कहा गया है, उसमें बहुत से ताँबे के औजार और सोने के कड़े भी मिले हैं।

यहाँ के नापतौल के मानदण्ड अपने हैं और सुमेर और मिस्र से भिन्न हैं। गणित में दशमलव का आविष्कार हो चुका था यानी संख्या क्रम दस के आधार पर था। एक भारी इलाके में यहाँ की लिपि का प्रचार था। यह चित्रलिपि नहीं है यद्यपि चित्रलिपि से ही निकल कर विकसित हुई है। इस लिपि को पढ़ने का सबसे सफल प्रयास अभी तक चेकोस्लोवाकिया के विद्वान् ह्रोज़नी ने किया है।

यहाँ के लोग तीर, कमान और भाले का उपयोग करते थे लेकिन तलवार का आविष्कार न हुआ था। मिट्टी की देवी-मूर्तियाँ देखकर अनुमान किया गया है कि यहाँ आदिजननी की पूजा होती थी। अनेक लिंग और एक मुद्रा पर पशुपति का चित्र देख कर शैव धर्म की कल्पना भी की गयी है। पशुपति की मुद्रा एक योगी की है जिससे अन्दाज लगता है कि योग-सम्बन्धी धारणाओं का जन्म हो चुका था। अनेक मुद्राओं में पशुओं और वृक्षों के चित्रों से टोटम का अनुमान किया जा सकता है। मुद्राओं में अंकित चित्रों में सर्प का काफी महत्त्व

है जो टोटम और प्राचीन धार्मिक प्रतीक है। यहाँ पर शिल्पकला के ऐसे उत्कृष्ट नमूने मिले हैं कि इस तरह की कला यूनानियों के प्रसिद्ध शिल्प से पहले और कहीं नहीं मिलती। नृत्य करती हुई प्रतिमा का सुगढ़ शरीर और उसका यथार्थवादी अंकन आश्चर्यजनक हैं।

सिन्धुघाटी में जो अस्थि-कंकाल मिले हैं, उनके आधार पर वहाँ के निवासी किसी एक नस्ल के सिद्ध नहीं किये जा सकते। वे भारतवासी थे, इतना ही निश्चित है और हमारे लिए यह यथेष्ट है।

सिन्धुघाटी की संस्कृति का प्रभाव न केवल भारत पर वरन् अन्य देशों पर भी पड़ा। गॉर्डन चाइल्ड के शब्दों में यहाँ के विज्ञान का प्रभाव पश्चिम के विज्ञान पर पड़ा और इसलिए हमारे लिए वह "ब्रौंज़ एज" की संस्कृति नष्ट नहीं हुई वरन् हमारे न जानते हुए भी उसका काम आगे प्रगति का रहा है।

मिस्र, सुमेर, क्रीट, सिन्धु घाटी, मेक्सिको और दक्षिणी अमरीका की इन प्राचीन संस्कृतियों की कुछ सामान्य विशेषताएँ देखी जा सकती हैं। उत्पादन के अस्त्र पत्थर के बदले धातुओं के हैं, लेकिन धातुओं में ताँबा और काँसा मुख्य हैं। इसीलिए पुरातत्ववेत्ता इन्हें "ब्रौंज़ एज" की संस्कृति कहते हैं। इनके यहाँ साधारणतः बागबानी होती है यद्यपि कहीं-कहीं हल की खेती भी शुरू हो गयी है। हल में पशु भी जोते जाते हैं लेकिन लोहे के फाल का आविष्कार नहीं हुआ। सिंचाई की व्यवस्था भी की जाती है। श्रम का विभाजन इतना हो गया है कि अस्त्र-शस्त्र, बर्तन-भांडे, कपड़े, जूते आदि बनाने वाले विशेषज्ञ कारीगरों के पेशे बन गये हैं। व्यापार बढ़ा है और समाज में व्यापारियों का विशेष स्थान है। विनिमय के लिए धातुओं आदि का उपयोग होता है यद्यपि मुद्रा का आविष्कार नहीं हुआ। पुरोहितों और सर्दारों के पास भूमि का बड़ा भाग केन्द्रित होने लगा है। स्थापत्य, शिल्प, चित्रकला आदि में विशेष उन्नति हुई है और अनेक स्थानों में चित्रलिपि या अक्षर-लिपि का विकास हुआ है। गणित में युगान्तरकारी आविष्कार हो चुके हैं जिनमें भारतीय गणना-पद्धति मुख्य है। दास-प्रथा का चलन है यद्यपि सर्वत्र दासों के होने का प्रमाण नहीं है। समाज-व्यवस्था गोत्रों और रक्त-सम्बन्धों पर निर्भर है यद्यपि सम्पत्ति के उपार्जन और कुछ परिवारों में उसके केन्द्रीकरण से पुराने बन्धन ढीले पड़ रहे हैं। धर्म पर पुराने टोटम पंथ का असर है, पशु, वृक्ष, सर्प, लिंग, देवी-मूर्तियों आदि की पूजा का चलन है।

एंगेल्स के अनुसार यह बर्बर अवस्था की तीसरी और ऊँची मंज़िल है जो सभ्यता के आरम्भ से घुलमिल जाती है। इस अवस्था की संस्कृति के निर्माण में एशिया की प्रमुख भूमिका है। अफ्रीका और अमरीका में यह संस्कृति विक-

सित हुई। यूरोप की देन अभी नगण्य है।

आमतौर से इन प्राचीन समाजों में राज्यसत्ता का जन्म नहीं हुआ। अभी ऐसा वर्ग पैदा नहीं हुआ जिसका काम सिर्फ हुकूमत करना है। जब यह वर्ग पैदा होता है तब दूसरों पर हुकूमत करने के लिए फौज, पुलिस, जेल आदि की व्यवस्था करनी होती है जिससे बलपूर्वक वह दूसरों को अपने अधीन रख सकें। वर्गों की उत्पत्ति के बिना राज्यसत्ता का जन्म भी नहीं होता। इन प्राचीन समाजों में किस तरह के वर्ग बन रहे थे? इनमें पुरोहित थे, सर्दार थे और इनके हाथ में जनसाधारण की अर्जित सम्पत्ति केन्द्रित हो रही थी। भूमि का अधिकांश भाग भी इनके पास व्यक्तिगत सम्पत्त के रूप में केन्द्रित हो रहा था। इनके सिवा व्यापारी थे जो व्यापार द्वारा सम्पत्ति इकट्ठा कर रहे थे। इनके सिवा कारीगर और साधारण किसान भी थे।

यह देखना कठिन नहीं है कि यह वर्ग-विभाजन भारत की प्रसिद्ध वर्ण-व्यवस्था से मिलता-जुलता है। पुरोहित, सर्दार(युद्ध के नेता और भूमि के स्वामी), व्यापारी और शेष कारीगर-किसान। इससे यह सिद्ध होता है कि वर्ण-व्यवस्था उन समाजों में उत्पन्न होने लगती है जिनमें लोहे की जगह अभी कांसे के अस्त्रों का ही चलन है। आगे चलकर जब सर्दार भूमि का स्वामित्व अपने हाथ में कर लेते हैं और वंशगत स्वामित्व के आधार पर उस पर कब्जा करके उसे किसानों को जोतने-बोने के लिए ही देते हैं, व्यक्तिगत सम्पत्ति के लिए नहीं, पुरोहितवर्ग अपने धर्मशास्त्रों से इन भूस्वामियों की सत्ता का समर्थन करने लगता है, तभी सामन्ती समाज की परिचित वर्ण-व्यवस्था का जन्म होता है। सामन्ती समाज की रक्षा का अर्थ वर्ण-व्यवस्था की रक्षा हो जाता है। अस्त्र-शस्त्रों के उपयोग पर अपना एकाधिकार जमा कर भूस्वामी वर्ग राज्यसत्ता द्वारा अपने वर्ग-स्वार्थों की रक्षा करता है।

इन प्राचीन समाजों के गर्भ में जो श्रम-विभाजन और वर्ग-विभाजन क्रमशः विकसित होता है, वह सामंती समाज की विशेषता है। हमें वर्ग-विभाजन का यह रूप नहीं मिलता कि समाज में एक ओर तो केवल दास हों और दूसरी ओर दासों के स्वामी हों। युद्धआदि से जो दास प्राप्त होते हैं, उनसे उन्हीं लोगों की शक्ति बढ़ती है जो शेष समाज को यानी अपने सगोत्रियों को निर्धन बनाते जा रहे हैं और पूरे कबीले की अधिकांश भूमि अपने अधिकार में करते जाते हैं। इसका परिणाम यह होता है कि सम्पत्तिशाली वर्ग के हित में जब राज्यसत्ता का जन्म होता है, तब वह केवल दासों का दमन करने के लिए नहीं होती वरन् समाज के "स्वतंत्र" किन्तु निर्धन सदस्यों के विरुद्ध भी उसका उपयोग होता है।

ऐंगेल्स ने यूनानी, रोमन और जर्मन लोगों में राज्यसत्ता के जन्म का जो विश्लेषण किया है, उससे स्पष्ट हो जाता है कि समाज में दासों के अलावा भी धनी-निर्धन का वर्ग भेद पैदा हो जाने पर राज्यसत्ता का जन्म हो जाता है। उस विश्लेषण से यह भी सिद्ध होता है कि रक्त-सम्बन्ध पर आधारित प्राचीन समाज का विघटन होने पर सामन्ती व्यवस्था की ओर सीधे संक्रमण सभव है, दास-प्रथा वाली कोई विशेष समाज-व्यवस्था बीच की अनिवार्य मंज़िल नहीं है।

पहले यूनान में राज्यसत्ता के जन्म को लेते हैं। एंगेल्स ने दिखाया है कि वर्ग-विभाजन से पहले गोत्रबद्ध जनता सशस्त्र थी और अपनी रक्षा आप करती थी। इसका स्थान ऐसे सशस्त्र दल ने लिया जो अधिकारियों की इच्छानुसार काम करता था "और इसलिए आम जनता के विरुद्ध भी वह सुलभ था।" यह तथ्य, अन्यत्र नहीं, प्राचीन एथेन्स ही में मौजूद था जहाँ दास-प्रथा का चरम विकास हुआ था। एथेन्स में बाहर के लोग आकर बसे जिनके लिए पुराने गोत्रों में जगह न थी। सम्पत्तिशाली वर्ग गोत्रों के बाहर एक विशेषाधिकार-प्राप्त वर्ग में संगठित होने लगे। "सद्यःजात राज्यसत्ता ने उनके इस अधिकारहरण को उचित ठहराया।" राज्यसत्ता और प्राचीन सगोत्री समाज के बीच गहरी खाई पैदा हो गयी। मुद्रा के चलन और सूदखोरी से मुख्यतः लोगों की स्वाधीनता का अपहरण हुआ। सम्पत्ति रेहन रखने का रिवाज भी चला और यहाँ न रक्त-सम्बन्ध का विचार होता था, न नाते-गोते का। इसलिए अब अभिजात वर्ग के हित में एक नया कानून बना "जो ऋणिये के विरुद्ध महाजन की रक्षा करता था और धनपतियों द्वारा छोटे किसानों के शोषण को उचित ठहराता था।" इन शब्दों से बिल्कुल स्पष्ट है कि राज्यसत्ता का जन्म मूलतः दासों को दबाने के लिए नहीं हुआ वरन् "स्वतंत्र" किसानों और गरीबों—यानी अपने ही भाई-बन्दों—के शोषण के लिए हुआ।

एक समय एथेंस के आसपास खेतों में रेहन की पट्टियाँ लगी हुई थीं। जिनमें ये पट्टियाँ न लगी थीं, वे ज्यादातर मियाद बीत जाने या ब्याज न दे सकने के कारण अभिजातवर्ग के सूदखोरों की सम्पत्ति बन गये थे। "किसान को खुशी होती थी यदि उसे आसामी बनकर रहने दिया जाता था और अपनी जीविका के लिए फसल का छठा हिस्सा छोड़ दिया जाता था और बाकी पाँच हिस्से अपने नये मालिक को लगान के रूप में देने होते थे।" यहाँ लगान भी है, जमींदार और उसका आसामी भी हैं। एथेन्स में दासों का जमघट होने के पहले ही वहाँ सामंती शोषण की ये विशेषताएँ पैदा हो रही थीं और उनका जन्म सीधे प्राचीन सगोत्री समाज की सीमाएँ तोड़ कर हो रहा था। सामन्त युग में कर्ज न देने पर अपनी सन्तान या अपने को बेचना आम बात है। यूनान

में भी कर्ज़ न दे सकने पर बच्चे बेचे जाते थे। "और तब भी खून चूसने वाले को सन्तोष न हो, तो वह कर्जदार को ही गुलाम के रूप में बेच सकता था।" यह "खून चूसने वाला" कर्जदार का पुराना रक्त-सम्बन्धी ही था! प्राचीन समाज की उत्पादन-पद्धति "धनी और निर्धन, शोषक और शोषित के ऐसे विरोध को जन्म न दे सकती थी।" समाज में विनिमय का चलन होने पर उत्पादक अपनी बनाई हुई वस्तु का उपभोग न करके उसे हाथ से निकल जाने देता था। फिर उसे पता न रहता था कि उस वस्तु का क्या हुआ। इसी से यह संभावना पैदा हुई कि "उस वस्तु का उपयोग उत्पादकों के खिलाफ हो, वह उनके शोषण और उत्पीड़न का साधन बन जाय।" प्राचीन समाज में मुद्रा, महाजन, कर्जदार और बलपूर्वक कर्जवसूली के लिए गुंजाइश न थी। भूमि पर गोत्र का अधिकार होता था, लेकिन अब किसान उसे बेच सकता था यानी भूस्वामी और महाजन उसकी जमीन छीन कर उसी को वह जमीन लगान पर उठाने के लिए स्वतंत्र थे। उत्पादन की विभिन्न शाखाओं में विभाजन हो चुका था—खेती, दस्तकारी, व्यापार, तरह-तरह के कौशल विकसित हो चुके थे। इसलिए लोग अब पेशे के हिसाब से बँट गये थे (जैसे भारतीय समाज के कुम्हार, चमार, लोहार, सोनार, आदि)। इनके पेशेवर हितों के लिए पुराने गोत्रों में जगह न थी। इसके सिवा दासों की संख्या बढ़ी और व्यापार के कारण बाहर के लोग भी आकर एथेंस में रहने लगे।

इस क्रम में व्यवधान पैदा हुआ सोलन के समय में जब कर्जदारों और किसानों ने अपने अधिकार बहुत कुछ प्राप्त कर लिए। एँगेल्स ने लिखा है कि "पहले की तरह अपने ही नागरिकों का निर्मम शोषण न करके एथेन्सवासी अब मुख्यतः दासों और बाहर के लोगों का शोषण करने लगे।"

भूस्वामी और किसान, महाजन और कर्जदार के पुराने संघर्ष के बदले या साथ—जो सामन्ती व्यवस्था की विशेषता है—संघर्ष दासों और दासों के स्वामियों में पैदा हो गया। इसका कारण क्या था? इसका कारण एथेन्स के उपनिवेश थे और इनकी वजह से व्यापारी वर्ग की अभूतपूर्व प्रगति थी। छठी शताब्दी ई० पू० में एथेन्स ने व्यापार के क्षेत्र में प्रगति की। एथेन्स के बने हुए बर्तन मिस्र, इटली और वर्तमान तुर्की तक पहुँचते थे। पुराने कारीगर क्रय-वस्तुओं की यह मांग पूरी न कर सकते थे। उद्योगपतियों ने आवश्यक संख्या में कारीगर न मिलने पर गुलाम खरीदने शुरू किये। सबसे सस्ते मजदूर यही थे। भूमि और पशु सम्पत्ति का मुख्य रूप न रह गये। सम्पत्ति पैसे के रूप में एकत्र होने लगी। इस तरह एथेन्स में एक औद्योगिक और व्यापारी मध्यवर्ग की उत्पत्ति हुई। लेकिन इस वर्ग के साथ राज्यसत्ता का जन्म नहीं हुआ। वह

कार्य तो पहले ही हो चुका था लेकिन सत्ता भूस्वामियों के हाथ में थी। यह नया वर्ग अब सत्ता में भागीदार बनने के लिए हाथ-पैर फैलाने लगा। इसी समय सोलन रंगमंच पर आया। उसकी उक्ति थी : "इन्सान को बनाने वाला पैसा है !" किसानों और व्यापारियों का हित भूस्वामियों का विरोध करने में था। इन्हीं की सम्मिलित शक्ति के बल पर सोलन आगे बढ़ा। उसने रेहन रखी हुई जमीन किसानों को वापस दे दी और जहाँ नागरिक के दास बनने का सवाल था, वहाँ कर्ज भी रद्द कर दिया। लेकिन वह इतना ही क्रांतिकारी था कि आज के पूँजीवादी इतिहासकार भी उसकी सराहना कर सकें। गरीब जनता की एक माँग यह भी थी कि भूस्वामियों के पास जो जमीन पहुँच गयी है, उसका फिर से बँटवारा हो। ईसा से ६०० वर्ष पहले यूनान के किसान जमीन का फिर से बँटवारा करने की माँग कर रहे थे "लेकिन सोलन सच्चा राजनीतिज्ञ था। निम्न वर्गों की यह माँग कि सर्दारों की भूमि का फिर से बँटवारा हो, उसने न मानी।" (ब्रेस्टेड : प्राचीन युग)। उसे इतना अवश्य करना पड़ा कि कोई सर्दार एक निश्चित सीमा से आगे भूमि अपने पास न रखे। एथेन्स ने व्यापार में जा उन्नति की, उसके लिए ब्रेस्टेड ने सोलन को उचित ही श्रेय दिया। उसके बाद क्लिस्थेनीज़ ने प्राचीन रक्त-सम्बन्ध वाला विभाजन तोड़ कर उसकी जगह स्थान के अनुसार दस विभाग कायम किये। उसके कार्यों का परिणाम यह हुआ कि भूस्वामी कमजोर पड़े और एक साथ मिलकर आगे न बढ़ सके।

एथेन्स के निर्धन लोगों को जो सुविधाएँ मिलीं, उनका कारण एथेंस के उपनिवेश, व्यापारीवर्ग की शक्ति, श्रम के लिए गुलामों की प्राप्ति और संपत्तिशाली वर्गों की आपसी फूट थी। एंगेल्स ने दिखलाया है कि सम्पत्ति की बढ़ती के साथ "नये सम्पत्तिशाली औद्योगिक और व्यापारी वर्ग ने अभिजात वर्ग (भूस्वामियों) के साथ सफलता से होड़ की।"

एक दिलचस्प बात यह है कि एथेन्स की नयी राज्यसत्ता में पुलिस का काम दास करते थे! "स्वतंत्र" एथेंन्सवासी पुलिस का काम निन्द्य समझते थे और ऐसे काम के बदले सशस्त्र दासों द्वारा गिरफ्तार होना ज्यादा अच्छा समझते थे।

एथेन्स में दासों की संख्या स्वाधीन यूनानियों से बहुत ज्यादा थी। इनके श्रम के बल पर ही यूनान की सभ्यता का प्रकाश फैला था एथेंस के कारखानों में ये दास ही काम करते थे। इसलिए यह स्वाभाविक था कि व्यापारी और औद्योगिक वर्ग उन्हें नियंत्रण में रखने के लिए शक्ति का उपयोग करें। एथेंस में फी नागरिक के पीछे अठारह गुलाम थे लेकिन इसका यह अर्थ नहीं है कि हर नागरिक के पास गुलाम थे और समाज से धनी-निर्धन का तीव्र वर्ग-भेद

मिट गया था। ऍंगेल्स ने लिखा है, "व्यापार और उद्योगधन्धों की प्रगति से थोड़े से लोगों में सम्पत्ति एकत्र और केंद्रित हुई। आम स्वाधीन नागरिक गरीब थे। उनके सामने दो ही रास्ते थे—या तो वे दस्तकारी में दास श्रमिकों से होड़ करें जिसे घृणित और त्याज्य समझा जाता था, इसके सिवा जिसमें सफलता की आशा भी बहुत कम थी—या पूरी तरह मुफलिस हो जाएँ। उस समय की परिस्थितियों में दूसरी बात ही हुई।" इस मुफलिसी ने ही एथेन्स को तबाह किया।

इससे स्पष्ट है कि गुलामों के श्रम से समाज का पुराना वर्ग-भेद मिटा नहीं वरन् एक हद तक और तीव्र हुआ। एथेन्स के समाज में दास और उनके स्वामी ही दो मुख्य शोषक और शोषित वर्ग न थे, एक शोषित वर्ग उन मुफलिसों का भी था जो अन्त में एथेन्स की तबाही का कारण बने।

एथेन्स की तरह रोम में भी अभिजात वर्ग के भूस्वामियों की शक्ति बढ़ी। निर्वाचित सर्दारों ने कोशिश की कि अपने अधिकार बढ़ाते जाएँ। रोम में बाहर से आये हुए बहुत-से लोग ऐसे थे जो स्वतंत्र थे, जिनके पास जमीन थी, लेकिन जो रोम के मूल निवासियों से भिन्न थे, इसलिए रक्त-सम्बन्ध वाले समाज की सीमाओं में कोई अधिकारी पद न पा सकते थे, न लोकसभा में हिस्सा ले सकते थे और न जीती हुई भूमि के बटवारे में हिस्सा ले सकते थे। ये लोग प्लीबियन कहलाते थे। लेकिन व्यापार और उद्योग-धन्धों से अर्जित संपत्ति अधिकतर इन्हीं के पास थी। प्राचीन व्यवस्था से इनकी टक्कर होना स्वाभाविक था। जो नया विधान बना, उसके अनुसार लोकसभा में वही लोग भाग ले सकते थे जो सैनिक कार्यों में योग दे सकते थे। सैनिक कार्य के लिए रक्त-सम्बन्ध का भेद न मानकर सम्पत्ति के हिसाब से जनता के पाँच स्तर किये गये। छठा स्तर सर्वहारा लोगों का था जिनके पास बहुत कम सम्पत्ति थी, जो कर न देते थे और जो सैनिक कार्यों से भी अलग रखे जाते थे। यह नया विधान रक्तसंबन्ध के बदले प्रादेशिक विभाग और "सम्पत्तिगत भेद" (ऍंगेल्स) पर आधारित था। राज्यसत्ता का उपयोग "गुलामों के खिलाफ ही न हो सकता था वरन् तथाकथित सर्वहारा के विरूद्ध भी हो सकता था जिन्हें सैनिक-सेवा से दूर रखा गया था और जो हथियार न रख सकते थे।" सैनिक-सेवा से जो किसान तबाह हुए, उनकी जमीन पर बड़े-बड़े भूपतियों और धनपतियों ने अधिकार कर लिया और उनमें गुलामों से खेती कराने लगे। इस तरह एथेन्स की तरह इटली में भी मुफलिसों की संख्या बढ़ी जिन्होंने आक्रामक जर्मनों का स्वागत किया।

ऍंगेल्स ने आगे लिखा है कि रोमन लोगों ने व्यापार और उद्योगधन्धों में विशेष उन्नति नहीं की। वे सूदखोरी में सबसे बढ़े-चढ़े थे। रोमन राज्यसत्ता से

प्रजा का शोषण होता था और तरह-तरह के करों से "आम जनता दिन पर दिन मुफलिसी में डूबती चली गयी।"

रोमन सर्दार एक ओर तो जीते हुए प्रदेशों का शोषण करते थे, दूसरी ओर अपनी जमीन पर या तो भेड़ें और बैल पालते थे, जिनकी देखरेख थोड़े-से गुलाम करते थे, या बड़े पैमाने पर बाग़बानी करते थे जिनमें झुंड के झुंड गुलाम काम करते थे। ब्रेस्टेड ने लिखा है कि रोमन सर्दार व्यापार करना अपनी शान के खिलाफ समझते थे, इसलिए सम्पत्ति का सम्मानयुक्त रूप भूमि ही थी। शहरों में रहने वाले रोमन सर्दारों ने देहात में बड़ी-बड़ी रियासतें कायम कर ली थीं। छोटे किसान तबाह हो रहे थे और उनकी ज़मीन बड़े भू-स्वामियों के पास पहुँचती जा रही थी। इन रियासतों में गुलाम काम करते थे। युद्ध में बन्दी बनाये हुए सैनिक गुलामी करते थे। ऐड्रियैटिक समुद्रतट से रोमन डेढ़ लाख आदमी बन्दी बनाकर लाये थे। साधारण गुलामों से कारीगर गुलामों की कीमत ज्यादा होती थी और नौजवान गुलाम औरतों की सबसे ज्यादा। गुलामों की बिक्री से खूब मुनाफा मिलता था।

खेतों के काम करने वाले दासों को गरम लोहे से दाग दिया जाता था जिससे कि वे सदा पहचाने जा सकें कि किस मालिक के हैं। रात को भेड़-बकरियों की तरह वे बाड़ों में बन्द कर दिये जाते थे और भूखे जानवरों की तरह सबेरे खेतों में हाँक दिये जाते थे। युद्ध से गुलामों की कमी पूरी न होती थी तो गुलाम उड़ाने वाले डाकू उन्हें जुटाते थे। वर्षों तक ईजियन और पूर्वी भूमध्य सागर से ये डाकू लोगों को पकड़ लाते थे और उन्हें देलोस के बाजार में बेच देते थे। वहाँ से रोमन व्यापारी उन्हें इटली ले आते थे।

यह अत्याचार न सह सकने पर दासों ने कई बार विद्रोह किया। सिसिली में साठ हजार विद्रोही दासों ने अपने मालिकों को मार कर शहरों पर कब्जा कर लिया और अपना राज्य स्थापित कर लिया। रोमन फौज कई साल के संघर्ष के बाद ही उन्हें दबा पायी। इस विद्रोह के समय छोटे खेतों के मालिक, स्वाधीन किसान भी चुप नहीं बैठे। उन्होंने धनी भूस्वामियों के महलों में आग लगा दी। "इसलिए दासों के विद्रोह से न केवल दासों की वरन् स्वाधीन लोगों में निर्धन किसान वर्ग की भी घृणा प्रकट हुई। दास या स्वाधीन, गाँवों के सभी निम्न वर्गों की घृणा धनी भूस्वामियों के प्रति प्रकट हुई।" (ब्रेस्टेड)। धनी और निर्धन का भेद इतना तीव्र हो गया था कि दोनों वर्ग एक-दूसरे से बिल्कुल अलग हो गये थे। "इटली दो बड़े सामाजिक वर्गों में बँट गया था जो एक-दूसरे के खतरनाक ढंग से विरोधी था।" (उप०)। एक ओर भूपतियों का वर्ग था जिनके पास दास और भूमि थी; दूसरी ओर दास और वे गरीब किसान थे

जो भूपतियों की नीति से तबाह हो रहे थे। रोमन सामन्तों की युद्ध-नीति से साधारण जनता खुशहाल न हुई, वरन् और तबाह हुई। दूसरों को लूट कर वे जो सम्पदा लाते थे, उससे साधारण जनता को लाभ न था। युद्ध से लौटने पर रोमन सैनिकों को अपना खेत सुरक्षित न मिलता था। कर्ज के न चुका सकने पर अक्सर वह भूस्वामी के पास पहुँच जाता था। अगर खेत बचा भी रहा तो वह गुलामों द्वारा की जाने वाली बड़े पैमाने की खेती का मुकाबला न कर सकता था। बाहर से भी सस्ता अनाज मँगाया जाता था। आगे-पीछे खेत बेच कर किसान सर्वहारा बनकर रोम पहुँच जाता था। रोम का भव्य साम्राज्य उसके स्वाधीन किसानों ने ही कायम किया था। वही उससे तबाह हुए। एथेंस की तरह रोम के पतन का आंतरिक कारण ये मुफलिस बने।

स्पष्ट है कि रोमन समाज में दासों और उनके स्वामियों का वर्गभेद एक मात्र वर्ग-भेद न था। दासों के साथ निर्धन किसान और रोम के मुफलिस भी भूस्वामियों के वर्ग-शत्रु थे। सिसिली में दासों के विद्रोह ने वर्ग-भेद का यह रूप स्पष्ट कर दिया। राज्यसत्ता भी केवल दासों का दमन करने के लिए न थी, उससे "स्वाधीन" किन्तु निर्धन किसानों को दबाने का भी काम लिया गया।

रोमन साम्राज्य के अन्तिम दिनों में सामन्ती शोषण की विशेषता साफ उभरने लगी। छोटे-छोटे खेत. उन किसानों के पास थे जिन्हें "कोलोनी" कहते थे। ये जमीन से सम्बद्ध थे और खेत के साथ बेचे जा सकते थे। ये गुलाम नहीं थे लेकिन मुक्त भी नहीं थे। वे साल में एक निश्चित लगान देते थे। ये सामंती व्यवस्था के अर्ध-दास थे। ऐंगेल्स ने उन्हें मध्यकालीन अर्धदासों (Serfs) का प्राथमिक रूप कहा है।

रोम और एथेंस में गुलामी प्रथा का विकास विशेष परिस्थितियों में हुआ। यूनान में सभी जगह दासप्रथा का चलन न था। ऐंगेल्स ने स्पार्टा के बारे में लिखा है कि उसके वैभव के दिनों में वहाँ घरेलू गुलामी न थी। हेलौत या अर्धदास (Helot serfs) खेतों पर अलग रहते थे, इसलिए उनकी स्त्रियों से अपनी भोगलिप्सा शान्त करने का अवसर स्पार्टा के लोगों को कम मिलता था। जमीन पर काम करने वालों को ऐंगेल्स ने जो "अर्धदास" संज्ञा दी है, वह ध्यान देने योग्य है।

जर्मन लोगों में राज्यसत्ता के जन्म का विश्लेषण करने पर यह और भी स्पष्ट होता है कि प्राचीन सगोत्री समाज के बाद—काँसे के अस्त्रों के बाद लोहे के हल की खेती होने के साथ—सीधे सामन्ती व्यवस्था में पहुँचना सम्भव है, स्वाभाविक भी है। रोमन साम्राज्य के पतनकाल में जर्मन बर्बर इस अवस्था में थे। उन्होंने रोमनों से भूमि छीन ली और अपनी प्राचीन गोत्र-प्रथा के अनु-

सार उसे आपस में बांट लिया। लेकिन भूसम्पत्ति की बढ़ती के साथ पुरानी गोत्र-प्रथा टूटने लगी। जमीन पर व्यक्तिगत अधिकार हो गया। जर्मन और रोमन लोगों का मिश्रण हुआ। पुराने रक्त-सम्बन्ध टूटने लगे। उनके बदले प्रादेशिक और सम्पत्तिगत भेद कायम हुए। बड़े-बड़े सर्दार जनता की जमीन छीन कर अपनी रियासत बनाने लगे। यह जमीन वे सामन्ती सेवाओं के बदले आसामियों को देने लगे। इस तरह "जनता के हितों की बलि देकर एक नये अभिजात वर्ग का जन्म हुआ।" (एंगेल्स)। "जो किसान जमीन के स्वाधीन मालिक थे, आम फ्रैंक लोग, वे लगातार गृहयुद्ध और दिग्विजयी युद्धों से तबाह और मुफलिस बन गये, खासतौर से शार्लमेन के युद्धों से, जैसे कि रोमन प्रजा-तन्त्र के अन्तिम दिनों में रोमन किसान तबाह हुए थे।" (उप०)। जर्मन किसानों की तबाही के आधार पर ही जर्मन राज्यसत्ता का जन्म हुआ। गॉल के किसानों की तरह फ्रैंक किसानों की जमीन भूस्वामियों ने हथिया ली और फिर इन्हें लगान और सामन्ती सेवा के बदले जोतने-बोने को दी। इस तरह उनकी स्वाधीनता का अपहरण हुआ "और कुछ पीढ़ियों के बाद उनमें से अधि-कांश लोग अर्धदास (Serfs) बन गए।" (उप०) पैरिस के पास एक मठ की रियासत में २,७८८ परिवार थे जो सभी जर्मन नामवाले थे। इनमें २,०८० कोलोनी थे (रोम के अर्धदास), ३५ लाएत या अर्धमुक्त किसान थे, २२० गुलाम थे और केवल ८ अपनी जमीन के मालिक किसान थे। इससे पता चलता है कि जर्मन बर्बर अवस्था से निकल कर किस तरह सामन्ती व्यवस्था में प्रवेश कर रहे थे।

रोम और एथेन्स की तरह जर्मनों में भी स्वाधीन किसानों की तबाही और उनकी भूमि के अपहरण के साथ राज्यसत्ता का जन्म हुआ। यह राज्यसत्ता प्राचीन रक्त-सम्बन्ध पर आधारित समाज का ढाँचा तोड़कर पैदा हुई। आरंभ से ही वह भूस्वामियों के हित में थी जो नाते-गोते का विचार न करके "यस्यास्ति वित्तं स नरः कुलीनः" का मंत्र जपते थे। यह राज्यसत्ता दासों के विरुद्ध थी जिन्हें प्राचीन समाज में ही युद्ध द्वारा पकड़ कर श्रम के लिए उपयोग में लाना लोग सीख चुके थे। यह राज्यसत्ता निर्धन नागरिकों के विरुद्ध थी जिनकी जमीन छीन कर भूस्वामी धनी बने थे। समाज में आंतरिक वर्ग-भेद पैदा होने पर ही राज्यसत्ता का जन्म हुआ, इसलिए निर्धन लोगों के विरुद्ध उसका उप-योग स्वाभाविक था।

रक्त-सम्बन्ध पर आधारित समाज-व्यवस्था के बाद दासों के श्रम पर आधारित व्यवस्था कोई विशेष अनिवार्य मंजिल नहीं है। जर्मनों में प्राचीन व्यवस्था के बाद सामन्ती वर्ग-भेद उत्पन्न हुआ। सम्पत्ति-अर्जन की पद्धति दासों

का श्रम न होकर अर्द्ध दास किसानों का श्रम थी। सोवियत विज्ञान अकादमी से प्रकाशित "अर्थशास्त्र की पाठ्य पुस्तक" में लिखा है कि सामूहिक उत्पादन वाली व्यवस्था के बाद रूसी समाज का विकास दास-प्रथा के आधार पर न हो कर सामंती व्यवस्था के मार्ग पर हुआ। ऐंगेल्स ने बर्बर अवस्था की तीसरी मंजिल में लोहे के हल द्वारा खेती करना स्वीकार किया है। यदि यह सही है तो पैदावार के औजारों की दृष्टि से बर्बर अवस्था के बाद सामन्ती-व्यवस्था की ओर बढ़ने के वस्तुगत कारण मौजूद रहते हैं। प्राचीन समाज के टूटने पर राज्यसत्ता का जन्म होता है और राज्यसत्ता सामंत वर्ग के शासन का साधन बनती है।

३. प्राचीन भारतीय समाज और राज्यसत्ता का जन्म

अन्य देशों में सम्पत्ति, वर्ग और राज्यसत्ता का जन्म जिस प्रकार हुआ, तत्त्वरूप में उसी प्रकार भारत में भी उनका जन्म हुआ। ऐतिहासिक विकास के नियम यहां भी वैसे ही लागू होते हैं जैसे अन्य देशों पर। हम देख चुके हैं कि सिन्धुघाटी की मूल विशेषताएँ अन्य देशों की उस संस्कृति से मिलती-जुलती हैं जो लोहे के हल के व्यापक चलन के पहले काँसे के युग में विकसित हुई थी। उसके बाद वैदिक साहित्य और विशेषकर ऋग्वेद से हमें एक विशेष प्रदेश के समाज और उसके सांस्कृतिक जीवन का पता लगता है। संक्षेप में उस पर विचार करना यहां आवश्यक है।

सबसे पहले प्रश्न यह है कि क्या वैदिक संस्कृति किसी विशेष प्रदेश की संस्कृति है। प्रदेश का सवाल भी तब उठता है, जब यह सिद्ध हो जाय कि इस संस्कृति के रचने वाले घुमन्तू जीवन न बिताते थे वरन् किसी प्रदेश में बस गये थे। श्री पुसाल्कर ने भारत में आर्य बस्तियों की चर्चा करते हुए यह परिणाम निकाला है कि वैदिक ऋचाओं में जिस प्रदेश की चर्चा है, उसमें अफगानिस्तान, पंजाब, सिन्ध और राजस्थान के कुछ भाग, उत्तर-पच्छिमी सीमान्त प्रदेश, कश्मीर और सरयू नदी तक का पूर्वी प्रदेश आता है। ("वैदिक युग")। पश्चिम के कुछ विद्वानों का मत रहा है कि ऋग्वेद का मुख्य क्षेत्र पंजाब है। दूसार और उसके बाद का मत है कि यह प्रदेश सरस्वती नदी के आसपास और अंबाला के दक्षिण का है।

कुछ लोगों का यह मत भी है कि अधिकांश मंत्र भारत के बाहर ही रचे गये थे।

वैदिक जनों में भरत जन का विशेष महत्त्व है। पुसाल्कर के अनुसार ऋग्वेद में सबसे महत्त्वपूर्ण यही जन है। भरत लोग सरस्वती और यमुना के बीच के प्रदेश में रहते थे। मैकडनल और कीथ ने "वैदिक नाम सूची" (वेदिक इन्डैक्स) में लिखा है, "भरत लोगों की भौगोलिक स्थिति इस बात से स्पष्ट

मालूम हो जाती है कि भरत राजाओं ने काशी जन पर विजय प्राप्त की और यमुना और गंगा के किनारे यज्ञ किये।" पुसाल्कर ने लिखा है कि जिस प्रदेश को बाद में कुरुक्षेत्र कहा गया है, उसमें भरत राजा यज्ञ करते थे। यह तथ्य जिसे भारत और यूरोप के अनेक विद्वान् स्वीकार करते हैं, अत्यन्त महत्त्वपूर्ण है। ऋग्वेद के सबसे महत्त्वपूर्ण जन का प्रदेश कुरुक्षेत्र है। यह जन घुमन्तू जीवन नहीं बिताता था वरन् एक विशेष भूमिखंड में बसा हुआ था। यह वही प्रदेश है जहाँ से आज की हिन्दी का प्रसार हुआ। इसलिए हिन्दीभाषी जनता के जातीय इतिहास में भरतजन का उल्लेख करना न्यायसंगत होगा। इस जन के कवियों या ऋषियों ने उसी भूमिखंड पर अपने मंत्र रचे जो आज हिन्दीभाषी जनता के जातीय प्रदेश का एक अंग है। भरत जन के ऐतिहासिक महत्त्व का सबसे बड़ा प्रमाण यह है कि उसी के नाम पर सारे देश का नाम भारतवर्ष पड़ा। "वैदिक युग" में श्री आप्टे का यह कथन सही है कि ऋग्वेद का सबसे प्राचीन भाग नहीं तो उसका मुख्य भाग पंजाब में नहीं, पूर्व में रचा गया था, उस प्रदेश में जिसे आगे चलकर मध्य देश या ब्रह्मावर्त कहा गया था।

यदि भरत जन की ऐसी महत्त्वपूर्ण भूमिका थी तो यह अनुमान तर्कसंगत होगा कि अन्यजनों की भाषा की अपेक्षा भरत जन की भाषा भी अधिक महत्त्वपूर्ण थी। इस तरह वैदिक भाषा देशकाल से परे किसी परोक्ष सत्ता की भाषा न होकर भरत जन की भाषा ठहरेगी।

भरत जन के एक प्रसिद्ध राजा सुदास थे। ये त्रित्सु गोत्र के थे जो उस प्रदेश में रहता था जिसे आगे चलकर ब्रह्मावर्त कहा गया। (पुसाल्कर)। भरत जन और सुदास का युद्ध दस जनों से हुआ जिनमें पुरु, यदु, तुर्वश, अणु और द्रुह्यु मुख्य थे। इस युद्ध में सुदास की विजय हुई। ध्यान देने की बात है कि ये युद्ध "आर्य" जनों के बीच हुए। इस पर ध्यान देना इसलिए आवश्यक है कि अनेक इतिहासकार आर्यों को एक संगठित इकाई मानकर आर्य-अनार्य संघर्ष के चित्र ही देखते हैं। इन आर्य जनों में परस्पर संघर्ष भी था, इसका प्रमाण यह दाशराज्ञ युद्ध है।

भरत जन के बाद सबसे महत्त्वपूर्ण पुरु जन है। ये लोग सरस्वती के दोनों ओर रहते थे। ऋग्वेद में सरस्वती सबसे पवित्र नदी है। उससे वैदिक जनों का बहुत घनिष्ठ सम्बन्ध होना चाहिए। सरस्वती यमुना और शुतुद्री नदियों के बीच में थी। अधिकांश विद्वानों का विचार है कि यह वही नदी है जो आजकल सरसुती कहलाती है और जो भटनेर के पास मरुस्थल में लुप्त हो गयी है। इस तरह दूसरे महत्त्वपूर्ण वैदिक जन पुरु का निवास भी हिन्दीभाषी क्षेत्र में था।

दाशराज्ञ युद्ध से स्पष्ट है कि देश जनों ने मिलकर सुदास से युद्ध किया

था। अर्थ यह है कि अनेक जन कम से कम युद्ध के लिए संघबद्ध होने लगे थे। लेकिन ऋग्वेद में अनेक बार पञ्चजनाः का भी उल्लेख है। ज़िमर का विचार है कि वे पाँच जन अणु, द्रुह्यु, यदु, तुर्वष और पुरु हैं। बेवर का कहना है कि ये पाँचों जन ही आगे चलकर पंचाल कहलाये। पुसाल्कर का अनुमान है कि त्रित्सु, भरत और पुरु से मिलकर कुरु जन का निर्माण हुआ। आगे चलकर कुरु और पंचाल एक हुए और इस संघ में भरत भी शामिल हुए। कीथ और मैकडनल का विचार है कि पंचाल जन में क्रिवि और कुछ दूसरे जन भी शामिल थे। "वैदिक युग" में परम्परागत इतिहास की चर्चा करते हुए पुसाल्कर ने लिखा है, "जिस रूप में हमें ऋग्वेद प्राप्त है, वह कुरु-पंचाल की देन है। इसलिए यह स्वाभाविक है कि इन जनों के राजाओं की भूमिका उसमें महत्त्वपूर्ण है और दूसरों का उल्लेख गौणरूप से है।"

इन सभी मतों में एक बात समान है और वह यह कि अनेक जन अपना अलगाव छोड़कर संघबद्ध हो रहे थे। ये संघ स्थायित्व प्राप्त कर रहे थे और केवल युद्ध आदि की आवश्यकता के लिए न बनते थे। यह तथ्य इस बात की ओर संकेत करता है कि वैदिक जन सामाजिक विकास की एक विशेष मंजिल तक पहुँच गये थे जब परस्पर अलग रहने के बदले उनका एक होना आवश्यक था।

वैदिक समाज में परिवार और स्त्री-पुरुष के परस्पर संबन्धों की क्या स्थिति थी? क्या यह आदिम मातृसत्ताक समाज था? या उससे आगे बढ़ चुका था? या उस प्राचीन सामूहिक जीवन से उसका कोई सम्बन्ध ही नहीं था?

इस सम्बन्ध में एंगेल्स का मत है कि भारतीय आर्यों का सामाजिक जीवन पितृसत्ताक था। रोमन परिवार का हवाला देते हुए उन्होंने कहा है कि आधुनिक परिवार के विकास के पहले एक कुलपति के परिवार (पैट्रोआर्कल फैमिली) की मंजिल है जिसकी विशेषता है, एक पितृसत्ता के अधीन अनेक व्यक्तियों का संगठन। इन में दास भी होते हैं, स्वाधीन व्यक्ति भी। दोनों ही उस परिवार के अन्तर्गत होते हैं। दक्खिनी स्लाव लोगों में इस परिवार का यह रूप था कि एक पिता के नाती-पोते और उनकी पत्नियाँ एक ही कुटुम्ब में रहते हुए साथ-साथ खेती करते और जीवन यापन के साधन जुटाते थे। यह विशेषता हमारे कुलपति शब्द से अच्छी तरह प्रकट होती है। कीथ और मैकडनल ने ठीक लिखा है, "ऐसा प्रतीत होता है कि गोत्र से भिन्न कुल शब्द परिवार के उस सीमित अर्थ का वाचक है जिसके लोग अभी एक ही घर में और अविभाजित परिवार में रहते हैं।" ऋग्वेद में "ससन्तु सर्वे ज्ञातयः" (७,५५,५) आदि की चर्चा करते हुए उन्होंने कहा है कि यहाँ "ज्ञातयः" से तात्पर्य एक संयुक्त

परिवार के सदस्यों से है।

ऋग्वेद में जिस समाज का उल्लेख है, वह पितृसत्ताक है, इसमें संदेह नहीं। ऐंगेल्स के अनुसार मातृसत्ताक से पितृसत्ताक समाज की ओर यह प्रगति प्राचीन काल की महत्त्वपूर्ण क्रान्ति है। हम देख चुके हैं कि मातृसत्ताक व्यवस्था से निकल कर काँसे के अस्त्रों द्वारा मनुष्य ने उत्पादन बढ़ाकर किस तरह उन्नति की। वह क्रान्ति यहाँ भी हो चुकी थी। लेकिन रोम और एथेंस की तरह नारी को दासी की तरह नहीं देखा गया। यह दृष्टिकोण और व्यवहार बाद का है। आत्रेयी पुत्र, आलंबी-पुत्र (वृहदारण्यक), उशीनरों की रानी के नाम (ऋग्वेद, १०, ५६, १०; कीथ और मैकडनल द्वारा उल्लिखित) आदि से पता चलता है कि माँ के नाम पर पुत्र को पुकारना बन्द न हुआ था। आगे चलकर कौन्तेय, सुमित्रानन्दन, देवकीनन्दन आदि के नाम या विशेषण उसी परम्परा के पोषक हैं। समन या लोक-समारोह में जाती हुई उत्सुक युवतियों का चित्र, विधवा स्त्री से पति के शव को छोड़कर देवर के साथ घर चलने की प्रार्थना, अथर्ववेद में ब्राह्मण के लिए यह दावा कि नारी का वही सच्चा पति है, भले ही उसके अन्य वर्णों के पति भी रहे हों (वेदिक इन्डेक्स, पृ० २७०), उषा-सम्बन्धी सरस छन्द यह सिद्ध करते हैं कि नारी का सम्मान और उसकी स्वाधीनता बहुत कुछ सुरक्षित थी। ऋग्वेद के अनेक सूक्तों के साथ स्त्रियों का नाम कवि या द्रष्टा के रूप में आना उनकी सम्मानित स्थिति का प्रमाण है। आगे चलकर "यत्र नार्यस्त पूज्यन्ते रमन्ते तत्र देवता:' तक यह परम्परा चली आई है। यह परंपरा एथेंस के सामाजिक जीवन से भिन्न थी। वहाँ नारी को दासी का दर्जा मिला था और स्वाधीन चेतना और सांस्कृतिक गरिमा केवल वारांगनाओं में रह गयी थी। ऐंगेल्स ने क्षोभ से लिखा है कि इससे अधिक उस सभ्य समाज की विडंबना क्या होगी कि नारी अपने को बेचकर ही अपना स्वाधीन विकास कर सकती थी! एथेंस में नारी के बदले पुरुषों से "प्रेम" करके वहाँ के सभ्य नागरिकों ने अपने को और भी नीचे गिरा लिया था। भारत में इससे भिन्न परिस्थिति थी—कम से कम प्राचीन काल में।

पितृसत्ताक समाज की विशेषता है कि पुरुष नारी पर अपना अधिकार समझता है। वह नहीं चाहता कि उसके जीवन काल में या उसके बाद वह किसी दूसरे की होकर रहे। लेकिन वैदिक समाज में यह स्थिति नहीं थी। आधुनिक युग में पुरुष अपने प्रभुत्व का इतना आदी हो गया है कि जब स्वामी दयानन्द सरस्वती ने निरुक्त का हवाला देकर देवर की व्याख्या की कि "देवर उसको कहते हैं जो विधवा का दूसरा पति होता है" और वेद और मनुस्मृति से नियोग का समर्थन किया, तब रूढ़िवादियों के क्रोध का पार न रहा। "सत्यार्थ प्रकाश"

में "सोमः प्रथमो विविदे" आदि मंत्र (ऋग्वेद, १०, ८५, ४०) का यह अर्थ ध्यान देने योग्य है, "हे स्त्रि ! जो तेरा पहिला विवाहित पति तुझको प्राप्त होता है, उसका नाम सुकुमारतादि गुण युक्त होने से सोम, जो दूसरा नियोग से प्राप्त होता वह एक स्त्री से संभोग करने से सभोग, जो दो के पश्चात् तीसरा पति होता है वह अत्युष्णतायुक्त होने से अग्नि-संज्ञक और जो तेरे चौथे से लेकर ग्यारहवें तक नियोग से पति होते हैं वे मनुष्य नाम से कहाते हैं।" यह परंपरा महाभारत में सुरक्षित है। "सत्यार्थ प्रकाश" में ही आगे कहा गया है, "जैसा कि पाण्डु राजा की स्त्री कुन्ती और माद्री आदि ने किया और जैसा व्यासजी ने चित्राङ्गद और विचित्रवीर्य के मर जाने के पश्चात् उन अपने भाइयों की स्त्रियों से नियोग करके अंबिका में धृतराष्ट्र और अम्बालिका में पाण्डु और दासी में विदुर की उत्पत्ति की इत्यादि इतिहास भी इस बात का प्रमाण है।"

यह सही है कि ये सब क्रियाएँ पुरुष के हित में उसकी संपत्ति-रक्षा के लिए हैं लेकिन आगे चलकर यही सब क्रियाएँ वर्जित समझी जाने लगीं ! पुरुष को अनेक पत्नियाँ रखने की छूट थी और नारी के लिए आदर्श रखा गया कि पति के जीवन में उसकी दासी रहे और मरने पर जलकर उसके साथ सती हो जाय। आप्टे ने "वैदिक युग" में उन मंत्रों का उल्लेख किया है जहाँ नारी की अपेक्षाकृत स्वाधीनता की चर्चा है। उत्सवों में कुमारियाँ प्रेमियों को आकृष्ट करने के लिए आभूषण पहन कर जाती हैं (ऋग्वेद, १, १२३,११), प्रेमिका के प्रति प्रेमी का निवेदन (१, ११५, २), प्रेमिका को दी हुई प्रेम की भेंट (१, ११७, १८), परस्पर प्रेम (१, १६७, ३), रात्रि को प्रेमिका से मिलने के लिए जाते हुए प्रेमी की यह कामना कि सारा कुटुम्ब सोता रहे (७, ५५, ५) इत्यादि नारी के स्वाधीन जीवन का प्रमाण है। फिर भी यह पितृसत्ताक समाज था और आप्टे के शब्दों में भूमि और पशुओं के साथ पुत्रों की कामना तो की गयी है लेकिन पुत्रियों की नहीं। इसका कारण यह है कि उत्पादन-पद्धति में पुरुष प्रधान है, नारी का स्थान गौण है।

ऊपर हम देख चुके हैं कि भरत आदि जन घुमंतू जीवन न बिताते थे। वे एक विशेष प्रदेश में बस गये थे जिसका कारण यह था कि वे जीविका के लिए घुमंतू जनों की तरह पशुपालन पर ही निर्भर न थे। "वैदिक युग में कृषि ने वास्तविक प्रगति की।" (आप्टे)। खेत में हल चलाना, हल में बैल जोतना, जोती हुई भूमि में बीज डालना, हँसिये से फसल काटना, खलिहान में राशि इकट्ठा करना, माड़ना और ओसाना, ये सब क्रियाएँ वैदिक युग में होती थीं। कुआँ खोदना, वरत्र (हिन्दी बरेत) से कोष द्वारा पानी खींचना, कुओं के पानी से सिंचाई करना, कुल्या या नहरें खोदना—ये सब काम उस समय प्रायः वैसे ही

होते थे जैसे आज के अधिकांश भारत में। कीथ और मैकडनल ने कृषि शब्द की व्याख्या करते हुए कहा है कि अश्विन देवों का सम्बन्ध हल द्वारा जमीन के जोतने-बोने से है। खेती की भूमि को उर्वरा या क्षेत्र कहते थे। हल में छः से बारह बैल तक जोते जाते थे। यह ध्यान देने की बात है कि "कृष्टि" शब्द का प्रयोग जनसाधारण के लिए होता था। मैकडनल और कीथ इस शब्द का निरंतर प्रयोग देखकर इस नतीजे पर पहुँचे हैं कि भारत पर आक्रमण करने के पहले ही आर्य कृषक बन चुके थे। आक्रमण की बात विवादास्पद है; जो बात स्पष्ट है, वह यह कि कृषि का इतना चलन था कि जनसाधारण के लिए कृष्टि शब्द का प्रयोग हो सकता था। पञ्चजनाः की तरह पंच कृष्टयः का प्रयोग भी हुआ है।

इन खेतों पर किसका अधिकार था? ये पूरे जन (ट्राइब) की संपत्ति थे, या गोत्र की या कुलपति के परिवार की? मैकडनल और कीथ कहते हैं, "वैदिक साहित्य में सामूहिक सम्पत्ति (Communal property) का कहीं उल्लेख नहीं है, सामूहिक सम्पत्ति इस अर्थ में कि उस पर किसी प्रकार का पूरे समाज का अधिकार हो, न सामूहिक खेती करने का उल्लेख है। बाद को भी लोग यह मानते रहे हैं कि पहले भूमि में व्यक्तिगत संपत्ति थी। छान्दोग्य उपनिषद् में सम्पत्ति की मिसालों में खेतों और घरों का नाम आया है। यूनान की साखी से भी यही सिद्ध होता है कि व्यक्तिगत स्वामित्व था। 'व्यक्तिगत स्वामित्व' कहने से यह पता नहीं चलता कि यह स्वामित्व ठीक-ठीक किस प्रकार का था। कुटुम्ब के मुखिया और कुटुम्ब के अन्य सदस्यों के परस्पर सम्बन्धों की कानूनी स्थिति क्या थी, इसकी कहीं व्याख्या नहीं की गयी और हम उसका अनुमान ही कर सकते हैं। संभव है, बहुधा समूचा परिवार एक साथ रहता हो और भूमि का हिस्सा-बाँट न हुआ हो। भूसंपत्ति को उत्तराधिकार में पाने के बारे में सूत्रों से पहले नियम नहीं मिलते।"

कीथ और मैकडनल का अनुमान उस बड़े कुटुम्ब की व्याख्या से मेल खाता है जो हम ऊपर देख चुके हैं। रक्त-संबन्ध पर आधारित जनों में भूमि पर पूरे जन या गोत्र का अधिकार रहता है लेकिन जोतने बोने के लिए व्यावहारिक स्वामित्व परिवार विशेष का रहता है। सामूहिक स्वामित्व इसलिए नहीं है कि सामूहिक श्रम नहीं है। उत्पादन के साधन इतने विकसित हो चुके हैं कि एक बड़ा परिवार खेती कर सकता है। साथ ही गोत्र आदि के संबन्ध अभी टूटे नहीं हैं; वे अब भी सामाजिक संगठन का आधार हैं, इसलिए भूमि गोत्र से बाहर नहीं जा सकती। उस युग से चला आता हुआ कुलपति का वह अधिकार भारतीय गाँवों के संयुक्त परिवार में घर के मुखिया या पुरखे के स्वामित्व में

अब भी बहुत कुछ बना हुआ है।

पशुओं में उन्हें चिह्नित करने की जो प्रथा थी, आप्टे के अनुसार, उसका उद्देश्य अपने-अपने—अर्थात् एक-एक परिवार के—पशुओं की अलग पहचान रखना था। इससे यह निष्कर्ष निकलता है कि खेती की तरह पशुपालन में भी व्यक्तिगत स्वामित्व था। यह स्वामित्व कुलपति का था और कुलपति द्वारा बड़े परिवार का सामूहिक स्वामित्व था। यह गोत्र का स्वामित्व न था जो आदिम समाज-व्यवस्था की विशेषता है। यह केवल पिता-पुत्र वाले उस सीमित परिवार का स्वामित्व न था जो आगे चलकर विकसित होता है। यह इन दोनों के बीच उस बड़े कुटुम्ब का स्वामित्व है जिसमें कुलपति के पुत्रों, नाती-पोतों के अलावा दास भी शामिल हैं।

वैदिक युग में भूमि और पशुओं के लिए युद्ध होते हैं। उत्पादन के विकास, खेती और पशुपालन, युद्धों द्वारा अर्जित सम्पत्ति के कारण समाज में वर्ग-भेद पैदा होने लगा है। गौतम ने अपने धर्मशास्त्र में वर्ग शब्द का प्रयोग उत्पादन के हिसाब से बँटी हुई जनता के लिए किया है,

"देशजातिकुलधर्माश्चाम्नायैरविरुद्धाः प्रमाणम्।
कर्षक-वणिक्-पशुपाल-कुसीदि-कारवः स्वे वर्गे॥

(काशीप्रसाद जायसवाल, हिन्दू पॉलिटी, १९४३, पृ० २५२)। यह उद्धरण केवल इसलिए दिया है कि वर्ग शब्द की प्राचीनता और उसके विशिष्ट अर्थ का बोध हो जाय। "मध्यप्रदेश" (१९५५) नाम की पुस्तक में डॉ० धीरेन्द्र वर्मा ने प्राचीन भारतीय जनों के बारे में जो बातें लिखी हैं, उनसे ऊपर की बातों की पुष्टि होती है। डॉ० वर्मा के निष्कर्ष इसलिए भी महत्त्वपूर्ण हैं कि वह सामाजिक विकास में उत्पादन-पद्धति की नियामक भूमिका नहीं मानते।

वैदिक जनता किस रूप में संगठित थी? उस संगठन का नाम क्या था?

डॉ० वर्मा कहते हैं, 'प्राचीनतम ऐतिहासिक उल्लेखों के अनुसार मध्यदेश के आर्य लोग 'जन' अथवा समुदायों या गिरोहों में संगठित थे।"

क्या ये संगठन रक्त-संबंध पर आधारित थे?

डॉ० वर्मा—"एक आर्य जन के सब लोग अपने को 'सजात' अर्थात् किसी एक मूल पुरुष से उत्पन्न समझते थे।"

क्या जनता में वर्ग-भेद था?

डॉ० वर्मा—"जनपद की साधारण जनता 'विश्' कहलाती थी। यह 'ग्रामों' अर्थात् अनेक कुलों के समूहों में संगठित थी।"

साधारण और असाधारण का भेद पैदा हो गया था। ग्रामों में बसने वाले ये कुल वही हैं जिनका मुखिया कुलपति कहलाता था।

वेदों की रचना मुख्यत: कहाँ हुई ?

डॉ० वर्मा—"वैदिक साहित्य में सैकड़ों स्थलों पर ऐतिहासिक तथा पौराणिक उल्लेख संयोगवश बिखरे पड़े हैं। ये निश्चित रूप से यह सिद्ध करते हैं कि इस समस्त साहित्य की रचना जनपद युग में तथा प्रधानतया मध्यदेश में हुई।"

ऋग्वेद की रचना कहाँ हुई, इस संबन्ध में फिर लिखा है, "इस संहिता के अधिकांश की रचना स्वयं मध्यदेश में जनपद काल के अंतर्गत ही हुई।"

वैदिक साहित्य का संबन्ध मूलत: किन वर्गों से है ?

डॉ० वर्मा—"जनपद कालीन साहित्य का सम्बन्ध विशेषतया ब्राह्मण वर्ग से है, किन्तु क्योंकि विश् अथवा साधारण व्यक्ति के लिए ब्राह्मण और राजन्य के कृत्य ही आदर्श-स्वरूप थे, इसलिए कम से कम आर्य जीवन के आदर्शों की दृष्टि से यह साहित्य जनपदकालीन संपूर्ण आर्य जीवन का द्योतक कहा जा सकता है।"

ऋग्वेद में क्षत्र या क्षत्रपति का स्तर विश् से भिन्न है, यह स्पष्ट है। "वैदिक युग" में आप्टे ने लिखा है, "कुल मिलाकर ऋग्वेद से इस विषय में सन्देह नहीं रह जाता कि राजा केवल आदिम कबीलों का नेता नहीं है वरन् उसका स्थान ऊँचा है और जान-बूझकर हर तरह से शेष जनता से उसकी विभिन्नता दिखाई गई है।" आप्टे के अनुसार सभा में धनी लोग एकत्र होते थे; इसके विपरीत समिति में विश या जनसाधारण तथा धनी लोग (मघवन्) और ब्राह्मण एकत्र होते थे। इस तरह वर्ग-भेद उत्पन्न हो रहा था लेकिन अभी वर्ग-शासन की नौबत न आयी थी। विश सेना का एक अंग भी है। जनसाधारण के हाथ में अभी अस्त्र-शस्त्र थे। राजन्य वर्ग ने अभी जनता की रक्षा करने का एकाधिकार न लिया था। इसीलिए ऋग्वेद में ऐसी उल्लास की भावना है और इन्द्र को श्रम करने वालों का सखा कहा गया है। श्रम के साथ अभी वह घृणा की भावना नहीं जुड़ी कि निठल्ले आदमियों को ही भलेमानस कहा जाय। इसलिए वैदिक देवता भी कर्मठ हैं; अभी उन्होंने अमरावती में अप्सराओं के साथ निष्काम कर्म करना नहीं सीखा।

वैदिक युग में श्रम का इतना विभाजन हो गया है कि लोगों के अलग-अलग पेशे निश्चित हो जायें। खेती का काम करने वाला दस्तकारी के भी सब काम करे, यह आवश्यक न था। रथ और गाड़ियाँ बनाने के लिये बढ़ई का पेशा था और आप्टे के अनुसार यह इज्जत का पेशा भी था। विभिन्न धातुओं में काम करने वाले विशेषज्ञ अलग थे। घरेलू बर्तन "अयस" के बनते थे लेकिन यह निश्चित नहीं है कि यह लोहा था या ताँबा या काँसा। खेती के प्रसार को देखते हुए यह असंभव नहीं लगता कि लोहे का उपयोग होने लगा हो। चमड़े के कारीगर, बाल बनाने वाले, वैद्य आदि के पेशे भी थे। प्राचीन भारत में रक्त-संबन्ध

पर आधारित समाज में ये पेशे वैसे ही उत्पन्न हो रहे थे जैसे अन्य देशों में जिन्हें देखकर यह पता लगता है कि समाज-व्यवस्था अब सामन्ती सम्बन्धों के प्रसार के लिए तैयार हो रही थी।

वैदिक समाज में दास थे लेकिन उनका कोई खास पेशा न था। आप्टे का यह वाक्य दिलचस्प है, "दासों के किसी खास पेशे का अलग से उल्लेख नहीं है।" उल्लेख न होने का कारण कुलपति वाला विशाल परिवार है जिसमें और लोगों के साथ दास भी काम करते हैं।

ऋग्वेद में पणि शब्द आता है जिसका सम्बन्ध व्यापार आदि से है। इसकी व्याख्या करते हुए मैकडनल और कीथ ने लिखा है कि पणि का अर्थ वह धनी पुरुष है जो पुरोहितों को दक्षिणा नहीं देता और देवों को बलि नहीं चढ़ाता। कुछ विद्वानों का मत है कि यह एक विशेष जन का नाम है जिससे वैदिक जन वैर मानते थे। प्राचीन समाजों में अक्सर यह देखा जाता है कि एक पूरा कबीला किसी पेशे या कार्य में विशेषता प्राप्त करता है। भारत में अब तक ऐसे समूह हैं जो खुदाई वग़ैरह का काम करते हुए एक जगह से दूसरी जगह घूमते रहते हैं। इसी तरह पणि कोई ऐसा जन हो जिसका काम व्यापार करना रहा हो तो कोई आश्चर्य नहीं। यह निश्चित है कि वैदिक समाज में विनिमय और व्यापार बढ़ रहे थे। आप्टे के अनुसार लाभ के लिए दूसरे देशों से व्यापार का चलन था। बाजार में भावतोल की क्रिया से लोग सुपरिचित थे। विनिमय के लिए गाय का उपयोग होता था। निष्क भी विनिमय का महत्त्वपूर्ण माध्यम था। यह सोने का आभूषण था लेकिन विनिमय के लिए उसका उपयोग निर्विवाद है। व्यापार आदि के लिए नावों और संभवतः पोतों का उपयोग भी होता था। आप्टे के मत से वैदिक जन समुद्री व्यापार करते थे। उषा से ऋण के समान अंधकार को दूर करने की प्रार्थना से पता चलता है कि वैदिक जन ऋण की पीड़ा समझने लगे थे। दान-स्तुति द्वारा पुरोहित दक्षिणा के लिए धनी राजन्य वर्ग को प्रसन्न करने लगे हैं और जहाँ-तहाँ उनके लोभ की निन्दा भी होने लगी है। (वैदिक युग, पृ० ३४६)। सम्पत्ति में दास भी शामिल हैं। दास किसी जन-विशेष का नाम भी है और गुलाम का पर्यायवाची भी। ऋग्वेद में एक शब्द और है, उपस्ति। मैकडनल और कीथ के अनुसार इसका अर्थ सेवक या दूसरे पर निर्भर व्यक्ति है; उपस्ति वे लोग थे जो शेष प्रजा से भिन्न थे और राजा के विशेष रूप से आश्रित थे। यदि यह मत सही है तो इसे भी वर्गभेद का प्रमाण मानना होगा।

वर्ग-भेद अभी इतना तीव्र न हुआ था कि निर्धन और शोषितों का दमन करने के लिए राज्यसत्ता की आवश्यकता पड़े। जनता से अलग राज्यसत्ता का

अस्तित्व अभी न था। साधारण जन भी युद्ध में भाग लेते थे और उन्हें निरस्त्र करके भूस्वामियों का आसामी न बना दिया गया था। सभा और समिति के हाथ में सार्वजनिक कार्यों की बागडोर थी। सभा में विशेष सदस्य रहते थे और समिति में साधारण लोग भी शामिल थे। ऋग्वेद में जो ओज और उल्लास मिलता है, उसका यही कारण है कि समाज में एक ऐसा वर्ग पैदा हो रहा है जो प्रकृति से भयभीत होने के बदले अपने संगठित प्रयास द्वारा उस पर विजय पाता जाता है। लेकिन वर्गभेद और तीव्र होकर सामने आने वाला था।

ऋग्वेद के बाद जो साहित्य मिलता है, उससे प्राचीन जन-व्यवस्था से सामन्ती व्यवस्था की ओर संक्रमण साफ दिखाई देता है। ब्राह्मण और राजन्य वर्ग थे ही; दासों के श्रम से लाभ उठाना भी कुलपति सीख गये थे। चमड़े, सोने, लकड़ी आदि का काम करने वाले कारीगर थे ही। विनिमय की बढ़ती के साथ व्यापारी भी पैदा हो गये थे। संपत्ति के केन्द्रीकरण के साथ राज्यसत्ता के जन्म और समाज में चारों वर्णों की व्यवस्था का विधान शेष था। रक्त-संबन्ध पर आधारित जनव्यवस्था से सीधे सामन्ती व्यवस्था की ओर संक्रमण वैदिक साहित्य में बहुत अच्छी तरह देखा जा सकता है।

मैकडनल और कीथ ने विश शब्द की चर्चा करते हुए अनेक ब्राह्मण ग्रंथों और बाद की संहिताओं का हवाला दिया है जिनमें विश और क्षत्र, "गोत्र, या जन के लोगों और उनके नायकों, अथवा किसानों और राजन्य वर्ग" के बीच संघर्ष का उल्लेख है। आप्टे ने लिखा है कि ऋग्वेद में इस सिद्धान्त का प्रतिपादन नहीं है कि राजा ईश्वर का अंश है लेकिन ब्राह्मण ग्रंथों और बाद की संहिताओं में इस सिद्धान्त का बार-बार प्रतिपादन किया गया है कि राजा ईश्वर का अंश है। शतपथ ब्राह्मण में राजन्य को प्रजापति का प्रतिनिधि कहा गया है। आप्टे ने इसी ग्रंथ से यह वाक्य भी उद्धृत किया है, "जब अकाल पड़ता है, तब शक्तिशाली निर्बल को ग्रस लेता है क्योंकि जल ही नियम है।" इसके बाद आप्टे ने बड़ी सुन्दर टिप्पणी की है, "यद्यपि यह कुछ गूढ़ और रहस्यमय है, फिर भी यहाँ बाद के 'प्राकृतिक दशा' वाले सिद्धान्त की छाया दिखाई देती है जिससे अराजकता और अव्यवस्था फैली और जिससे राज्यसत्ता और सम्राट्-वाद की नींव पड़ी।" इस टिप्पणी में महत्त्व की बात यह है कि आप्टे महोदय ने राज्यसत्ता के जन्म का तभी उल्लेख किया है जब ऊपर दिए हुए विश्लेषण के अनुसार—और एंगेल्स द्वारा किये गए यूनानी, रोमन और जर्मन समाजों के विश्लेषण के अनुकूल—उसका जन्म ऐतिहासिक रूप से अनिवार्य था। ऊपर हम देख चुके हैं कि वैदिक युग में विभिन्न जन मिलकर अपने संघ बनाने लगे थे। आप्टे ने भी इस तथ्य की ओर संकेत किया है कि वैदिक साहित्य के अनु-

सार ऋग्वेद के प्राचीन जन अधिक शक्तिशाली राजनीतिक संगठनों में मिल गये थे। अथर्ववेद में राजाओं को अपने भाई-बन्दों (भ्रातृव्यः) से लड़ता हुआ कहा गया है (वैदिक युग, पृ० ४२७)। रक्त-संबंध पर आधारित समाज में अपने जन और गोत्र के व्यक्ति को मारना सबसे बड़ा पाप है। महाभारत में अर्जुन की मूल समस्या यही है। वह अपने संबन्धियों पर हाथ नहीं उठा सकते। बड़े राजनीतिक संघ बनने से संपत्ति के आधार पर वर्ग-भेद और तेजी से बढ़ा और प्राचीन समाज में जो सबसे बड़ा पाप था, अपने सम्बन्धी का बध, सम्पत्ति के लिए संघर्ष ने उसे न्यायपूर्ण ठहराया। स्त्रियाँ सभा में शामिल नहीं होतीं (वैदिक युग, पृ०, ४२६) और उन्हें सम्पत्ति में उत्तराधिकारी बनने से वंचित कर दिया गया है (उप० पृ० ४३५)। यह नियम शूद्रों पर भी लागू होता था और इस तरह नियम रचने वालों ने नारी और शूद्र को उत्तराधिकार के मामले में सर्वहारा बना दिया। शतपथ ब्राह्मण के अनुसार स्त्रियों को न तो उत्तराधिकार में धन मिल सकता है, न वे अपनी स्वामिनी हैं। पहले समूचे जन की रक्षा के लिए राजा को स्वेच्छा से जो उपज का एक अंश या बलि दिया जाता था, उसने अब कर का रूप ले लिया और जनता के श्रमफल के अपहरण का एक साधन बन गया। अथर्ववेद में राजा को अनेक बार जनता का भक्षक कहा गया है (वैदिक युग, पृ० ४३३)। कर की व्यवस्था सभी लोगों के लिए नहीं थी। ब्राह्मण और क्षत्रिय उससे मुक्त थे, और "ऐसा लगता है कि कर-व्यवस्था का मुख्य भार 'जनता' पर पड़ता था जो खेती, पशुपालन, कला-कौशल, उद्योग-धन्धों और व्यापार जैसे शान्तिपूर्ण कामों में लगी हुई थी।" (उप०)। राजा अब अपने को प्रजा का रक्षक कहता है और जनता की अर्जित सम्पत्ति के बल पर जीता है। (उप० पृ० ४३२)। न्याय, धर्म, शास्त्र, सेना, स्वर्ग और नरक इस सम्पत्तिगत वर्ग-भेद की रक्षा के लिए उत्पन्न हो जाते हैं और इस तरह सभ्यता का सूर्य अपने पूर्ण प्रकाश के साथ उदय होता है।

यह वर्ण-व्यवस्था मानव समाज के भावी विकास के लिए आवश्यक थी। इससे एक वर्ग ऐसा बना जो अवकाश-भोगी था और अपना समय गणित, ज्योतिष, साहित्य, व्याकरण आदि के विकास के लिए दे सकता था। वर्ण-व्यवस्था के कारण धर्म शास्त्र, साहित्य, दर्शन और विज्ञान का विभाजन हुआ। ऋग्वेद में यह विभाजन नहीं है, बीजरूप में भले विद्यमान हो। भरत का नाट्यशास्त्र, कालिदास के नाटक, कपिलकणाद के दर्शन, पाणिनि का व्याकरण, आर्य भट्ट का गणित इस वर्गभेद और संपत्तिगत विभाजन से ही संभव हुए। आज वर्ण-व्यवस्था को अन्यायपूर्ण ठहराना सही है लेकिन अथर्ववेद और शतपथ ब्राह्मण के समय उसे अन्यायपूर्ण ठहराना निरर्थक है, क्योंकि वह व्यवस्था ऐतिहासिक

रूप से अनिवार्य थी। ऐंगेल्स ने प्राचीन युग में दास-प्रथा की आलोचना करने वालों से "ऐं टीडूयरिंग" में कहा है, यदि यूनान में दास-प्रथा न होती तो यूरोप में सोशलिज्म भी न आता। इसी तरह भारत और विश्व के भावी विकास के लिए वर्ण-व्यवस्था आवश्यक थी। आज हम न यह मानते हैं कि ब्राह्मण और क्षत्रिय वर्गहितों से परे ईश्वर के अंश हैं, न हम यही मानते हैं कि भारतीय संस्कृति और मानव-सभ्यता के विकास में उनकी महत्त्वपूर्ण देन न थी। लेकिन जैसा कि ऐंगेल्स ने लिखा है, सभ्यता की प्रगति के साथ दुर्गति का भी एक अंश जुड़ा रहता है, उसी के अनुकूल यहाँ भी यह प्रगति समाज के एक विशाल भाग को अधिकारहीन और पशु-जीवन बिताने के लिए बाध्य करके ही हुई। स्त्रियों को शिक्षा और सार्वजनिक कार्यों से दूर रखने के लिए कड़ी व्यवस्था की गयी और शूद्र को यथाकामवध्यः कहा कहा। (मैकडनल और कीथ, वैदिकनाम-सूची, खंड २, पृ० २५५)।

वैदिक समाज की अनेक प्रथाएँ बाद को भी प्रचलित रहीं लेकिन उनका रूप ही सुरक्षित रहा, उनका भीतरी तत्त्व बदल गया। मिसाल के लिए राजा के निर्वाचन की प्रथा बाद में भी चलती रही लेकिन आगे चलकर यह निर्वाचन नाम चार को ही होता था। जैसे अन्य प्राचीन जनव्यवस्थाओं में, वैसे ही रक्त-संबंध पर आधारित इस प्राचीन समाज में सम्पत्ति का इतना केन्द्रीकरण न हुआ था कि निर्वाचन संपत्तिशाली वर्ग के हाथ में स्वार्थ-सिद्धि का एक साधन बन जाय। डॉ० जायसवाल ने हिन्दू राज्यतंत्र पर लिखे हुए अपने ग्रंथ में यह दिखलाया है कि तमाम जनता अथवा समिति राजा को चुनौती थी। समिति का सबसे महत्त्वपूर्ण काम राजा को चुनना था। इस निर्वाचन का अधिकार सारी प्रजा को था। "इस तरह वैधानिक दृष्टि से वह पूर्ण प्रभुत्व वाली संस्था (sovereign body) थी।" (डॉ० जायसवाल)। समिति के प्रभुत्व संपन्न होने का अर्थ यह है कि सारी जनता अपना शासन करती है अर्थात् केवल अपना शासन का काम करने वाला वर्ग अभी नहीं पैदा हुआ, राज्यसत्ता की उत्पत्ति नहीं हुई। डॉ० जायसवाल के अनुसार समिति नाम की संस्था वैदिक युग के बहुत दिन बाद तक जीवित नहीं रही। लगभग हज़ार साल जीवित रहने के बाद ६०० ई० पू० तक उसका अस्तित्व बिल्कुल ही मिट गया। यदि डॉ० जायसवाल की यह गणना सही हो तो इससे यह निष्कर्ष निकलेगा कि पितृसत्ताक जनों की व्यवस्था लगभग हज़ार साल तक रही। फिर राज्यसत्ता का जन्म होने के बाद समिति जैसी संस्था क्रमशः लुप्त हो गयी।

सभा और समिति को अथर्ववेद में प्रजापति की दो पुत्रियाँ कहा गया है। इसका अर्थ यह हुआ कि सभा के हाथ में शक्ति केन्द्रित न हुई थी यद्यपि

सम्भवतः उसके सदस्य ज्यादा सम्मानित समझे जाते थे। सेना और जनता अभी अलग न हुए थे। सशस्त्र जनता का ही दूसरा नाम सेना था। इस संबन्ध में डॉ० जायसवाल का यह वाक्य महत्त्वपूर्ण है, "पहले समय में तमाम सशस्त्र जाति ही सेना कहलाती थी। आगे चलकर यह अलग संस्था बन गई और स्पष्ट ही वैधानिक इकाई भी बनी :

"तं सभा च समितिश्च सेना च"

जिस समय सेना अलग संस्था बन जाती है, उस समय जनता से भिन्न इस विशिष्ट संस्था को राज्यसत्ता का अंग मानना चाहिए। इस बात पर ध्यान देते हुए कि इस प्राचीन समाज में सेना और समिति जनता के ही दो भिन्न रूप हैं, हमें राजा और सेना शब्द देखकर इनका वह अर्थ न लगाना चाहिए जो आगे चलकर सामन्ती समाज में रूढ़ हो गया। कुछ विद्वान् वैदिक समाज पर इसलिए कोप करते हैं कि उनकी समझ में आर्यों का शुद्ध रक्त दूषित होने पर उनमें जनतंत्र के बदले राजतंत्र का चलन हो गया था। ये लोग शब्दों का रूप ही देखते हैं, उनका अर्थ नहीं समझते। भिन्न युगों में शब्द का रूप एक ही रहते हुए उसका अर्थ बदल सकता है। इसलिए विचारणीय यह है कि राजा शब्द रक्त-संबन्ध पर आधारित जनों का निर्वाचित राजा है अथवा वह सामन्ती समाज का निरंकुश सत्ताधारी। इस दृष्टि से विचार करने पर पता चलेगा कि अन्य गोत्रबद्ध समाजों की तरह प्राचीन भारतीय समाज में भी निरंकुश राजसत्ता न थी। राजा जनता द्वारा निर्वाचित नायक मात्र था और वह उसे हटा भी सकती थी। समाज में सम्पत्ति की बढ़ती और उत्पादन के विकास से यह परिस्थिति पैदा हो रही थी कि राज्यसत्ता का जन्म हो और शासक-वर्ग शेष जनता को अपने अधीन रखने के लिए उसका उपयोग करे।

४. भारत के प्राचीन गणराज्य और दासप्रथा

डॉ० काशीप्रसाद जायसवाल ने पहले महायुद्ध के बाद अपना महत्त्वपूर्ण ग्रंथ "हिन्दू राज्यतंत्र" (Hindu Polity) लिखा था। अंग्रेज शासक और उनके समर्थक इतिहासकार भारतवासियों को यह कहकर नीचा दिखाते थे कि भारत और एशिया के लोग सदा से निरंकुश राजतन्त्र के आदी रहे हैं। जनतंत्र का उद्भव यूनान में हुआ और इंग्लैण्ड में उसका विकास हुआ। भारतवासियों को जनतंत्र की शिक्षा देने का श्रेय अंग्रेजों को है। डॉ० जायसवाल ने भारत के प्राचीन गणराज्यों का अध्ययन करके यह सिद्ध करने का प्रयत्न किया कि जनतंत्र का उद्भव यहाँ बहुत पहले हो चुका था; इसलिए अंग्रेजों का यह आरोप कि यहाँ के लोग कभी जनतंत्र से परिचित नहीं रहे, झूठा है। हमें जनतंत्र सिखाने का दावा दंभ मात्र है। डॉ० जायसवाल ने जो सामग्री यहाँ एकत्र की, उससे एक बीते युग की जानकारी बढ़ी। उन्होंने न केवल जनतंत्र वरन् भारतीय राज्यतंत्र के अन्य रूपों के बारे में भी यहाँ महत्त्वपूर्ण तथ्य दिये। उनका यह दावा कि प्राचीन गण राज्यों में जनतांत्रिक व्यवस्था थी, बिल्कुल सही है। सत्ता जनता से भिन्न किसी शासक वर्ग के हाथ में न थी। सैन्य शक्ति जनता से भिन्न कोई अलग सशस्त्र दल न थी जो शासक वर्ग की आज्ञापालन के लिए हो। इसमें कोई संदेह नहीं कि यदि यूरोप के प्राचीन समाजों में जनतांत्रिक व्यवस्था का विकास हुआ था तो यह विकास भारत में भी हो चुका था। इसलिए अंग्रेज़ों का दावा झूठा था, विशेषकर जब उनका पूंजीवादी जनतंत्र मजदूरों के शोषण और भारत जैसे उपनिवेशों की लूट के लिए था।

गणराज्य जनतांत्रिक थे क्योंकि उनमें सैन्य शक्ति या राज्यसत्ता जनता से अलग न थी। लेकिन इसी कारण उनमें राज्यसत्ता का जन्म भी न हुआ था। वर्गभेद, सम्पत्ति के केन्द्रीकरण, राज्यसत्ता के जन्म की ओर वे बढ़ रहे थे। डॉ० जायसवाल ने प्राचीन गणसमाजों को रिपब्लिक, गणराज्य या प्रजातंत्र की संज्ञा दी है। गणव्यवस्था को उन्होंने एक विशेष प्रकार की राज्यसत्ता, एक

विशेष जनवादी राज्यसत्ता मान लिया है। इस कारण सामन्तवाद, जातिप्रथा (कास्ट), वर्णभेद राज्यतंत्र (मोनार्की) आदि उन्हें ह्रास के चिह्न मालूम होते हैं और वे जनतंत्र के विनाश पर दुखी हो जाते हैं। आगे चलकर कुछ लेखकों ने इन गणसमाजों के भव्य चित्र खींचकर वर्ण-व्यवस्था और सामन्ती समाज को खूब कोसा। इस कोसने से आज की समाज-व्यवस्था के प्रति उनका क्षोभ अवश्य प्रकट होता है लेकिन इससे समाज के ऐतिहासिक विकास का ज्ञान प्रकट नहीं होता।

डॉ० जायसवाल की पुस्तक में इन गण राज्यों की विशेषताएँ बताने वाले काफ़ी तथ्य दिए गये हैं। इन तथ्यों पर ध्यान देने से यह स्पष्ट हो जाता है कि ये रक्तसम्बन्ध पर आधारित समाज हैं, उसी तरह के "जन" हैं जिनकी चर्चा हम पहले कर चुके हैं।

महाभारत के शांतिपर्व में गणों की चर्चा की गयी है जिसे डॉ० जायसवाल ने अपनी पुस्तक में उद्धृत किया है। इस चर्चा में दो श्लोक ध्यान देने योग्य हैं :

> निग्रहः पण्डितैः कार्य्यः क्षिप्रमेव प्रधानतः।
> कुलेषु कलहा जाताः कुलवृद्धैरुपेक्षिताः॥
> गोत्रस्य नाशं कुर्वन्ति गणभेदस्य कारकम्।
> अभ्यन्तरभयं रक्ष्यमसारं बाह्यतो भयम्॥

कुलों में कलह हो और कुलवृद्ध उसकी उपेक्षा करते रहें तो इससे गोत्र का नाश होगा और गण टूट जायगा।

कुलों में कलह होने से गोत्र का नाश क्यों होगा? इसलिए होगा कि अनेक कुलों से मिलकर ही गोत्र बना है। गोत्र के नाश होने से गण क्यों टूट जायगा? इसलिए कि गण अनेक गोत्रों से मिलकर बना है और वह ऐसी व्यवस्था है जिसमें रक्तसम्बन्ध को महत्त्व दिया जाता है। इसीलिए उसके टूटने का भय आन्तरिक कलह से अधिक है, बाहरी भय तो असार है। जो विद्वान् यह समझते हैं कि सम्राटों की राज्यलिप्सा से गण टूट गये, वे कुलों की कलह के भय पर ध्यान दें। ऊपर के श्लोकों से सिद्ध हो जाता है कि गण रक्तसम्बन्ध पर आधारित जन ही है। यहाँ कुल, गोत्र और गण का सम्बन्ध भी अच्छी तरह प्रकट है। एक पिता या पितामह का विशाल परिवार हुआ कुल, एक ही पूर्वज से उत्पन्न अनेक कुल हुए गोत्र और इन गोत्रों का समूह हुआ गण।

आगे कहा गया है,

> जात्या च सदृशाः सर्वे कुलेन सदृशास्तथा।

गण में जाति और कुल के विचार से सभी सदृश हैं। गण में समानता है लेकिन वह जाति और कुल पर निर्भर है अर्थात् समानता का आधार रक्त-

सम्बन्ध है। डॉ० जायसवाल कहते हैं, "गणराज्य में स्वतंत्र पुरुष को समान नागरिकता का अधिकार जन्म (जाति) से मिलता है, ऐसा समझा जाता था।" जन्म पर समानता के निर्भर रहने का यही अर्थ है कि गण के सभी सदस्य एक-दूसरे से सम्बन्धित थे।

अन्धक-वृष्णि संघ के बारे में डॉ० जायसवाल ने महाभारत से जो उद्धरण दिया है, उसमें एक जगह कृष्ण कहते हैं,

दास्यमैश्वर्यवादेन जातीनां वै करोम्यहम्।

यहाँ ऐश्वर्य के नाम पर जाति वालों अर्थात् सम्बन्धियों की दासता करने की बात कही गयी है। इससे सिद्ध है कि वृष्णिगण के सदस्य आपस में एक-दूसरे के सम्बन्धी थे। कात्यायन के अनुसार कुलों के समूह का नाम गण है। कात्यायन का हवाला देने के बाद डॉ० जायसवाल कहते हैं, "इस प्रकार अभिजातवर्गीय राज्यों (aristocracies) और अभिजातवर्गीय जनतंत्रों (aristocratic democracies) में राजनीतिक अधिकार और शक्ति का आधार कुल या परिवार था।" डॉ० जायसवाल ने जनतंत्रों को इस तरह के राज्यों से भिन्न बतलाते हुए लिखा है कि यहाँ हर आदमी जन्म से समान था। जन्म से समान होने का यह अर्थ नहीं है कि दास भी समान थे। उसका अर्थ इतना ही है कि गण में जन्म लेने के कारण एक व्यक्ति दूसरे के समान था। जहाँ कुछ कुल शक्तिशाली हो गये थे, वहाँ शासन करने के लिए उन कुलों से ही लोग चुने जाते थे। ये अभिजातवर्गीय जनतंत्र भीतर से टूटने वाले थे, कारण कि उनके अन्दर एक अभिजात वर्ग पैदा हो गया था। लेकिन दोनों ही व्यवस्थाओं में जन्म और कुल का महत्त्व था।

रिस डैविड्स (Rhys Davids) ने शाक्य गण के बारे में लिखा है कि समूचे जन के शासन और न्याय का काम सार्वजनिक सभा में होता था जिसमें बूढ़े-जवान सभी होते थे (बौद्धभारत)। डॉ० जायसवाल ने जन शब्द पर आपत्ति की है और उसकी जगह राज्यसत्ता शब्द का प्रयोग सही बतलाया है। लेकिन सभा में बूढ़े-जवान सभी एकत्र होते हैं; वहाँ स्पष्ट ही अलग एक शासक-वर्ग और राज्यसत्ता का जन्म नहीं हुआ। लिच्छवियों के बारे में डॉ० जायसवाल ने लिखा है कि ७७०७ नागरिकों को शासन का अधिकार था। इससे भी मालूम होता है कि जनता से अलग, कम से कम प्रमुख कुलों से अलग, राज्य-सत्ता न थी।

कौटिल्य के अर्थशास्त्र में वर्णित कम्भोज-सुराष्ट्र-क्षत्रिय गणों के बारे में डॉ० जायसवाल ने ठीक लिखा है कि इनके यहाँ नागरिक-सेना थी। प्रत्येक राज्य में सम्पूर्ण जनता सशस्त्र थी। ("Each state was a nation-in-arms")। यही नागरिक खेती करते थे और उद्योग धन्धे भी चलाते थे। इससे स्पष्ट है कि इन गणों में जनता से अलग सेना न थी। गण-व्यवस्था की चर्चा करते हुए आगे डॉ० जायसवाल ने लिखा है, "उनकी राजनीतिक शक्ति का एक बड़ा कारण यह था कि गण में सभी जनता सशस्त्र थी।" ("A great reason of their political strength was that a republic was nation-in-arms.") इस निष्कर्ष से भी यह स्पष्ट हो जाता है कि राज्यसत्ता का जन्म न हुआ था जो जनता से भिन्न अपनी सैन्य शक्ति रखती। यूनानी लेखकों का हवाला देने के बाद डॉ० जायसवाल ने लिखा है कि जो हाथ से तलवार चलाता था, वह उतने ही कौशल से हँसिया भी चला सकता था। कौटिल्य के अर्थशास्त्र और बौद्ध ग्रंथों का हवाला देकर डॉ० जायसवाल कहते हैं कि गण के सदस्य खेती भी करते थे और उद्योग-धन्धे भी चलाते थे। इससे फिर इस बात की पुष्टि होती है कि सत्ता और शासन उत्पादक वर्ग से अलग कोई वस्तु न थे।

डॉ० जायसवाल ने वेदोत्तर काल के गणों के बारे में एक जगह ठीक लिखा है कि इनमें पूरे समाज का स्वायत्त-शासन था ("communal self-governing habits")। पूरे समाज—Community—का शासन था, शासन की पद्धति वर्गगत न होकर समाजगत—Communal—थी, इससे यह स्पष्ट हो जाता है कि साधारणतः गणों में वर्गभेद तीव्र न हुआ था और पूरे समाज से अलग शासक वर्ग का निर्माण न हुआ था। लेकिन उनका यह कथन ठीक नहीं है कि वेदों में केवल राजतन्त्र—"मोनार्की"—सा वर्णन है। उनकी धारणा यह है कि वेदोत्तरकाल में राजतंत्र तोड़कर गणतन्त्र की स्थापना की गयी। हम इससे पहले देख चुके हैं कि राजा शब्द से ही राजतन्त्र का अर्थ लगाना गलत है। यदि राजा निर्वाचित था और राज्यसत्ता का जन्म न हुआ था, शासन-प्रबन्ध पर सारी जनता का अधिकार था, तो तथाकथित वैदिक राजतन्त्र और वेदोत्तरकालीन तथाकथित गणतन्त्र में कोई मौलिक भेद न था। वास्तव में अनेक गण भी ऐसे थे जिनके नायक राजा कहलाते थे। डॉ० जायसवाल कहते हैं, "पुराने लेखों, मुद्राओं और साहित्य से पता चलता है कि कुछ भारतीय गणतन्त्रों में निर्वाचित अथवा नियुक्त किये हुए शासक वह (राजा) पदवी स्वीकार करते थे।" बौद्ध साहित्य में जिन गणों का उल्लेख है, उनके लिए डॉ० जायसवाल ने कहा है कि निर्वाचित सभापति को राजा की पदवी दी जाती थी। (देखिये हिन्दू पौलिटी, पृ० ३४)। जब गणों में भी "राजा" होते थे और वे निर्वाचित होते थे, तब वैदिक जनों से मौलिक भेद किस बात में रहा? वैदिक "राजा" के बारे में डॉ० जायसवाल ने ही कहा है कि

"समिति में एकत्र होने वाली जनता राजा का निर्वाचन करती थी।" वैदिक "राजतन्त्र" में भी जनता राजा को चुनती थी, वेदोत्तरकालीन "गणतन्त्र" में भी। मुख्य बात यह है कि दोनों ही तंत्रों में शासनसत्ता जनता से अलग न थी। गणों की तरह वैदिक जनों में भी समस्त जनता ही सशस्त्र होकर सेना बन जाती थी, जनता से अलग शासकवर्ग की सैन्यशक्ति न थी।

जनता से अलग शासक वर्ग और उसकी सैन्यशक्ति का निर्माण हुए बिना राज्यसत्ता का उद्‌भव असंभव है। ऐंगेल्स के अनुसार समाज के विकास की एक निश्चित मंज़िल पर राज्यसत्ता का जन्म होता है। समाज में जब ऐसे वर्ग पैदा हो जाते हैं जिनके आर्थिक हित एक-दूसरे से टकराते हैं, उस समय यह आवश्यकता पैदा होती है कि निष्फल संघर्ष में वे एक-दूसरे को नष्ट न कर दें। इस आवश्यकता की पूर्ति के लिए समाज से ही ऐसी शक्ति उत्पन्न होती है जो देखने में उससे परे होती है, वह अपने को सारे समाज के ऊपर रखती है और क्रमशः अपने को उससे अलग करती जाती है। ऐंगेल्स का हवाला देने के बाद लेनिन अपनी प्रसिद्ध पुस्तक "राज्यसत्ता और क्रांति" में कहते हैं कि राज्यसत्ता यह प्रकट करती है कि वर्ग-विरोध अब मिट नहीं रहा, राज्यसत्ता इसी न मिट पाने वाले वर्ग-विरोध की उपज है। ("The state is the product and the manifestation of the irreconcilability of class-antagonisms.")। राज्यसत्ता वहाँ उत्पन्न होती है जहाँ वर्ग-विरोध वस्तुगत रूप से मेटे नहीं जा सकते। जहाँ राज्यसत्ता हो, वहाँ यह समझ लेना चाहिए कि वर्ग-विरोध अमिट हो गये हैं। लेनिन ने मार्क्स की इस स्थापना का समर्थन किया है कि राज्यसत्ता वर्ग-शासन का साधन (Organ) है, वह एक वर्ग द्वारा दूसरे वर्ग के उत्पीड़न का साधन है। इस कसौटी पर परखने से यह स्पष्ट हो जाता है कि डॉ० जायसवाल द्वारा वर्णित गण राज्यों में राज्यसत्ता का जन्म नहीं हुआ। रक्तसम्बन्ध पर आधारित जन-संगठन (gentile organisation) में राज्यसत्ता किस तरह उत्पन्न होती है, इस पर ऐंगेल्स कहते हैं कि राज्य की जनता पहले प्रदेश के हिसाब से विभाजित होती है। इसके सिवा एक ऐसी सार्वजनिक शक्ति (Public Power) पैदा होती है जो सैन्य शक्ति के रूप में संगठित जनता से भिन्न होती है। इस सार्वजनिक शक्ति में केवल सशस्त्र सैनिक नहीं होते वरन् कारागार आदि दंड की अनेक संस्थाएँ भी शामिल होती हैं। लेनिन कहते हैं कि स्थायी फौज और पुलिस राज्यसत्ता की शक्ति के मुख्य साधन हैं। गणराज्यों में दण्ड-विधान के ऐसे साधन भी विद्यमान नहीं हैं। राज्यसत्ता के निर्वाह के लिए कर-व्यवस्था और राज्यगत ऋण (state loans) की आवश्यकता पड़ती है। ऐंगेल्स के अनुसार कर वसूल करने का अधिकार

रखने वाले कर्मचारी अब समाज के ऊपर रहने वाली संस्थाओं के रूप में सामने आते हैं। रक्तसम्बन्ध वाले जन-संगठन में स्वाधीनता और स्वेच्छा से उन्हें जो सम्मान दिया जाता था, वह उन्हें प्राप्त नहीं होता और हो भी तो उन्हें उससे सन्तोष न हो। समाज से परे दिखने वाले और दंड के बल पर सम्मान पाने वाले राजकर्मचारी भी गणराज्यों में नहीं हैं। इसका कारण यह है कि यहाँ अभी आर्थिक दृष्टि से ऐसे शक्तिशाली वर्ग का निर्माण नहीं हुआ जो सारे समाज पर हावी हो जाय। जब इस तरह का वर्ग बन जाता है, तभी वह राज्यसत्ता के द्वारा राजनीतिक दृष्टि से भी शक्तिशाली बन जाता है और पीड़ित वर्ग को दबाने और उसका शोषण करने के लिए नये साधन प्राप्त कर लेता है। इस प्रकार राज्यसत्ता की विशेषताओं पर और वर्ग-विरोध के न मिट पाने से उसकी उत्पत्ति पर ध्यान देने से यह भ्रम दूर हो जाता है कि रक्तसम्बन्ध पर आधारित गणराज्यों में राज्यसत्ता का जन्म हो चुका था। यहाँ पर पूरी जनता ही शस्त्र धारण करके सेना बन जाती थी और अपने नायकों और कर्मचारियों को वह स्वेच्छा से निर्वाचित करती थी।

इन प्राचीन गणराज्यों के कुछ अपने गुण थे। स्त्री-पुरुष में तीव्र असमानता न होने से सामाजिक कार्यों में स्त्रियाँ अधिक भाग लेती थीं। राज्यसत्ता का जन्म न होने से व्यक्ति और समाज के हितों में संघर्ष न पैदा हुआ था। समाज का अर्थ संपत्तिशाली वर्ग का विशेष हित न था। सेना के रूप में सशस्त्र जनता अपनी रक्षा कर सकती थी। भूमिकर देने वाली अर्धदास निरस्त्र जनता की तरह वह रक्षा के लिए राजा पर निर्भर न थी। यही कारण है कि यूनानी विजेता सिकन्दर के विरुद्ध इस तरह के गणों ने ज़बर्दस्त प्रतिरोध दिखलाया। फिर भी ये गण छोटे-छोटे समाज थे। शक्तिशाली विदेशी आक्रमण होने पर ये ठहर न सकते थे, विशेषकर इसलिए कि ये आपस में भी लड़ा करते थे। इसलिए केन्द्रबद्ध विशाल राज्य सामाजिक प्रगति और देश की रक्षा के लिए आवश्यक थे। यौधेय और मालव गणों को छोड़ कर, जिन्होंने दूसरों के प्रदेश जीत कर अपना राज्य विस्तार किया था, डॉ० जायसवाल के अनुसार अधिकांश गणराज्य छोटे थे; "उनका छोटा होना ही उनके राजनीतिक संगठन की कमज़ोरी थी।" इसके सिवा जब इनमें वर्ग बने और आंतरिक कलह शुरू हुई, तब पुराने ढाँचे का टूटना अनिवार्य हो गया। इसीलिए महाभारत में कहा गया है कि बाहर का भय मुख्य नहीं है, मुख्य भय है भीतरी कलह का। डॉ० जायसवाल ने ठीक लिखा है कि आंतरिक कलह से गण भंग हुए। यदि यह बात सही है तो गणों को भंग करने का श्रेय चाणक्य या चन्द्रगुप्त मौर्य या किसी गुप्तवंशीय सम्राट् को देना उचित नहीं। ये गणसमाज अपने विकास की उस

मंजिल तक पहुँच गये थे जहाँ आंतरिक वर्ग-भेद से उनके पुराने ढाँचे का टूटना अवश्यंभावी था। यह समझना कि राजाओं में तो दूसरों का राज्य हड़पने की लिप्सा थी और गणराज्य अपने-अपने प्रदेश में शान्तिपूर्ण सह-अस्तित्व की नीति पर चल रहे थे, गलत है। डॉ० जायसवाल के अनुसार लिच्छवि, मद्र, मालव और यौधेयगणों ने अपने प्रदेश का विस्तार किया था। अन्य देशों के इतिहास से भी इस तरह के गणों के परस्पर युद्ध और अपने प्रदेश को फैलाने की बात हम जानते हैं। इसके सिवा शक्तिशाली लिच्छवि गण ने राजाओं की सहायता की और डॉ० जायसवाल के अनुसार गुप्तवंश लिच्छवियों के सहयोग से ही सम्राट् की स्थिति पर पहुँचा। चंद्रगुप्त प्रथम की मुद्राओं पर सम्राट् के नाम के साथ इस गण का नाम भी रहता था। (देखिये "हिन्दू राज्यतंत्र", पृ० १६२)। इस तथ्य पर ध्यान देने से यह स्थापना ग़लत साबित होती है कि गणराज्य निरंकुश शासनसत्ता का विरोध करके जनतंत्र की रक्षा कर रहे थे। इस तरह की स्थापनाओं का कारण यह है कि हम इतिहास का वैज्ञानिक अध्ययन न करके उस पर अपनी इच्छाएँ लादते हैं, वस्तुगत पद्धति के बदले आत्मगत पद्धति से पुराने समाजों में वर्तमान युग के अनुकूल तथ्य देखने लगते हैं। इन स्थापनाओं का कारण धार्मिक हठ भी है। भगवान् बुद्ध का विशेष संबंध इन गणराज्यों से था और इनकी जगह जो बड़े राज्य कायम हुए, उनके सामन्तों को ब्राह्मणों का समर्थन प्राप्त हुआ जो बौद्धधर्म के विरोधी थे, इसलिए सूत्र यह बना कि गण-राज्य सामन्ती राज्यों के मुकाबले में प्रगतिशील थे। इस धारणा का खंडन करने के लिए इतना ही कहना काफी है कि भारत का महान् सम्राट् अशोक बौद्ध हो गया था और उसने साम्राज्य भंग करके गणराज्य कायम न किये थे।

छठी शताब्दी ई०पू० में बौद्धग्रंथों के अनुसार उत्तर भारत में सोलह महा-जनपद थे। डॉ० बी०सी० लॉ के अनुसार ये स्वायत्त शासन वाले जन थे। (देखिये, "साम्राज्य-एकता का युग", "The Age of Imperial Unity", १९५१)। अंग राज्य आज के भागलपुर के पास गंगा नदी के किनारे था और चम्पा नगर उसकी राजधानी था। अंग और काशी के राज्यों में स्पर्धा चलती थी। कोसल राज्य की सीमाएँ आज के अवध से मिलती-जुलती थीं। कोसल ने काशी को जीतकर उसे अपने राज्य में मिला लिया था। बाद को कपिलवस्तु के शाक्यों पर भी कोसल का आधिपत्य हो गया था। कोसल के राजा प्रसेनजित और मगध के राजा अजातशत्रु में लम्बा संघर्ष चला। यह दिलचस्प बात है कि कोसल का राजा प्रसेनजित गौतम बुद्ध का प्रशंसक था। वज्जि (वृजि) संघ में विदेह, लिच्छवि, वज्जि आदि अनेक गण शामिल थे। कोसल से लिच्छवियों की मैत्री थी। बौद्धकाल में विभिन्न गण अनेक संघ बनाने लगे थे। आगे चलकर

उनके परस्पर मिलने और मिलकर एक जाति (नैशनैलिटी) का रूप लेने में यह कार्य सहायक हुआ। मल्लों के मुख्य नगर पावा और कुशीनारा थे। चेदि-जन आज के बुन्देलखण्ड में रहता था। वत्सजन का मुख्य नगर जमुना के किनारे कोशाम्बी था। गुरुजन का मुख्य नगर दिल्ली के पास इन्द्रप्रस्थ था और पञ्चाल बदायूँ और फर्रुखाबाद के आसपास के प्रदेश में रहते थे। मत्स्य प्रदेश में आज के अलवर, भरतपुर और जयपुर शामिल थे। शूरसेन जन की राजधानी मधुरा या मथुरा थी। अवन्ति जन का प्रदेश वर्तमान मालवा था और उज्जयिनी उनकी प्रमुख नगरी थी। इन प्राचीन जनों के प्रदेश की सीमाएँ महत्त्वपूर्ण हैं। डॉ० लॉ के आधार पर दिये हुए उपर्युक्त विवरण से मालूम होता है कि बौद्ध ग्रंथों में जिन राज्यों का उल्लेख है, वे अधिकतर वर्तमान हिंदी-भाषी प्रदेश के अन्तर्गत हैं। वैदिक समाज की चर्चा करते हुए हम देख चुके हैं कि मुख्य वैदिक जन इसी प्रदेश के थे। बौद्ध ग्रंथों में वर्णित जनों, गणों या राज्यों के प्रदेश पर ध्यान देने से इस तथ्य की पुष्टि होती है कि इनमें अधिकांश और विशेषकर शक्तिशाली मगध और कोसल के राज्य हिन्दी-भाषी प्रदेश के अन्तर्गत थे। इस तरह वैदिक और बौद्ध साहित्य द्वारा जितना क्रमबद्ध प्राचीन इतिहास हमें हिन्दी-भाषी जाति का मिलता है, उतना भारत की अन्य जातियों का नहीं। इन प्राचीन जनों और राज्यों में परस्पर संपर्क था, वे एक-दूसरे से मिलती-जुलती-भाषाएँ बोलते थे, विभिन्न गणों ने मिलकर संघ बनाये थे, मगध सम्राटों के राज्यों में ये प्रायः सभी शामिल थे, ये तथ्य हिन्दी-भाषी जाति के निर्माण में सहायक हुए। लेकिन हिन्दी-भाषी जाति का गठन बाद का है। इससे पहले वे छोटी-छोटी जातियाँ बनीं जो आज के विशाल हिन्दी-भाषी प्रदेश के विभिन्न इलाकों में बहुत कुछ सुरक्षित हैं। इन्हें हम लोग जनपद कहते हैं जैसे ब्रज, अवध, बुंदेलखंड के जनपद। ये जनपद उन्हीं क्षेत्रों में बने जहाँ प्राचीन शूरसेन, कोसल, चेदि आदि जन रहते थे। प्राचीन जन रक्त-संबंध पर आधारित थे लेकिन बाद के जनपदों में जनता के संगठन का आधार वर्ण-धर्म था। वर्णों के संगठन में प्राचीन रक्तसंबंधों, गोत्रों आदि की रक्षा की गई, लेकिन ये संबंध अब मुख्य न थे। मुख्य संबंध श्रम के विभाजन के अनुसार आर्थिक थे। अब भूमि पर भूस्वामियों का शासन था और किसानों का काम उन्हें अपने श्रमफल से शासक और शोषक के रूप में जीवित रखना था।

यूनान में भी हमने देखा था कि एथेंस में गोत्र-संगठन तोड़ कर सम्पत्ति और प्रदेश के विचार से समाज का पुनर्गठन हुआ। यह नया समाज पुराने रक्तसंबंध पर आधारित जन (ट्राइब) से भिन्न था। उसका एक निश्चित प्रदेश था, अपनी सामान्य भाषा थी, सांस्कृतिक और ऐतिहासिक परम्परा थी और

वर्गों में बँटे होने पर भी एक ही आर्थिक ढाँचे के अन्दर इन दो विरोधी वर्गों की एकता भी थी। इस नये समाज को हम जन (ट्राइब) नहीं कह सकते। उसका सही नाम जाति (नैशनैलिटी) ही होगा। इस प्रकार रक्तसंबंध पर आधारित प्राचीन समाज के विघटन के बाद जातियों का निर्माण होता है। ये जातियाँ सामन्ती समाज की विशेषताएँ हैं। इनमें विभिन्न पेशे के लोग हैं, भूस्वामी, पुरोहित और व्यापारी हैं, इनकी अपनी भाषा और सांस्कृतिक परंपरा है लेकिन निश्चित प्रदेश होते हुए भी इनकी राज्यगत सीमाएँ शासकों की शक्ति और राज्यप्रसार के अनुसार घटती-बढ़ती रहती है। राज्यगत सीमाएँ और प्रदेशगत सीमाएँ एक ही बात नहीं हैं। उदाहरण के लिए कोसल ने अपना राज्यविस्तार किया, इसका यह अर्थ नहीं है कि काशी के लोग कोसल की भाषा बोलने लगे और कोसल-काशी जनों के भाषागत प्रदेशों की सीमाएँ मिट गईं। आज भी ब्रज का अलग राज्य नहीं है लेकिन राज्यगत सीमाएँ न रहने पर भी बोली के हिसाब से ब्रज की सीमाएँ हैं ही। इसी अर्थ में प्राचीन जनों के विघटन के बाद वर्ण-व्यवस्था पर आधारित नये जनपद बने जो जातीय प्रदेश थे, भले ही उनकी भाषागत सीमाएँ राज्यगत सीमाओं से भिन्न रही हों।

डॉ० जायसवाल कहते हैं कि प्राचीन जन अपनी स्वाधीन सत्ता खोने के बाद वर्णधर्म के अन्दर जाति-प्रथा (Caste system) में शामिल कर लिए गये (हिन्दू राज्यतंत्र, पृ० १२५)। आगे वह कहते हैं कि भोज या भोजक गण के टूटने पर वह जातिप्रथा के अन्तर्गत आया; कच्छ और काठियावाड़ में भोजक जाति (Caste) और गया ज़िले के शाकलद्वीपी ब्राह्मण जो भोजक कहलाते हैं, उसी गण के अवशेष हैं। (उप० पृ० १४१)। पंजाब की कंबोह जाति काम्बोज गण का अवशेष है। (उप० पृ० १४४)। सतलज के किनारे रहनेवाले जोहिया राजपूत यौधेयगण के अवशेष हैं। (उप० १५०)। डॉ० धीरेन्द्र वर्मा कहते हैं, "ऐतिहासिक काल में पंचाल जनपद ही कान्यकुब्ज नाम से प्रसिद्ध हुआ, जिसका अवशेष अब कन्नौज नगर या कान्यकुब्ज ब्राह्मणों तथा कुछ अन्य उपजातियों के रूप में हम पाते हैं।" (मध्य देश, पृ० १७)।

इस तरह उत्तर भारत में रक्त-संबंध पर आधारित जन विघटित हुए तो मानव-समाज ने विकास की अगली मंज़िल जाति-प्रथा और वर्ण-धर्म वाली सामन्ती व्यवस्था में प्रवेश किया। कहीं पर संपत्ति और पेशे के आधार पर एक ही जन के विघटन से विभिन्न वर्ण और पेशेवाली जातियाँ बनीं, कहीं समूचे जन ने ही एक पेशा अपनाया और जाति के रूप में वर्ण-व्यवस्था के अंदर आया। प्राचीन समाजों में अक्सर यह देखा जाता है कि कोई जन किसी विशेष काम में दक्षता प्राप्त कर लेता है और इस प्रकार विभिन्न जनों में परस्पर

विनिमय करने में सुविधा होती है। ऐंगेल्स ने राज्यसत्ता की उत्पत्तिवाली पुस्तक में प्राचीन जनों के बीच श्रम-विभाजन के बारे में लिखा है कि पशुपालन करने वाले जन शेष बर्बर जनों से पृथक् हुए और यह श्रम का पहला महान् सामाजिक विभाजन था। टॉमसन ने प्राचीन यूनानी समाज वाली अपनी पुस्तक में लिखा है कि प्राचीन यूनान में हमें ऐसे जनों (Clans) के नाम मिलते हैं जिन्होंने एक विशेष पेशा अपना लिया है। कोई जन सिर्फ कुआँ खोदने का काम करता है, कोई शिल्प का काम अपनाये है, कोई हथियार बनाने और धातुओं की विभिन्न वस्तुएँ बनाने का ही काम करता है। टॉमसन ने इन पेशा अपनाने वाले जनों को "गिल्ड" (कसी ख़ास पेशे के लोगों का संघ) कहा है जो इस बात का प्रमाण है कि प्राचीन यूनानी समाज में जन-व्यवस्था के टूटने के वक्त सामन्ती व्यवस्था के लक्षण प्रकट हो रहे थे। वर्तमान भारत में अर्ध-बर्बर या घुमन्तू जीवन बिताने वाले जनों में भी यह विशेषता देखी जा सकती है। डॉ० मजूमदार ने भारत की नस्लों और संस्कृतियों पर अपनी पुस्तक में विज़ागापटम् ज़िले के पेशेवर जनों का उल्लेख किया है। अरीसी लोग कपड़े बुनते हैं, कुण्डल डलिया बनाते हैं। बस्तर ज़िले के कुड़ुख और केवट मछली मारते हैं। अन्य जनों को मछलियाँ देने का काम करके ये जनों के बीच आवश्यक विनिमय चलाते हैं। बस्तर के रावतों का काम ढोर चराना है। यह सब देखकर डॉ० मजूमदार ने यह निष्कर्ष निकाला है कि जातिप्रथा (Caste System) का विकास भले ही आर्यों के आने के बाद हुआ हो लेकिन उसकी महत्त्वपूर्ण विशेषताएँ संभवतः कबीलों के जीवन में पैदा हुई थीं। प्राचीन जनों में जहाँ भी श्रम में विशेष दक्षता प्राप्त करने का सवाल उठेगा, वहाँ इस तरह की पेशेवर जातियों का सूत्रपात ज़रूर हो जायेगा। कबीले इस तरह के विशेष पेशे अपना लेते हैं, इसलिए वे अपने पुराने रक्त-संबंधी ढाँचे से बाहर या उसे लिए हुए वर्णव्यवस्था में प्रवेश करते हैं। भारत की वर्ण-व्यवस्था के अन्तर्गत आने वाली सभी जातियाँ पेशों के नाम पर नहीं हैं। अक्सर वे अपने पुराने गोत्रों या जनों के नाम के साथ वर्णव्यवस्था में शामिल कर ली गयी हैं।

विशेष पेशे में दक्षता प्राप्त करना उत्पादन बढ़ाने के लिए किसी समय आवश्यक होता है। दस्तकारी की विशेषता बाप से बेटे तक विरासत के रूप में चलने से निखरती रहती है। इसीलिए आरंभ में वर्ण जन्मगत नहीं होते लेकिन कुछ दिन बाद वर्ण और जाति जन्मगत और कर्मगत दोनों हो जाती हैं। प्राचीन मिस्र में इस पेशेवर जातिप्रथा का चलन था और एथेंस के लोग उसी का अनुकरण करना चाहते थे। (देखिये, मार्क्स, कैपिटल (पूँजी), न्यूयार्क मॉडर्न लायब्रेरी संस्करण, पृ० ४०२)। इसोक्रातिस ने लिखा है, मिस्र के बुसिरिस ने

जनता को पेशेवर जातियों में बाँट दिया और आज्ञा दी कि जो एक पेशे में लगें, वे दूसरा धन्धा न करें। जो एक पेशे में बराबर लगे रहेंगे, वे अपना काम ज्यादा अच्छा करेंगे। इसीलिए मिस्र में कला-कौशल की इतनी प्रशंसा हुई और विभिन्न विचारक मिस्र के संविधान की इतनी तारीफ करते हैं। इसोक्रातिस की यह प्रशंसा बतलाती है कि मिस्र में जातिप्रथा का चलन किस तरह हुआ और यूनान के लोग उसे किस तरह अपना रहे थे। यूनानी लेखक क्सेनोफोन (Xenophon) अपने देश के बड़े नगरों के बारे में लिखता है कि यहाँ कोई व्यक्ति एक ही पेशा अपना कर जीविकोपार्जन कर सकता है, यहाँ तक कि एक पेशे में भी किसी शाखा में दक्ष हो सकता है। वह मिसाल देता है कि एक आदमी जूते बनाता है तो सिर्फ मर्दों के बनाता है, दूसरा सिर्फ स्त्रियों के बनाता है। कोई दर्जी सिर्फ कतरब्योंत करता है, कोई दर्जी सिर्फ सिलाई करता है। मार्क्स के अनुसार प्लैटो ने जिस आदर्श गणतंत्र का वर्णन किया है, वह मिस्र की पेशेवर जाति-प्रथा का ही यूनानी आदर्श रूप है। (उप०)। मार्क्स के अनुसार मिस्र की इस जातिप्रथा का महत्त्व रोमन साम्राज्य के लिए भी था। क्या मिस्र और क्या यूनान और रोम, पेशेवर जातिप्रथा का विकास सब कहीं दिखाई देता है। इसलिए यह समझना कि जातिप्रथा कोई भारत की अनोखी विशेषता है, गलत है। जहाँ भी मनुष्य प्राचीन जनों की व्यवस्था से निकलकर आगे बढ़ा है, वहाँ श्रम-विभाजन और दस्तकारी में दक्षता प्राप्त करने के साथ किसी-न-किसी रूप में जाति-प्रथा की ओर भी बढ़ा है।

तब क्या भारत में दास-प्रथा नहीं रही? क्या उत्तर भारत का समाज, विकास की एक मंजिल पार किये बिना, सीधा सामंती व्यवस्था में पहुँच गया? भारत में दास-प्रथा थी लेकिन प्राचीन जन-व्यवस्था के बाद उत्तर भारत में मनुष्य ने अगली मंज़िल सामंती व्यवस्था में ही प्रवेश किया। ये दोनों बातें ठीक हैं। प्रश्न यह है कि सामाजिक विकास में दासप्रथा का महत्त्व क्या है? दासप्रथा कब और क्यों उत्पन्न होती है? ऐंगेल्स ने ऐंटी-ड्यूरिंग में लिखा है, "युद्ध के बंदी, जिनमें से अधिकांश दास बनाये जाते थे, कम से कम अब जीवित रह सकते थे जबकि पहले वे मार डाले जाते थे या उससे भी पहले ज़िन्दा भून डाले जाते थे।" इससे दो परिणाम निकलते हैं। पहला यह कि दासप्रथा का जन्म प्राचीन बर्बर जीवन में होता है। दास मुख्यतः समाज के अन्दर से न पैदा होकर बाहर से लाये जाते हैं। उत्पादन में मनुष्य ने इतनी प्रगति कर ली है कि किसी को मार डालने के बदले उसके श्रम से लाभ उठाना वह सीख गया है। ऐंगेल्स कहते हैं कि मनुष्य पशु की श्रेणी से उभर कर बाहर आया है और बर्बर अवस्था से निकलने के लिए उसे बर्बर, प्रायः पाशविक

उपाय अपनाने पड़े हैं। दासप्रथा ऐसा ही पाशविक उपाय थी। प्राचीन जनों में अतिरिक्त श्रम करने वाले नहीं थे। एक समाज के सदस्य किसी तरह अपने जीवनयापन की व्यवस्था कर लेते थे। युद्ध द्वारा बंदी लाकर उन्होंने इस अतिरिक्त श्रमशक्ति की जरूरत पूरी की। जहाँ सामूहिक उत्पादन है, वहाँ दासों के श्रम का महत्त्व अधिक नहीं होता, लेकिन जहाँ कुलों द्वारा व्यक्तिगत या परिवारगत उत्पादन शुरू हो गया है, वहाँ दासों के श्रम का महत्त्व बढ़ जाता है। इस तरह व्यक्तिगत सम्पत्ति के जन्म के साथ दासों का महत्त्व भी बढ़ता है। लेकिन यह आवश्यक नहीं कि जन-व्यवस्था के टूटने पर ही दासप्रथा आये। मार्क्स ने 'जर्मन विचारधारा' (German Ideology) में लिखा है, "एकताबद्ध समाज (Community) के रूप में ही नागरिक अपने दासों पर अधिकार (Power) कायम रखते हैं और इसलिए यही कारण है कि वे सामूहिक स्वामित्व की प्रथा से बँधे रहते हैं (bound to the form of communal ownership)। सामूहिक व्यक्तिगत सम्पत्ति (communal private property) सक्रिय नागरिकों को बाध्य करती है कि वे गुलामों के खिलाफ इस प्राकृतिक रूप में संघबद्ध रहें।" यहाँ सामूहिक और व्यक्तिगत संपत्ति में कोई अंतर्विरोध नहीं है। प्राचीन जनों में भूमि पर सारे जन का अधिकार होता है, लेकिन भूमि विभिन्न परिवारों में बाँट दी जाती है। मुख्य बात यह है कि गुलामों को दबाने के लिए राज्यसत्ता नहीं, पूरे समाज का अधिकार-भय काफी होता है। राज्यसत्ता की जरूरत तब पड़ती है जब समाज में वर्ग-भेद पैदा हो जाता है और संपत्तिशाली वर्ग को अपनों से ही भय होने लगता है। जैसा कि हम देख चुके हैं, प्राचीन रोमन राज्य में स्वाधीन निर्धन किसानों और दासों दोनों ही ने विद्रोह किया था। प्लैटो ने "गणतन्त्र" ("रिपब्लिक") में लिखा है कि ईश्वर किसी आदमी को—जिसके पास पचास गुलाम हैं—उसकी बीवी-बच्चों के साथ शहर से दूर ले जाये और गुलामों तथा शेष सम्पत्ति के साथ किसी निर्जन स्थान में उसे छोड़ दे जहाँ उसकी मदद को आने वाले स्वाधीन नागरिक न हों तो क्या वह परिवार सहित दासों के हाथों मारे जाने की दहशत न खाता रहेगा ? (टॉमसन द्वारा उद्धृत, मॉडर्न कार्टर्ली, जुलाई १९३८)। यहाँ स्पष्ट है कि दासों के खिलाफ उनके स्वामी की मदद के लिए आने वाले स्वाधीन नागरिक हैं। अमरीका में समय-समय पर नीग्रो नर-नारियों के वध (लिञ्चिग) की जो क्रिया अभी तक अमरीका में प्रचलित है, वह उसी प्राचीन बर्बर सामूहिक अधिकार-भावना का प्रतिरूप है।

टॉमसन ने एक दिलचस्प बात और लिखी है कि प्लैटो ने "न्याय-विधान" (Laws) में बतलाया है कि एथेंस के गुलाम विभिन्न जातियों के थे और अलग-

अलग भाषाएँ बोलते थे, इसलिए अपने मालिकों के खिलाफ संगठित होने में उन्हें कठिनाई होती थी। इससे यह सिद्ध होता है कि एथेंस के गुलाम यूनानी समाज की उपज न थे वरन् बाहर से आया हुआ एक तत्त्व थे। वे एथेंसवासियों के जातीय उत्पीड़न के शिकार थे जैसे कि अमरीकी नीग्रो अपने अमरीकी गौराङ्ग प्रभुओं के जातीय उत्पीड़न के शिकार रहे हैं और बहुत कुछ आज भी हैं।

क्या यह आवश्यक है कि सामाजिक विकास के लिए इतने बड़े पैमाने पर एक बाहर का तत्त्व आये जैसे कि रोम और एथेंस में बाहर से गुलाम लाये गये थे या आगे चलकर जैसे अमरीका और जमैका में गुलामों की आमद हुई? अन्य देशों में खेती और व्यापार का प्रसार हुआ है लेकिन हर कहीं रोम, एथेंस और अमरीका जैसी गुलामी नहीं रहीं। इसका कारण यह है कि दास-प्रथा सामूहिक उत्पादन और सामूहिक स्वामित्व वाले प्राचीन कबीलों में पैदा हुई थी, नरमांस-भक्षण और नरमेध के मुकाबले में वह एक प्रगतिशील प्रथा थी। उससे दासों की जान बची और कबीले की श्रम-शक्ति में वृद्धि हुई। अपने बर्बर जीवन से निकलने में मनुष्य को सहायता मिली। लेकिन उसके बाद जब समाज में वर्ग बनने लगे, ज़मीन थोड़े से कुलों के हाथ में आ गई, सुनार, लोहार, बढ़ई आदि के पेशों में दस्तकार बँट गये, तब दासप्रथा प्राचीन जन-व्यवस्था का एक अवशेष मात्र रह गयी, वह सामाजिक विकास की मंज़िल नहीं रही। जिस तरह नीग्रो-दासता पूंजीवाद के विकास के लिए अनिवार्य नहीं थी, उसी तरह भारत में भी सामन्तवाद के प्रसार के लिए दासता अनिवार्य नहीं थी। यह भी ध्यान रखना चाहिए कि रोम और यूनान में—जहाँ दासप्रथा के विशिष्ट रूप का विकास माना जाता है—सामन्ती सम्बन्ध और सामन्ती समाज की अनेक विशेषताएँ मौजूद थीं। ८ मार्च १८५५ के एक पत्र में मार्क्स ने लिखा था, "कुछ समय पहले मैंने आगस्टस के युग तक के (प्राचीन) रोमन इतिहास को फिर पढ़ा। आंतरिक इतिहास सीधे-सीधे यह है कि छोटी भूसम्पत्ति और बड़ी भूसम्पत्ति में संघर्ष हुआ। अवश्य ही यह संघर्ष दास-परिस्थितियों से एक निश्चित रूप में परिवर्तित ("specifically modified") हुआ था। रोमन इतिहास के आरम्भ से ही ऋण-सम्बन्धों की महत्त्वपूर्ण भूमिका है। ये छोटे भूस्वामित्व का अनिवार्य परिणाम थे।" (मार्क्स और एंगेल्स का पत्र-व्यवहार, लन्दन, १९४३; पृ० १२७)। मार्क्स के अनुसार रोम का आंतरिक इतिहास (आंतरिक इसलिए कि गुलाम अधिकतर बाहर से लाये गये थे) छोटे किसानों और बड़े भूस्वामियों के संघर्ष का इतिहास है। वहाँ जो महाजन और कर्ज़दार में संघर्ष पैदा हुआ, वह भी भूसंपत्ति की विषमता का परिणाम है। दासप्रथा ने

इस संघर्ष पर असर डाला है, उसे एक हद तक परिवर्तित (modify) किया है, लेकिन रोमन समाज का मुख्य आंतरिक संघर्ष किसानों और भूस्वामियों के बीच है, इसमें संदेह नहीं।

यूनान में स्पार्टा के हेलौत अपने ज़मीन के मालिकों के लाभ के लिए खेती करते थे और ज़मीन से बँधे हुए थे। "उनकी हालत प्राचीन काल के साधारण दासों से बिल्कुल भिन्न थी और मध्यकाल के बँधुओं (villenage) से ज़्यादा मिलती-जुलती थी।" (ग्रीस का इतिहास, ले० सर विलियम स्मिथ, १९००, पृ० ७१)। वे अपने मालिकों को लगान (Rent) देते थे लेकिन मालिक की निगरानी से अलग वे अपना पारिवारिक जीवन बिताते थे। उन्हें भूमि से छुड़ा कर बेचा न जा सकता था। युद्ध में वे हल्के अस्त्र लेकर अपने मालिकों के साथ जाते थे। उनकी भाषा वही थी, जो उनके मालिकों की थी, इसलिए उन्हें अपनी अवस्था का कटु अनुभव होता था। उन्हें एक ख़ास पोशाक पहनाई जाती थी तौर उनमें से "सरकश" लोगों का वध करने के लिए स्पार्टा के सशस्त्र नौजवान भेजे जाते थे। क्सेनोफोन के शब्दों में हेलौत लोगों का वश चलता तो वे अपने मालिकों को कच्चा खा जाते। (उप०)। स्पार्टा में भी मुख्य संघर्ष जमीन के मालिकों और किसानों के बीच था। ऐंगेल्स ने उन्हें अर्धदास (Serf) कहा है, यह हम पहले देख चुके हैं।

फिर भी दास-प्रथा अधिकांश प्राचीन समाजों में रही है, इसमें संदेह नहीं। इसका कारण यह है कि जिस बर्बर अवस्था से निकलकर प्राचीन समाज सभ्यता की ओर बढ़े हैं, उसमें युद्ध के बंदियों को गुलाम बनाकर अपने समाज की श्रमशक्ति बढ़ाना उनके लिए स्वाभाविक क्रिया था। जब वर्गों और राज्य-सत्ता का जन्म होता है, तब भी वे दासप्रथा कायम रखते हैं, कायम ही नहीं रखते, बड़े पैमाने पर उसका उपयोग करते हैं। श्रमशक्ति की कमी नहीं रही, गुलामों की वजह से उनके अपने "स्वाधीन" भाई बन्द मुफलिस बन गये हैं। लेकिन "स्वाधीन" भाइयों की ज़मीन छीन कर धनी वर्ग उन्हें मुफलिस बनाना पसन्द करता है, कारण यह कि गुलामों की श्रमशक्ति एकदम सस्ती है, उनके साथ पशुओं जैसा व्यवहार आसानी से किया जा सकता है, वे मर जाएँ तो उनकी जगह तुरंत ही दूसरे ले सकते हैं। अब युद्ध के बंदियों से ही गुलामों की जरूरत पूरी नहीं की जाती, ऐसे डाकू पैदा हो जाते हैं जो सोना-चाँदी लूटने के बदले इंसानों को उड़ा लाते हैं और उन्हें बाज़ारों में बेच देते हैं।

धर्म-शास्त्र के इतिहास में श्री पांडुरंग वामन काणे कहते हैं, "बैबिलोन, मिस्र, यूनान, रोम और यूरोप की भी बहुत-सी जातियों में सर्वत्र, प्राचीन काल में जातियों के सामाजिक और आर्थिक जीवन में, दास-प्रथा निरंतर रही है।

फिर भी यह काम पश्चिम के इंगलैंड और संयुक्त राष्ट्र अमरीका जैसे ईसाई राष्ट्रों के लिए रह गया था कि वे दासप्रथा को जितने भी जघन्य रूप में हो सके चलायें जैसा कि किसी प्राचीन समाज ने स्वप्न में भी न सोचा था। इनका तरीका यह था कि गुलाम बटोरने के लिए अफ्रीका को अपने डाकू-दस्ते भेजते थे वहाँ से वे उन्हें ऐसी भयानक स्थिति में जहाज़ों में ठूँस देते थे कि उसका वर्णन नहीं हो सकता। उनमें से आधे रास्ते ही में मर जाते थे। जो बचते थे, उन्हें वे जानवरों की तरह बड़े-बड़े भूस्वामियों (plantalion owners) और दूसरों के हाथ बेच देते थे।" (History of Dharmasnastra 1941, Vol. II, Pt. I, पृ० १८०)।

इस तरह की दासप्रथा प्राचीन भारत में नहीं रही, इतने बड़े पैमाने पर दासप्रथा का यहाँ चलन नहीं रहा, फिर भी दासप्रथा रही है, इसमें संदेह नहीं। काणे महोदय ने अपने उपर्युक्त ग्रंथ में दासप्रथा के चलन के बारे में प्राचीन भारतीय ग्रंथों से अनेक उद्धरण दिये हैं। ऋग्वेद (८,५६,३) में दान की अन्य वस्तुओं के साथ सौ दासों का भी उल्लेख है। काणे कहते हैं, "ऐसा प्रतीत होता है कि यहाँ पर दास का अर्थ गुलाम या अर्धदास (serf) है।" ऋग्वेद (८,१९,३६) में त्रसदस्यु पचास युवतियाँ दान करते हैं। "संभवतः इसका अर्थ दासियों का दान है।" (काणे)। तैत्तरीय संहिता (७,५,१०,१) में सिर पर कलश रखे हुए दासियों के नाचने-गाने का उल्लेख है। तैत्तरीय संहिता (२,२,६,३) में दास के दान की बात कही गयी है। ऐतरेय ब्राह्मण (३९,८) में राजा अपने पुरोहित को दस हज़ार दासी देता है। कठोपनिषद् में नचिकेता को दासियों द्वारा आकृष्ट करने का प्रयत्न किया गया है। छान्दोग्योपनिषद् में कहा गया है कि सांसारिक ऐश्वर्य में गाय, घोड़े, हाथी, सोना, पत्नियाँ, दास, खेत और घर हैं। काणे कहते हैं, "इन उद्धरणों से पता चलता है कि वैदिक युग में नर-नारी दान की वस्तु हो गये थे और इसलिए दासों की दशा में थे।" महाभारत में दास-दासियों के दान का उल्लेख अनेक बार किया गया है।

"वैदिक युग" में आप्टे कहते हैं कि ऋग्वेद में दस्यु और दास के दोनों अर्थ हैं, आर्यों से स्वाधीन आदिवासी और जीते हुए दास। आगे कहते हैं कि दास उस समय क्या करते थे, इसका स्पष्ट उल्लेख नहीं है; सम्भवतः वे अपने आर्य स्वामियों की सहायता करते थे जो समाज के लिए आवश्यक कला-कौशल में स्वयं भाग लेना अपने लिए असम्मानजनक न समझते थे। आप्टे का यह अनुमान ऐंगेल्स की उस कुलपति वाले परिवार की स्थापना से मेल खाता है जिसमें दास भी परिवार के अंग बनकर उसके अन्य सदस्यों के साथ काम करते हैं।

गणराज्यों में भी दासप्रथा थी, सब जगह नहीं तो कहीं-कहीं अवश्य। महा-

भारत में कहा गया है कि गणराज्यों में कुल और जाति के अनुसार नागरिक समान हैं। इस पर डॉ० जायसवाल की टिप्पणी है कि जाति का अर्थ यहाँ पेशेवर जाति (caste) नहीं है वरन् संभवतः दास के विपरीत जन्म से स्वाधीन नागरिक से तात्पर्य है। यवन-कंबोज गण में आर्य (स्वाधीन नागरिक) और दास होते थे। (देखिये, हिन्दू राज्यतंत्र, पृ० १४४)।

कौटिल्य के अर्थशास्त्र में कई तरह के दास गिनाये गये हैं; ध्वजाहृत—जो युद्ध में बंदी बनाये गये हैं, आत्मविक्रयिन्—जिन्होंने अपने को बेच दिया हो, उदरदास—जो दास-दासी की सन्तान हों या जो ऋण या दंड के कारण दास बनाये गये हों। युद्ध के बंदियों को दास बनाने की पुरानी प्रथा का यहाँ उल्लेख है। रिस डेविड्स ने बौद्धकाल में दासप्रथा के चलन के बारे में लिखा है कि स्वाधीन नागरिकों के अलावा दास भी थे। बौद्ध ग्रंथों में दासों का वैसा ही उल्लेख है जैसा अर्थशास्त्र में। युद्ध और दंड से व्यक्ति दास बनता था। अपने को बेचने वाले और पैदायशी दास भी होते थे। "लेकिन दासप्रथा के उस बाद वाले विकास की बात हम यहाँ नहीं सुनते जिससे कि यूनान की खानें, रोमन राज्य की बड़ी रियासतें या गुलामों के ईसाई मालिकों के बड़े बड़े खेत कष्ट और उत्पीड़न के दृश्य बन गये थे।" (बौद्ध भारत, १९५०, पृ० ४०)। मेगस्थनीज़ ने भारत के बारे में लिखा है कि यहाँ के सभी नागरिक स्वाधीन हैं और उनमें कोई दास नहीं है। इस पर रिस डेविड्स की टिप्पणी है, "दासप्रथा के बारे में यह कथन विचित्र है। भारतीय साक्ष्य इस मामले में एकमत और स्पष्ट है और हम उसे निर्णायक मानते हैं कि उस समय भारतीय जीवन में दासप्रथा एक वास्तविक तत्त्व थी, यद्यपि यह महत्त्वपूर्ण तत्त्व न थी।" (उप० १७४)। इससे भी यही निष्कर्ष निकलता है कि भारत में दासप्रथा थी तो, लेकिन यूनान में दासों का जो उपयोग था, वह यहाँ नहीं था।

डॉ० मज़ूमदार का मत है, "प्राचीन वैदिक काल से ही दासप्रथा भारतीय समाज की एक स्वीकृत प्रथा थी।" (साम्राज्य-एकता का युग, पृ० ५००)। मेगस्थनीज़ के कथन पर उन्हें भी विश्वास नहीं है और उनका विचार है कि उसे दासों के प्रति सदय व्यवहार देख कर धोखा हुआ था।

मेगस्थनीज़ जिस समय भारत आया था, उस समय सामन्ती व्यवस्था का अभ्युदय हो चुका था। व्यवस्था के अभ्युदय के बाद भी दासप्रथा कायम रही लेकिन संभवतः उसमें कुछ परिवर्तन भी हुआ था। मनुस्मृति में जहाँ पत्नी-पुत्रादि के ताड़न की व्यवस्था है, वहाँ दास का भी उल्लेख है। (काणे, धर्मशास्त्र का इतिहास, खंड २, भाग २, पृ० १८२)। उन्हें पीठ पर ही मारा जा सकता है, सिर पर नहीं। इस नियम से एक ओर तो परिवारों में गृहस्वामी

के अधिकार का पता चलता है जिसके पत्नी-पुत्र का दर्जा वही है जो दास का है। दूसरी ओर दास यथाकामवध्य नहीं है, उसे मनमाने ढंग से पीटने पर भी रोक लगाई गयी है। अशोक ने अपने शिलालेखों में दासों के साथ सदय व्यवहार करने के लिए कहा है। (उप०)। कौटिल्य ने अर्थशास्त्र में यह व्यवस्था की है कि म्लेच्छ अपनी सन्तान को बेच सकते हैं लेकिन आर्य को दास नहीं बनाया जा सकता। चारों वर्णों में कोई किसी व्यक्ति को बेचे तो दंड का अलग-अलग विधान है। पारिवारिक कठिनाइयों में आर्य भी दास बन सकता है। दास अपने श्रम से अर्जित धन द्वारा अपनी स्वाधीनता खरीद सकता है। यदि कोई आर्य दास हो जाय तो उसकी संतान दास न होगी। यदि कोई स्वामी अपने दास को मारे, गाली दे, उससे शव या मल ढोने को कहे, या दासी का सतीत्व भंग करे, तो वह उस पर अपना अधिकार खो देगा। दासी के स्वामी द्वारा सन्तान हो तो सन्तान और दासी दोनों मुक्त कर दिये जायेंगे। कौटिल्य के अनुसार दास की संपत्ति के उत्तराधिकारी उसके सम्बन्धी होंगे और यदि वे न हों, तभी वह दास के स्वामी की होगी। यहाँ दास की व्यक्तिगत संपत्ति स्वीकार की गयी है यद्यपि कात्यायन के अनुसार अपने को बेचने से दास को जो धन मिला है या उसका स्वामी जो स्वेच्छा से उसे दे दे, वही उसकी संपत्ति है। श्री यू० ऐन० घोषाल का विचार है कि दासों के प्रति उनके स्वामियों का व्यवहार उनके अपने स्वभाव पर निर्भर था। मृच्छकटिक नाटक में मदनिका दासी की स्वामिनी ने उसे अपना मित्र बना लिया है लेकिन स्थावरक का स्वामी उसे पीटता है। भारत में तुर्कों और अंग्रेजों के आने के बाद भी यहाँ दासप्रथा रही है लेकिन न तब और न उससे पहले यह सिद्ध होता है कि दासप्रथा यहाँ उत्पादन की कोई विशेष पद्धति थी। इतना निश्चयपूर्वक कहा जा सकता है कि एथेंस, रोम, जमैका या अमरीका जैसा दासों का उपयोग यहाँ कभी नहीं हुआ।

५. सामन्ती व्यवस्था

वैदिक युग में ही खेती का प्रसार होने लगा था और वर्णव्यवस्था का सूत्रपात हो चुका था। वैदिक जनों के संघ बनने लगे थे और प्रदेश-विशेष में रहने वाली जाति के रूप में परिवर्तित होने का समय आ रहा था। कृषि का प्रसार, वर्णव्यवस्था और जाति का निर्माण ये तीनों काम एक ही साथ होते हैं। अमरीकी आदिवासियों के बारे में एंगेल्स ने लिखा है कि किन्हीं प्रदेशों में कबीलों ने स्थायी संघ बनाये थे "और इस तरह जातियों के निर्माण की ओर उन्होंने पहला कदम उठा लिया था" ("and so took the first step towards the formation of nations")। यह कार्य यहाँ भी वैदिक युग में हो रहा था और आगे चलकर गणराज्यों ने जो संघ बनाये थे, वे भी इसी जातीय निर्माण की ओर बढ़ रहे थे।

उपनिषदों और सूत्रों के युग में अन्य धातुओं के साथ लोहे के औजार और बर्तन भी बनते थे। (वैदिक युग, पृ० ५२४) कताई और बुनाई लोगों के दैनिक जीवन में शामिल थी। सड़कों, पुल आदि की व्यवस्था थी। यात्रा आदि के लिए घोड़ों और बैलों से काम लिया जाता था। खेती से संबन्धित अनेक रस्मों का चलन था। हल में बैल जोतते समय, खेत बोते समय, फसल काटने के समय अनेक कृत्यों की व्यवस्था थी।

छठी शताब्दी ई० पू० के लगभग उत्तर भारत में सामन्ती व्यवस्था का प्रसार दिखाई देता है। शास्त्रों और स्मृतियों में उसकी रक्षा के लिए विस्तृत नियम बनाये गये हैं। मनु के अनुसार राजा पशुओं और सोने के पचासवें हिस्से का अधिकारी है, फसल का छठा, आठवाँ या बारहवाँ भाग उसका होता है और मांस, मधु, घी, कन्द-मूल, फल-फूल आदि के छठे भाग पर उसका अधिकार होता है। (काणे, धर्मशास्त्र का इतिहास, पृ० ८६७)। विशेष परिस्थितियों में राजा को फसल का चतुर्थांश पाने का अधिकार भी मनु उसे देते हैं। कौटिल्य के अनुसार फसल में राज्य का भाग होता है। भाग के अलावा उसे बलि के रूप में एक अनिश्चित मात्रा मिलती है। समय-समय पर संपत्ति के ऊपर कर वसूल

किया जाता है। चरागाहों पर भी एक विशेष कर लिया जाता है। खेतों की नाप-जोख आदि के लिए कर है और चौकीदारों के निर्वाह के लिए कर देना होता है। (साम्राज्य-एकता का युग, पृ० ५६८)। डॉ० राधा कुमुद मुकर्जी कहते हैं कि आमतौर से किसान के पास इतनी खेती होती थी कि वह और उसके परिवार वाले उसे कर सकें। जरूरत पड़ने पर वे मज़दूर भी लगा सकते थे। "बेजमीन मज़दूर, जो भाड़े पर काम करता था, दास से नीचे समझा जाता था। हट्टे-कट्टे किसान घर की बखर खाली छोड़कर धनपति राजा की रियासत में भाड़े के मजूरों की तरह कठिन परिश्रम करें, इसे सामाजिक पतन का लक्षण मानकर उसकी निन्दा की गई है।" (उप०)। बड़ी-बड़ी ज़मींदारियाँ भी थीं। हजार करीष (डॉ० मुकर्जी के अनुसार करीष संभवतः एक एकड़ के बराबर था) की रियासतों के ब्राह्मण-स्वामियों का उल्लेख मिलता है। एक रियासत इतनी बड़ी थी कि उसमें ५०० हलों की जरूरत पड़ती थी और भाड़े के काफी मजूर लगाने होते थे। (उप०)। डॉ० मुकर्जी के अनुसार राजा फसल का दशमांश लेता था, किसानों से बेगार कराई जाती थी, युद्ध या अकाल की परिस्थितियों से बचने के लिए विशेष कर लिया जाता था यानी फसल का कुछ हिस्सा और लिया जाता था। राजा के वारिस वगैरह पैदा होने के अवसरों पर विशेष उगाही होती थी। "हिन्दू न्याय के अनुसार खेती की फसल में छठे से लेकर बारहवें भाग तक राज्य का अंश होता था।" (उप०)। इस तरह राजा किसान के श्रमफल का एक अंश ग्रहण करता था और फसल का हिस्सा पाने के सिवा वह किसान की श्रमशक्ति पर भी अधिकार रखता था और उसे बेगार के लिए बुला सकता था। काणे ने गुप्त-युग के एक ताम्र दानपत्र का हवाला दिया है जिसमें दान की हुई भूमि पर बसने वालों को बेगार से मुक्त कर दिया गया है। (धर्मशास्त्र का इतिहास, खंड २, भाग २, पृ० ८६४-५)। इससे भी सिद्ध होता है कि साधारणतः राजा को बेगार लेने का अधिकार होता था।

यहाँ पर प्रश्न उठता है कि भूमि पर अधिकार किसका था। काणे ने प्राचीन ग्रंथों का संक्षिप्त विवरण देते हुए कहा है कि भूमि पर किसानों का अधिकार था। जैमिनि के अनुसार सम्राट् भी अपनी भूमि का दान नहीं कर सकता क्योंकि धरती सभी की है। शबर के अनुसार राजा को केवल फसल का अंश लेने का अधिकार है, लेकिन धरती सभी का पालन करती है, इसलिए वह सभी की है। मनु और अन्य स्मृतिकारों की धारणा, काणे के अनुसार, यह थी कि ज़मीन पर स्वामित्व किसान का है और राजा को केवल कर वसूल करने का अधिकार है। मनु और कौटिल्य दोनों ने समय पर खेत न जोतने-

बोने वाले के लिए दण्ड की व्यवस्था की है। इससे यह सिद्ध होता है कि खेत को व्यक्तिगत संपत्ति समझ कर किसान चाहे कि उसे जोतना-बोना छोड़ दे, तो यह संभव नहीं है।

सामन्ती व्यवस्था में यह आवश्यक नहीं है कि भूमि पर राजा या सामन्त का व्यक्तिगत अधिकार हो। मार्क्स ने लिखा है कि १८वीं सदी में इंगलैंड तथा यूरोप में भूस्वामियों ने भूमि की सामन्ती व्यवस्था तोड़ दी और रियासतों को अपनी व्यक्तिगत सम्पत्ति बना लिया जिन पर पहले उन्हें सामंती प्रभु का पद मात्र मिला हुआ था ("vindicated for themselves the right of modern private property in estates to which they had only feudal title")। ("पूंजी", खंड १, पृ० ७४९)। यूरोप और इंगलैंड में भूमि पर सामन्तों का व्यक्तिगत अधिकार वैसे ही न था जैसे भारत में। जिस भूमि को "प्रजा" जोतती थी, उस पर प्रजा का ही अधिकार था; सामन्त की अपनी भूमि की बात दूसरी है। सामन्त और उसकी प्रजा के परस्पर वर्ग-विरोध का कारण यह था कि सामन्त प्रजा की रक्षा के नाम पर उससे तरह-तरह के कर वसूल करता था और उससे अनेक अवसरों पर बेगार कराता था। जिसे अर्धदास (serf) कहते हैं, वह भी अपनी भूमि का स्वामी था, भले ही भूमि के हस्तान्तर होने पर वह भी उसके साथ बेच दिया जाता हो। भारत में यूरोप जैसी अर्धदास प्रथा (Serfdom) थी या नहीं, इस प्रश्न का उत्तर देने के लिए मार्क्स के ये शब्द याद रखने चाहिए, "हमें यह कभी न भूलना चाहिए, कि अर्धदास (serf) अपने घर से लगे हुए भूमि के टुकड़े का मालिक ही न था—भले ही वह खिराज देने वाला (tribute paying) स्वामी हो—वरन् सामान्य भूमि (Common land) पर औरों के साथ उसका अधिकार भी था।" (पूंजी, पृ० ७८८)। इसलिए अर्धदास (serf) का मतलब यह नहीं होता कि उसका जमीन पर कोई अधिकार ही नहीं है। वह खिराज (कर या बलि) देता है लेकिन अपनी जमीन पर उसका हक होता है और गाँव की सामान्य भूमि—चरागाह आदि—पर उसका भी सामान्य अधिकार होता है। इस तरह के किसानों की स्थिति भारत की सामन्ती व्यवस्था के किसान से मूलतः भिन्न न थी। एंगेल्स ने यूरोप की मध्यकालीन अर्थात् सामन्ती समाज की उत्पादन-पद्धति की विशेषता बतलाते हुए कहा है कि उसमें छोटे पैमाने की पैदावार का आम चलन था जिसका आधार पैदावार के साधनों पर उत्पादकों का व्यक्तिगत स्वामित्व था; यह बात खेती में सभी किसानों पर लागू होती थी, चाहे वे स्वाधीन हों, चाहे अर्धदास हों, और वह शहरों की दस्तकारी के धंधों पर भी लागू होती थी। (ऐंटी-डूर्यरिंग, पृ० ३९८)। उत्पादन के साधनों पर व्यक्तिगत अधिकार, छोटे पैमाने की पैदावार का आम चलन,

खेती में चाहे स्वाधीन किसान हो चाहे अर्धदास हो, उत्पादन के साधनों पर उसका भी व्यक्तिगत अधिकार, ऐंगेल्स के अनुसार सामन्ती व्यवस्था की ये विशेषताएँ हैं। ये विशेषताएँ भारत के सामन्ती समाज में भी मिलती हैं।

इस सामन्ती व्यवस्था में "राजा करे सो न्याय" का नियम चलता था। राजा न्यायकर्ता और शस्त्रधारी सेनापति भी था। शास्त्र और शस्त्र दोनों उसके हितों की रक्षा करते थे। मार्क्स के शब्दों में सामन्तकाल में सेनापति और न्यायाधीश के कर्तव्य भूस्वामी के हाथ में होते हैं। (पूंजी, पृ० ३६५)। इंगलैंड में नार्मल विजय के बाद सामंती कानून ने सभी किसानों को अर्धदास जैसा बना दिया। (ए० ऐल० मौर्टन : ए पीपुल्स हिस्ट्री ऑव इंगलैंड, १९५५; पृ० ६६)। कहावत थी कि पेट के सिवा उनके पास कुछ न था। न्याय-विशेषज्ञ कहते थे कि अर्धदास को आज न मालूम होने देना चाहिए कि कल उससे कौन-सा काम लिया जायगा। भारत की तरह इंगलैंड में भी सामन्ती व्यवस्था के अन्तर्गत दासप्रथा का चलन था। ११वीं सदी के उत्तरार्द्ध में इंगलैंड की भूमि-व्यवस्था की जाँच-पड़ताल की गयी थी जिससे मालूम हुआ कि इंगलैंड में आबादी का ९ फीसदी गुलाम थे, १२ फीसदी स्वाधीन किसान थे और बाकी अर्ध दास या उनसे मिलती-जुलती स्थिति में थे। (उप० पृ० ६४)। ग्यारहवीं सदी के अन्त में दासवर्ग नष्ट हो रहा था और अधिकतर दास "घरेलू चाकर या सामन्त की भूमि पर गड़रिये और हलवाहे थे।" (उप०)। यह स्थिति भी भारत से मिलती-जुलती है।

भारत की तरह इंगलैंड में भी रक्त-संबन्ध पर आधारित प्राचीन जन-व्यवस्था (tribal society) के बाद अगली मंज़िल सामन्ती व्यवस्था की ही आई। मैरिअन गिब्स ने "सामन्ती व्यवस्था" नामक पुस्तक में लिखा है कि ईस्वी सातवीं शताब्दी में इंगलैंड में प्राचीन जन-व्यवस्था का विघटन आरंभ हो गया था। उस समय लोग गाँव में बसकर एक ही भूमि पर खेती करने लगे थे जबकि पहले वे ज़मीन का एक टुकड़ा यहाँ जोतते-बोते थे, दूसरा वहाँ। विभिन्न परिवारों के खेत एक-दूसरे से मिले-जुले होते थे। जैसे लोग चरागाहों में एक साथ अपने जानवर चराते थे, वैसे ही उनकी खेती भी एक दूसरे से मिली-जुली थी। (Marion Gibbs: Feudal Order; १९४९; पृ० ४४)। इन मिले-जुले खेतों और चरागाहों में पैदावार की ऐसी पद्धति का चलन था जिसमें "गाँव के सभी लोग खेती और पशुओं की देखभाल में सहयोग करते थे।" (उप० पृ० ४६)। गिब्स ने लिखा है कि प्राचीन जन-व्यवस्था में ऐसे तत्त्व मौजूद थे जिनके आधार पर एक नयी व्यवस्था उत्पन्न होती। पहले जो राजा के बराबरी वाले सैनिक थे, वे अब उसके अधीन हो गये। जो पहले स्वाधीन

किसान थे, वे अब उसके मातहत हो गये। ये सामन्ती व्यवस्था के तत्त्व थे। (उप० पृ० २५)। इससे पहले गिब्स ने लिखा है, "विघटित होती हुई जन-व्यवस्था में सामन्तवाद के उद्‌भव की छानबीन का प्रयास करने के पहले यह ज्यादा लाभप्रद होगा कि हम मोटे तौर से सामन्तवाद की कुछ विशेषताओं का उल्लेख करें जो उसके अधिक विकसित होने पर हमारे सामने आती हैं।" ("Before we attempt to analyse the origins of feudalism within a disintegrating tribal society, it may be helpful to outline generally some of the more obvious characteristics of feudalism at the mature stage of its development," उप० पृ० ७)। जन-व्यवस्था—ट्राइबल सोसायटी—के विघटन-काल में सामन्ती व्यवस्था के उद्‌भव के लक्षण प्रकट होने लगते हैं। इसका यह अर्थ नहीं है कि इंगलैण्ड में दासप्रथा न थी। थी, लेकिन उसका जन्म कबीलों की प्राचीन व्यवस्था ही में हो चुका था और सामन्ती व्यवस्था के विकास के साथ वह कमज़ोर पड़ती गयी।

प्राचीन जन-व्यवस्था के अन्दर जो मूल वर्ग-भेद पैदा होता है, उसके बारे में गिब्स ने लिखा है; "यूरोप की तरह इंगलैंड में भी मूल सामाजिक विच्छेद (cleavage) भूस्वामियों द्वारा किसानों के शोषण से हुआ।" (उप० पृ० ७)। अन्य समाजों के विश्लेषण से हम जिस परिणाम पर पहुँचते हैं और जिसका पहले उल्लेख किया जा चुका है, उसकी पुष्टि गिब्स के उपर्युक्त वाक्य से होती है। सामन्ती व्यवस्था के वर्गों के बारे में गिब्स का कहना है, "इन भूस्वामियों का एक हिस्सा सैनिक होता था, दूसरा हिस्सा पुरोहित। तलवार और क्रॉस [अर्थात् सैन्यबल और धर्मबल] की सहायता से वे जनता की रक्षा करते थे अथवा समाज में अपने विशेषाधिकारों को न्यायपूर्ण ठहराने के लिए वे ऐसा कहते थे। [भारतीय समाज के यही ब्राह्मण और क्षत्रिय, राजा और पुरोहित हैं।] किसान अपने परिवार के भरण-पोषण के लिए छोटे पैमाने पर खेती करने के साथ भूस्वामियों की रियासत में बेगार या भाड़े पर मजूरी करते थे।" (उप० ७)। ये भारतीय समाज के किसान थे जो अपनी भूमि जोतने के साथ सामन्त की बेगार भी करते थे। इसके सिवा खेती और दस्तकारी से जो विनिमय के लिए बच रहता था, उससे व्यापारी वर्ग की उत्पत्ति हुई। इस तरह सामन्ती इंगलैंड में भी भारत की तरह चारों वर्ण मौजूद थे।

भारतीय सामन्ती समाज में सत्ता भूस्वामी वर्ग के हाथ में थी जिसमें पुरोहित और राजा दोनों शामिल थे। वैदिक काल में ही सामन्ती व्यवस्था उभरने लगी थी जिसका एक प्रमाण वैदिक देवताओं का वर्णभेद है। काणे के अनुसार अग्नि और वृहस्पति देवताओं के पुरोहित हैं; इन्द्र, वरुण, सोम और

यम क्षत्रिय या राजा हैं; वसु, रुद्र, विश्वेदेवता और मरुत विश हैं और पूषण देवता शूद्र हैं। (धर्मशास्त्र का इतिहास, खंड २, भाग १, पृ० ४२)। तैत्तरीय संहिता में कहा गया है कि परास्त होने पर देवता असुरों के वैश्य या विश बन गये। (उप० पृ० ४१)। उसमें यह भी कहा गया है कि पशुओं में गायों की तरह मनुष्यों में वैश्य दूसरों से संख्या में अधिक हैं और दूसरों का पेट भरने के लिए बनाये गये हैं। (उप०)। ताण्ड्य ब्राह्मण में कहा गया है कि ब्राह्मण और क्षत्रिय से वैश्य निम्न हैं और उन दोनों वर्णों के सेवन के लिए वैश्यों की सृष्टि हुई है। (उप० पृ० ४२)। काणे का कथन है कि इन उद्धरणों से मालूम होता है कि वैश्य यज्ञ करते थे, पशु-पालन करते थे; ब्राह्मण और क्षत्रिय वर्णों से संख्या में अधिक थे और उन्हें कर का अधिकांश भार सहन करना पड़ता था, वे ब्राह्मण-क्षत्रियों से अलग रहते थे और उनके आज्ञाकारी थे।

वर्णों में कौन ऊँचा है, कौन नीचा है, इस बारे में काणे कहते हैं कि ऋग्वेद छोड़कर अन्य संहिताओं और ब्राह्मण ग्रंथों से यह स्पष्ट हो जाता है कि ब्राह्मण-क्षत्रिय-वैश्य वर्णों में भेद हो गया था और उनके अधिकारों और कर्तव्यों में भेद था। तैत्तरीय संहिता में ब्राह्मणों को प्रत्यक्ष देव कहा गया है। (उप० पृ० ३७) वे मानव-शरीरधारी देव हैं। लेकिन शतपथ ब्राह्मण में यह भी कहा गया है कि ब्राह्मण राज्य-प्रबन्ध करने के योग्य नहीं हैं। (उप०)। तैत्तरीय ब्राह्मण में कहा गया है कि लक्ष्मी ब्राह्मण के पास सुख नहीं पाती। ब्राह्मणों के लिए विद्योपार्जन और विद्यादान की व्यवस्था की गयी। भूस्वामित्व और सैनिक कार्य क्षत्रियों की विशेषता कही गयी। मनुस्मृति के अनुसार ब्राह्मणों की सेवा करने के लिए ईश्वर ने शूद्र बनाये थे। (उप० पृ० ३३)। ऋग्वेद के प्रसिद्ध पुरुष सूक्त में—जिसे आमतौर से विद्वान् शेष ऋग्वेद से बाद की रचना मानते हैं—शूद्र ईश्वर के पैरों से उत्पन्न हुए। तैत्तरीय संहिता के अनुसार घोड़ों की तरह शूद्र दूसरों के वाहन हैं, इसलिए वे यज्ञ नहीं कर सकते। (उप० पृ० ३४)। शूद्र के समीप वेद का अध्ययन वर्जित किया गया। शूद्र की अवस्था अर्धदासों जैसी थी। वह संपत्तिहीन दास न था। ताण्ड्य ब्राह्मण का कथन है कि शूद्र के पास बहुत-से पशु भी हों, तो भी उसे यज्ञ करने का अधिकार नहीं है। (उप० ३४)। इससे सिद्ध होता है कि उसकी व्यक्तिगत संपत्ति हो सकती थी। फिर भी वह पूरे समाज का दास था। उसकी यह स्थिति प्राचीन जन-व्यवस्था के उस दासत्व का अवशेष थी जिसमें मार्क्स के अनुसार दासों पर समाज का सामूहिक अंकुश रहता था। शतपथ ब्राह्मण के अनुसार शूद्र का अर्थ ही श्रम है। (उप० पृ० ३४)। ऐतरेय ब्राह्मण के अनुसार वह दूसरों की सेवा के लिए है और यथाकामवध्य है। तैत्तरीय संहिता के अनुसार शूद्र-नारी

का आर्य प्रेमी हो तो वह संपत्ति कामना नहीं करती। (उप० पृ० ३६)।

आप्टे ने शूद्रों की अधिकारहीन अवस्था के लिए नस्ल-भेद को भी कारण माना है। उनका विचार है कि शूद्र-वर्ण में जीते हुए आदिवासी भी शामिल होते जाते थे और इसलिए शूद्र आर्य-स्तर की सांस्कृतिक शुद्धता कायम न रख पाते थे। (वैदिक युग, पृ० ४५०)। "नस्ल-भेद की मूल भावना" कायम रही, इसलिए आर्य तो शूद्र पत्नी रख सकता था, शूद्र आर्य नारी से विवाह न कर सकता था। (उप०)। यह बात सत्य नहीं मालूम होती क्योंकि शूद्रों को दासों से भिन्न समाज का ही एक अंग माना गया है और अनेक स्थलों पर उनके ऐसे अधिकार स्वीकार किये गये हैं जो दूसरी नस्ल के दासों को साधारणतः न दिये जाते। आप्टे ने उपनिषदों में सत्यकाम जाबाल और जानश्रुति की कथा का हवाला देकर कहा है कि इससे मालूम होता है कि दर्शन का अध्ययन उनके लिए वर्जित न था। शतपथ ब्राह्मण के अनुसार सोम यज्ञ में शूद्र का स्थान होता है। तैत्तरीय ब्राह्मण रथकार के लिए (उसकी गिनती शूद्रों में थी) यज्ञ की अग्नि स्थापित करने के सूत्र बतलाता है (उप० पृ० ४५१)। डॉ० जायसवाल ने बौद्ध ग्रंथों का विवरण देकर बतलाया है कि गृहपतियों में वैश्य और शूद्र थे जो स्वाधीन थे, अपनी ज़मीन पर खेती करते थे, या व्यापार करते थे, ये अपने कुटुम्ब के स्वामी गृहपति थे। (हिन्दू राज्यतंत्र, पृ० २७३)। राजा का अभिषेक करने वालों में शूद्र भी रहते थे। डॉ० जायसवाल प्राचीन निर्वाचन-पद्धति के अवशेषों का उल्लेख करते हुए कहते हैं कि शूद्र को स्पष्ट रूप से समाज का अंग माना जाता था। अन्य वर्णों के साथ राजा शूद्र वर्ग की भी पूजा करता था। (उप० पृ० २०४) आप्टे की तरह डॉ० जायसवाल का भी विचार है कि शूद्र आर्यों द्वारा जीते हुए दास थे।

स्त्रियों और शूद्रों को विद्या पढ़ने का अधिकार नहीं है, इस तर्क का उत्तर देते हुए स्वामी दयानन्द सरस्वती ने "सत्यार्थ प्रकाश" में लिखा था, "सब स्त्री और पुरुष अर्थात् मनुष्यमात्र को पढ़ने का अधिकार है। तुम कुआ में पड़ो और यह श्रुति तुम्हारी कपोल कल्पना से हुई है।" अपने कथन के समर्थन में वह यजुर्वेद से यह उद्धरण देते हैं, "परमेश्वर कहता है कि जैसे मैं सब मनुष्यों के लिए इस कल्याण अर्थात् संसार और मुक्ति के सुख देने हारी ऋग्वेदादि चारों वेदों की वाणी का उपदेश करता हूँ वैसे तुम भी किया करो।" मंत्र में "शूद्राय चार्याय" शब्द आते हैं। इससे इतना ही पता चलता है कि आर्यों और शूद्रों में भेद किया गया है लेकिन जैसा भेद बाद को मिलता है, निश्चय ही वह वैदिक या उत्तर वैदिक काल की विशेषता नहीं है। जैसे-जैसे सामन्ती व्यवस्था दृढ़ होती गयी, वैसे-वैसे शूद्रों को भी अधिकाधिक पतित समझा जाने लगा। शूद्र

भारत की सामन्ती व्यवस्था की उपज थे, उस समाज के अंग थे, नस्ल-भेद के आधार पर उनकी व्याख्या नहीं की जा सकती। उनकी दासता पर प्राचीन जन-व्यवस्था की दासता की छाप थी जहाँ कुछ दासों पर पूरे समाज का नियंत्रण रहता था। लेकिन थे वे सामंती व्यवस्था की अधिकारहीन जनता के अंग ही।

शूद्रों पर "उच्च" वर्णों के सामूहिक नियंत्रण के साथ राज्यसत्ता का नियंत्रण भी था। वर्णगत विशेषाधिकार और अधिकारहीनता सामंती दण्ड-विधान का आधार हैं। (देखिए, साम्राज्य-एकता का युग, पृ० ३३७)। अपराध एक ही होगा लेकिन दण्ड वर्ण के हिसाब से दिया जायगा। कौटिल्य के विधान में निम्न श्रेणियों के साथ कम कठोरता बरती जाने का निर्देश है यद्यपि वर्णगत भेदभाव वहाँ भी है। राजद्रोह के अपराध में कौटिल्य ने ब्राह्मण के लिए मृत्यु-दण्ड का विधान किया है। मनु के अनुसार एक द्विज किसी दूसरे द्विज की निन्दा करे तो दण्डरूप १२ पण देने पड़ेंगे; लेकिन शूद्र किसी द्विज का नाम भी घृणा से ले तो उसके मुँह में लोहे की गरम छड़ ठूँस दी जायगी। यदि वह किसी द्विज को गाली दे तो उसकी जीभ काट ली जायगी, यदि वह किसी ब्राह्मण को उसका कर्तव्य बतलाने की धृष्टता करे तो राजा उसके मुँह और कानों में गरम तेल डलवा देगा। यदि कोई शूद्र किसी द्विज को मारे तो जिस अंग में वह मारेगा, उसका वह अंग ही काट लिया जायगा। अन्य अपराधों के लिए उसे दागने और देश-निकाला देने का विधान भी था। (उप० पृ० ३२८) डॉ० राधाकुमुद मुकर्जी लिखते हैं, "कुल मिलाकर शूद्र का जीवन बड़ा कठिन था। मनुस्मृति में जो विराट् नियम-शृंखला है, उसे पढ़कर मन क्षुब्ध हो उठता है (would make dismal reading)। उसके अधिकार नहीं के बराबर थे, कर्तव्य ढेरों थे। समाज में उसके हाथ-पैर बाँध देने के लिए उसी के खिलाफ जो विशेष नियम बनाये गये थे और जिनका परम निर्ममता के साथ स्पष्ट उल्लेख किया गया है, वे अतीत की विरासत थे। लेकिन मनु ने उसके साथ बिल्कुल दास (Slave) जैसा व्यवहार किया है और जैसा कि पहले बताया जा चुका है, उसके लिए क्रूर दण्ड की व्यवस्था की है। इस पर तुर्रा यह कि यदि कोई ब्राह्मण शूद्र को मार डाले तो उसे वही प्रायश्चित्त करना पड़ेगा जो एक बिल्ली, मेंढ़क, कुत्ता या कौआ मार डालने पर करना होगा!" (उप० पृ० ५४४)।

भारतीय सामन्ती समाज में जनता के एक विशाल अंग को अधिकारहीन दासों के स्तर पर रखा गया था। यह क्रम शताब्दियों तक चलता रहा। प्राचीन जनव्यवस्था टूटने पर यह घोर विषमता का युग आया। इन शूद्रों के श्रम के बल पर द्विजों ने अपने विशेषाधिकारों का प्रासाद निर्मित किया था, विशेषकर

ब्राह्मण और क्षत्रिय उनके श्रमफल का शोषण करके इस संसार में. सुख भोगते थे और परलोक की भी व्यवस्था कर लेते थे। द्विजों के सामूहिक उत्पीड़न और राज्यसत्ता के दण्डविधान के कारण वे साधारणतः विद्रोह न कर पाते थे, लेकिन इसका यह अर्थ नहीं कि उनका शोषण न होता था और प्राचीन भारतीय समाज में—जिसके आध्यात्मिक सौन्दर्य के गुण गाते पुरानपंथी लेखक और पूंजीवादी प्रचारक थकते नहीं—तीव्र वर्ग-विरोध न था।

चाण्डालों की दशा शूद्रों से भी गिरी हुई थी। डॉ० मुकर्जी ने जातकों से एक कथा दी है जिससे उनकी दशा का पता चलता है। एक बार दो चाण्डाल अपनी कुछ सामग्री बेचने के लिए नगर के द्वार तक गये। वहाँ उत्सव को जाती हुई अभिजात वर्ग की दो कुमारियों ने चाण्डालों को सामने पड़ते देखकर अपशकुन माना और सुगंधित जल से अपने नेत्र प्रक्षालित किये। उत्सव में खाना-पीना मिलने वाला था। उसमें बाधा पड़ने पर लोगों ने निर्दयता से चाण्डालों को खूब पीटा। बाद को यह छिपाकर कि वे चाण्डाल हैं, वे तक्षशिला पढ़ने गये। उनमें से एक ने अच्छी उन्नति की, लेकिन अन्त में पता चल गया कि वे कौन हैं और वे फिर मारकर निकाल दिये गये।

डॉ० मुकर्जी कहते हैं कि इस कहानी में उन छुआछूत के विचारों का आरम्भ दिखाई देता है जिन्होंने भारतीय सभ्यता को कलंकित किया है। लेकिन यदि यह वर्ण-व्यवस्था न होती तो कलंकित या अकलंकित भारतीय सभ्यता का जन्म भी न होता। यूनान की सुन्दर संस्कृति पराधीन दासों और स्वाधीन मुफलिसों के श्रम के आधार पर खड़ी हुई थी। उनकी दशा शूद्रों से बहुत अच्छी न थी। आधुनिक पूंजीवाद ने मनुष्य के साथ जैसा बर्बर व्यवहार किया है, उसके आगे शूद्रों के लिए स्मृतियों के सभी विधान हेच हैं। मानव-सभ्यता का विकास पीढ़ी-दर-पीढ़ी करोड़ों मनुष्यों के श्रम और असहनीय वेदना और अधिकारों के लिए संघर्ष के आधार पर हुआ है। भारतीय समाज की विषमता वैसी ही है जैसी जन-व्यवस्था टूटने पर अन्य समाजों में मिलती है। इससे निष्कर्ष यह निकालना चाहिए कि भारतीय सभ्यता के विकास का मार्ग मूलतः वैसा ही है जैसा अन्य देशों की सभ्यता का। यहाँ भी वैसी ही विषमता, वर्ग-विरोध और शोषण-उत्पीड़न रहे हैं जैसे अन्य देशों में। और इनका समाधान भी मूलतः वही होगा जो अन्य देशों में हुआ है।

अपने मूल रूप में वर्ण-व्यवस्था तभी कायम रह सकती थी जब उत्पादन केवल खाने-खरचने भर के लिए हो, जब विनिमय नहीं के बराबर हो, उद्योग-धन्धों और व्यापार में बढ़ती न हो, सम्पत्तिगत भेदभाव जन्मगत वर्णों की सीमाएँ न लाँघें। लेकिन गुप्त सम्राटों के युग में ही ये सम्पत्तिगत भेदभाव पैदा

होने लगे थे और जन्मगत-वर्ण व्यवस्था में दरारें पड़ने लगी थीं। श्री यू० ऐन० घोषाल ने गुप्तकाल से ऐसे उदाहरण दिये हैं जिनमें "ब्राह्मणों और क्षत्रियों ने अपने से नीचे के वर्णों का पेशा अपनाया और वैश्यों और शूद्रों ने अपने से ऊपर वाले वर्णों का पेशा अपनाया।" (उप० पृ० ५५६)। पाँचवीं सदी के एक लेख में दो व्यापारियों का हवाला है जो क्षत्रिय थे (उप०)। विनिमय, व्यापार, संपत्तिगत भेद से उत्पन्न वर्ण-विशृंखलता का यह प्रमाण है। हुएनत्सांग को एक ब्राह्मण मिला था जो अपने हाथों से हल जोत रहा था। दशकुमार चरित में ब्राह्मण डाकुओं का भी उल्लेख है जो विंध्याचल के जंगलों में किरातों का जीवन बिताते थे। (उप०)। इसलिए सामन्ती व्यवस्था के इतिहास में सदा ही वर्ण-व्यवस्था को वर्ग-व्यवस्था न मानना चाहिये। यद्यपि शूद्रों का उत्पीड़न आज भी बहुत कुछ बना हुआ है, फिर भी उनमें एक अंश ऐसा है जो संपत्तिशाली है और अन्य वर्णों में निर्धनों की संख्या में भारी वृद्धि हुई है। इन निर्धनों और गरीब अछूतों की एकता ही दोनों का भाग्य-परिवर्तन कर सकती है। वर्ण-व्यवस्था को वर्ग-व्यवस्था मानकर यदि गरीब सवर्णों और गरीब अछूतों में संघर्ष होने लगे तो स्पष्ट है कि इससे उन्हें गरीब बनाने वालों को ही लाभ होगा।

सामन्ती समाज में शूद्र की दासता वर्गभेद और विषमता का एक रूप थी। किसानों के श्रमफल में राजा का अंश, उसके लिए बेगार और तरह-तरह की सेवाएँ, विशेष अवसरों पर किसान से अतिरिक्त वसूली, वर्गभेद और विषमता का यह दूसरा रूप था। तीसरा रूप महाजन और ऋण लेने वाले के परस्पर संबंधों का था। आप्टे का कहना है कि वैदिक काल में ही "प्रतीत होता है कि ऋणग्रस्त होना काफी प्रचलित बात हो गयी थी।" (वैदिक युग, पृ० ३५७)। ऋण देने वाला कर्जदार को एक खंभे से बाँध देता था जिससे कि उस पर दबाव पड़े और वह ऋण दे दे। ऋण न दे सकने पर वह कुछ काल के लिए महाजन की दासता स्वीकार करता था। इस तरह वैदिक काल में ही ऋण के लिए दास बनने की प्रथा का चलन हो गया था। यह प्रथा सामन्ती व्यवस्था के दृढ़ होने पर और भी व्यापक रूप धारण करती है। मनु के अनुसार ब्याज की दर दो से लेकर पाँच फीसदी तक है, दो फीसदी ब्राह्मणों, तीन फीसदी क्षत्रियों, चार फीसदी वैश्यों और पाँच फीसदी शूद्रों के लिए। (दि क्लासिकल एज, १९५४, पृ० ५९४)। याज्ञवल्क्य ने इस बात की अनुमति दी है कि उपर्युक्त वैधानिक दर के अलावा भी आपसी रजामंदी से ब्याज की और ऊँची दर तै की जा सकती है। मनु और कात्यायन के अनुसार ब्याज की रकम मूलधन से ज्यादा न होनी चाहिए। (उप० पृ० ३६३)। महाजन मूल का दुगना तो वैधानिक रूप से वसूल कर ही सकता था। डॉ० वेनीप्रसाद और मजूमदार के

अनुसार किसी चीज़ के रेहन रखने पर सूद की दर कुछ कम होती थी; विभिन्न वस्तुओं के लिए अधिकतम ब्याज मूल के दुगने से लेकर अठगुने तक निश्चित किया गया था। (साम्राज्य-एकता का युग; पृ० ३४६) चक्रवृद्धि, शिखावृद्धि आदि तरह-तरह के ब्याज निश्चित करने में न्यायव्यवस्था रचने वालों ने अपनी सूक्ष्म बुद्धि का यथेष्ट परिचय दिया था। साधारणतः लेन-देन का काम ब्राह्मणों के लिए वर्जित ठहराया गया था लेकिन गौतम के अनुसार ब्राह्मण स्वयं नहीं, दूसरों के द्वारा लेन-देन कर सकता था। (काणे : धर्मशास्त्र का इतिहास, खंड २, भाग १, पृ० १२४)। सामन्ती समाज की विषमता और उसके आन्तरिक विरोध का एक रूप यह महाजन और कर्ज़दार का संबन्ध था।

सामन्ती समाज में विनिमय सीमित रहता है लेकिन उसका अभाव नहीं रहता। मुद्रा के चलन के साथ विनिमय और व्यापार में प्रगति होती है। डॉ० राधाकुमुद मुकर्जी ने प्राचीन सामंती व्यवस्था में "श्रेणी" शब्द की व्याख्या करते हुए बतलाया है कि यह एक ही धन्धे या व्यापार के लोगों का संघ होता था। "ये संघ मध्यकालीन यूरोप के संघों (guilds) से मिलते-जुलते थे।" (साम्राज्य-एकता का युग, पृ० ६०१)। किसी भी स्थान-विशेष के प्रायः हर कला-कौशल या धंधे का संघ होता था। कारीगरों में धंधा पीढ़ी-दर-पीढ़ी चला करता था। संघ न्याय आदि की व्यवस्था भी करता था। संघ के सदस्यों की जीवन पर, यहाँ तक कि उनके विवाह आदि पर भी, उसका नियन्त्रण रहता था। संघ बैंक का काम भी करता था और विभिन्न मदों में पैसा लगाता था। कुछ संघों के पास अपनी सेना भी होती थी। संघ का अपना मुखिया होता था। व्यापारियों के संघ का मुखिया सेट्ठी कहलाता था। (उप०)

श्री यू० ऐन० घोषाल ने दिखलाया है कि संघों की यह व्यवस्था गुप्त सम्राटों के युग में भी चलती रही। (दि क्लासिकल एज, पृ० ५९२)। स्मृतिकारों के अनुसार संघ समूह या वर्ग का अंग था। संघ के प्रमुख कर्मचारी सदस्यों द्वारा निर्वाचित होते थे। कारबार के लिए संघ की अपनी मुद्राएं (seals) होती थीं जो भारत के बाहर भी पायी गयी हैं। पाँचवीं शताब्दी ईस्वी से तेलियों और रेशम के बुनकरों के संघों का प्रमाण मिलता है। (उप० पृ० ५९३)।

संघ में काम तो सब करते थे लेकिन जो लाभ होता था, उसे समानता से न बांटा जाता था। बृहस्पति और कात्यायन का कहना है कि दस्तकार-संघों के सदस्य चार स्तरों के होते हैं, शिक्षक (अपरेंटिस), अभिज्ञ (काम सीखा हुआ अपरेंटिस); कुशल (जो अपने काम में दक्ष हो गया है) और आचार्य। इन लोगों में मुनाफा क्रमशः १:२:३:४ के अनुपात से बाँटा जाना चाहिए। इस व्यवस्था

के अनुसार आचार्य संघ में विशेष शक्तिशाली होता था। धन्धे के ख़ास गुर उसके पास सुरक्षित होते थे जिन्हें वह अपने खानदान में रखना चाहता था जो अब तक होता आया है। अन्य देशों का अनुभव बतलाता है कि इस तरह के संघों ने पहले तो अपने सदस्यों के हितों की रक्षा की लेकिन सम्पत्ति केन्द्रित होने पर यहाँ भी आचार्य लोग अपरेंटिसों का शोषण करने लगे। ये संघ प्रायः जातिगत होते थे, इसलिए आचार्य लोग पेशे के अलावा बिरादरी के भी नेता होते थे और साधारण कारीगरों की जीविका उन्हीं के हाथ में होती थी।

इस तरह के संघ अन्य देशों में, जहाँ सामन्ती व्यवस्था थी, कायम हुए थे। "अर्थशास्त्र की पाठ्यपुस्तक" में, जिसका उल्लेख पहले कर आये हैं, बतलाया है कि मिस्र, चीन, यूरोप, सभी जगह आगे-पीछे संघ कायम किये गये। एक विशेष धन्धे के कारीगर एक संघ में शामिल होते थे। उसके अधिकार-प्राप्त सदस्य केवल "आचार्य" (master handicraftsmen) होते थे। इनके नीचे थोड़े से अपरेंटिस और उप-आचार्य (under masters) होते थे। ये संघ यह ध्यान रखते थे कि उनके सदस्य एक विशेष धन्धे में ही काम करें, वे उत्पादन के तरीके पर नियन्त्रण रखते थे, हर आचार्य के नीचे कितने "शिक्षक" और "कुशल" होंगे, इसका हिसाब-किताब रखते थे और कभी-कभी वे सम्मिलित रूप से कच्चा माल खरीदते थे। संघ एक-दूसरे की सहायता भी करते थे। पाठ्य पुस्तक के लेखकों का कहना है कि ये संघ धन्धों के सामन्ती संगठन के रूप थे। आरम्भ में इन्होंने नगरों में धन्धों के विकास और उनकी बढ़ती में एक लाभदायी भूमिका पूरी की। लेकिन बिकाऊ माल की पैदावार और बाजार के प्रसार के साथ वे क्रमशः उत्पादक शक्तियों के विकास पर रोक लगाने का काम करते गये। औद्योगिक पैदावार पर नियमों की बेहद पाबन्दी होने से कारीगरों को पहल करने का मौका न मिलता था और कौशल के विकास में रुकावट आयी। होड़ रोकने के लिए संघ तरह-तरह की बाधाएँ खड़ी करने लगे जिनसे आचार्यों के अधिकार सुरक्षित रहें। अपरेंटिसों और अण्डर मास्टरों (शिक्षकों और कुशल लोगों) की संख्या काफी बढ़ी लेकिन उनके लिए आचार्य बनने का मार्ग प्रायः बन्द हो गया। उन्हें जीवन भर भाड़े के मजदूरों का जीवन बिताने के लिए बाध्य होना पड़ा। ऐसी हालत में आचार्य और उनके नीचे के कर्मचारियों के बीच जो पहले बहुत कुछ एक बड़े परिवार का-सा संबन्ध था, वह खत्म हो गया। आचार्यों ने अपने नीचे काम करने वालों का शोषण बढ़ाया और नाममात्र की पगार देकर वे उन्हें १४ से १६ घण्टे तक काम करने पर मजबूर करते थे। नीचे के कर्मचारी अपनी हितों की रक्षा के लिए अपनी गुप्त बिरादरी कायम करते थे। संघ और नगर के अधिकारी हर तरह इन नीचे के कर्म-

चारियों की बिरादरी को सताते थे।"

संघ के आचार्यों और उनके नीचे काम करने वालों का परस्पर सम्बन्ध सामन्ती समाज की विषमता का एक और रूप था। इस विषम मानव-सम्बन्धों वाली व्यवस्था की मर्यादा कायम रखने के लिए राज्यसत्ता थी। प्राचीन जनों के निर्वाचित नायकों के विपरीत राजा अब दूसरों को दण्ड दे सकता था, लेकिन स्वयं दण्ड से परे था। शतपथ ब्राह्मण के अनुसार राजा दण्ड धारण करता है लेकिन स्वयं उसके अधीन नहीं है। (वैदिक युग, पृ० ४३३)। धर्मसूत्रों के बारे में आप्टे ने लिखा है कि "उनमें राजा और प्रजा के कर्त्तव्य बतला दिये गये हैं, लेकिन प्रजा के अधिकार नहीं बतलाये गये, न इसकी चिन्ता की गयी है कि राजा की निरंकुशता की रोकथाम के उपाय क्या हैं।" (उप० पृ० ४८३)। राजा ईश्वर का अंश है, इस सिद्धान्त का प्रतिपादन किया जाने लगा। (साम्राज्य-एकता का युग, पृ० ३०५)। राजा को प्रबन्ध कार्य जनता की इच्छा से सौंपा गया है, इस सिद्धान्त की चर्चा भी थी। एक स्थापना यह थी कि अराजकता से परेशान होकर लोगों ने पहले मनु को राजा चुना और फसल का छठा भाग और व्यापार के माल का दसवाँ भाग देना स्वीकार किया। इसके बदले राजा ने प्रजा की रक्षा करने का भार उठाया। रक्षा करने के लिए उसके हाथ में दण्ड-शक्ति आयी और मनु के अनुसार समस्त जीवों पर दण्ड शासन करता है, उनकी रक्षा करता है, उनके सोने पर भी उन्हें देखता रहता है और बुद्धिमान कहते हैं कि दण्ड ही धर्म है। (उप० ३०६)। कौटिल्य के अनुसार कला और विज्ञान की प्रगति तथा मानवजाति का कल्याण दण्ड पर ही निर्भर है। इसलिए कौटिल्य ने शासन-विज्ञान का नाम ही दण्ड-नीति रखा। मनु के अनुसार यह दण्ड विलासी और विश्वासघाती राजा का वध भी कर देता है। राजा राज्यसत्ता का अंग-मात्र है; अन्य अंगों में मन्त्री, कोष और सेना भी हैं। (उप० पृ० ३०७)। "साम्राज्य-एकता का युग" में इस बात पर आश्चर्य प्रकट किया गया है कि राज्यसत्ता के बारे में प्राचीन लेखकों की धारणा आधुनिक लगती है। इसका कारण यह है कि वर्गयुक्त समाज में राज्यसत्ता की जो उपयोगिता मूलतः तब थी, वह अब भी है।

सामन्ती समाज में राज्यसत्ता केवल राजकीय कार्यों की देखरेख के लिए नहीं है। वह पारिवारिक सम्बन्धों, सामाजिक आचरण और धर्म की व्यवस्था भी करती है। यूरोप के सामन्ती राज्यों में भी धर्म का क्षेत्र राज्यसत्ता की देख-रेख से बाहर नहीं रहा। इस राज्यसत्ता को चलाने वाले राजा सामन्त, सम्राट् आदि का क्रम-विशेष रहता था। सबसे ऊपर सम्राट् होता था जिसकी अधीनता अनेक राजा स्वीकार करते थे। ये राजा उसे खिराज देते थे और युद्ध में उसकी

सहायता करते थे। अपने राज्य के भीतरी मामलों में उनका स्वायत्त शासन होता था। इन राजाओं के नीचे सामन्त हो सकते थे जिनका राजाओं से वही सम्बन्ध होता था जो राजाओं का सम्राटों से। इस सामन्ती श्रेणी-व्यवस्था में नीचे और भी श्रेणियाँ हो सकती थीं। (उप० पृ० ३१४)

राजाओं की सहायता के लिए परिषदें होती थीं और इनके हाथ में काफी अधिकार होते थे। डॉ० जायसवाल ने दिखलाया है कि भारतीय राज्यतन्त्र में राजा सदा निरंकुश नहीं रहा। राज्य की सारी आमदनी उसकी न होती थी, उसका वेतन निश्चित था। (हिन्दू राज्यतन्त्र, पृ० ३५२)। जायसवाल के अनुसार स्थायी सेनाओं के प्रमाण छठी शताब्दी ई० पू० से मिलते हैं "और संभवत: उससे कुछ शताब्दियाँ पहले से उनका चलन हो गया था।" (उप० पृ० ३५६)। इस तरह राज्यसत्ता का जन्म छठी शताब्दी ई० पू० से पहले मानना चाहिए। जायसवाल ने अशोक के बारे में लिखा है कि मन्त्रिपरिषद् ने उसे गद्दी से हटा दिया था (उप० पृ० २९२)। इससे यही सिद्ध होता है कि राजा निरंकुश न था, राज्यसत्ता सम्पत्तिशाली वर्गों के प्रभुत्व का साधन थी। राजा के अभिषेक में विभिन्न वर्णों और पेशों के लोग अब भी भाग लेते थे लेकिन वास्तव में निर्वाचन की रस्म ही अदा की जाती थी। न्याय की व्यवस्था पूरे समाज के हाथ से अब राजा और राज्यसत्ता के हाथ में चली गयी थी। "पुराना सिद्धान्त था कि समाज की न्याय-व्यवस्था पूरा समाज चलायेगा।" (उप० पृ० २०६)। अब व्यवस्था यह दी गई कि यह काम समाज से अलग राजा और उसके कर्मचारियों का दल करेगा।

इस तरह धर्म, न्याय, कर, सेना, दण्ड आदि की व्यवस्था के साथ सामन्ती राज्यसत्ता स्थिर हुई। इस तरह की राज्यव्यवस्था या वर्ण व्यवस्था या जातिप्रथा (ऊँच-नीच की भावना) भारत की ही विशेषता नहीं है। सोवियत क्रांति की चौथी वर्षी पर भाषण में लेनिन ने बतलाया था कि अक्तूबर क्रांति ने जनवादी क्रांति के शेष काम किस तरह पूरे किये थे। उन्होंने कहा था, "जाति-प्रथा (caste system) की उस प्राचीन इमारत की एक ईंट भी हमने खड़ी नहीं रहने दी। इंग्लैंड, फ्रांस और जर्मनी जैसे सबसे आगे बढ़े हुए देश भी इस प्रथा के अवशेष पूरी तरह आज तक खत्म नहीं कर पाये। भूस्वामित्व की व्यवस्था में सामन्तवाद और अर्धदास प्रथा के रूप में जातिप्रथा की जो गहरी जड़ें थीं, उन्हें हमने पूरी तरह निकाल फेंका है।" "स्त्रियों के अधिकार न मानने के पतित, घृणित और नीच" काम को लेनिन ने "सामन्तवाद और मध्यकालीनता के घृणित अवशेष" बतलाया है। स्त्री-पुरुष के अधिकार-भेद, कुछ लोगों के विशेषाधिकार और दूसरों की अधिकारहीनता, राज्याश्रय प्राप्त धर्म (privileged state religion) को

लेनिन ने सामन्ती समाज की विशेषता बतलाया है जिन्हें पूंजीवादी क्रान्ति के नेता दूर न कर सके थे। इन्हें अक्तूबर क्रान्ति ने रूस से दूर किया था। ऐंगेल्स ने लिखा है कि पैदावार की पूंजीवादी पद्धति "सामन्ती व्यवस्था के परस्पर व्यक्तिगत सम्बन्धों और स्थानीय विशेषाधिकार तथा वर्ण (Estate) के विशेषाधिकारों के प्रतिकूल थी।" (ऐंटी ड्यूरिंग, पृ० ३९७)। इससे सिद्ध हुआ कि विशेषाधिकारों की एक क्रमागत श्रृंखला खड़ी करना सामन्तवाद की विशेषता है। ये विशेषताएँ अन्यत्र भी थीं, भारतीय समाज में भी।

मार्क्स और ऐंगेल्स ने कई जगह लिखा है कि भारत में भूमि पर व्यक्तिगत स्वामित्व न था वरन् गाँव के लोग अपने सामूहिक श्रम द्वारा अपनी आवश्यकताएँ पूरी करके अपना अलग-अलग स्वतन्त्र अस्तित्व बनाये हुए थे। ६ जून १९५३ को ऐंगेल्स ने मार्क्स को एक पत्र में लिखा था, "भूमिगत सम्पत्ति का अभाव समूचे पूरब की कुंजी है। यही उसके राजनीतिक और धार्मिक इतिहास का सूत्र है। लेकिन ऐसा क्यों हुआ कि पूरब के लोग भूसम्पत्ति तक, उसके सामन्ती रूप में भी, नहीं पहुँचे ? मेरी समझ में इसका मुख्य कारण आबहवा है, उसके साथ भूमि की विशेषता है, खास तौर से वे बड़े-बड़े रेगिस्तान जो सहारा से लेकर अरब, ईरान, भारत और तातारदेश होते हुए उच्चतम एशियाई पठार तक चले गये हैं। यहाँ पर कृत्रिम सिंचाई खेती की पहली शर्त है और यह काम या तो कम्यून (पूरा ग्राम-समाज) करता है, या सूबे करते हैं या केन्द्रीय सरकार करती है।" एक हफ्ते बाद ही १४ जून १८५३ को मार्क्स ने ऐंगेल्स को एक पत्र में लिखा था, "जहाँ तक सम्पत्ति का सवाल है, भारत-सम्बन्धी अँग्रेज लेखकों में यह बहुत उलझा हुआ प्रश्न है। कृष्णा के दक्षिण वाले पहाड़ी प्रदेश में, मालूम होता है, भूमि और खेती की जमीन (land and soil) में सम्पत्ति थी ही।" इससे स्पष्ट है कि मार्क्स की विश्लेषण-पद्धति पर ध्यान देना ज्यादा जरूरी है, उनकी हर स्थापना को अपरिवर्तनशील मानकर चलना ज़रूरी नहीं है, मार्क्स ने "पूंजी" में एक जगह लिखा था कि वस्तुओं का विनिमय तब शुरू होता है जब परिवार, कबीले, समाज (कम्यूनिटी) एक-दूसरे के सम्पर्क में आते हैं क्योंकि "सभ्यता के आरम्भ में स्वाधीन स्तर पर निजी रूप में व्यक्ति नहीं मिलते वरन् परिवार, कबीले आदि मिलते है।" इस पर तीसरे संस्करण में ऐंगेल्स की एक टिप्पणी है : "मनुष्य की आदिम अवस्था के बारे में गहराई से छानबीन करने के बाद लेखक इस परिणाम पर पहुँचा है कि मूल रूप में परिवार विकसित होकर कबीला (ट्राइब) नहीं बना बल्कि इसके विपरीत मानव-संगठन का अपने आप विकसित होने वाला और आदिम रूप कबीला था जिसका आधार रक्त-सम्बन्ध था। कबीलाई बन्धन में जब प्राथ-

मिक शिथिलता आई तक बाद को परिवार के अनेक और विभिन्न रूप उत्पन्न हुए।" यदि मार्क्स की पद्धति को न समझकर उनके शब्दों को मन्त्र की तरह जपा जाय तो परिवार और सम्पत्ति के उद्‌भव के सम्बन्ध में ऐंगेल्स की पुस्तक को ग़लत मानना चाहिए और "पूंजी" में दी हुई मार्क्स की स्थापना को सही मानना चाहिए। या यह सिद्ध करना चाहिए कि दोनों ही सही हैं। अमरीकी गृहयुद्ध के बारे में ७ अगस्त १८६२ को मार्क्स ने ऐंगेल्स को लिखा था, "अमरीकी गृहयुद्ध के बारे में मैं तुम्हारी धारणाओं से पूरी तरह सहमत नहीं हूँ।" यदि कोई इससे यह परिणाम निकाले कि या तो मार्क्स मार्क्सवादी नहीं थे या ऐंगेल्स मार्क्सवादी नहीं थे तो इसके लिए उसकी बुद्धि को बधाई ही दी जा सकती है।

इसलिए इस प्रश्न पर कि भारत में भूसम्पत्ति थी या नहीं, मार्क्स या ऐंगेल्स की किसी स्थापना को आँख मूंद कर दोहराने के पहले इस सम्बन्ध में जो सामग्री सामने आये, उस पर ध्यान देना मार्क्सवादी पद्धति के ज्यादा अनुकूल होगा।

काणे ने राजाओं द्वारा भूमिदान के बार में लिखा है, "इस बात के बहुत से उदाहरण मिलते हैं कि राजा ने खेत का दान करते हुए यह कहा है कि उसने भूस्वामी से उसे खरीदा है और तब उसका दान किया है।" (धर्मशास्त्र का इतिहास, खंड २, भाग २, पृ० ८६४)। उन्होंने कुमारगुप्त के दान का हवाला दिया है। नासिक के पास उषवदात के दान का उल्लेख करते हुए उन्होंने बतलाया है कि दानकर्ता के अनुसार उसने ४००० कार्षापण देकर एक ब्राह्मण से खेत खरीदा था और तब उसका दान किया था। (उप० पृ० ८५६-५७)। जैमिनि की भूस्वामित्व संबंधी धारणा का समर्थन करते हुए "व्यवहार मयूख" में कहा गया है कि "समूची धरती पर गाँवों और खेतों में या किसी प्रांत में स्वामित्व ज़मीन के मालिकों (holders of the land) का ही होता है; राजाओं को केवल कर वसूल करने का अधिकार होता है।" (उप० पृ० ८६६)। "व्यवहार मयूख" में आगे कहा गया है कि ज़हाँ राजा खेत और घर उनके मालिकों से खरीद लेता है, वहीं वह उनका स्वामी बनता है और वास्तविक दान के पुण्य का भागी भी होता है। (उप०)। काणे ने लिखा है कि अंग्रेज़ हुकूमत ने एक दूसरी स्थापना कि प्रज़ा केवल खेत जोतने-बोने वाली आसामी है, स्वामी नहीं है, इसलिए स्वीकार कर ली कि यह उसके लिए ज्यादा सुविधाजनक और लाभदायक थी।

भूमि-संबन्धी झगड़ों के बारे में याज्ञवल्क्य का कहना है कि भूमि की सीमा-सबन्धी झगड़े आसपास के गाँवों के लोगों, बड़े-बूढ़ों आदि द्वारा तै किये जाने चाहिए। (R. N. Salatore : Life in the Gupta Age; १९४३; पृ०

३२४)। नारद उपर्युक्त धारणा के समर्थन में कहते हैं कि भूसंपत्ति या सीमा-संबन्धी सभी झगड़ों का फैसला पड़ोसियों, गाँव के लोगों आदि को करना चाहिए। (उप०)। इससे प्रकट है कि व्यक्तिगत भूसंपत्ति थी और उसे लेकर झगड़े भी होते थे। पाँचवीं सदी में पूर्वी भारत में भूमि के बिकने का उल्लेख मिलता है। नन्दापुत्र ताम्रपत्र (४८८ ई०) में राज कर्मचारी की ओर से कहा गया है कि खिलभूमि (वह भूमि जो जोती नहीं जा रही) दो दीनार में एक कुल्यवाय के हिसाब से बिकेगी। (उप० ३२७)। धर्मादित्य के एक दान के संबंध में राजकर्मचारी गाँव के लोगों से कहता है कि मैं आप लोगों से एक खेत मोल लेकर एक ब्राह्मण को देना चाहता हूँ। (उप० ३२८)। उपर्युक्त पुस्तक के लेखक का कहना है कि "गुप्तकाल में विक्रय-पट्टों (Sale-deeds) द्वारा ज़मीन बेचने को कानूनी करार दे दिया गया था। इस तरह के पट्टे से विक्रय को वैध रूप देना गुप्तों का आविष्कार न था क्योंकि इससे पहले के स्मृतिकार इससे परिचित थे। बृहस्पति के अनुसार जब कोई व्यक्ति मकान, खेत या कोई और संपत्ति खरीदकर उसके लिए दिए हुए मूल्य का सही-सही उल्लेख कर के पट्टा बनवाता था तो उसे क्रय-पट्टा (deed of purchase) कहते थे। इससे इन्कार नहीं किया जा सकता कि कौटिल्य इस तरह के व्यापार से परिचित थे क्योंकि उन्होंने यह बतलाया है कि यह विक्रय ठीक-ठीक होना किस तरह चाहिए।" (उप० पृ० ३३०)। ज़मीन खरीदते समय उसके मूल्य का छठा भाग राजा को देना होता था। (उप० पृ० ३३१)।

इस संबन्ध में डॉ० जायसवाल ने लिखा है, "प्राचीन साहित्य से इसके ढेरों उदाहरण दिये जा सकते हैं कि लोगों ने व्यक्तिगत रूप से भूमि का दान किया है और उसे खरीदा है। धर्मशास्त्रों (Law books) में ज़मीन को बेचने और उस पर स्वामित्व का अधिकार प्राप्त करने की शर्तें दी हुई हैं। प्राचीन अभिलेख अभी तक मौजूद हैं जो यह सोलह आने साबित कर देते हैं कि यह व्यक्तिगत भूसम्पत्ति थी। (Inscriptions proving to the hilt private property in the soil are extant." (हिन्दू राज्यतंत्र, पृ० ३४३)।

इन तथ्यों से मालूम होता है कि व्यक्तिगत भूसम्पत्ति भारत में भी थी। इसके सिवा प्राचीन काल में ही जन के भीतर कुल या परिवार अलग-अलग खेती करते थे। जब कुलपति वाले परिवार के बदले भारतीय समाज का संयुक्त परिवार आया तो वह भी अपने सदस्यों द्वारा अलग-अलग ही खेती करता था। प्राचीन स्मृतियों में बँटवारे के संबंध में जो नियम मिलते हैं, उनसे पता चलता है कि यह संयुक्त परिवार भी सदा संयुक्त न रहता था और घर की संपत्ति में हिस्सा-बाँट हो जाता था। सामूहिक स्वामित्व ऊसर आदि पर था जहाँ गाँव

के ढोर चरते थे जैसा कि इंगलैण्ड में भी था। प्रेमचन्द के प्रसिद्ध उपन्यास प्रेमाश्रम में मनोहर की स्त्री बिलासी गाँव की ऐसी ही भूमि के लिए गौसखाँ के मुकाबले में लड़ने को खड़ी हो जाती है। सामंतवाद की विशेषता है, छोटे पैमाने का उत्पादन, उत्पादन के साधनों पर उत्पादक का स्वामित्व (ऐंगेल्स)। यह विशेषता भारतीय सामन्तवाद में भी मिलती है।

६. पूँजीवादी व्यवस्था का अभ्युदय

सामंती व्यवस्था की विशेषता छोटे पैमाने का उत्पादन है। इसका उद्देश्य मुख्यतः उत्पादकों की ज़रूरतें पूरी करना होता है। वस्तुओं का उत्पादन मूलतः विनिमय के लिए नहीं होता। "खाये खरचे जो बचे तो जोरिए केरोरि" की नीति पर चलते हुए उत्पादक अपने खाने-खरचने के लिए वस्तुएँ पैदा करते हैं, उन्हें बेचकर करोड़ों की रकम जोड़ने के लिए नहीं। ऐंगेल्स ने "परिवार, व्यक्तिगत संपत्ति, और राज्यसत्ता की उत्पत्ति" में लिखा है कि उत्पादन जब खेती और दस्तकारी की दो बड़ी शाखाओं में बँट गया तो विनिमय के लिए उत्पादन शुरू हुआ। इसका अर्थ यह है कि बिकाऊ माल (Commodity) का उत्पादन शुरू हुआ। बिकाऊ माल के उत्पादन के साथ व्यापार बढ़ा। आरंभ में व्यापार बहुत ही सीमित रहता है। क्रमशः मूल्यवान धातुएँ विनिमय का साधन बनती हैं और जब उनकी मुद्राएँ भी बन जाती हैं तब व्यापार में और भी प्रगति होती है। व्यापार की प्रगति का अर्थ है व्यापारी वर्ग की सृष्टि। ऐंगेल्स ने इसे तीसरा श्रम-विभाजन कहा है जो अपने ढंग का निराला है और निर्णायक महत्त्व का है ("a third division of labour peculiar to itself and of decisive importance")। यह ऐसा वर्ग था जो उत्पादन में हि[illegible] न लेता था, उसका काम केवल वस्तुओं का विनिमय करना था। [illegible] का कहना है कि इससे पहले के वर्ग केवल उत्पादन से संबंधित थे; ये वर्ग उन लोगों से बने थे जो उत्पादक थे या उत्पादन के ऐसे प्रबंधक थे जो बड़े पैमाने पर उत्पादन करते थे (जैसे गुलामों द्वारा रोमन भूस्वामियों की खेती) या छोटे पैमाने पर उत्पादन करते थे। "लेकिन अब पहली बार एक ऐसा वर्ग पैदा हुआ जो उत्पादन में हिस्सा न लेकर आमतौर से उत्पादन का प्रबंध अपने हाथ में कर लेता है और आर्थिक रूप से उत्पादकों को अपने शासन के नीचे ले आता है। यह वर्ग अपने को दोनों तरह के उत्पादकों के बीच एक अनिवार्य मध्यस्थ बना लेता है और दोनों का शोषण करता है।" (उप०)

पूँजीवादी व्यवस्था में बिकाऊ माल का उत्पादन ही नहीं होता, इस उत्पा-

दन की पद्धति भी बदल जाती है। लेकिन उसके बदलने के पहले बिकाऊ माल का चलन, वस्तुओं के विनिमय का बढ़ना जरूरी होता है। "रूस में पूंजीवाद का विकास" में लेनिन ने लिखा है, "इस बात को सभी लोग जानते हैं कि बिकाऊ माल के उत्पादन के पहले बिकाऊ माल का चलन (commodity circulation) होता है और बिकाऊ माल के उत्पादन के लिए यह एक शर्त है (लेकिन एकमात्र शर्त नहीं)।" (आठवाँ अध्याय)। बिकाऊ माल का उत्पादन पहले पुराने ढंग से होता है, लेकिन एक बार जब वह जड़ पकड़ लेता है, तब पुरानी पद्धति को तोड़ फेंकता है। पहला कारीगर खुद ही मालिक के रूप में बिकाऊ माल पैदा करता है, लेकिन क्रमशः उत्पादक अपने उत्पादन के साधनों से अलग कर दिया जाता है और तब एक नयी पद्धति शुरू होती है।

लेनिन ने पूंजीवाद के विकास की तीन मंज़िलें बतलाई हैं—छोटे पैमाने पर बिकाऊ माल का उत्पादन (छोटे-मोटे, मुख्यतः किसान-धन्धे); पूंजीवादी दस्तकारी (मैनूफैक्चर) और कारखाना (बड़े पैमाने के मशीनों वाले उद्योगधंधे ("रूस में पूंजीवाद का विकास", सातवाँ अध्याय)। लेनिन रूसी उद्योगधन्धों के तथ्यों की छानबीन करके कहते हैं कि यह स्पष्ट है कि छोटे पैमाने के बिकाऊ माल के उत्पादन का मुख्य रुझान पूंजीवाद के विकास की ओर होता है, खास तौर से पूंजीवादी दस्तकारी (मैनूफैक्चर) की ओर। मशीनों से उद्योगधंधे, चलाने के पहले पूंजीपति पुरानी दस्तकारी के आधार पर ही उत्पादन चलाते हैं। इस मैनूफैक्चर की मंजिल के भी पहले छोटे पैमाने के बिकाऊ माल का उत्पादन होता है जो दूसरी मंजिल के लिए रास्ता तैयार करता है। इस कार्य में व्यापारियों की एक विशेष भूमिका होती है। लेनिन ने रूस के मैनूफैक्चर-पतियों के लिए कहा है कि उनमें से बड़े-बड़े भी एक समय बहुत ही छोटे व्यापारी थे।

व्यापारियों द्वारा पूंजी की वृद्धि से मैनूफैक्चर की मंज़िल तक पहुँचने की संभावना पैदा होती है। इस विषय में मार्क्स की स्थापनाओं का सारांश देते हुए लेनिन ने लिखा है कि सौदागरों और सूदखोरों की पूंजी तथा औद्योगिक पूंजी (अर्थात् उत्पादन में लगाई हुई पूंजी, चाहे खेती में हो, चाहे उद्योगधन्धों में) एक ही तरह का आर्थिक प्रपंच (फिनोमेनन) हैं जिस पर यह सूत्र लागू होता है: लाभ पर बेचने के लिए बिकाऊ माल खरीदना। इसके सिवा ऐतिहासिक क्रम में सौदागरों और सूदखोरों की पूंजी हमेशा औद्योगिक पूंजी में निर्माण के पहले आती है और "उसके निर्माण के लिए तर्कसंगत आवश्यक भूमिका" ("logically the necessary premise of its formation") है। सूदखोर और सौदागरी पूंजी "हमेशा पुरानी पद्धति को नष्ट-भ्रष्ट नहीं

करती"। पूँजीवादी उत्पादन-पद्धति का निर्माण मार्क्स के शब्दों में "पूरी तरह ऐतिहासिक विकास की मंज़िल और उसके आस-पास की परिस्थितियों पर निर्भर रहता है।" व्यापारी और सौदागरी पूँजी किस हद तक पुरानी उत्पादन-पद्धति को नष्ट-भ्रष्ट करती है, यह मार्क्स के अनुसार उसकी मज़बूती और आंतरिक जीवन (solidity and internal articulation) पर निर्भर रहता है।

अब सवाल यह है कि पुरानी उत्पादन-पद्धति टूटने के पहले यह जो सौदागरी पूँजी की वृद्धि होती है, पुरानी समाज-व्यवस्था के अन्दर ही बिकाऊ माल के चलन और छोटे पैमाने के बिकाऊ माल का जो उत्पादन होता है, इसका पुरानी व्यवस्था पर क्या प्रभाव पड़ता है? लेनिन का उत्तर है कि इससे समाज में पूँजीवादी संबंधों का निर्माण होता है। "जनता के दोस्त कौन हैं?" नाम की पुस्तक में लेनिन ने मिखाइलोव्स्की को जवाब देते हुए कहा है कि लगभग सत्रहवीं सदी के आरंभ से रूसी जाति के विभिन्न प्रदेश मिलकर एक होते हैं। प्रदेशों के मिलकर एक होने का कारण "बिकाऊ माल के चलन और छोटे स्थानीय बाज़ारों का एक ही अखिल रूसी बाज़ार में केन्द्रीकरण है"। बिकाऊ माल के चलन से ही—अभी उत्पादन की पद्धति बदलने का सवाल नहीं उठा—अखिल रूसी बाज़ार कायम होता है। रूसी जाति के प्रदेशों के मिलकर एक होने और रूसी जनता के जातीय निर्माण का यही कारण है। यह कार्य सर्वहारा का शोषण करने वाले उद्योगपतियों ने नहीं किया, इसे सौदागरों और व्यापारियों ने किया था—बिकाऊ माल के चलन द्वारा, वस्तुओं के विनिमय की वृद्धि द्वारा। लेनिन ने इस वर्ग के लिए लिखा है, "इस क्रमविकास के नेता और स्वामी सौदागर पूँजीपति थे, इसलिए इन जातीय संबंधों (national ties) की रचना पूँजीवादी संबंधों की रचना के अलावा और कुछ न थी।"

पूँजीवादी उत्पादन-पद्धति के प्रतिष्ठित होने से पहले सौदागरी पूँजी द्वारा पुरानी व्यवस्था के अन्दर ही पूँजीवादी सम्बन्धों का निर्माण होता है। इन सम्बन्धों के निर्माण का परिणाम ही जातीय गठन है। इस कार्य में सामन्ती व्यवस्था बाधा देती है। इसलिए एक मंज़िल पर सौदागरी पूँजी के हित सामंती व्यवस्था से टकराते हैं। मार्क्स ने इस संबंध में लिखा है, "सूदखोरी और व्यापार द्वारा निर्मित पैसों की पूँजी (money capital) को देहात में सामंती विधान और शहरों में संघ-संगठन (guild organization) औद्योगिक पूँजी बनने से रोकते हैं।" (पूंजी खंड १, अध्याय ३१)। व्यापारी पूँजी की वृद्धि होने पर पुराने संघों की सीमाएँ उसे बाँध नहीं पातीं। व्यापारियों के परस्पर संबंध संघों की सीमाएँ तोड़कर जातीय पैमाने पर गठित होते हैं। यह विकासक्रम

इंगलैण्ड के इतिहास में बहुत अच्छी तरह देखा जा सकता है।

ए०ऐल० मॉर्टन ने इंगलैण्ड के इतिहास पर अपनी पुस्तक में दिखलाया है (अध्याय ४) कि १३वीं सदी में व्यापारी लोग नगरों में केंद्रित थे। वहाँ उन्होंने अपने संघों में संगठित होकर सामंती लूटखसोट से थोड़ी-बहुत आजादी हासिल कर ली थी। कारीगरों और व्यापारियों के संघों ने एक समय उनके संगठन और सामंतवाद के विरोध में सहायता दी। सामंती दमन के कारण उन्हें कभी-कभी गुप्तरूप से कार्य करना पड़ता था। व्यापारियों के संघ बहुत जल्दी दस्तकार-संघों पर हावी हो गये। चौदहवीं सदी में लंदन में १२ बड़े संघ थे जिनमें से मेयर (नगरपति) चुना जाता था। इनमें केवल दो तो उत्पादकों के संघ थे—सुनारों और जुलाहों के। बाकी सब गैर-उत्पादकों के संघ थे अर्थात् सौदागरों वगैरह के थे। यह क्रम धीरे-धीरे और इससे छोटे पैमाने पर दूसरे नगरों में हुआ जो "हमें याद दिलाता है कि पूंजीवादी सम्पत्ति का पहला बड़ा केन्द्रीकरण सौदागरी पूंजी के रूप में हुआ।" (मॉर्टन)

मॉर्टन ने आगे दिखाया है कि सौदागरी पूँजी ने ऊन के व्यापार को अपना मुख्य और महत्त्वपूर्ण क्षेत्र बनाया। तेरहवीं सदी में यह व्यापार इतना बढ़ा कि मात्रा और मूल्य में और सभी निर्यात वस्तुओं के सम्मिलित व्यापार से वह अधिक था। ऊन पैदा करने में इंगलैण्ड का एकाधिकार था। अंग्रेज व्यापारियों ने क्रमशः अपने विदेशी प्रतिद्वन्द्वियों को एक कोने में कर दिया। उन्होंने कुछ स्थानों को चुन कर वहाँ इनका निर्यात केन्द्रित किया जिससे कि डाकुओं से व्यापार की रक्षा की जा सके और कर वसूल करने में भी सुविधा हो। १४वीं सदी में इस कार्य के लिए उन्होंने फ्रांसीसी नगर कैले को चुना। इस जातीय पैमाने (national scale) पर व्यापार की बढ़ती का नतीजा यह हुआ कि नगरों ने (अर्थात् व्यापारी संघों ने) जो विशेषाधिकार प्राप्त किये थे, वे अब न रहे। इस बात के लिए भी प्रयत्न किया गया कि राज्य के एक हिस्से में दूसरे हिस्से तक स्वाधीनता से और बिना जोखिम के व्यापार चलाने के लिए सड़कें और बन्दरगाह बनाये जायें। तेरहवीं सदी के एक कानून (Statute of Winchester) में कहा गया कि तमाम बड़ी सड़कें साफ रखी जानी चाहिए जिससे कि सौ दो सौ फुट की दूरी पर झाड़-झंखाड़ न रहें जहाँ छिप कर आदमी नुकसान पहुँचा सकें।

व्यापार पहले छोटे-छोटे स्थानों में संकुचित रहता था। इस स्थानीयता को दूर करने में मेलों से सहायता मिली। ये मेले बहुत कुछ नगर के व्यापारी-संघों से स्वतंत्र थे और बड़े-बड़े मेलों में तमाम यूरोप से व्यापारी आते थे। इन मेलों में कुछ ऐसे नियम स्वीकृत थे जिन्हें देश-विदेश के सभी व्यापारी मानते

थे। हर देहात और ज़िले के अपने क़ायदे-क़ानून थे। इसलिए सामंती अलगाव को दूर करने में इस अन्तर्राष्ट्रीय नियमावली का बहुत बड़ा महत्त्व था। अन्तर्राष्ट्रीय व्यापार की सुविधा के लिए सोने के सिक्कों का चलन हुआ। पहले इटली में सोने के सिक्के बने, चौदहवीं सदी में अंग्रेज़ों ने सोने के सिक्के चलाये।

"सामन्तवाद के ह्रास और व्यापार की उन्नति" (मॉर्टन) से कर-व्यवस्था में परिवर्तन हुआ। व्यापारियों पर कर लगाने से राज्यसत्ता के प्रश्न से उन्हें भी दिलचस्पी हुई। जो सामन्त राजा का विरोध करते थे, उनके प्रति "नगरों के उभरते हुए व्यापारी वर्ग का विरोध भी अनिवार्य हो गया" (उप०)। यह विरोध पार्लियामेंट के माध्यम से प्रकट हुआ। पन्द्रहवीं सदी में कपड़े का कारोबार बढ़ा। निर्यात व्यापार के लिए जब कपड़ा बनने लगा, तब छोटा स्वाधीन उत्पादक यानी जुलाहा "अनिवार्य रूप से व्यापारी के नियंत्रण में आ गया" (उप०) क्योंकि बाहर के बाज़ार में माल बेचने के साधन और गुर उसी के पास थे। कारीगरों के संघ टूट गये, व्यापारी के मुकाबले में वे जुलाहों के हितों की रक्षा करने में असमर्थ रहे। "नॉविच के संघों ने, लगता है, आस-पास के गाँवों के जुलाहों पर नियंत्रण रखने की लगातार कोशिश की लेकिन वे सफल नहीं हुए।" (उप०)। ऊनी कपड़े का व्यापारी जुलाहों को ऊनी धागा (yarn) बेच देता था और उनसे कपड़े खरीद लेता था। क्रमशः ऊन की उपज से लेकर कपड़े बनाने तक की सारी क्रिया व्यापारी के कब्ज़े में आ गई। वह कच्ची ऊन खरीदता था, उसे कातने वालों को देता था जिनमें "ज़्यादातर अपने घरों में काम करने वाली स्त्रियाँ और बच्चे होते थे।" कश्मीर में चार-पाँच साल पहले रेशम के कारीगरों के यहाँ यही क्रम मैंने देखा था। औरतें और बच्चे रेशम कातते थे। मर्द करघों पर रेशम के कपड़े बुनते थे। रेशम की उपज से लेकर कपड़े तक सारे कारोबार पर व्यापारी का नियंत्रण रहता था। जो स्वतंत्र कारीगर थे, वे होड़ में न ठहर पाकर तबाह हो रहे थे।

ऊनी कपड़ों के सौदागर पुराने व्यापारी संघों के सदस्यों से ज़्यादा चलते पुर्जे थे। अपना काम निकालने में उन्हें धरम-ईमान की ओर भी कम चिन्ता रहती थी। ये व्यापारी ही नये पूँजीपति वर्ग का मूल केन्द्र बने। ब्रिस्टल, हल, और विशेष रूप से लन्दन व्यापक व्यापार-संबंधी कार्यवाही के केन्द्र बने। "वहाँ के बड़े-बड़े व्यापारी संपत्ति और प्रभाव में अभिजात वर्ग (Nobility) से होड़ करने लगे।" (उप०)। १६-१७वीं सदी में व्यापारियों के लिए डकैती और ईमान के व्यापार में ज़्यादा अन्तर न था। व्यापारी अपने बाज़ार के लिए हथियार उठाने को तैयार रहता था। जहाँ उसके प्रतिद्वन्द्वियों ने अपना

इजारा कायम कर रखा था, वहाँ से उन्हें उखाड़ने के लिए वह युद्ध करने को तैयार रहता था। हॉकिन्स जैसे लोगों ने अफ्रीका से नीग्रो पकड़कर उन्हें अमरीका में बेचने का धन्धा अपनाया। इस धन्धे में डकैती और व्यापार—इन्सान को पकड़ने के लिए डाका और उसे बेचने का व्यापार—दोनों शामिल थे। अमरीका में स्पेन ने जो उपनिवेश कायम किये थे, वहाँ गुलाम बेचने का काम ऐसा था जिसके लिए अंग्रेज व्यापारी बहुत ही लालायित रहते थे।

१६-१७वीं सदी में कंपनियों ने किसी निश्चित प्रदेश से व्यापार करने के लिए राज्य से चार्टर प्राप्त करना शुरू किया। ये कंपनियाँ ज्यादातर लन्दन की थीं और वे विदेशी व्यापारियों के अलावा देशी व्यापारियों की होड़ का भी सामना करती थीं। इन्हीं में ईस्ट इण्डिया कंपनी भी थी जिसने भारत पर अंग्रेजी झंडा गाड़ा था। इसका व्यापार बहुत बड़े पैमाने पर होता था और वह बहुत ही शक्तिशाली कंपनी थी। यह एक तरह की ज्वाइंट स्टाक कंपनी थी जिसमें लोग सम्मिलित पूंजी लगाते थे और सम्मिलित लाभ से अनुपात के अनुसार अपना हिस्सा पाते थे। इंगलैंड की रानी एलिज़ाबेथ ने "व्यापर का महत्त्व और व्यापारी वर्ग के समर्थन प्राप्त करने का महत्त्व समझा।" (उप०)। इससे मालूम होता है कि राज्य में व्यापारी वर्ग का महत्त्व कैसे बढ़ रहा था और वह राज्यसत्ता पर भी असर डालने लगा था। एलिज़ाबेथ के बाद जेम्स गद्दी पर बैठा और अपनी नीति से उसने व्यापारी वर्ग को अपना विरोधी बना लिया। सत्रहवीं सदी में इंगलैंड के गृहयुद्ध का कारण जेम्स और चार्ल्स की यह नीति थी। १६वीं सदी में राजतंत्र व्यापारी वर्ग का समर्थक था, १७वीं सदी में वह उसका विरोधी बन गया। पार्लियामेंट में राजा के विरोधी लोग जनवादी प्रजातन्त्र की कल्पना न करते थे, उनके सामने हौलैंड का आदर्श रहता था जहाँ सत्ता धनी या व्यापारियों के हाथ में थी। व्यापारी वर्ग ने राजा के खिलाफ संघर्ष में जनता का नेतृत्व किया। "लन्दन की आम जनता राजनीतिक रूप से व्यापारियों के नेतृत्व में थी।" (मॉर्टन)। क्रॉमवेल ने जो कॉमनवेल्थ कायम की, उसका वर्ग-आधार व्यापारी और निम्न मध्यवित्त लोग थे (मॉर्टन)। आगे चलकर जब व्हिग और टोरी दल बने तो इनमें व्हिग दल व्यापारियों और महाजनों का प्रतिनिधित्व करता था (उप०)। कॉमनवेल्थ के पतन के बाद जब राजतन्त्र फिर कायम हुआ, तब व्यापारियों की शक्ति क्षीण नहीं हुई वरन् "समृद्ध व्यापारियों में व्हिगदल का सामाजिक आधार पहले से भी दृढ़ हुआ।" (उप०)। १७वीं सदी के उत्तरार्द्ध में व्यापार का प्रसार तेज़ी से हुआ। पुर्तगाल और स्पेन से सहयोग करके अंग्रेज व्यापारियों ने नये बाजारों में माल बेचना शुरू किया। उपनिवेशों की लूट से "व्हिग व्यापारियों के हाथ में पूंजी का

विशाल केन्द्रीकरण हुआ।" (उप०)

हिल्टन और फैगन ने १३८१ ई० के अंग्रेज़ कृषक विद्रोह पर जो पुस्तक लिखी है, उससे भी पूँजीवाद के अभ्युदय-काल में व्यापारी वर्ग की भूमिका पर प्रकाश पड़ता है। १४वीं सदी में औद्योगिक उत्पादन छोटे पैमाने पर होता था। कपड़ों के धन्धे में बाज़ार ने स्थानीय अलगाव छोड़ कर जातीय रूप ले लिया था। "धनी व्यापारी कारीगरों को बड़ी तादाद में अपने नियन्त्रण में लाने लगे थे।" (R.H. Hilton और H. Fagan : The English Rising of 1381; १९५०; पृ० १६-१७)। कपड़े आदि के धन्धों में इन व्यापारियों ने "उत्पादन के संगठनकर्ता के रूप में नहीं वरन् उत्पादकों और गाहकों के बीच मध्यस्थ (middlemen) के रूप में दखल दिया।" (उप० पृ० १७)। यह बात ध्यान देने की है। चौदहवीं सदी का व्यापारी वर्ग कारीगरों को अपने नियंत्रण में ला रहा था लेकिन वह उत्पादन का संगठन करने वाला पूँजीपति न था। वह बिचवानी बनकर मुनाफा कमाने वाला सौदागर था। पूँजीवादी सम्बन्ध कायम करने में उद्योगपति के बदले इस तरह के सौदागर का ही प्रमुख हाथ था। इस कारण धनी व्यापारी-संघों और कारीगर-संघों में परस्पर संघर्ष बढ़ा (उप०)। इस संघर्ष ने १६वीं सदी के गृहयुद्ध पर भी असर डाला जिसमें व्यापारी नर्म नीति पर चलना चाहते थे और साधारण कारीगर ज़्यादा उग्र नीति के पक्ष में थे। १३वीं सदी में ही नगरों की राजनीति पर व्यापारियों का इजारा कायम हो गया था (उप० पृ० ३८)। चौदहवीं सदी में बाज़ार के प्रसार के साथ उत्पादकों और व्यापारियों—"जो सिर्फ़ माल बेचने में ही दिलचस्पी रखते थे" (उप०)—का संघर्ष और तीव्र हुआ। जिन नगरों में व्यापार ज़्यादा बढ़ा था, वहाँ किसी वस्तु विशेष की फुटकर बिक्री पर सौदागरों ने एकाधिकार कायम कर लिया था। लंदन में कपड़े के व्यापारी अपने इजारे से लाभ उठाकर मनमाने भाव से कपड़ा बेचकर भारी मुनाफा कमाते थे।

१४वीं सदी और उसके बाद इंगलैंड के सामाजिक जीवन में और भी परिवर्तन हो रहे थे। गाँवों में अर्धदास प्रथा टूट रही थी और किसानों की सम्मिलित भूमि छीनकर चरागाह बनाये जा रहे थे (क्योंकि ऊन के व्यापार से जितना लाभ होता था, उतना खेती से नहीं)। इस क्रिया से गाँव के गाँव तबाह हो गये और मुफलिस और बेकार या तो शहरों में इकट्ठा होने लगे या आवारागर्दी या चोरी के अपराधों में मारे गये। १६वीं सदी में दस्तकारी के आधार पर नये मैनुफैक्चर-पूँजीपति पैदा हुए जो मज़दूरों के शोषण से मुनाफा कमाते थे। लेकिन आरंभ में ये उद्योगपति वर्गरूप में कमज़ोर थे और उनकी प्रमुख भूमिका बाद में शुरू होती है। १६८८ ई० की क्रांति से जब विलियम ऑव औरेंज

इंगलैंड का राजा बना, तब "अतिरिक्त मूल्य को हड़पने वाले जमींदार और पूंजीपति वर्ग के हाथ में सत्ता आयी। इन्होंने भारी पैमाने पर राज्य की भूमि की चोरी करके—जो चोरी अभी तक छोटे पैमाने पर होती थी—नये युग का सूत्रपात किया।" (मार्क्स, पूंजी, खंड १, पृ० ७९५)। यह युग १७वीं सदी के उत्तरार्द्ध में शुरू होता है। उसके पहले १४वीं सदी से लेकर १७वीं सदी के पूर्वार्द्ध तक इंगलैंड में पूंजीवादी सम्बन्धों का प्रसार करने का काम मुख्य रूप से कौन करता है ? यह काम व्यापारी वर्ग करता है; उसके फैलाये हुए पूंजीवादी सम्बन्धों का मतलब है, व्यापार के लिए इंगलैंड में जातीय पैमाने पर बाजार कायम होना।

इंगलैंड के गृहयुद्ध पर जैक लिण्डसे ने जो पुस्तक लिखी है, उसमें दिये हुए तथ्यों से उपर्युक्त धारणा और भी पुष्ट होती है। सत्रहवीं सदी में जेम्स हौवेल ने लिखा था कि नगरों में व्यापारियों का बोलबाला है और संघों में पनपने से उनका स्वाभाविक रुझान लोकवादी शासन और जनतंत्र की ओर है। (Jack Lindsay: Civil War in England; १९५४; पृ० ८) जेम्स प्रथम (इंगलैंड के राजा) को शिकायत थी कि व्यापारी समझते थे कि सारा राज्य उन्हीं को पालने के लिए है (उप०)। १६७१ में ऐस पार्कर ने लिखा कि व्यापारी-संघों को प्रोत्साहन देने का मतलब है, गुटबन्दी और राज्यद्रोह के अड्डे कायम करना, क्योंकि जनता के किसी अंग का रुझान राज्यद्रोह के लिए इतना नहीं है जितना जाति (नेशन) के व्यापारी अंश का। (उप०)। राजा के खिलाफ लड़ने वालों में व्यापारी और कुशल कारीगर मुख्य थे जिनका साथ छोटे और स्वाधीन किसानों ने दिया था। (पृ० ९)। चार्ल्स ने जब व्यापारियों से बलपूर्वक धन वसूल करना चाहा तो उन्होंने न दिया और वे जेल भेज दिये गये। एक व्यापारी पर यह अपराध लगाया गया था कि वह कहता है कि व्यापारी जितना इंगलैंड में दबाया जाता है, उतना तुर्की में भी नहीं। (पृ० २६)। धन एकत्र करने की धुन में राजा ने व्यापार-वस्तुओं पर इतना कर लगा दिया था कि वह कभी-कभी वस्तुओं की कीमत से भी ज़्यादा होता था। (उप० पृ० ४७)। एलिजाबेथ के दिनों में प्रसार करता हुआ व्यापारी वर्ग अस्थायी रूप से राजतंत्र से मिल गया था; जेम्स के समय में राजतंत्र ने व्यापारी हितों के शत्रुओं से दोस्ती कर ली थी। (पृ० ६६)। जेम्स की नीति से व्यापारी वर्ग ही असंतुष्ट नहीं था, कारीगर भी तबाह हुए थे। गृहयुद्ध में कारीगरों और व्यापारियों के संयुक्त मोर्चे का यही कारण था। राजा की निरंकुश नीति से व्यापारियों की हानि होती थी। विनाशकारी होड़ से त्राण पाने के लिए वे राज्यसत्ता का हस्तक्षेप चाहते थे लेकिन वर्तमान राज्यसत्ता का समर्थन न कर सकते थे। (पृ० ६७)। इसीलिए

"राजा के खिलाफ प्रतिरोध संगठित करने में व्यापारियों की प्रमुख भूमिका थी।" (उप०) विद्रोह के अनेक नेता व्यापारियों की कंपनियों से सम्बद्ध थे। (उप०)। आगे चलकर जो प्रेस्बिटीरियन दल कायम हुआ, उसका आधार बड़े जमींदार और सौदागर थे। (पृ० १६६)। यह दल राजतन्त्र को तोड़ना तो चाहता था लेकिन उसे यह भय भी था कि सत्ता साधारण जनता के हाथ में पहुँच जायगी। (पृ० १७०)। यह दल चाहता था कि राजा के साथ ऐसा समझौता हो जिससे कि शासन में बड़े व्यापारियों और जमींदारों को हिस्सा मिल जाय लेकिन साधारण जनता को कोई सुविधा न दी जाय। (उप०)। इंगलैंड में जब फिर राजतन्त्र कायम हुआ, तब इसी तरह का समझौता हुआ। १८५४ में फ्रांसीसी राजदूत ने लिखा था, "यह बात मानी जाती है कि इंगलैंड में व्यापारियों का बहुत प्रभाव है।" (पृ० ३२५)।

इन सब तथ्यों से स्पष्ट हो जाता है कि इंगलैंड में १७वीं सदी के पूर्वार्द्ध तक व्यापारी वर्ग की प्रमुख भूमिका रही थी। इंगलैंड के बारे में ये तथ्य और भी महत्त्वपूर्ण इसलिए हैं कि इंगलैंड पूंजीवाद की मुख्य जन्मभूमि था। "सोवियत संघ का इतिहास" पुस्तक के लेखक इस विषय में कहते हैं, "१६वीं सदी अंग्रेज़ी व्यापार की समृद्धि का युग था" और इंगलैंड "यूरोप के सबसे धनी व्यापारी देशों में से एक था।" (A History of the U. S. S. R; १९४७; पहला भाग)। जहाँ तक रूस का संबन्ध है, उस देश में अभी छोटे पैमाने की दस्तकारी का चलन था। दस्तकारों का माल सौदागर खरीद लेते थे और उसे देकर फर ले आते थे जिन्हें वे विदेशियों को बेचते थे। "इस तरह विभिन्न बाज़ारों में सम्बन्ध कायम हुए जो आगे चलकर एक ही अखिल रूसी बाज़ार में घुलमिल गये।" (उप० पृ० १७१)। यहाँ भी ध्यान देने की बात यह है कि उत्पादन में अब भी छोटे पैमाने की दस्तकारी का चलन है लेकिन व्यापार के फैलने से एक अखिल रूसी बाज़ार कायम हो जाता है। मौस्को व्यापार का एक महत्त्वपूर्ण केन्द्र बना और वहाँ के व्यापार भवनों में विदेश के व्यापारी कारोबार के लिए आकर ठहरा करते थे। (उप० पृ० २४३)। १८वीं सदी में रूसी सरकार ने मैनूफैक्चर-कारखाने कायम किये। बाद को वे व्यापारी-कम्पनियों को सौंप दिये गये। (उप० भाग २, पृ० ३२)। कुल मिलाकर इस तरह के २४० कारखाने कायम किये गये थे जिनमें अधिकांश छोटे थे और ज्यादा दिन नहीं चले। इंगलैंड के मुकाबले में रूस का मैनूफैक्चर-कारोबार और भी कमज़ोर था। इससे अनुमान लगाया जा सकता है कि सत्रहवीं सदी में रूसी बाज़ार के गठन और पूंजीवादी सम्बन्धों के प्रसार में मुख्य भूमिका व्यापारी वर्ग की ही थी। उत्पादन-पद्धति में बुनियादी तब्दीली होने के पहले व्यापारी वर्ग देश में एक बाज़ार कायम कर सकता है और इस

तरह पूँजीवादी सम्बन्धों के आधार पर जातीय निर्माण में सहायक हो सकता है, यह तथ्य इंगलैंड और रूस इन दोनों देशों के इतिहास से स्पष्ट होता है।

प्राचीन भारत में व्यापार का काफी विकास हुआ था। गुप्तकाल में देश के आन्तरिक व्यापार के अलावा दक्षिण के बन्दरगाहों से बाहर से भी व्यापार होता था। चौथी शताब्दी में और उसके बाद लंका, हिन्द-एशिया और हिन्द-चीन से भारत का अनवरत व्यापार-सम्बन्ध कायम था। भारत के पच्छिमी प्रदेश के बन्दरगाहों से यहाँ का माल ईरान और अफ्रीका में इथिओपिया तक भेजा जाता था। काली मिर्च, चंदन, केसर, औषधियाँ आदि निर्यात-व्यापार में प्रमुख थीं। बाहर से घोड़े, रेशम, हीरे-जवाहरात मँगाये जाते थे। इस व्यापार में आयात-निर्यात वस्तुओं पर ध्यान देने से मालूम हो जाता है कि व्यापार का उद्देश्य मुख्यत: धनी सामन्तों की आवश्यकताएँ पूरी करना था। व्यापार ने अभी ऐसा व्यापक रूप न लिया था कि सामन्तों से भिन्न लोगों की साधारण आवश्यकताएँ भी उससे पूरी होतीं। इस कारण यह व्यापार बहुत ही सीमित महत्त्व का था और उससे अभी देश में पूँजीवादी सम्बन्धों के निर्माण का सवाल न उठता था।

तुर्कों के आक्रमण के समय उत्तर भारत में व्यापार की अनेक मण्डियाँ कायम थीं। आक्रमणकारियों ने थानेसर, कन्नौज, अजमेर, दिल्ली, मेरठ, बयाना, आगरा, कालिंजर, महोबा, अयोध्या आदि को लूटा और इससे यहाँ के व्यापार के विकास को काफी धक्का लगा। अपने ह्रासकाल में भारत का सामन्तवर्ग न तो अपनी रक्षा कर सका, न व्यापारियों और शेष जनता की। सामन्त वर्ग का एक अंग विदेशियों का सहायक भी बन गया, यह भी उसके ह्रास का चिह्न था। तुगलकों के समय में व्यापार कुछ व्यवस्थित हुआ। "व्यापारियों और सौदागरों पर भाररूप" चुंगी-करों में सुधार हुआ। (कैंब्रिज हिस्ट्री ऑव इंडिया, खंड १, पृ० १२८)। फ़ीरोज़ तुगलक ने कुछ नहरें खुदवाईं जिनसे देहात और नगरों के बीच सम्बन्ध कायम हुआ। इस समय फीरोज़ाबाद (इन्द्रप्रस्थ के पास); हिसार, फतेहाबाद, फीरोज़पुर, बदायूँ, जौनपुर आदि नये शहर आबाद हुए जिनसे पता चलता है कि उत्तर भारत में विनिमय केन्द्र बढ़ रहे थे। बाज़ारों की देखभाल करने के लिए शासन का एक विशेष विभाग खोला गया। वज़न और नापतौल के लिए नियम बनाये गये।

शेरशाह के समय में पटना और आगरे का व्यापारिक महत्त्व बढ़ा। शेरशाह ने बहुत-सी सरायें बनवाईं जिनसे व्यापारियों को अपने कारोबार के लिए सुविधा मिली। चुंगी-कर और कम किया गया। डाक पहुँचाने के लिए उसने सैकड़ों घुड़सवार तैनात किये। फ़सल के अनुसार राज्य को कर देने का

नियम बनाकर शेरशाह ने गाँवों को केन्द्रीय शासन से सम्बद्ध कर दिया। अकबर ने बारूद के चलन से फायदा उठाकर केन्द्रीय शासन को और मजबूत किया। टकसाल शाही नियंत्रण में रखकर उसने सारे राज्य में एक-सी मुद्रा-व्यवस्था चलाई।

इंगलैंड के विपरीत उत्तर भारत में व्यापार की बढ़ती ऐसी परिस्थितियों में हुई कि एक हद तक राज्यसत्ता उसके विकास में सहायक हुई। डॉ० पन्त के शब्दों में "उन दिनों राज्यसत्ता सबसे बड़ा सौदागर थी।" (D. Pant : The Commercial Policy of the Moguls; १९३०; पृ० ६४) अकबर ने गुजरात, आगरा और कश्मीर के कुछ सबसे बढ़िया धंधों पर अपना इजारा कायम कर रखा था। (उप० पृ० १०९)। घोड़ों के व्यापार पर भी उसका इजारा था। (उप०)। स्मिथ के शब्दों में "अकबर स्वयं एक व्यापारी था और व्यापार से मुनाफा कमाने में उसे शर्म न थी।" (V.A. Smith: Akbar; १९१९; पृ० ४११) इस समय लाहौर में दुशाले बनाने का काम काफ़ी बढ़ा। आगरे और फतेहपुर सीकरी में दरियाँ और कपड़े बुनने के काम में उन्नति हुई। कपड़ों के लिए बनारस भी प्रसिद्ध था। पटना कपास, कपड़ों, शक्कर, अफीम आदि के व्यापार की बड़ी मंडी थी। (उप० पृ० ४१०)। डॉ० पन्त ने लिखा है कि आगरे में अकबर स्वयं दरी बनाने के कारबार की देखरेख करता था। यह शहर जरी के काम और काँच की चीज़ें बनाने के लिए प्रसिद्ध था। शहर से कुछ दूर पर बारूद बनाने का काम होता था। आगरा इस धंधे का केन्द्र था। यात्री पेलसैर्ट (Pelsaert) के अनुसार अकेले आगरे में पाँच-छह हज़ार मन बारूद सालाना तैयार होती थी। इसके सिवा यह नील और मसालों की बहुत बड़ी मंडी था। गुजरात, सिन्ध, काबुल, कंदहार, मुल्तान, दकन—सभी के व्यापार-मार्ग आगरे में आकर मिलते थे। मान्देलस्लो नाम के यात्री ने लिखा था कि पूरब में कोई ऐसी जाति नहीं है जो कुछ न कुछ व्यापार यहाँ न करती हो। मानरीके के अनुसार १६४० में आगरे की आबादी छह लाख थी। आगरे के सूबे में चाँदी, ताँबे और लोहे की खानें थीं। फतेहपुर से लाल पत्थर काटकर अन्यत्र भेजा जाता था।

शाहजहाँ ने नील के व्यापार पर इजारा कायम कर रखा था। उसने मनोहरदास नाम के सेठ को सरकारी खजाने से उधार रकम देकर इस व्यापार में लगा दिया था और उसके मुनाफे में हिस्सा लेता था। (डॉ० पंत पृ० १९५)। बारूद के काम पर भी शाहजहाँ का इजारा था, यहाँ तक कि एक अंग्रेज़ ने शिकायत की थी कि बादशाह ने इसे अपना माल बना लिया है। जब वह शाहजादा खुर्रम ही था, तब ईरान से व्यापार कर चुका था। नूरजहाँ नील और

जरी के वस्त्रों के व्यापार से मुनाफा कमा चुकी थी। शाहजहाँ का ससुर आसफ-जाह और उसका दीवान मीरजुमला व्यापारी थे। शाहजहाँ की लड़की जहाँ-नारा अलग से व्यापार करती थी। यद्यपि व्यापार के विकास में अब भी बहुत-सी बाधाएं थीं, फिर भी इसमें सन्देह नहीं कि व्यापार में मुगल बादशाहों के खुद भाग लेने से उसकी काफ़ी उन्नति हुई।

१७वीं सदी में भारतीय कपड़े का निर्यात-व्यापार बढ़ा। इस व्यापार की बढ़ती से जुलाहों और व्यापारियों की कार्यवाही भी बढ़ी। "दूसरे स्थानों में, खास तौर से अवध में बुना हुआ" कपड़ा आगरे में खरीद कर बाहर भेजा जाता था। (W.H. Moreland : From Akbar to Aurangzeb; १९२३; पृ० १२७)। अवध के दरियाबाद और खैराबाद नगर कपड़ा बनाने के केन्द्र थे। लखनऊ व्यापार की दूसरी मंडी थी। १६३८-३९ में आगरे से २,४२३ थान इंगलैंड भेजे गये। १६३९-४० में १२,१२२ थान और १६४०-४१ में २३,५५० थान वहाँ भेजे गये। मोरलैण्ड के शब्दों में "इस तरह निश्चित रूप से लंदन का बाज़ार उत्तर भारत के जुलाहों के लिए खुल गया।" व्यापार का एक दूसरा बड़ा केन्द्र दिल्ली था जिसके लिए मार्क्स ने लिखा था कि उस समय वह संसार का सबसे बड़ा और सबसे समृद्ध नगर था। ("भारतीय इतिहास की कालक्रमानुसार सामग्री"; मौस्को; १९४७)। दिल्ली, आगरा, लखनऊ, बनारस और पटना हिन्दीभाषी जाति के मुख्य विनिमय-केन्द्र बने। एक ही व्यापार-शृंखला में बँधे होने के कारण इस प्रदेश में नगरों द्वारा जो नए संबंध फैल रहे थे, वे पूँजीवादी संबंध थे। डॉ० राधाकमल मुकर्जी ने इस व्यापारी वर्ग के अभ्युदय के बारे में लिखा है, "छोटा किन्तु बहुत ही मालदार और फिज़ूलखर्च उच्चवर्ग क्षीण हो गया और उसकी जगह एक नये अभिजात वर्ग का जन्म हुआ जिसमें शहर के सौदागर और व्यापारी थे।" (भारत का आर्थिक इतिहास : १६००-१८००)।

बाज़ार-भाव के बारे में मोरलैंड ने लिखा है, "सारे देश में हमें निश्चित बाज़ार-भाव (recognis d market-prices) मिलते हैं जो वस्तुओं की माँग और उनकी सुलभता के अन्तर के साथ बराबर घटते-बढ़ते रहते हैं।" (अकबर से औरंगज़ेब तक, पृ० १४४)। विनिमय और बीमे के लिए मुद्रा सम्बन्धी व्यवस्था का विकास मार्के का था। (उप० पृ० १२९)। व्यापारियों ने अपने इजारे भी कायम कर लिये थे। (उप०)। १६३० में नील के व्यापार में इजारे-दारी का चलन था। (उप० पृ० १४८)।

अन्य देशों की तरह यहाँ भी व्यापार की बढ़ती के साथ कारीगर व्या-पारियों के नियंत्रण में आते गये। "एक अर्थ में कारीगर अपने लिए काम करता

था, दूसरे अर्थ में वह पूंजीपति के अधीन था। पूंजीपति उसे पेशगी धन देता था जिससे कि वह सामान खरीद सके और काम करते समय अपनी जीविका चला सके। व्यापारियों द्वारा पेशगी रकम देने की पद्धति इतनी सुपरिचित है कि उसकी और व्याख्या करना ज़रूरी नहीं है। डच और अँग्रेज़ गाहकों ने उसे यहाँ दृढ़ता से स्थापित पाया और आवश्यक माल खरीदने के लिए उसे उन्हें स्वीकार करना पड़ा।" (उप० पृ० १९२)। अँग्रेज़ इस पद्धति से इतने अपरिचित न थे। जब तक उत्पादन में मशीनों का उपयोग नहीं होता तब तक मैनूफैक्चर-पूंजीवाद का अभ्युदय होने पर भी इस पद्धति का चलन रहता है। १८४४ में "इंगलैंड के मज़दूर-वर्ग की दशा" नाम की पुस्तक में ऐंगेल्स ने लिखा है, "मशीनों के चलन के पहले कच्चे माल के कातने और बुनने का काम कारीगर के घर पर होता था। कारीगर की बीवी और उसकी लड़की कातने का काम करती थीं और कारीगर उसे बुनता था। वह खुद न बुनता था तो वे काता हुआ माल बेच देती थीं।" ये कारीगर पूरी तरह खेती के काम से अलग भी न हुए थे। इनके परिवार शहरों के पास देहात में रहते थे और थोड़ी-सी ज़मीन भाड़े पर लेकर फालतू समय में खेती भी कर लेते थे। इसलिए हिन्दुस्तान में कारीगरों को पेशगी रकम देने की पद्धति अँग्रेज़ों के लिए नयी नहीं थी।

कारीगरों को जो पगार दी जाती थी, उसकी दर में बहुत बड़ी समानता थी। (मोरलैंड, पृ० १९४)। आगरे में कारीगरों की पगार की दर बँधी हुई थी। अक्सर चालीस दिन का महीना गिना जाता था। राज्यसत्ता की ओर से कारीगरों पर कुछ विशेष प्रतिबंध लगे हुए थे। बंगाल में शाही जुलाहों के ऊपर एक दरोगा रखा जाता था। यह सब कारोबार सामंती व्यवस्था के भीतर चल रहा था। इससे एक तरफ़ तो कारीगर सौदागरों के अधीन रहते थे और इनमें परस्पर वर्ग-विरोध बढ़ता था; दूसरी ओर इन दोनों के ऊपर सामंती प्रभुत्व था जो दोनों को दबाता था। डॉ० राधाकमल मुकर्जी ने लिखा है कि जुलाहे आर्थिक रूप से व्यापारियों और महाजनों पर निर्भर थे और "प्रायः दासता" की दशा में जीवन बिताते थे। (भारत का आर्थिक इतिहास, पृ० १४२)। फ्रांसीसी यात्री बर्नियर ने कारीगरों की दयनीय दशा का वर्णन करने के बाद लिखा है, "अगर उन्हें पैसा मिले भी तो वह मुख्यतः उनके पल्ले नहीं पड़ता। उससे व्यापारी की दौलत ही बढ़ती है। उधर व्यापारी को इस बात की कम चिंता नहीं रहती कि वह अपने ऊपर वालों की लूट-खसोट और निरंकुश व्यवहार से अपनी रक्षा कैसे करे।" (Travels in the Mogul Empire; १९१४; पृ० २२९)। इस तरह के अन्तर्विरोधों के बीच व्यापार का विकास हो रहा

था। सामन्तों द्वारा व्यापारियों से मनमानी उगाही, यातायात की अव्यवस्था, मुद्रा के रूप में अनेक जगह कौड़ियों तक का चलन, कारीगरों से बेगार कराने की सामंती प्रथा आदि ऐसी बातें हैं जिन पर एक निगाह डालने से भी उस समय की विषम परिस्थितियों का अंदाज़ लग जाता है। बर्नियर के शब्दों में जागीरदार अपने इलाके के किसानों पर निरंकुश प्रभुत्व रखता था और लगभग इतना ही प्रभुत्व वह अपने इलाके के शहरों और गाँवों में रहने वाले सौदागरों और कारीगरों पर रखता था। "वह अपने प्रभुत्व का जैसा उपयोग करता था, उससे ज्यादा निर्दयता और उत्पीड़न की कल्पना नहीं की जा सकती।" (बर्नियर, पृ० २२५)। अकबर के समय में जागीरदारों की शक्ति कम हुई थी; औरंगजेब के समय तक वह और बढ़ी जिससे व्यापार को काफी हानि उठानी पड़ी। दिल्ली से दूर रह कर ही बड़े-बड़े व्यापारी अपना कारोबार सुरक्षित रख सकते थे। फिर भी इसमें सन्देह नहीं कि भारत की पुरानी व्यवस्था में पूँजीवादी सम्बन्ध पनप रहे थे। रजनी पामदत्त ने "आज का भारत" में लिखा है कि अंग्रेज़ों द्वारा भारत विजय के समय यहाँ की प्राचीन समाज-व्यवस्था विघटित हो रही थी और पूँजीवादी क्रांति की पहली मंज़िल के किनारे आ लगी थी। १८वीं सदी में भारत के अन्दर जो सामन्तों के बीच युद्ध हो रहे थे, वे सामन्ती व्यवस्था के विघटन का चिह्न थे। रजनी पामदत्त के अनुसार एक हद तक ये युद्ध इंगलैंड में "वार्स ऑव रोज़ेज़" और जर्मनी में तीस-वर्षीय युद्ध से मिलते-जुलते थे। ये युद्ध एक भीतरी अराजकता की दशा प्रकट करते हैं "जो स्वाभाविक विकास-क्रम में पुरानी व्यवस्था के ध्वंस और नयी के निर्माण का रास्ता साफ करने के लिए आवश्यक थी, जो आगे बढ़ते हुए व्यापारी और जहाज़ बनाने वाले तथा उद्योग-धन्धों के मालिकों के आधार पर नयी पूँजीवादी शक्ति के उत्थान के लिए आवश्यक थी।"

व्यापारी संबन्धों के बढ़ने से वर्तमान हिन्दीभाषी क्षेत्र के जनपदों का अलगाव दूर हो रहा था। अवध और ब्रज के लोग एक-दूसरे के नज़दीक आ रहे थे। इसका सबसे बड़ा प्रमाण तुलसीदास का ब्रज और अवधी दोनों में रचना करना था। यदि ब्रज और अवध का पुराना अलगाव कायम रहता तो एक ही कवि का दो भाषाओं में लिखना अनोखी बात होती। सूर और मीरा के पद भी ब्रजक्षेत्र तक सीमित न रहे। ब्रज के बाहर रहने वाले कवियों ने भी ब्रजभाषा में कविता की और उसके श्रोता और पाठक ब्रज तक सीमित न थे। सूफियों, सन्तों, सगुण रूप में राम-कृष्ण के उपासक भक्त-कवियों में जो ऊँच-नीच के भेदभाव का विरोध, राम-रहीम की एकता का प्रतिपादन मिलता है, उसका कारण कारीगरों, व्यापारियों और किसानों का असन्तोष है जो पुरानी व्यवस्था

के खिलाफ उभर रहा था। नगरों में व्यापार का माध्यम खड़ी बोली थी। विदेश के व्यापारी भी अपने कामकाज के लिए यहाँ हिन्दी सीखते थे। ग्रियर्सन के अनुसार "उस समय के कुछ अंग्रेज़ सौदागर अवश्य ही धाराप्रवाह हिन्दुस्तानी बोल सकते थे।" (Sir G.A. Grierson : Linguistic Survey of India; १९२७; खंड १; पृ० २)। विलिमय केरी ने हिन्दी का प्रसार देखकर ही लिखा था कि इसका कोई निश्चित प्रदेश नहीं है। (उप० पृ० १२)। इस जातीय संगठन में बिहार का प्रदेश भी शामिल था। "बिहार का सूबा राजनीतिक रूप से सदियों तक बंगाल की अपेक्षा उस प्रदेश से ज़्यादा सम्बन्धित था जिसे अब आगरा और अवध का संयुक्त प्रदेश कहते हैं।" (ग्रियर्सन, उप० पृ० १४८)। पटना के प्रोफेसर सैयद हसन अस्करी ने मानसिंह की एक सनद का पता लगाया है जो शेख बख़्श को १४ बीघा जमीन देने की बाबत है। मानसिंह १५८७ से १५९४ तक बिहार के राज्यपाल थे। यह सनद फारसी में है और उसी के साथ हिंदी (खड़ी बोली) में उसका रूपांतर है। लिपि देवनागरी है। अस्करी साहब के अनुसार उत्तरी भारत में हिन्दुस्तानी गद्य का यह सबसे प्राचीन और दुर्लभ दस्तावेज़ है। इसमें "दखल मत करो", "हर साल परवाने तलब मत करो" जैसे टुकड़े और "कीजो", "लीजो" जैसे क्रियारूप मिलते हैं। (देखिये, Bengal Past and Present, खंड ६१; कलकत्ता; १९४६-४७)। शेरशाह के समय में फारसी के साथ दफ्तरों में हिन्दी का भी चलन था। अकबर के समय में भी यह प्रथा बहुत कुछ कायम रही। मानसिंह की सनद में हिन्दी भाषा के प्रयोग के साथ लिपि देवनागरी है। एडवर्ड टेरी नाम के यात्री ने १६वीं सदी में देवनागरी के चलन पर लिखा है कि हिन्दुस्तानी भाषा फारसी-अरबी ज़बानों से काफ़ी मिलती-जुलती है; "लोग हमारी तरह यानी बायें से दाहिने हाथ की तरफ़ लिखते और पढ़ते हैं।" (लिंग्विस्टिक सर्वे ऑव इण्डिया, खंड १, पृ० २)। जायसी ने अखरावट में जो "ज्ञान ककहरा" लिखा है—का—करतार, खा—खेलार, गा—गौरव आदि—उससे भी यही निष्कर्ष निकलता है कि सब नहीं तो कुछ मुसलमान देवनागरी का व्यवहार ज़रूर करते थे। बहीखाते का काम ज्यादातर हिन्दुओं के हाथ में था। इसलिए आश्चर्य नहीं यदि व्यापार की सुविधा के लिए हिन्दू-मुसलमान दोनों देवनागरी लिपि काम में लाते हों। बनारस में मुझे मालूम हुआ है कि जुलाहों से काम लेने वाले मुसलमान सेठ अभी तक अपने खाते देवनागरी में चलाते हैं। आगरे के जिस गोकुलपुरा मोहल्ले में मैं यह किताब लिख रहा हूँ, उसमें करीमबख्श नाम के सज्जन अपनी पंसारी की दूकान का खाता देवनागरी में ही लिखते हैं।

व्यापार के साथ हिंदी ब्रज, अवध, भोजपुरी प्रदेश आदि ही में नहीं फैली,

अन्य भाषाओं के बोलने वाले भी व्यापार और अन्तर्देशीय व्यवहार के लिए उसे सीखते थे। इटली का यात्री मनुच्ची जब शिवाजी से मिला तब दोनों की बात-चीत हिन्दी में (सरदेसाई ने "उर्दू" शब्द का प्रयोग किया है) ही हुई। (देखिये गोविन्द सखाराम सरदेसाई कृत मराठों का इतिहास, खंड १)। उत्तर भारत की राजभाषा फारसी थी लेकिन महत्त्व की बात यह है कि मुसलमानों के घर की भाषा फारसी न थी। बाहर से जो तुर्क आये थे, वे यहाँ की भाषा में अपना दैनिक काम-काज करते थे। ईरान से आये हुए कुछ परिवारों में फारसी जरूर बोली जाती रही होगी। खुसरो ने हिन्दी अपनायी थी। मुग़ल बादशाहों में भी बाबर के बाद तुर्की घर की बोली न रह गयी थी। अकबर ने जहाँगीर का नाम शेखूबाबा रखा था, और अपने बेटे मुराद को फतेहपुर में पैदा होने के कारण पहाड़ी कहता था। "तुज़ुके जहाँगीरी" में दानियाल के बारे में कहा गया है कि वह हिन्दी में गीत रचता था। अकबर ने अपनी बन्दूक का नाम संग्राम रखा था। औरंगज़ेब ने समूगढ़ में दारा से युद्ध करते हुए अपने साथियों को ललकारते हुए कहा था, दिलाराने, ख़ुदा है, ख़ुदा है। (बर्नियर, पृ० ५०)। शाहजहाँ ईरान के एलची को एलची जी कहता था (उप० पृ० १५२) और औरंगजेब ने दारा के गुरु मुल्लाशाह को मुल्लाजी कहा था (उप० पृ० १५५)। अपने गुरु को डाँटते हुए औरंगज़ेब ने कहा था कि हमारा काम क्या अपनी ज़बान में नहीं चल सकता जो हमें अरबी पढ़ाई जाय? (उप० पृ० १५८-९)। मीर जुमला को औरंगज़ेब बाबाजी कहता था (उप० पृ० २९)। अकबर का हिन्दी में कविता रचना प्रसिद्ध है। शाह आज़म के भेजे हुए आमों के नाम औरंगज़ेब ने सुधारस और रसनाविलास रखे थे। हिन्दी क्षेत्र के बाहर भी अंग्रेज़ी राज से पहले हम मुसलमानों को यहाँ की भाषाओं में कविताएँ रचते और उनमें रचने वाले दूसरे कवियों को प्रोत्साहन देते देखते हैं। दिनेशचन्द्र सेन ने बंगाल के पठान शासकों के बारे में लिखा है कि वे बँगला बोलते और समझते थे। उन्होंने संस्कृत से बंगला में महाभारत आदि ग्रंथों के अनुवाद कराये थे। (Dinesh Chandra Sen : History of Bengali Language and Literature; १९११; पृ० ११)।

व्यापार के प्रसार के कारण भारत के विभिन्न क्षेत्रों में अलग-अलग भाषाएँ बोलने वालों में अपनी जातीयता का भाव उदय हो रहा था। अंग्रेज़ी राज से पहले लोग इन जातीय इलाकों की विशिष्टता समझने लगे थे। मिसाल के लिए खुसरो ने हिन्द की ज़बान को हिन्दी कहा है। अबुल फ़ज़ल ने दिल्ली की भाषा को बंगाल, मुल्तान, मारवाड़, गुजरात, तेलंगाना, महाराष्ट्र, कर्णाटक आदि की भाषाओं से भिन्न बतलाया है। (ग्रियर्सन: लिंग्विस्टिक सर्वे, खंड १,

पृ० १)। तैमूर, बाबर, जहाँगीर आदि ने हिन्दुस्तान शब्द का प्रयोग भारत से भिन्न एक विशेष प्रदेश के लिए किया है। यह प्रयोग बाद को अंग्रेज़ लेखकों में भी मिलता है जैसे "हिन्दुस्तान और पंजाब का एक हिस्सा" (दि कैंब्रिज हिस्ट्री ऑव इण्डिया, खंड ३, पृ० ५१)। ग्रियर्सन ने लिखा है कि सारे हिंदुस्तान में नागरी के साथ कैथी लिपि का व्यवहार होता है। (लिंग्विस्टिक सर्वे, खण्ड १, पृ० १५१)। इस संबन्ध में मेरे एक मित्र ने मुझे पंजाबी कवि वारिसशाह की यह पंक्ति सुनाई थी, "चढ़या हिंद दे कटक पंजाब दा ए।" यहाँ पंजाब और हिन्द का भिन्न जातीय प्रदेश वाला अर्थ स्पष्ट है। एक दूसरे कवि ने लिखा था—

"शाह मोहम्मदा तुसी पंजाबि ओ जी
कीर्ति सिह सिपाही दी रक्खणी जी।"

शाह मोहम्मद ने पंजाबी जनता के जातीय गर्व को उभारते हुए अंग्रेज़ों के खिलाफ पहले युद्ध के समय ये पंक्तियाँ कही थीं। इसलिए भारत में जातियों के गठन और उत्थान को समझने के लिए अंग्रेज़ी राज से पहले भारत के सामाजिक विकास पर ध्यान देना होगा। ऊपर दिए हुए तथ्यों से हम इस परिणाम पर पहुँचते हैं कि सामंती व्यवस्था के ह्रासकाल में व्यापार के प्रसार द्वारा यहाँ भी पूंजीवादी संबन्ध कायम हो रहे थे। अंग्रेज़ न आते तो अन्य देशों की तरह यहाँ के लोग भी पूंजीवादी व्यवस्था की मंज़िल में प्रवेश करके अपने सामाजिक जीवन का नये सिरे से गठन करते।

७. पूँजीवादी प्रसार और औद्योगिक क्रान्ति

पूंजीवाद ने विश्व-बाजार कायम किया जिसमें अमरीका की खोज विशेष महत्त्व रखती है। भारत और चीन से यूरोपियन सौदागरों का व्यापार बढ़ा। अमरीका में उपनिवेश कायम किये गये। आरम्भ में यह प्रसार नयी उत्पादन-पद्धति से बने हुए माल की खपत के लिए न था। हॉकिन्स जैसे लोग अमरीका में जो तैयार माल बेचने जाते थे, वह अफ्रीका के नीग्रो गुलाम थे। अमरीका में जो अंग्रेज बसने गये थे, उनका उद्देश्य था कि सोने-चाँदी की खोज करके जल्दी अमीर बन जायें। आयरलैंड में अंग्रेज़ लुटेरों ने वहाँ के किसानों की ज़मीन छीन कर बड़ी-बड़ी ज़मींदारियाँ कायम कीं। हिन्दुस्तान से माल खरीदकर अपने देश में बेचने के लिए फ्रांसीसियों वगैरह से अंग्रेज़ों का संघर्ष हुआ था। विश्व-व्यापार को अपने कब्जे में करने के लिए इंगलैंड पहले स्पेन से लड़ा, उसके बाद हौलैंड से संघर्ष चला। सर जोशिया चाइल्ड ने हौलैंड की समृद्धि के बारे में १६६८ में लिखा था, "हौलैंड ने अपने घरेलू और विदेशी व्यापार, संपत्ति और जहाज़ों की संख्या में जो ज़बर्दस्त उन्नति की है, उसे देख कर आज की पीढ़ियों को ईर्ष्या होती है, संभव है, आने वाली पीढ़ियों को उस पर आश्चर्य हो।" (L.L. Price : A Short History of English Commerce and Industy; १९००; पृ० १६३-४)। इंगलैंड ने युद्ध द्वारा हौलैंड की शक्ति क्षीण की और अपनी शक्ति बढ़ाई। इसके बाद फ्रांस से युद्ध हुआ और इंगलैंड ने अपना बाज़ार और भी फैलाया। अपने जन्म से ही पूंजीवादी राष्ट्रों ने मुनाफा कमाने के लिए युद्ध को अपना साधन बनाया। स्पेन, हौलैंड और फ्रांस से इंगलैंड के युद्ध इसका प्रमाण हैं। प्राचीन सभ्यताओं का विनाश, निरीह आदिवासियों का नरमेध, समुद्री डकैती, गुलामों का व्यापार, — कोई ऐसा अनैतिक साधन नहीं था, जिसे पूंजीपति अपने काम में न लाये हों। और ये सब काम उन्होंने सभ्यता के नाम पर किये थे। युद्धों में अपने देशवासियों का रक्त बहाया था, वह राष्ट्रीयता और स्वाधीनता के नाम पर !

प्राचीन काल में एथेंस और रोम ने जिस तरह गुलामों का व्यापार किया था अपना राज्य फैलाया था, बड़ी-बड़ी रियासतों में रोमन भूस्वामियों ने गुलामों

से खेती कराई थी, उसी तरह इन्होंने गुलामों का व्यापार किया, बड़ी-बड़ी रियासतों में गुलामों से खेती कराई और उनका व्यापार जिस अमानुषिक ढंग से चलाया, उसके सामने रोमन भी मात थे। इतिहास की पुनरावृत्ति हुई लेकिन एक नये स्तर पर। यह समझना भूल होगी कि यूरोपियन व्यापारियों का यह विश्वव्यापी संघर्ष न होता तो संसार की प्रगति ही न होती। जैसा कि हम पहले देख चुके हैं, भारत जैसे देशों का समाज अपने आंतरिक विकास के नियमों से परिचालित होकर एक नयी मंज़िल की तरफ बढ़ रहा था।

जो दूसरों को लूटता है, वह अपनों पर भी रहम नहीं करता। व्यापार की होड़ में इंगलैंड में ऊन की कीमत बढ़ी। जमींदारों ने सोचा कि खेतों की जगह भेड़ों के लिए चरागाह बनाना ज्यादा लाभदायक होगा। इंगलैंड के इस नये अभिजातवर्ग के लिए अपने युग के अनुसार "पैसा ही सब कुछ था।" (मार्क्स "पूंजी" खंड १, अ० २७)। "उसका नारा था, खेती की जमीन को चरागाहों में बदलो।" (उप०)। सामन्तों ने बलपूर्वक किसानों को उस ज़मीन से हटाया जिस पर उनका उतना ही हक था जितना सामंत का और उनकी सम्मिलित भूमि (Common lands) भी छीन ली। मज़दूरों और किसानों के झोंपड़े ज़मीन में मिला दिये गये। बेकन ने लिखा है कि किसानों की बेदखली और खेती की ज़मीन में चरागाह बनाने की नीति से जनसंख्या कम हुई और नगरों का ह्रास हुआ। खेती चौपट हुई। बड़े-बड़े चरागाह और हज़ारों भेड़ें संपत्ति के रूप में थोड़े से हाथों में केन्द्रित हुई।

इंगलैंड में गिरजाघरों के पास बहुत-सी भूसंपत्ति थी। १६वीं सदी में मठों से यह ज़मीन छीन ली गई। राजा के लगुओं-भगुओं में यह ज़मीन बाँट दी गई। इन्होंने मौरूसी काश्तकारों को निकाल बाहर किया और उनकी ज़मीन मिलाकर एक कर ली। यूनान और रोम की तरह एक नये पैमाने पर मुफलिसी बढ़ी। १७वीं सदी में छोटे किसानों की संख्या काफी थी। १८वीं सदी के मध्य-काल तक यह वर्ग भी मिट गया। विलियम ऑव औरेञ्ज के गद्दी पर बैठने के बाद जमींदारों और पूंजीपतियों ने राज्य की भूमि को खुले-खजाने लूट कर अपनी संपत्ति बना लिया। "ये रियासतें दे दी गयीं, या नामचार की कीमत लेकर बेच दी गईं, या सीधे-सीधे कब्जा करके अपनी रियासतों में मिला ली गईं। यह सब कानूनी व्यवस्था का ज़रा भी पालन किये बिना हुआ।" (उप०)। जनता की सामान्य भूमि अभी तक ज़ोरज़बरदस्ती से छीनी गई थी और उसके खिलाफ़ तमाम कानूनी रुकावटें बेकार साबित हुई थीं। १८वीं सदी में प्रगति यह हुई कि "जनता की भूमि चुराने के लिए कानून ही साधन बन गया।" (उप०)। पार्लियामेंट ने कानून पास किये जिससे जमींदारों ने जनता की भूमि

को अपनी व्यक्तिगत संपत्ति बना लिया। स्कॉटलैंड में जो ज़मीन पुराने रक्त-सम्बन्ध पर आधारित जनों की सामूहिक संपत्ति के रूप में चली आती थी, वह भी इसी तरह हथियाई गयी। "बेहिसाब आतंक" के ज़रिये किसानों की भूमि छीन कर इंगलैंड में पूँजीपतियों ने अपना प्रभुत्व कायम किया। दूसरे देशों से युद्ध, अपने देश में आतंक—पूँजीवादी प्रसार के ये साधन थे। मार्क्स के शब्दों में सम्पत्ति हरण की यह गाथा मानवजाति के इतिहास में आग और खून के अक्षरों में लिखी हुई है। (उप० अ० २६)। भूसंपत्ति खोये हुए किसान सर्वहारा बने लेकिन इन्हें शहरों में काम तभी मिल सकता था जब वहाँ कल-कारखानों में उत्पादन शुरू हो। जिसे मैनूफैक्चर कहा जाता है, वह इस सर्वहारा वर्ग का उपयोग नहीं कर सकता। मार्क्स ने लिखा है कि मैनूफैक्चर राष्ट्रीय उत्पादन का एक अंश ही अपने अधिकार में कर पाता है "और हमेशा शहर की दस्तकारी और देहात के घरेलू उद्योग-धन्धों के अन्तिम आधार पर निर्भर रहता है।" (उप० अध्याय ३०)। पूँजीवाद की इस विशेषता पर ध्यान देना ज़रूरी है। मैनूफैक्चर देहात के घरेलू धन्धों का आधार नहीं छोड़ पाता। इस विशेषता पर ध्यान देने से पता चलेगा कि १६-१७वीं सदी में भारतीय और अंग्रेज़ी उद्योग-धन्धों में बहुत ज्यादा अन्तर न था। मैनूफैक्चर "छोटे देहातियों का एक नया वर्ग पैदा करता है जो सहायक पेशे के रूप में खेती करता है और अपना मुख्य पेशा औद्योगिक श्रम को बनाता है जिसकी उपज वह पूँजीपति (मैनूफैक्चरर) को सीधे या व्यापारियों की मध्यस्थता द्वारा बेच देता है।" (उप०)। मज़दूर अभी औद्योगिक सर्वहारा नहीं बना। उसका सहायक पेशा भी रहता है। वह अभी अपने श्रम की उपज सीधे पूँजीपति को बेच देता है या व्यापारी के द्वारा उस तक पहुँचाता है। मशीनों का चलन होने पर ही औद्योगिक क्रान्ति द्वारा "खेती और घरेलू उद्योग-धन्धों का अलगाव पूरा होता है और इन धन्धों की जड़ें—कताई और बुनाई—उखाड़ फेंकी जाती हैं।" (उप०)। इंगलैंड के मज़दूरों की दशा पर एंगेल्स की पुस्तक में हम देख चुके हैं कि बुनकरों की यह हालत—घरेलू धन्धों के साथ खेती—१९वीं सदी के पूर्वार्द्ध तक थी। "जब मैनूफैक्चर हाथ की उपज थे या मामूली औजारों से या मोटे-झोंटे यंत्रों से बनते थे, तब कोई बिचवानी, जिसके पास पूँजी हो और जो खतरा उठाने के लिए तैयार हो, सामग्री दे सकता था और बाज़ार में माल लगा सकता था। लेकिन वास्तविक काम तो छोटे कारीगरों के घर में होता था। इनके पास कुछ अपरेंटिस और जर्नीमैन होते थे जो उन्हीं के साथ रहते और खाते-पीते भी थे। देहात के लोगों के लिए मैनूफैक्चर का काम दूसरा पेशा था।" (प्राइस: अंग्रेज़ी व्यापार और उद्योग-धन्धों का संक्षिप्त इतिहास; पृ० २००)। इस

लेखक के अनुसार मशीन के चलन के बाद ही ढेर के ढेर मज़दूरों का एक जगह मिलकर काम करना शुरू हुआ और उद्योग-धन्धे गाँव छोड़ कर शहरों में आये।

मैनूफैक्चर उत्पादन की पूँजीवादी पद्धति है। मार्क्स ने इस पद्धति की विशेषताएँ बतलाते हुए कहा है कि "जहाँ तक उत्पादन-पद्धति का सवाल है, अपने ठीक अर्थ में मैनूफैक्चर, शुरू की मंज़िलों में संघों के दस्तकारी वाली धंधों से मुश्किल से भिन्न होता है। भिन्नता केवल इस बात में होती है कि एक ही व्यक्तिगत पूँजी एक साथ ज़्यादा कारीगरों से काम लेती है। मध्यकालीन दस्तकार आचार्य (मास्टर) की दूकान सिर्फ़ और बड़ी हो जाती है। इसलिए शुरू में अन्तर केवल परिमाण का होता है।" (पूँजी, अध्याय १३)। पहले काम करने की भौतिक परिस्थितियाँ बदलती हैं, फिर काम करने का ढंग बदलता है। कारीगर एक ही मकान में काम करते हैं, कच्चे माल का एक ही गोदाम होता है, औजारों को एक साथ या बारी-बारी से इस्तेमाल करते हैं और इस तरह उत्पादन के साधनों के एक अंश का व्यवहार सामान्य हो जाता है। कार्य-पद्धति के पहले श्रम के साधनों का हिस्सा सामाजिक रूप ले लेता है। कारीगरों का यह सहयोग एक ही काम में या मिले-जुले कामों में स्थापित होता है। इस सहयोग द्वारा व्यक्ति की अपनी उत्पादन-शक्ति ही नहीं बढ़ती, वरन् जनता की एक नयी सामूहिक शक्ति का भी जन्म होता है। अनेक कारीगरों से एक जगह काम कराने के लिए यह ज़रूरी है कि उत्पादन के साधन थोड़े-से आदमियों के हाथ में केन्द्रित हों। पूँजीपति का उद्देश्य अधिक से अधिक श्रम-शक्ति का शोषण करना होता है।

श्रमशक्ति का शोषण पूँजी की विशेषता नहीं है। (उप० अ० १०)। समाज का एक अंग जब उत्पादन के साधनों का स्वामी होता है, तब श्रमिक—वह स्वाधीन हो, चाहे पराधीन—जितनी देर अपनी जीविका के लिए श्रम करता है, उसके बाद उन दूसरों की जीविका के लिए अतिरिक्त श्रम करता है जो उत्पादन के साधनों के स्वामी हैं। लेकिन जहाँ मुख्यतः विनिमय के लिए बिकाऊ माल नहीं पैदा किया जाता वरन् खाने-खरचने का उद्देश्य मुख्य होता है, वहाँ अतिरिक्त श्रम भी सीमित रहता है। प्राचीन काल में श्रम की अतिशयता तभी भयानक होती है जब सोना-चाँदी इकट्ठा करने के लिए विनिमय योग्य वस्तुओं का उत्पादन उद्देश्य होता है। ऐसी हालत में आदमी से शब्दशः कमरतोड़ मेहनत कराई जाती है। लेकिन जब निर्यात व्यापार के लिए वस्तुओं का उत्पादन मुख्य उद्देश्य हो जाता है, तब पूँजीपति अपनी नयी सभ्यता के अनुकूल दासता की बर्बरता में श्रम की नयी अतिशयता जोड़ देते हैं। अमरीका

में नीग्रो दासों के श्रम की मिसाल देते हुए मार्क्स ने बतलाया है कि वहाँ जब तक उत्पादन का उद्देश्य सीधे खाने-खरचने की चीजें पैदा करना था, तब तक दासता का रूप प्राचीन दादापंथी समाज (patriarchal character) जैसा था। लेकिन जब कपास का निर्यात-व्यापार मुख्य उद्देश्य बन गया, तब नीग्रो से बेहिसाब काम लिया जाने लगा और कभी-कभी सात साल के श्रम में उसकी जीवन-शक्ति का अन्त हो जाता था।

पूंजीपति का उद्देश्य होता है, श्रमशक्ति का अधिक से अधिक शोषण। इससे वर्ग-विरोध बढ़ता है और पूंजी उसे दबाने की कोशिश करती है। पूंजी-पति स्वयं को उद्योग-धन्धों का नेता कहता है लेकिन वह नेता इसीलिए है कि उसके पास पूंजी है। प्राचीन काल में मानव-सहयोग से बड़ी-बड़ी इमारतें बनाई गई थीं। "प्राचीन काल, मध्यकाल और आधुनिक उपनिवेशों में यदाकदा सह-योग का काम प्रभुत्व और सेवा, मुख्यतः दासता के संबंधों पर निर्भर रहता है।" (उप० अध्याय १३)। इसके विपरीत पूंजीवादी पद्धति में आरंभ से ही पगार कमाने वाला स्वाधीन मजदूर पूंजी के हाथ अपनी श्रमशक्ति बेचता है।

श्रम-विभाजन के आधार पर जो सहयोग निर्भर रहता है, उसका विशिष्ट रूप मैनूफैक्चर में मिलता है। (उप० अध्याय १४)। मार्क्स ने मैनूफैक्चर और उसके अन्तर्गत श्रम-विभाजन का आरम्भ १७वीं सदी के मध्य में (इंगलैंड में) बतलाया है। (अनेनकोव के नाम २८ दिसम्बर १८४६ का पत्र)। अन्यत्र मार्क्स ने लिखा है कि १६वीं सदी से १८वीं सदी के मध्यकाल तक मैनूफैक्चर दस्तकारी से बड़े पैमाने के उद्योग में विकसित हो रहा था। (एंगेल्स के नाम २८ जनवरी १८६३ का पत्र)। "पूंजी" में मार्क्स ने मैनूफैक्चर का युग १६वीं सदी के मध्य से १८वीं सदी के आखिरी तृतीयांश तक बतलाया है। मैनूफैक्चर का युग कब से कब तक का है और दस्तकारी से निकल कर बड़े कारखाने (बिना मशीनवाली बड़ी दूकानें) कब कायम हुए, यह प्रश्न इंगलैंड और भारत का संबंध समझने के लिए भी महत्त्वपूर्ण है। रजनी पाम दत्त ने अंग्रेजों और भारत के संबंध को तीन हिस्सों में बाँटा है—व्यापारी पूंजी, औद्योगिक पूंजी और महाजनी पूंजी के युग। व्यापारी पूंजी की प्रतिनिधि ईस्ट इण्डिया कंपनी भारत में अपना प्रभुत्व १८वीं सदी के उत्तरार्द्ध में फैला रही थी। उसका उद्देश्य "ब्रिटिश मैनूफैक्चरों के लिए बाजार तालाश करना न था" बल्कि यहाँ के सूती और रेशमी कपड़े, मसाले आदि इंगलैंड और यूरोप में बेच कर मुनाफा कमाना था। (आज का भारत, अध्याय ५)। "अठारहवीं सदी के मध्य में इंगलैंड अब भी मुख्यतः कृषि-प्रधान देश था।" (उप०)। "१७६० तक सूती मैनूफैक्चर में जो मशीनें इस्तेमाल की जाती थीं, वे प्रायः वैसी ही मामूली (Simple) थीं

जैसी भारत में।" (बेंस; उप०)।

अंग्रेज़ मैनूफैक्चरपतियों और ईस्ट इण्डिया कम्पनी में १८वीं सदी के आरंभ में संघर्ष शुरू हो गया। (उप०)। इससे पता चलता है कि मैनूफैक्चर का विकास १८वीं सदी के आरंभ तक इतना हो गया था कि व्यापारियों के हितों से उसकी टक्कर हो सके। इसका अर्थ यह भी होगा कि १६-१७वीं सदी में इंगलैंड में दस्तकारी का बोलबाला था और मैनूफैक्चर का अधिक विकास न हुआ था। १८वीं सदी के अन्त में मैनूफैक्चरपतियों ने ईस्ट इण्डिया कम्पनी के खिलाफ़ फिर संघर्ष किया और इसमें उनके साथ वे व्यापारी भी शामिल हुए जो कंपनी के इजारे के कारण भारत से व्यापार न करते थे। १७७६ में ऐडम स्मिथ ने कंपनी की जो आलोचना की, उसके बारे में रजनी पाम दत्त ने लिखा है, "यहाँ हम ईस्ट इंडिया कंपनी के सौदागरी अधिकार के प्रति उठते हुए मैनूफैक्चरपतियों के विरोध की आवाज़ सुनते हैं। पुरानी व्यवस्था पर औद्योगिक पूंजीपतियों की विजय की यह भूमिका थी।" (उप०)। एक शक्तिशाली वर्ग के रूप में मैनूफैक्चरपति १८वीं सदी के मध्यकाल में उठ रहे थे और यह औद्योगिक पूंजीपतियों की विजय की तैयारी भी थी। इस तथ्य से व्यापारी पूंजी के बारे में पूर्वोल्लिखित स्थापना पुष्ट होती है।

मैनूफैक्चर का अभ्युदय दो प्रकार से होता है। एक ही दूकान में एक पूंजीपति के नीचे एक दूसरे से भिन्न पेशों के दस्तकार इकट्ठे होते हैं। एक ही वस्तु के निर्माण में इन सबका हाथ होता है। मान लीजिए एक गाड़ी बनाना है। इसमें पहिये बनाने वालों, दर्जियों, लोहारों, रंगसाज़ों आदि की जरूरत पड़ती है। पहले ये लोग सब अलग-अलग काम करते थे; अब वे एक ही इमारत में इकट्ठे होकर काम करते हैं। इसे मार्क्स ने साधारण (simple) सहयोग कहा है। अब जो परिवर्तन होता है, वह यह कि दर्जी, लोहार वगैरह सिर्फ़ गाड़ी बनाने में ही लगे रहते हैं, इसलिए अपने पुराने कौशल का पूरा उपयोग न कर पाने से उसे भूलने लगते हैं। वे गाड़ी बनाने के सिलसिले में कोई एक ख़ास काम करते हैं और इस तरह जो गाड़ी बनती है, वह सभी के सहयोग—उनकी अपनी-अपनी निपुणता—का सामूहिक फल होती है। (पूंजी, अध्याय १४)।

मैनूफैक्चर के अभ्युदय का दूसरा तरीका यह है कि एक पूंजीपति एक दूकान में एक ही पेशे के कई कारीगर इकट्ठा करता है जो सब एक ही काम करते हैं। पहले इन कारीगरों में से हर एक पूरी वस्तु खुद ही बनाता है। अगर सुई बनानी है तो हर कारीगर अलग-अलग सुइयाँ बनाता है। लेकिन अगर निश्चित समय में ज़्यादा माल तैयार करना है तो सुई बनाने के सिल-

सिले में सभी काम एक ही कारीगर नहीं करता वरन् वे अलग-अलग लोगों में बाँट दिये जाते हैं। इस तरह एक ही वस्तु के उत्पादन में श्रम का विभाजन हो जाता है और वह वस्तु सबके सामूहिक श्रम का फल होती है। इस तरह मैनूफैक्चर के अभ्युदय का एक तरीका वह होता है जब एक दूसरे से भिन्न पेशे के दस्तकार एक जगह इकट्ठे होते हैं, दूसरा तरीका वह है जब एक ही पेशे के दस्तकार सहयोग करते हैं। मैनूफैक्चर द्वारा श्रम के साधनों में सुधार होता है, उनकी संख्या बढ़ती है। इस तरह मशीनों की आमद के लिए ज़मीन तैयार होती है। किसी वस्तु के उत्पादन के सिलसिले में जब काम का बँटवारा हो जाता है, तब श्रमिक भी अपनी विशेषताओं के अनुसार वर्गों में बाँट दिये जाते हैं। सामूहिक श्रम अब बचत के साथ वस्तुओं का उत्पादन कर सकता है। साथ ही मनुष्य की प्रतिभा बहुमुखी न रहकर अब वह एक ही कार्य में विशेषज्ञ बन कर रह जाती है।

लेनिन ने मैनूफैक्चर और मशीन से चलने वाले उद्योग का अन्तर बतलाते हुए कहा है कि कारखाना (फैक्टरी) शब्द का सही प्रयोग उद्योग-धन्धों में पूंजीवाद की एक निश्चित और उच्चतर मंज़िल के लिए ही होना चाहिए। इस मंज़िल का मुख्य और सबसे महत्त्वपूर्ण लक्षण उत्पादन में मशीनों का उपयोग है। मैनूफैक्चर से फैक्टरी की ओर संक्रमण का अर्थ है कौशल में क्रान्ति। (रूस में पूंजीवाद का विकास, अध्याय ७)। रूस में कुस्तार-धन्धे का चलन था जिसका अर्थ था कि कुस्तार अर्थात् कारीगर मालिकों के लिए अपने घरों में काम करते थे (उप०)। कुस्तार धन्धों की वजह से कुछ गाँव औद्योगिक केंद्र बने जहाँ व्यापार के लिए लोग एकत्र होते थे (उप० अध्याय ८)। मैनूफैक्चर की बढ़ती के साथ खेती और उद्योग-धन्धों का विभाजन बढ़ता है। ऐसे औद्योगिक केन्द्र कायम होते हैं जहाँ खेती नहीं होती। उद्योग-धन्धों का प्रतिनिधि किसान नहीं रहता बल्कि एक ओर कारीगर होता है और दूसरी ओर सौदागर-मैनूफैक्चरपति (merchant manufacturer) होता है। मैनूफैक्चर में दादापंथी संबन्धों के अवशेष (survivals of patriarchal relations) और व्यक्तिगति अधीनता के अनेक रूप कायम रहते हैं (उप० अध्याय ७)। छोटे पैमाने के उत्पादन में कारीगर अपने गाँव से बँधा रहता है। मैनूफैक्चर में श्रमिक आमतौर से अपने औद्योगिक ज़िले में बना रहता है। औद्योगिक व्यवस्था में कोई ऐसी आंतरिक विशेषता नहीं होती जो "उत्पादक के अलगाव और उसके स्थान-विशेष में जमे रहने में बाधा दे।" (उप० अध्याय ७)। यह सब काम आगे चलकर मशीनों से चलने वाले उद्योग-धन्धे पूरा करते हैं।

संयुक्त राष्ट्र अमरीका में मैनूफैक्चर का विकास १८०० ई० के लगभग

हुआ। इससे पहले अधिकांश पूँजी जहाजों, देश के भीतरी व्यापार, जमीन और गुलामों में लगी हुई थी। "अधिकतर उद्योग-धन्धे दस्तकारी के आधार पर थे और बहुत छोटे और कमज़ोर थे।" (फॉस्टर, अमरीकी महाद्वीपों का इतिहास, अध्याय १४)। इस तरह १८वीं सदी के अन्त तक उद्योगधन्धो में अमरीका भारत से आगे बढ़ा हुआ न था। इंगलैंड एक हद तक आगे बढ़ा था लेकिन औद्योगिक क्रांति के पहले तक दोनों देशों की औद्योगिक स्थिति में गहरा अंतर न था। १८४० में ब्रिटिश पार्लियामेंट की जाँच-कमेटी के सामने मौण्टगोमरी मार्टिन ने कहा था, "मैं इस बात से सहमत नहीं हूँ कि हिन्दुस्तान कृषिप्रधान देश है। वह जितना कृषिप्रधान है, उतना ही मैनूफैक्चर प्रधान भी है।" (आज का भारत, अध्याय ५)।

जहाँ तक सौदागर द्वारा कारीगर को घर पर काम देने का सम्बन्ध है, हम देख चुके हैं कि इस प्रथा का चलन भारत में था। इसके सिवा बड़ी-बड़ी दूकानों में कारीगरों को इकट्ठा करके काम देने का सिलसिला भी शुरू हो गया था। डॉ० राधाकमल मुकर्जी के अनुसार मुगलकाल में "कारीगर-आचार्य (master artisans) या मध्यस्थ (entrepreneurs) कारीगरों के गुट एकत्र करते थे, जो उनके लिए पगार के आधार (wage basis) पर काम करते थे।" (भारत का आर्थिक इतिहास, पृ० 81)। इस तरह के "कारखाने" (जो मशीनों वाली फैक्टरी से भिन्न थे) लाहौर, आगरा, फतेहपुर और बुरहानपुर में कायम थे। डॉ० मुकर्जी के अनुसार "अनेक दस्तकारियों में विभिन्न कार्य-संबंधी विशेषता इतनी बढ़ गई थी कि उत्पादन-शृंखला में कारीगरों के खास गुट कुछ खास काम ही करते थे।" (उप० पृ० ८१)। यदि यह तथ्य सही है तो इसका अर्थ यह होगा कि इंगलैंड की तरह यहाँ भी एक ही वस्तु के उत्पादन में विभिन्न कारीगर उत्पादन-शृंखला के किसी एक काम में विशेषता प्राप्त करने लगे थे। जैसा कि हम देख चुके हैं, यह विशेषता मैनूफैक्चर की है।

बर्नियर ने इस संबंध में लिखा है, "बहुत जगह बड़े-बड़े हॉल दिखाई देते हैं जहाँ कारीगर काम करते हैं। इन्हें लोग कारखाना कहते हैं। एक हॉल में कारीगर जरी के काम में मशगूल हैं जिनकी देखरेख एक आचार्य (मास्टर) करता है। दूसरे में सुनार हैं, तीसरे में रंगसाज हैं, चौथे में लैकर पर वार्निश करने वाले हैं, पाँचवें में फर्नीचर वगैरह बनाने वाले, दर्जी, चमार हैं, छठे में रेशम और जरी का काम करने वाले हैं और वह उम्दा मस्लिन बनाने वाले हैं जिसकी पगड़ियाँ, सुनहरे फूलों वाले कमरबन्द और स्त्रियों की बढ़िया पोशाक बनती है...और जिन पर सुई से जरी का बढ़िया काम किया जाता है।" (बर्नियर, पृ० ८१-८२)। बर्नियर के बयान से मालूम होता है कि हर कारखाने में एक-से

पेशे वाले कारीगर इकट्ठे किये जाते थे। एक ही जगह जब अनेक दस्तकार एक ही, या एक-सी, वस्तु बनायेंगे, तो श्रम-विभाजन और विशेषज्ञता का जन्म भी अनिवार्य होगा। इससे डॉ० मुकर्जी का निष्कर्ष सही मालूम होता है। मोरलैंड ने पगार की दर नियत होने की जो बात कही है, उससे यह धारणा पुष्ट होती है कि ये कारखाने मैनूफैक्चर का ही रूप थे जिनमें मज़दूर पगार पर काम करते थे।

अंग्रेज़ पहले भारत में व्यापार करने आये थे, यहाँ का माल अपने यहाँ बेचकर मुनाफ़ा कमाने आये थे। लेकिन अपने यहाँ की औद्योगिक उन्नति के साथ-साथ उन्होंने भारत के उद्योग-धंधों का नाश किया। १८वीं सदी के अन्त तक भारत के रेशमी और सूती कपड़े अँग्रेज़ी बाज़ार में वहाँ के कपड़ों के मुकाबले में ५०-६० फीसदी सस्ते बेचे जा सकते थे। इससे साबित होता है कि इंगलैंड अभी औद्योगिक दृष्टि से कमजोर था। अपने माल की खपत के लिए उसने भारतीय माल पर ७०-८० फीसदी कर लगाया जिसका अर्थ था, माल आने पर एकदम रोक लगा देना। इससे पहले एलिज़ाबेथ ने लोगों को बाध्य किया था कि वे इतवार और त्यौहार के दिन इंगलैंड की बनी हुई टोपी लगाया करें। सत्रहवीं सदी के उत्तरार्द्ध में चार्ल्स द्वितीय ने कानून बनाया था कि लोगों को दफनाने के लिए स्वदेशी कफन ही काम में लाया जाय। इससे इंगलैंड की औद्योगिक प्रगति का अनुमान किया जा सकता है। एलिज़ाबेथ के समय में फ्लैंडर्स के बुनकर भागकर इंगलैंड आये थे और वहाँ के नगरों में बस गये थे। "इस नये अपनाये हुए देश को इन्होंने इस योग्य बनाया कि ऊनी उद्योग में वह सिरमौर हो।" (प्राइसः अँग्रेजी व्यापार और उद्योग-धंधों का संक्षिप्त इतिहास, पृ० १३३)। अँग्रेजों ने भारतीय माल पर जो भारी कर लगाने की नीति अपनायी थी, वह १९वीं सदी के उत्तरार्द्ध तक जारी रही। १८४० की पार्लियामेंट-कमेटी की जाँच से पता चलता है कि भारत में आने वाले अँग्रेज़ी माल पर साढ़े तीन फीसदी (सूती और रेशमी माल पर) और दो फीसदी (ऊनी कपड़ों पर) कर लगता था लेकिन यहाँ से जो माल विलायत जाता था, उस पर दस फीसदी (सूती माल पर), बीस फीसदी (रेशमी माल पर) और तीस फीसदी (ऊनी माल पर) कर लगता था। (आज का भारत, अध्याय ५)। देखने की बात है कि ऊनी माल पर सबसे ज्यादा कर था, यानी इसकी होड़ से अँग्रेज़ उद्योगपति सबसे ज्यादा बचना चाहते थे और यह उस समय जब इंगलैंड में मशीनों का चलन हो गया था।

भारत में अँग्रेज़ों की लूट के फलस्वरूप यहाँ के औद्योगिक केन्द्र तबाह हो गये। ढाका और मुर्शिदाबाद के लिए क्लाइब ने कहा था कि ये नगर उतने

ही समृद्ध हैं जितना कि लंदन (और वैसा शहर इंगलैंड में दूसरा न था)। लेकिन १९वीं सदी के पूर्वार्द्ध में ढाका की आबादी डेढ़ लाख से घट कर तीस-चालीस हज़ार ही रह गई। सर चार्ल्स ट्रेवेलियन के अनुसार ढाका जो भारत का मैंचेस्टर था वीरान होकर जंगल बनता जा रहा था और मलेरिया का शिकार होने जा रहा था। मौंटगोमरी मार्टिन ने अँग्रेज़ों द्वारा सूरत, ढाका और मुर्शिदाबाद जैसे औद्योगिक केन्द्रों के नाश को बहुत ही दुखद घटना बतलाया था। १७८७ में ढाका से विलायत को तीस लाख रुपये की मस्लिन जाती थी, १८१७ में उसका निर्यात बिल्कुल बन्द हो गया था। बाहर से सस्ता लोहा मँगाने की अँग्रेज़ी नीति के कारण भारत का अपना लोहे का कारबार चौपट हो गया। अर्थशास्त्री बकनन ने लिखा है कि भारत में लोहा गलाने की जो पुरानी भट्टियाँ मिली हैं, वे मूलतः वैसी ही हैं जैसी आधुनिक युग के पहले यूरोप में थीं। (आज का भारत, अध्याय ५)। यही दशा जहाजों के कारबार की हुई। अँग्रेज़ी राज में भारतीय उद्योग-धन्धों की तबाही पर अपनी पुस्तक में वामनदास बसु ने लिखा है कि पूरब का काफी व्यापार पहले भारतीय जहाज़ों द्वारा होता था। चीन, ईरान, लालसागर तक भारत के जहाज माल पहुँचाते थे। १७९५ में ईस्ट इण्डिया कम्पनी को यह आज्ञा मिली थी कि वह भारत में बने हुए जहाजों द्वारा लंदन माल ला सकती है। सर टामस मनरो ने भारतीय उद्योग-धंधों की दशा देखकर कहा था, "औद्योगिक रूप में हम लोग उनसे (भारत-वासियों से) बहुत पिछड़े हुए हैं।" रजनी पाम दत्त ने लिखा है कि १८वीं सदी के मध्य तक इंगलैंड कृषिप्रधान देश था। उन्होंने बैंस का हवाला दिया है जिसने लिखा है कि १७६० तक सूती कपड़ा बनाने के लिए इंगलैंड में जो मशीनें इस्तेमाल की जाती थीं, वे प्रायः वैसी ही साधारण थीं जैसी भारत की। भारत की औद्योगिक प्रगति का नाश करके अँग्रेज व्यापारियों ने दो काम किये, एक तो उन्होंने अपने औद्योगिक विकास के लिए आवश्यक पूँजी बटोरी, दूसरे अपने माल के लिए भारत को खेतिहर देश बनाकर उन्होंने एक बाजार कायम किया। इंगलैंड में भारत की लूट के फलस्वरूप बैंकिंग का कारोबार चमका। प्लासी के युद्ध के बाद इंगलैंड की हालत बदल गई। वहाँ जिन यंत्रों का आविष्कार किया गया था, उन्हें काम में लाने की सुविधा पैदा हो गई। "इस तरह भारत की लूट पूँजी के एकत्रीकरण का वह गुप्त स्रोत थी जिसकी अत्यन्त महत्त्वपूर्ण भूमिका के कारण इंगलैंड में औद्योगिक क्रांति संभव हुई।" (रजनी पाम दत्त, आज का भारत, अध्याय ५)।

औद्योगिक क्रांति के लिए यह आवश्यक था कि कारखानों में काम करने के लिए ऐसे लोगों का वर्ग हो जो अपनी श्रमशक्ति बेचकर पूँजीपति के लिए काम

करें। यह सर्वहारा वर्ग अँग्रेज ज़मीदारों और पूँजीपतियों की भूमि-संबन्धी नीति से पैदा हुआ। १८वीं सदी के उत्तरार्द्ध में छोटे किसान-मालिकों का वर्ग प्रायः खत्म हुआ और जो सामान्य भूमि थी, वह भी ज़मींदारों के कब्ज़े में आ गयी। यह दिलचस्प बात है कि १८वीं सदी में लगभग आधे इंगलैंड में अभी पुराने ढंग की सामूहिक खेती होती थी (मॉर्टन : इंगलैंड का इतिहास, अध्याय ११)। किसानों से यह ज़मीन छीनकर चरागाह बनाने के बदले बड़े-बड़े फार्म बनाये गये जहाँ पूंजीवादी ढंग से खेती शुरू हुई। खेती के इस परिवर्तन से शहरों के लिए आवश्यक मज़दूरों की कमी न रही।

औद्योगिक क्रान्ति के लिए दूसरी आवश्यकता कोयले की थी। ईंधन का काम लकड़ी से लिया जाता था और अब उसकी कमी पड़ रही थी। यह कमी कोयले से पूरी की गई। लेकिन कोयला ढोने के लिए न तो अभी रेलें थीं और न अच्छी सड़कें हीं। १८वीं सदी के अन्तिम दशक में बहुत-सी नहरें बनाकर यातायात के साधनों की कमी पूरी की गई। १९वीं सदी के आरम्भ तक माल ढोने के लिए मुख्यतः नहरों का ही उपयोग होता था। हम देख चुके हैं कि भारत में नहरों का यह उपयोग बहुत पहले शुरू हो चुका था।

तीसरी आवश्यकता मशीनों की थी। १६वीं से १८वीं सदी तक इंगलैंड के उद्योग-धंधों के संगठन और उनकी व्यवस्था में कोई मौलिक परिवर्तन नहीं हुआ। कई जगह प्रगति के बदले उल्टे पीछे की ओर लौटने के लक्षण भी दिखाई दिये (उप०) के(Kay) ने जब फ्लाइंग शटल ईजाद की तो उसका उपयोग पहले पूंजीपतियों ने नहीं किया। यह शटल सस्ती थी और उसे पहले स्वतन्त्र बुनकरों ने अपनाया। मशीनों का उपयोग सूती उद्योग-धंधों में हुआ जिनका गठन पूंजीवादी ढंग से हुआ था। कपास के लिए अंग्रेज़ उद्योगपति अमरीका पर निर्भर थे। कपास का व्यापार बढ़ने के साथ गुलामों का व्यापार भी बढ़ा क्योंकि अमरीकी खेतों में नीग्रो दास खेती करते थे। सूतों कपड़ों के धंधों में बुनाई और कताई के अलग विभाग थे। हरग्रीव्ज की स्पिनिंग जेनी, आर्कराइट की पानी से चलने वाली कताई की मशीन, क्रॉम्पटन और ह्विटने के आविष्कारों ने कताई की समस्या हल की और कार्टराइट के करघे ने बुनाई का काम आसान किया। १७८५ में कताई के लिए भाप से चलने वाले इंजन का उपयोग हुआ। मशीनों का उपयोग पहले सूती धंधों में हुआ, उसके बाद ऊनी धंधों में जिसका असर सारे इंगलैंड पर हुआ।

चौथी आवश्यकता पूँजी की थी। जैसा कि हम देख चुके हैं, भारत और अन्य उपनिवेशों को लूटकर यह आवश्यकता भी पूरी की गई।

औद्योगिक पूँजीवाद के साथ दो घटनाएँ और हुईं, युद्ध और वर्ग-संघर्ष।

इंगलैंड का शासक वर्ग फ्रांसीसी राज्यक्रान्ति से उत्पन्न स्वाधीनता, समानता और भाईचारे की विचारधारा से त्रस्त था। इंगलैंड के प्रगतिशील बुद्धिजीवी हैज़लिट, शेली, आरम्भ में वर्ड्सवर्थ आदि इस विचारधारा के समर्थक थे। इंगलैंड ने फ्रांस के विरुद्ध यूरोप की प्रतिक्रियावादी शक्तियों का साथ दिया। फ्रांस की पराजय से इंगलैंड ने फ्रांसीसी पूंजीपतियों के मुकाबले में अपना बाज़ार बनाया और उपनिवेशों का प्रसार किया। अँग्रेज़ी साम्राज्य की नींव पड़ी और माल्टा, मौरीशस, लंका, हेलीगोलैंड आदि इंगलैंड के हाथ में आ गये। "युद्ध के फलस्वरूप ब्रिटिश पूंजीपति वर्ग अपने कारखानों में बने हुए माल के लिए विश्व-इजारा कायम करने की स्थिति में हो गया और उसके लिए पहले की अपेक्षा कल्पनातीत प्रगति करने का अवसर आया।" (मॉर्टन)

लेकिन युद्ध का खर्च चलाने के लिए मज़दूरों की पगार कम की गई, चीज़ों की कीमतें बढ़ीं, बैंकिंग के धंधे से महाजनों का गुट और शक्तिशाली हुआ, टैक्सों की वजह से जनता त्राहि-त्राहि करने लगी। १८१५ में अनाज-संबन्धी कानून बने जिनका उद्देश्य अनाज की महँगाई कायम रखना था। इन कानूनों से लाभ उठाने वाले ज़मींदार थे। जब अनाज-संबन्धी बिल पर बहस हो रही थी तब लन्दन और वेस्टमिनिस्टर में दंगे हुए। इस तरह के दंगे और कई जगह भी हुए। कई जगह बेकारों ने मशीनें तोड़ दीं। युद्ध के बाद कई जगह मज़दूरों की हड़तालें हुईं। इस असंतोष और संघर्ष की विशेषता यह थी कि मज़दूरों ने अनुभव किया कि "राज्यतंत्र उन्हें सताने वालों के हाथ में है" (मॉर्टन)। ग्लासगो में साठ मज़दूरों ने हड़ताल की "जिसके लिए हर जगह आशा की जाती थी कि यह सशस्त्र विद्रोह की भूमिका है।" (उप०) लेकिन मज़दूर वर्ग अभी संगठित नहीं था, उसका नेतृत्व करने वाली कोई क्रांतिकारी पार्टी नहीं थी। परिस्थितियाँ अभी मज़दूर वर्ग द्वारा सत्ता पर अधिकार करने के अनुकूल नहीं थीं।

शासकवर्ग ने नागरिक स्वाधीनता खत्म कर दी। "सैनिक हिंसा से लेकर उकसावा पैदा करने वाले गुप्तचरों तक उसने दमन का हर तरीका इस्तेमाल किया।" (उप०)। १८१९ में मैंचेस्टर में अस्सी हज़ार जनता की सभा हुई जिसमें भाषणकर्ता हंट को गिरफ्तार करने के बाद हथियारबंद सवारों ने भीड़ पर हमला किया। सभा में बच्चे और स्त्रियाँ भी थीं। ग्यारह आदमी मारे गये जिनमें दो स्त्रियाँ थीं। सैकड़ों लोग तलवारों और घोड़ों की टापों से घायल हुए। "घायल स्त्रियों की संख्या सौ से ऊपर थी।" (ट्रेवेलियन, १९वीं सदी का ब्रिटिश इतिहास)।

हिन्दुस्तान से पहले अँग्रेज़ शासकों ने एक छोटा-मोटा जलियाँ वाला बाग अपने देश में ही रच दिया। इसी घटना पर शैली ने अपनी प्रसिद्ध कविता

"मास्क ऑव ऐनार्की" लिखी थी। इसमें शेली ने पार्लियामेंट को अराजकता अथवा शासक वर्ग की पेंशन खाने वाली संस्था कहा है। शेली ने जनता की दशा को गुलामी बतलाया है जिसे जानवर भी बर्दाश्त न करें। कुचली हुई जनता के लिए स्वाधीनता का अर्थ रोटी-कपड़ा है। शेली ने मजदूरों की वर्गचेतना जाग्रत करते हुए कहा है, शेरों की तरह अजेय संख्या में उठो; सोते हुए जो ज़ंजीरें पहन ली थीं, उन्हें ओस की बूंदों की तरह झटक दो; वे मुट्ठी भर हैं और तुम लाखों हो।

इस तरह सर्वहारा का शोषण करने वाली औद्योगिक पूंजी के साथ उसे चुनौती देने वाला स्वर भी पैदा हो गया था।

लंदन में गरीबों की बस्तियाँ देखकर ऐंगेल्स ने लिखा था, इन्हें देखकर ही पता चलता है कि इस नगर की सभ्यता के चमत्कारों के लिए लंदन के निवासियों ने मानव-स्वभाव के श्रेष्ठ गुणों का बलिदान कर दिया है। "सड़कों की रेलपेल ही में कोई ऐसी चीज़ है जो घृणा उत्पन्न करती है, कोई ऐसी चीज जिसके खिलाफ मानवस्वभाव विद्रोह करता है।" (१८४४ में इंगलैंड में मज़दूर-वर्ग की दशा)। ऐंगेल्स के इन शब्दों में पूंजीवादी गंदगी के खिलाफ एक सहृदय नवयुवक की स्वाभाविक प्रतिक्रिया प्रकट होती है। इसी गन्दगी के खिलाफ़ इंगलैंड के अनेक प्रकृति-प्रेमी कवियों का क्षोभ भी प्रकट हुआ है। ध्यान देने की बात है कि पूंजीवाद के प्रबल विरोधी मार्क्स और ऐंगेल्स ने उसकी पतित नैतिकता पर तीव्र रोष प्रकट किया है। ऐंगेल्स ने उपर्युक्त पुस्तक में लिखा है, इस बात से हम चाहे जितना परिचित हों कि हर जगह समाज का बुनियादी सिद्धांत संकुचित व्यक्तिगत स्वार्थ-सेवा है, लेकिन कहीं भी ऐसी निर्लज्जता से इस सिद्धांत का प्रदर्शन नहीं होता जैसे इस भारी नगर की भीड़भाड़ में। लंदन के सिवा इंगलेंड के अन्य नगरों के लिए भी ऐंगेल्स ने लिखा था, एक तरफ तो दूसरों के प्रति उदासीनता और घोर स्वार्थपरता दिखाई देती है, दूसरी ओर अकथ गरीबी है। हर तरफ एक-दूसरे को लूटने की कोशिश है जिसकी रक्षा कानून द्वारा होती है। आश्चर्य यही होता है कि यह पागलों की व्यवस्था अब भी टिकी हुई है।

लन्दन की भुखमरी के बारे में तरुण ऐंगेल्स ने लिखा था, "जब मैं इंगलैंड में था, तब अत्यन्त जघन्य परिस्थितियों में बीस-तीस आदमी सीधे भूख के शिकार हो गये और ऐसी जूरी विरली ही होगी जो इस मामले में सच कहने का साहस करे।" इंगलैंड के इन औद्योगिक नगरों में जहाँ साधारण जनता रहती थी, सड़कों पर नालियों के अभाव में गन्दे पानी के गड्ढे भर जाते थे। मजदूरों के मकान ऐसे बनते थे कि साँस लेने के लिए साफ हवा न पहुँच सकती थी।

ऐंगेल्स का वर्णन पढ़कर हमें कानपुर की मज़दूर-बस्ती याद आ जाती है जहाँ एक-एक कोठरी में पूरा परिवार रहता है, कभी-कभी तीन-चार मज़दूर मिलकर रहते हैं, जहाँ धुएँ के मारे आदमी बैठ नहीं सकता। इन कोठरियों के भी नीचे "तरघर" हैं, छोटे-छोटे तहखाने जिनमें आदमी सीधा खड़ा नहीं हो सकता। लेकिन इन मज़दूरों की मेहनत से मुनाफा कमाने वाले महलों में राज करते हैं।

१४ नवंबर १८४३ की एक घटना का वर्णन ऐंगेल्स ने किया है। ऐन गैलवे नाम की एक स्त्री अपने छोटे कमरे में अपने १९ साल के बेटे के पास मरी हुई पाई गई। उस कमरे में न तो खाट थी, न कोई और सामान था। उसका शरीर प्रायः नंगा था और उसके ऊपर-नीचे चिड़ियों के पर बिखरे हुए थे। तन ढँकने के लिए इन परों के अलावा और कोई चादर न थी। शरीर से पर इस तरह चिपक गये थे कि डाक्टर उसकी परीक्षा न कर सकता था। जब वे साफ़ किये गये तब पता चला कि वह भूख से मरी थी और उसके शरीर को बहुत जगह कीड़े खा गये हैं। फर्श के कुछ तख्ते उखाड़ लिए गये थे और वह परिवार नीचे के गड्ढे को शौच के लिए इस्तेमाल करता था।

लेकिन जिस भारत के एक सूबे में ३५ लाख नर-नारी भुखमरी के शिकार हुए हों, उसके लिए यह कोई अनोखी घटना नहीं है।

ऐंगेल्स ने लिखा है कि हज़ारों उद्यमी पुरुष जो लन्दन के तमाम धनी लोगों से ज़्यादा सम्मान के अधिकारी हैं, अपने को ऐसी हालत में पाते हैं जो मनुष्य के योग्य नहीं है। लन्दन में ५० हज़ार आदमी ऐसे हैं जो हर रोज सबेरे उठते हैं लेकिन यह नहीं जानते कि रात को कहाँ सोयेंगे। यह बात १८४४ की है। सौ साल बाद बंबई में ऐसे आदमियों की तादाद पचास हज़ार से कहीं ज़्यादा थी। मैंनचेस्टर के मकानों के बारे में ऐंगेल्स ने लिखा था कि केवल एक पतित जाति, जो इंसानियत से गिर गई हो, नैतिक दृष्टि से जो पशु बन गई हो ऐसे मकानों में सुखी रह सकती है।

पूंजीवाद ने स्त्रियों और बच्चों का शोषण ख़ासतौर से बढ़ाया। यह शोषण उन धन्धों में था जो मशीन से चलते थे और उनमें भी जो शारीरिक श्रम पर निर्भर थे। इस सम्बन्ध में मार्क्स ने लिखा है, "जिस हद तक मशीनें शारीरिक शक्ति पर निर्भर नहीं रहतीं, वे उन श्रमिकों को काम देने का साधन बनती हैं जिनकी शारीरिक शक्ति कम है अथवा जिनका शारीरिक विकास अभी अपूर्ण है लेकिन इसलिए जिनके अंगों में और भी लोच है। इसलिए मशीनों का इस्तेमाल करने वाले पूंजीपतियों ने सबसे पहले स्त्रियों और बच्चों के श्रम की तलाश की।" (पूंजी, खंड १, अध्याय १५)। मशीनों के उपयोग से वह मानव-

सामग्री बढ़ी जो पूँजी के शोषण का मुख्य लक्ष्य रहती है; साथ ही शोषण की तीव्रता भी बढ़ी। पूँजीपति मज़दूर की ही श्रमशक्ति नहीं खरीदता, वह उसके बीबी-बच्चों को भी खरीद लेता है। "बच्चों के श्रम की माँग का रूप अक्सर नीग्रो गुलामों की माँग से मिलता-जुलता था।" (उप०)। मजदूरी करने वाले बच्चों को ले जाने के लिए बाज़ार लगा करते थे। मृत बच्चों की संख्या में बढ़ती हुई। मशीन के पुर्जे बनने से उनका बौद्धिक विकास समाप्त हो गया। स्त्रियों और बच्चों को ऐसी गन्दी परिस्थितियों में काम करना पड़ता था कि लन्दन के कुछ छापेखानों का नाम ही बूचड़खाना पड़ गया था। लन्दन में एक व्यापार चीथड़ों का होता था। जापान और दक्खिनी अमरीका तक से चीथड़े आते थे जिनसे कागज़ बनाने के लिए सामग्री, खाद वग़ैरह तैयार होती थी। इसमें ख़ासतौर से स्त्रियाँ और लड़कियाँ इस्तेमाल की जाती थीं जो तरह-तरह की बीमारियों का शिकार होती थीं। दस-दस साल के बच्चों से खानों में मज़दूरी कराई जाती थी। इन्हें कभी १४-१५ घंटे तक खानों के अन्दर रहना पड़ता था। स्त्रियाँ पहले खानों में काम करती थीं। १८४२ के बाद उन्हें ऊपर कोयला वग़ैरह ढोने का काम दिया जाने लगा। स्त्रियों में अनैतिकता, पुरुषों में शराबखोरी—खानों में मज़दूर औरतों के जीवन का यह परिणाम था।

मशीनों से श्रम की उत्पादनशक्ति बढ़ती है। किसी वस्तु को बनाने में जितना समय पहले लगता था, उससे अब कम लगता है। लेकिन पूँजीवादी व्यवस्था में मशीनों के उपयोग से पहला काम यह हुआ कि काम के घंटे बढ़ गये और ऐसे बढ़े कि वे "मानव-प्रकृति की सीमाओं का उल्लंघन कर गये।" (मार्क्स, पूँजी, अध्याय १५)। इसके साथ मज़दूर को मशक्कत भी पहले से ज़्यादा करनी पड़ी यानी एक घंटे में मज़दूर जितनी मेहनत करता था, उससे अब ज़्यादा करनी पड़ी। इस तरह मशीनों से मज़दूरों का शोषण कम होने के बदले और बढ़ा। इस नये पूँजीवादी उत्पादन ने जो सामाजिक परिवर्तन किया, वह यह कि उसने बिकाऊ माल के उत्पादन और विनिमय में सारे समाज को बाँध कर एक बाज़ार (होम-मार्केट) कायम किया। पहले किसान खाने-खरचने की सामग्री पैदा करते थे जिसका उपयोग वे स्वयं करते थे। लेकिन अब वे जो सामग्री पैदा करते थे, वह बिकाऊ माल होती थी। किसानों का पुराना रूप नष्ट हो गया। अब वे दूसरों के लिए श्रम करते थे। जिस सामग्री को पैदा करके किसान खुद कातते-बुनते थे, वह अब बाज़ार में बिक कर कारखानों में पहुँचने लगी। इस तरह खेती और उद्योग-धन्धों का अलगाव हुआ और पुराने घरेलू धंधों का नाश हुआ। "इन घरेलू धंधों के नाश से ही किसी देश के घरेलू बाज़ार का वह प्रसार और सुसंगत रूप कायम हो सकता है जिसे उत्पादन

की पूंजीवादी पद्धति चाहती है।" (पूंजी, अध्याय ३०)। मैनूफैक्चर-युग में यह परिवर्तन जड़ से और पूरी तरह नहीं होता। मैनूफैक्चर का आधार शहर की दस्तकारी और गाँव के घरेलू धंधे होते हैं। मशीन द्वारा पूंजीवादी खेती का चलन होता है और खेती तथा उद्योग-धन्धों का अलगाव पूरा होता है। घरेलू धन्धों की नींव कताई-बुनाई—ढह पड़ती है। इसलिए मशीन "पहली बार औद्योगिक पूंजी के लिए समूचे घरेलू बाज़ार (होम मार्केट) को जीतती है।" (उप०)

मैनूफैक्चर से जो श्रम-विभाजन होता है, उससे कारीगर वस्तु बनाने के सिलसिले में किसी खास काम का विशेषज्ञ रह जाता है। दस्तकारी का आधार कायम रहने से उत्पादन-पद्धति में बहुत ही धीमी प्रगति होती है। छोटे-छोटे धन्धे, मज़दूर का ज़मीन से सम्बन्ध, उत्पादन में पुरानी परम्परा का पालन—यह सब मशीनों के उपयोग से नष्ट हो जाता है। काम के घंटे बढ़ने, बेकारों की रिज़र्व फ़ौज कायम रहने और स्त्रियों और बच्चों के उद्योग-धन्धों में काम करने से सामाजिक द्वन्द्व अपनी चरम सीमा को पहुँच जाता है। श्रम अब व्यक्तिगत नहीं रह जाता, वह सामाजिक रूप ले लेता है। इसलिए उत्पादन के सार्वजनिक नियंत्रण की ज़रूरत पड़ती है, जिसका एक रूप फैक्टरी-सम्बन्धी कानून होते हैं। उत्पादन अब असंतुलित हो जाता है; समृद्धि के बाद संकट का समय आता है। छोटे उत्पादक तबाह हो जाते हैं। जिन दिनों काम ज़ोरों पर होता है, उन दिनों हज़ारों मज़दूर कारखानों में काम पाते हैं; जब काम मंदा होता है तब वे बेकार हो जाते हैं। मैनूफैक्चर में कारीगर अक्सर व्यक्तिगत अधीनता अनुभव करता था, लेकिन मशीन से चलने वाले कारखानों में मज़दूर देश के विभिन्न भागों से आते हैं और इस तरह पुरानी परंपरा से उनका सम्बन्ध टूट जाता है। जो लोग अपने-अपने गाँवों में छोटे-मोटे धन्धों से लगे हुए थे, उनका अलगाव टूट जाता है। मशीनों से चलने वाले उद्योग-धन्धों से आबादी में गतिशीलता आती है। लोग एक जगह के होकर नहीं रह पाते।

इस सब परिवर्तन के लिए आम जनता और मज़दूरों को कौन-सी कीमत चुकानी पड़ती है, यह हम ऊपर देख चुके हैं। लेकिन वह कीमत बेकार नहीं जाती। शोषित व्यक्ति का अलगाव टूटने से उसके अन्दर एक नयी शक्ति पैदा होती है जो उसी की नहीं उसके वर्ग की होती है। अब यह संभावना पैदा होती है कि शोषित मज़दूर एक होकर शोषण की व्यवस्था ही बदल दें। इस तरह पूंजीवाद शोषण को तीव्र करने के साथ अपनी क़ब्र खोदने वालों को भी पैदा करता है। मज़दूरों की एकता वह शक्ति है जो शोषण को सदा के लिए ख़त्म कर सकती है। इसलिए १९वीं सदी में एक नयी आवाज़ सुनाई दी—दुनिया के मज़दूरो, एक हो!

८. नयी विचारधारा

नयी परिस्थितियों के अनुसार नयी विचारधारा का भी जन्म हुआ। इस विचारधारा का नाम समाजवाद था। फ्रांस में जिस समय बड़े पैमाने के उद्योग-धन्धों का जन्म न हुआ था और सर्वहारा का एक स्पष्ट वर्ग रूप निश्चित न हुआ था, सेंट साइमन (अथवा सैं सीमों) ने इस विचारधारा का सूत्रपात किया। ऐंगेल्स ने उसके बारे में लिखा है कि उसमें एक प्रतिभाशाली विचारक की व्यापक दृष्टि है जिसकी वजह से "बाद के समाजवादियों के प्रायः सभी विचार —जो एकदम अर्थशास्त्र-सम्बन्धी नहीं हैं—उसकी रचनाओं में बीजरूप में विद्यमान हैं।" (ऐंटी डूर्यरिंग)। सेंट साइमन ने देखा कि फ्रांसीसी राज्यक्रांति के बाद सत्ता जनसाधारण के हाथ में नहीं आई। उसका विचार था कि संघर्ष मेहनत करने वालों और आलसी लोगों में है। आलसी लोगों में पुराने विशेषाधिकार प्राप्त लोग ही नहीं थे वरन् वे भी थे जो उत्पादन या वितरण में हिस्सा न लेकर बिना कमाई की आमदनी पर जीते थे। मेहनत करने वालों में पगार पाने वाले मज़दूर ही न थे, उनमें उद्योगपति सौदागर और साहूकार (बैंकर) भी थे। फ्रांसीसी राज्यक्रांति से साबित हो गया था कि आलसी वर्ग समाज का नेता बनने के योग्य नहीं है। लेकिन क्रांति के बाद फ्रांस में जो आतंक दिखाई दिया, उससे सेंट साईमन की समझ में सम्पत्तिहीन वर्ग की अयोग्यता साबित हो गई थी। इसलिए एक धार्मिक बन्धन की ज़रूरत थी जो विज्ञान और उद्योग को एक सूत्र में बाँधे और समाज का नेतृत्व करे।

इस धार्मिक कल्पना के बावजूद सेंट साईमन को विशेष चिन्ता इस बात की थी कि जो वर्ग सबसे निर्धन और संख्या में सबसे ज्यादा है, उसकी दशा कैसे सुधरे। अपने "जेनेवा के पत्र" (१८०२) में उसने इस सिद्धांत का प्रतिपादन किया था कि हर मनुष्य को काम करना ही चाहिए। उसने फ्रांसीसी राज्यक्रांति को एक वर्ग-युद्ध के रूप में देखा जिसमें एक ओर अभिजातवर्ग ही नहीं पूंजीपति भी थे और दूसरी ओर सम्पत्तिहीन जनता थी। ऐंगेल्स ने इसे एक प्रतिभाशाली विचारक की सूझ कहा है। उसकी यह स्थापना भी थी कि राजनीति उत्पादन का विज्ञान है, राजनीति अर्थशास्त्र में घुलमिल जायगी,

मनुष्यों पर राजनीतिक शासन के बदले आगे चलकर वस्तुओं के ही प्रबन्ध और उत्पादन-क्रम का निर्देश होगा। ऐंगेल्स के अनुसार उसने राज्यसत्ता के खात्मे की बात स्पष्ट शब्दों में कह दी थी।

फ्रांस के दूसरे समाजवादी विचारक फूरियर ने सामाजिक परिस्थितियों की मार्मिक आलोचना की थी। उसने दिखलाया कि जो पूँजीवादी शुद्ध विवेक (reason) द्वारा समाज-संचालन और रामराज्य (सुखी समाज) की बात करते थे, उनके सुन्दर शब्दजाल से कैसा जबर्दस्त नैतिक दिवालियापन प्रकट होता था। ऐंगेल्स ने फूरियर को एक महान् व्यंग्य-लेखक कहा है जिसने पूँजीवादी समाज की वास्तविकता से जनता को परिचित कराया। उसका कहना था कि किसी भी व्यवस्था में मनुष्य कितना स्वाधीन है, इसकी कसौटी यह है कि नारी कितनी स्वाधीन है। मानव-इतिहास को उसने चार मंज़िलों में बाँटा था,—वन्य जीवन, बर्बर अवस्था, कुलपति वाला समाज (patriarchate) और सभ्यता। इस पुस्तक के आरम्भ में सामाजिक विकास की जिन मंज़िलों का उल्लेख (ऐंगेल्स के आधार पर) किया गया है, उनसे फूरियर का विभाजन कितना मिलता है, यह देखा जा सकता है। उसने लिखा था, "जिन दुर्गुणों को एक साधारण रूप में हम बर्बर अवस्था में पाते हैं, वही सभ्यता में उभर कर संश्लिष्ट, दोमुखी, धूर्ततापूर्ण जीवन-पद्धति का रूप ले लेते हैं।" सभ्यता ऐसी असंगतियों में होकर आगे बढ़ती है कि वह उन्हें बार-बार नया जन्म देती है लेकिन उन्हें दूर नहीं कर पाती। जो वह चाहती है या जिसे चाहने का दावा करती है, उसका उल्टा ही वह प्राप्त करती है। इसलिए "सभ्यता में अति समृद्धि से ही गरीबी पैदा होती है।" सामाजिक विकास के इस विश्लेषण के कारण ऐंगेल्स ने फूरियर की तुलना हेगेल से की है। फूरियर ने दिखलाया कि विकास की हर मंज़िल में एक पहलू उत्थान का होता है तो दूसरा पहलू ह्रास का भी होता है।

इंगलैंड में रॉबर्ट ओवेन ने फ्रांस के भौतिकवादी दार्शनिकों की विचारधारा को अपनाया था। औद्योगिक क्रांति से उत्पन्न परिस्थितियों में उसे अराजकता दिखाई दी। उसने मैंचेस्टर में एक कारखानें का सुचारु प्रबन्ध किया और १८०० से १८२९ तक स्कॉटलैंड में एक मिल के साझीदार-प्रबन्धक की हैसियत से मज़दूरों का आदर्श मोहल्ला बसाया। इसमें ढाई हज़ार तक मज़दूर थे जो वहाँ आने के पहले नैतिक दृष्टि से बहुत गिरे हुए थे। वहाँ आने पर उनका इस तरह सुधार किया गया कि शराबखोरी, कानून, अदालत, पुलिस—किसी की ज़रूरत न रही। उसका तरीका यह था कि उसने मज़दूरों के रहन-सहन की मानवोचित व्यवस्था की और नौजवानों के पालन-पोषण पर विशेष ध्यान

दिया। उसने शिशुशालाओं में छोटे बच्चों के पालन का प्रबंध किया। दूसरे उद्योगपति मज़दूरों से १३-१४ घंटे काम लेते थे, लेकिन ओवेन के यहाँ सिर्फ़ साढ़े दस घंटे काम होता था। दो साल से ही बच्चे स्कूल जाने लगते थे और वहाँ उन्हें इतना मज़ा आता था कि वे घर आने का नाम ही न लेते थे। एक बार सूती धन्धे में संकट आने पर चार महीने तक काम बंद रहा लेकिन मज़दूरों को पूरी पगार दी गई। यह सब करने पर भी धन्धे में मुनाफा कम न हुआ। इससे ओवेन को सन्तोष न था। मज़दूरों के चरित्र का पूरा विकास न होता था और ओवेन कहता था कि ये मेरे गुलाम बने हुए हैं। वह सोचता था, पहले छह लाख मज़दूर जितनी सम्पत्ति पैदा करते थे, उतनी अब मशीनों से ढाई हज़ार मजदूर पैदा करते हैं। पहले अर्जित सम्पत्ति को छह लाख खाते-खरचते थे, अब ढाई हज़ार ही खाते-खरचते हैं; बाकी सम्पत्ति का क्या हुआ? उत्तर यह था कि बाकी सम्पत्ति मुनाफे के रूप में पूंजीपतियों की जेब में पहुँच जाती है। यदि यह नयी सम्पत्ति मज़दूर वर्ग द्वारा पैदा न की जाती तो नैपोलियन के खिलाफ युद्ध न चलाया जा सकता और न समाज में अभिजातवर्गीय व्यवस्था कायम रहती। ओवेन ने देखा कि मज़दूरवर्ग एक नयी उत्पादक शक्ति है। उसकी मेहनत से थोड़े से व्यक्ति धनी बने हैं और बाकी जनता गुलाम है। इस वर्ग के आधार पर फिर से समाज की रचना की जा सकती है।

ओवेन ने जब अपने नये सिद्धांतों का प्रतिपादन किया तो उसके धनी समर्थक उसके खिलाफ हो गये। विरोध की चिन्ता न करके ओवेन ने तीस साल तक मज़दूरों में काम किया। मज़दूर-आंदोलन के फलस्वरूप कारखानों में स्त्रियों और बच्चों के श्रम को सीमित करने के लिए ओवेन ने १८१९ में पहला कानून बनवाया। इंगलैंड की सभी मज़दूर-सभाओं की पहली कांग्रेस का उसने सभापतित्व किया। उसने उत्पादकों और खाने-खरचने वालों की सहयोग-संस्थाएँ कायम कीं जिन से यह सिद्ध हो गया कि सौदागरों और उद्योगपतियों के बिना भी काम चल सकता है।

इन प्राथमिक विचारों को कल्पनावादी कहा जाता है क्योंकि पूंजीवादी उत्पादन की अविकसित दशा में वे काल्पनिक समाधान ही पेश कर सकते थे। लेनिन ने स्वप्नद्रष्टा समाजवादियों के बारे में लिखा है कि वे समझते थे कि शासक वर्ग को यदि यह समझा दिया जाय कि वर्तमान व्यवस्था कितनी अन्यायपूर्ण है तो संसार में सुख और शांति का राज्य कायम हो जायगा। "वे बिना संघर्ष के समाजवाद लाने का ख़्वाब देखते थे।" बहुतों की दृष्टि में सर्वहारा वर्ग एक तरह का फोड़ा था जो औद्योगिक प्रगति के साथ बढ़ता जाता था। "मार्क्सवाद के तीन तत्त्व और तीन स्रोत" नाम के निबन्ध में लेनिन ने बत-

लाया है कि पूंजीवादी उत्पीड़न के ख़िलाफ अनेक समाजवादी सिद्धांत पैदा हुए। यह प्रारंभिक समाजवाद कल्पनावादी था। वह पूंजीवादी व्यवस्था की आलोचना करता था, उसे कोसता था और उसके नाश के स्वप्न देखता था। वह एक श्रेष्ठ व्यवस्था की कल्पना करता था और धनी लोगों को समझाना चाहता था कि शोषण करना कितना अनैतिक है। लेकिन यह समाजवाद मुक्ति का रास्ता न बतला सकता था। वह यह न बतला सकता था कि पूंजीवाद में शोषण का रहस्य क्या है, पूंजीवादी व्यवस्था के विकास के नियम क्या हैं और नयी समाज-रचना की क्षमता रखने वाली समाजिक शक्ति कौन-सी है।

लेनिन ने मार्क्स की ऐतिहासिक भूमिका के सिलसिले में लिखा है, सामंत वर्ग के ऊपर राजनीतिक स्वाधीनता की एक भी विजय दुर्धर्ष प्रतिरोध का सामना किये बिना प्राप्त नहीं हुई। पूंजीवादी समाज के विभिन्न वर्गों के बीच जीवन-मरण के संघर्ष के बिना एक भी पूंजीवादी देश न्यूनाधिक स्वाधीन और जनतान्त्रिक आधार पर विकसित नहीं हुआ। मार्क्स की प्रतिभा इस बात में थी कि सबसे पहले उन्होंने इससे वह निष्कर्ष निकाला जो विश्व-इतिहास हमें सिखलाता है और उसे संगतरूप से लागू किया। यह निष्कर्ष वर्ग-संघर्ष का सिद्धांत है। लोग राजनीति में प्रवंचना और आत्मप्रवंचना के भ्रांत शिकार सदा रहे हैं और तब तक रहेंगे जब तक वे सभी नैतिक, धार्मिक, राजनीतिक और सामाजिक शब्दों, घोषणाओं और वादों के पीछे किसी वर्ग के हित पहचानना नहीं सीखते। पुरानी व्यवस्था के रक्षक उन्नति और सुधार के हिमायतियों को हमेशा मूर्ख बनायेंगे जब तक कि ये हिमायती यह नहीं समझ लेते कि हर पुरानी संस्था, वह देखने में चाहे जितनी सड़ी हुई और बर्बर मालूम होती हो, किन्हीं शासक वर्गों की शक्ति द्वारा कायम रखी जाती है। और इन वर्गों का प्रतिरोध खत्म करने का एक ही तरीका है कि अपने चारों ओर के समाज में हम उन ताकतों को ढूंढ़ें, और संघर्ष के लिए उन्हें सचेत और संगठित करें जो पुरानी व्यवस्था को निर्मूल करके नयी की रचना कर सकती हैं और अपनी सामाजिक स्थिति के कारण जो यह काम अवश्य करेंगी।

एक समृद्ध और सुसंस्कृत जर्मन परिवार में ५ मई १८१८ को कार्ल मार्क्स का जन्म हुआ था। बर्लिन में उन्होंने इतिहास, दर्शन और कानून का अध्ययन किया। १८४१ में उन्होंने यूनानी दार्शनिक एपीक्यूरस पर अपना डाक्टरेट के लिए थीसिस पेश किया। उस समय उनकी विचारधारा पर जर्मन भाववादी (आइडियलिस्ट) विचारक हेगल का असर था। वह हेगल के वामपंथी अनुयायियों में थे जो हेगल के दर्शन से क्रांतिकारी निष्कर्ष निकालते थे। बर्लिन में अध्ययन समाप्त करने के बाद मार्क्स बोन गये। वहाँ वह अध्यापन-

कार्य करते लेकिन शासन की प्रतिक्रियावादी नीति के कारण यह सम्भव न हुआ। उस समय लुडविग फायरबाख नामक जर्मन लेखक ने धर्म-ग्रंथों की आलोचना की थी और उसका झुकाव भौतिकवाद की ओर हुआ। ऐंगेल्स और मार्क्स दोनों फायरबाख से प्रभावित हुए। मार्क्स ने कुछ दिन तक कोलोन से निकलने वाले पत्र "राइनिशे साइटंग" का संपादन किया। पत्र की क्रांतिकारी नीति के कारण पहले हुकूमत ने उसे सेंसर करना शुरू किया, अन्त में उसे बन्द कर दिया। अपने पत्रकार-जीवन से मार्क्स ने अनुभव किया कि उन्हें अर्थ-शास्त्र का यथेष्ट ज्ञान नहीं है। उन्होंने उसका अध्ययन शुरू किया। १८४३ में मार्क्स ने अपने विद्यार्थी-जीवन की मित्र जेनी फॉन वेस्टफालन से विवाह किया। उनकी पत्नी का जन्म एक प्रतिक्रियावादी अभिजातवर्ग में हुआ था। उस वर्ष मार्क्स हेगल के वामपंथी अनुयायी आर्नोल्ड रूगे के साथ पैरिस आये और वहाँ से एक क्रांतिकारी पत्र निकाला। लेकिन रूगे से अनबन होने और जर्मनी में पत्र के वितरण की सुविधा न होने के कारण एक ही अंक के बाद पत्र बन्द कर देना पड़ा। लेनिन के अनुसार इस पत्र-संपादन के समय मार्क्स ने मौजूदा व्य-वस्था की आलोचना और आम जनता तथा सर्वहारा से अपील करना शुरू कर दिया था।

सितम्बर १८४४ में कुछ दिन को फ्रेडरिक ऐंगेल्स पैरिस आये और उस समय से दोनों में गहरी मित्रता हो गई। इस समय दोनों ने पैरिस के क्रांति-कारी गुटों की कार्यवाही में सक्रिय भाग लिया। फ्रांसीसी विचारक प्रूधों को आलोचना करते हुए इन्हीं दिनों उन्होंने अपनी सरस और व्यंग्यपूर्ण पुस्तक "दर्शनशास्त्र की निर्धनता" लिखी। जर्मन हुकूमत के बार-बार माँग करने पर १८४५ में मार्क्स को एक खतरनाक क्रांतिकारी करार देकर पैरिस से निकाल दिया गया। वह ब्रुसेलस चले गये और १८४७ में ऐंगेल्स के साथ कम्युनिस्ट लीग नाम की एक गुप्त प्रचार-संस्था के सदस्य हो गये। इसकी दूसरी कांग्रेस में उन्होंने भाग लिया और इसी संस्था के कहने पर उन्होंने प्रसिद्ध पुस्तिका "कम्युनिस्ट घोषणापत्र" लिखी जो फरवरी १८४८ में प्रकाशित हुई। इस पुस्तिका के बारे में लेनिन ने लिखा है, "इस कृति में विश्व के प्रति नये दृष्टि-कोण, सुसंगत भौतिकवाद, जिसमें सामाजिक जीवन भी शामिल है, विकास के सबसे व्यापक और गंभीर सिद्धांत द्वन्द्ववाद, वर्गसंघर्ष और नये कम्युनिस्ट समाज को रचने वाले सर्वहारा की ऐतिहासिक क्रांतिकारी भूमिका के सिद्धांत का विव-रण है। इस विवरण पर महान् प्रतिभा के चमत्कारी और स्पष्ट चिन्तन की छाप है।"

फरवरी १८४८ की क्रान्ति आरम्भ होने पर मार्क्स को बेल्जियम से निकाल

दिया गया। वहाँ से वह पैरिस और फिर जर्मनी आये। वहाँ उन्होंने साल भर तक पत्र निकाला, लेकिन हुकूमत ने पहले उन पर मुकदमा चलाया जिसमें वह छूट गये, फिर उन्हें जर्मनी से निकाल दिया गया। मार्क्स पैरिस गये लेकिन एक प्रदर्शन के बाद वह १८४९ में वहाँ से भी निकाले गये। वह लन्दन चले आये और तब से अंत तक वहीं रहे। वहाँ उनका जीवन बहुत ही कठिन परिस्थितियों में बीता। लेनिन के शब्दों में "मार्क्स और उनके परिवार ने घोर गरीबी में दिन काटे। यदि ऐंगेल्स ने त्याग करके बराबर उनकी आर्थिक सहायता न की होती तो मार्क्स "पूंजी" पर अपना काम पूरा न कर पाते और अवश्य ही तंगी के कारण प्राणों से हाथ धो बैठते।'

मार्क्स के अभिन्न मित्र ऐंगेल्स १८४२ में मैन्चेस्टर में आकर रहे थे। उनके पिता एक व्यापारी फर्म में साझीदार थे। उसी में ऐंगेल्स ने नौकरी कर ली थी। मज़दूर बस्तियों में घुसकर उन्होंने उनकी बदहाली अपनी आँखों देखी। मज़दूरवर्ग पर जो कुछ लिखा गया था, उसे पढ़कर और अपने अनुभव के आधार पर उन्होंने १८४५ में अपनी पुस्तक "इंगलैंड में मजदूरवर्ग की दशा" प्रकाशित की। ऐंगेल्स ने यहाँ पहली बार घोषित किया कि सर्वहारा एक पीड़ित वर्ग ही नहीं है, उसकी दयनीय आर्थिक दशा उसे निरंतर आगे ठेल रही थी और उसे अपने उद्धार के लिए लड़ने को प्रेरित कर रही थी। लेनिन ने लिखा है कि न तो १८४५ के पहले और न उसके बाद मज़दूर वर्ग की दुरवस्था का ऐसा मार्मिक और सच्चा चित्रण कोई कर सका है। पैरिस में मार्क्स के साथ मिलकर उन्होंने "पवित्र परिवार" नाम की पुस्तक लिखी। इसमें उन्होंने बावर-बंधुओं की आलोचना की जो पार्टी और राजनीति से ऊपर रहकर यथार्थ की नुक्ताचीनी करके सन्तोष कर लेते थे। १८४५ से १८४७ तक ऐंगेल्स ब्रुसेल्स और पैरिस में रहे। अपने वैज्ञानिक अध्ययन के साथ वहाँ के मज़दूरों में काम भी करते रहे। १८४८ की क्रान्ति पहले फ्रांस और फिर यूरोप के दूसरे देशों में फैली। उस समय वह जर्मनी आये। मार्क्स के साथ उन्होंने प्रतिक्रियावाद के आक्रमण से जनता के हितों की रक्षा करने के लिए अन्त तक संघर्ष किया। मार्क्स से तो उनकी जर्मन नागरिकता छीनकर उन्हें देश निकाला दे दिया गया था। ऐंगेल्स ने जनता के सशस्त्र विद्रोह में भाग लिया, तीन युद्धों में वह लड़े और विद्रोहियों की पराजय के बाद लन्दन चले आये। कुछ दिन क्लर्की करने के बाद वह मैन्चेस्टर की व्यापारी फर्म में भागीदार (शेयरहोल्डर) हो गये। १८७० तक वह मैन्चेस्टर में रहे और इस बीच मार्क्स से वह प्रायः प्रतिदिन पत्रव्यवहार करते रहे। मार्क्स और ऐंगेल्स का पत्रव्यवहार अपने में एक अलग ज्ञानकोष है। उसके बाद वह लन्दन में रहे।

१८४८-४९ में मार्क्स ने अन्तर्राष्ट्रीय मज़दूर संघ की नींव डाली और दस साल तक उसका संचालन किया। ऐंगेल्स ने भी उसमें सक्रिय भाग लिया।

ऐंगेल्स ने जब अपना पहला पत्र मार्क्स को भेजा, तब वह पूरे चौबीस वर्ष के भी न थे। वह अपने वारिवारिक जीवन से परेशान थे। उनके पिता कारबारी आदमी थे और पुत्र की कम्युनिस्ट विचारधारा और राजनीतिक सभाओं में उसके भाग लेने से परेशान रहते थे। वह अपनी माँ को बहुत प्यार करते थे और उनकी वजह से कुछ दिन तक परिवार में टिक भी गये।

१८७९ में सर मांउट स्टूआर्ट एलफिंस्टन ग्राण्ट डफ नाम के एक अभिजात-वर्गीय अंग्रेज़ ने रानी विक्टोरिया की सबसे बड़ी लड़की को एक पत्र लिखा था जिसमें मार्क्स से अपनी तीन घंटे की मुलाकात का हाल यों लिखा है, "छोटे, कुछ ठिंगने से, क़द के आदमी हैं। बाल और दाढ़ी सफेद हैं जो अब तक काली बनी हुई मूछों की तुलना में विचित्र मालूम होते हैं। चेहरा कुछ गोल-सा है, माथा सुगढ़ और भरा हुआ है। आँखें कुछ कठोर-सी हैं लेकिन कुल मिलाकर चेहरे का भाव भला ही मालूम होता है। उन सज्जन का-सा तो यह चेहरा है ही नहीं जो बच्चों को पालने से उठाकर खा जाते हैं। मैं ज़ोर देकर कह सकता हूँ कि पुलिस उन्हें यही समझती है। उनकी बातचीत एक सुशिक्षित, नहीं विद्वान् पुरुष, की थी। उन्हें तुलनात्मक व्याकरण से बड़ी रुचि थी जिसकी वजह से उन्होंने प्राचीन स्लावोनिक और दूसरी दूर की चीज़ों का अध्ययन किया था।" (डेली वर्कर, लन्दन, १८ जुलाई १९४९)।

इससे यह भी पता चलता है कि मार्क्स के खिलाफ़ किस तरह का धुआँधार प्रचार होता था। मार्क्स ने एक जगह कम्युनिज़्म की व्याख्या करते हुए लिखा है कि कम्युनिज़्म वह मानववाद है जिसका आधार व्यक्तिगत संपत्ति नहीं है। यह मानववाद स्वयं मार्क्स के जीवन में पूरी तरह प्रतिफलित हुआ था। मज़दूर वर्ग और शोषित जनता के उद्धार के लिए अनवरत संघर्ष करने वाले सक्रिय नेता और विचारक के अलावा मार्क्स एक अत्यन्त सरल और प्रेमी पति तथा पिता थे। उनकी पत्नी जेनी ने बड़ी मुसीबत में उनके साथ दिन काटे थे। घोर गरीबी के दिनों में मार्क्स जब धुआँधार विरोधी प्रचार का सामना करते हुए भी अपनी पुस्तक "पूँजी" लिखने में लगे थे, तब जेनी ही उन्हें ढाढ़स बँधाती थी। मार्क्स अपने बच्चों को बहुत प्यार करते थे। कुछ दिन को बच्चे यूरोप चले गये थे, तब मार्क्स ने अपनी लड़की को एक पत्र में लिखा था, "अक्सर जब बाहर बच्चों की आवाज सुनता हूँ जो अपने बच्चों जैसी लगती है तब खिड़की तक दौड़ जाता हूँ और थोड़ी देर के लिए भूल जाता हूँ कि वे बेचारे समुद्र के उस पार हैं।" (११ अप्रैल १८८१)।

विश्वसमाजवाद कायम होने पर जो सबसे अच्छी बात होगी वह यह कि राज्यसत्ता का लोप हो जायगा, यह सत्ता जो जनता से अलग एक शक्ति के रूप में कायम हुई है न रहेगी, उसके साथ आज की यह राजनीति भी न रहेगी और तब मार्क्स जैसे लोगों को अपना जीवन साहित्य और कला से हटाकर राजनीति में लगाने की ज़रूरत भी न पड़ेगी। अर्थशास्त्र और राजनीति की पुस्तकों में भी मार्क्स का साहित्य-प्रेम, उनकी कलात्मक वृत्ति झलकती है। ऐंगेल्स उनसे कहते रहते थे कि अपनी पुस्तक जल्दी पूरी करो। इस पर मार्क्स ने उन्हें एक बार लिखा था, "मेरी रचनाओं में और चाहे जो खामियाँ हों, उनमें यह गुण है कि वे कलात्मक दृष्टि से पूर्ण हैं। यह मेरी इस पद्धति से ही सम्भव होता है कि मैं उन्हें तब तक नहीं छपवाता जब तक कि वे मेरे सामने पूर्ण रूप में नहीं आ जातीं।" (३१ जुलाई १८६५)।

मुफलिसी, बीमारी और मौत से लड़ते हुए मार्क्स ने किस व्यथा से पीड़ित होकर अपना अध्ययन और लेखन-कार्य चलाया था, उसकी झलक उनके पत्र में मिलती है। मेयर नाम के अपने एक मित्र को उन्होंने लिखा था, "मैंने तुम्हें उत्तर क्यों नहीं दिया ? इसलिए कि मैं लगातार मौत के दरवाजे के चक्कर लगा रहा था। इसलिए जब तक काम करने की सामर्थ्य थी, तब तक मुझे हर क्षण का उपयोग करना था ताकि मैं वह काम पूरा कर सकूँ जिसके लिए मैंने अपने स्वास्थ्य, जीवन के सुख और अपने परिवार का बलिदान कर दिया है। मैं समझता हूँ कि इससे ज़्यादा कैफियत देना जरूरी नहीं है। ज़िन्दगी में 'व्यवहार-कुशल' (प्रैक्टिकल) आदमियों और उनकी बुद्धिमानी पर मुझे हँसी आती है। अगर कोई बैल बनकर रहना चाहे तो वह ज़रूर इंसानियत के दुख-दर्द से मुँह मोड़ सकता है और अपनी काया की रक्षा कर सकता है। लेकिन अगर अपनी पुस्तक पूरी किये बिना, कम से कम पांडुलिपि ही पूरी किये बिना, दम छूट जाता तो मैं समझता कि सचमुच ही मुझ में व्यवहारकुशलता नहीं है।" (३० अप्रैल १८६७)।

बीमारी में भी रात-रात बैठकर मार्क्स ने किस तरह काम किया था, इसकी झलक लसाल को लिखे हुए उनके एक पत्र में मिलती है : "मेरे पास काम करने को सिर्फ रात बच रहती है और उसमें भी अनेक बार जिगर की शिकायत से मेरा काम रुक-रुक जाता है।" (२२ फरवरी १८५८)।

विचारधारा के क्षेत्र में अपने विरोधियों का जवाब देने के अलावा मार्क्स को बहुत ही गन्दे व्यक्तिगत आक्षेपों का सामना करना पड़ा था। ऐसे आक्षेप करने वालों में फोग्ट (Vogt) नाम का एक आदमी था। पूँजी पर उनकी पुस्तक क्यों पूरी नहीं हो रही, इसका कारण बतलाते हुए मार्क्स ने कूगेलमन को लिखा

था, "पहले तो १८६० में फोग्ट द्वारा बदनामी वाला काण्ड है जिसने मेरा बड़ा समय लिया। मुझे ऐसी बहुत-सी बातों की छानबीन करनी पड़ी जो अपने में महत्त्वपूर्ण न थीं, मुकदमेबाज़ी में फँसना पड़ा, वगैरह। १८६१ में अमरीकी गृहयुद्ध की वजह से मेरी आमदनी का खास जरिया हाथ से निकल गया—न्यूयार्क ट्रिब्यून। इस पत्र के लिए मेरे लेख अब तक मुल्तवी हैं। इसलिए खुद को और अपने परिवार को भीख माँगने से बचाने के लिए मुझे बहुत-सा बाज़ारू काम (हैकवर्क) करना पड़ा है और पड़ रहा है।" (२८ दिसम्बर १८६२)। मार्क्स ने किस तरह रेलवे-दफ्तर में क्लर्की के लिए दरख़ास्त दी थी लेकिन लिखावट अच्छी न होने से जगह न मिली, इस पर उसी पत्र में लिखा है, "मैंने यह भी तै कर लिया था कि 'व्यवहारकुशल' (प्रैक्टिकल) बनूँगा और पिछले साल रेलवे दफ्तर में काम करने वाला था। इसे सौभाग्य कहूँ या दुर्भाग्य? अपनी बुरी लिखावट की वजह से मुझे जगह न मिली।"

लगभग पच्चीस वर्ष के अनवरत परिश्रम के बाद १६ अगस्त १८६७ की रात को दो बजे "पूंजी" (प्रथम खंड) के आखिरी फार्म का प्रूफ देखकर मार्क्स ने एंगेल्स को यह पत्र लिखा था :

"प्यारे फ्रेण्ड,—किताब का आखिरी (४६वाँ) फार्म देखकर अभी रखा है। परिशिष्ट—मूल्य का रूप—छोटे अक्षरों में सवा फार्म (शीट) में आया है।

"भूमिका भी तथावत् ठीक कर दी और कल भेज दी। तो यह खंड पूरा हो गया। यह केवल तुम्हारे कारण संभव हुआ। मेरे लिए तुमने जो आत्म-त्याग किया है, उसके बिना तीनों खंडों के लिए विशाल कार्य मैं कभी न पूरा कर सकता। मैं तुम्हें बार-बार धन्यवाद देते हुए गले लगाता हूँ।

"साथ में ठीक किए हुए दो फार्मों के प्रूफ हैं।

"पन्द्रह पाउंड हार्दिक धन्यवाद के साथ प्राप्त।

"नमस्कार प्रिय मित्र, मेरे अति प्रिय मित्र!"

तुम्हारा
का० मार्क्स

"ठीक किये हुए प्रूफ की मुझे तभी ज़रूरत पड़ेगी जब पूरी किताब प्रकाशित हो जायगी।"

ऐंगेल्स ने मार्क्स के लिए सुख और धन का त्याग ही नहीं किया, अपने मित्र के लिए उन्होंने अपनी कीर्ति का त्याग भी किया। ऐतिहासिक भौतिक-वाद की मान्यताओं का मूल श्रेय वह मार्क्स को देते थे, अपने को अधिकतर उनके व्याख्याता के रूप में प्रस्तुत करते थे। १८४३ में ऐंगेल्स ने "जर्मन-

फ्रान्सीसी वर्ष-पुस्तकमाला" (संपादक मार्क्स और रूगे) में एक लेख लिखा था, "अर्थशास्त्र की आलोचना की रूपरेखा"। इस लेख में ऐंगेल्स ने "समाजवादी दृष्टिकोण से आधुनिक अर्थ-व्यवस्था के प्रमुख तथ्यों की परीक्षा की है और परिणाम निकाला है कि वे व्यक्तिगत संपत्ति के शासन के आवश्यक फल थे।" (ऐंगेल्स पर लेनिन का लेख)। "कम्युनिज़्म घोषणापत्र" का पहला मसौदा ऐंगेल्स ने तैयार किया था और बाद में मार्क्स के साथ उसे वर्तमान रूप दिया। "पवित्र परिवार" का एक अंश ऐंगेल्स का लिखा हुआ है। मार्क्स ने "पूंजी" का पहला खंड पूरा करके प्रकाशित किया था, दूसरे-तीसरे खंड का मसौदा तैयार कर लिया था। ऑस्ट्रिया के समाजवादी ऐडलर के अनुसार ऐंगेल्स ने "पूंजी' के दूसरे-तीसरे खंड प्रकाशित करके अपने मित्र के लिए एक शानदार समाधिभवन निर्मित किया और बिना चाहे हुए उस पर अमिट अक्षरों में अपना नाम भी अंकित कर दिया। (उप०)। "और वास्तव में 'पूंजी' के ये दो खंड मार्क्स और ऐंगेल्स, इन दो व्यक्तियों की रचना हैं।" (लेनिन, उप०)।

अपनी प्रसिद्ध पुस्तक 'परिवार, व्यक्तिगत संपत्ति और राज्यसत्ता का जन्म' के पहले संस्करण की भूमिका में ऐंगेल्स ने लिखा है, "ये अध्याय एक तरह से, एक विरासत की पूर्ति हैं। यह विरासत मार्क्स की थी। मार्क्स की इच्छा थी कि मॉर्गन के आधार पर इतिहास की भौतिकवादी मान्यताओं को पेश करें। मार्क्स के न रहने पर वह काम ऐंगेल्स ने किया। इस तरह अपनी श्रेष्ठ कृति को भी ऐंगेल्स ने अपने मित्र की विरासत की पूर्ति ही कहा है।

निरंतर परिश्रम करने से मार्क्स का स्वास्थ्य गिर गया था। "पूंजी" के पहले संस्करण की भूमिका में उन्होंने लिखा था कि यह पुस्तक १८५९ में प्रकाशित "अर्थशास्त्र की आलोचना को एक देन" का अगला हिस्सा है। "पूंजी" १८६७ में प्रकाशित हुई थी। बीच की अवधि के बारे में मार्क्स ने लिखा था, "पहले भाग और बाद के हिस्से के बीच की लंबी अवधि का कारण मेरी कई वर्षों तक चलने वाली बीमारी है जिससे बार-बार मेरा काम रुक-रुक गया।"

अक्तूबर १८८१ में मार्क्स की प्रिय जीवनसंगिनी जेनी का देहावसान हुआ। [illegible] समय मार्क्स प्ल्यूरिसी से पीड़ित थे। अगले साल मार्क्स जब अल्जीरिया गये, तब उन्हें सर्दी और वर्षा का सामना करना पड़ा और लौटने पर उनका रोग फिर बढ़ गया। ब्रौंकाइटिस की शिकायत उन्हें बहुत दिनों से थी। उससे बचने के लिए वह यूरोप गये। कुछ दिन इंगलैंड के दक्षिण में वह आइल ऑव वाइट नाम के टापू में रहे जहाँ वर्षा के कारण उन्हें फिर सर्दी लग गई। जेनी की मृत्यु के बाद उनके एक फेफड़े में फोड़ा हो गया और शरीर क्षीण हो गया। मार्क्स की अन्तिम बीमारी के बारे में ऐंगेल्स ने लिखा [illegible] छह

हफ्तों तक रोज़ सबेरे मुझे बराबर यह महाभय सताया करता था कि सड़क के मोड़ से आगे बढ़ने पर पर्दा गिरा हुआ न मिले। कल दोपहर के ढाई बजे—जो उनसे मिलने का सबसे अच्छा समय है—मैंने पहुँच कर देखा कि घर में रोना-पीटना मचा हुआ है। पूछा कि क्या हुआ है, बात की तह तक पहुँचने की कोशिश की जिससे कि दिलासा दे सकूँ। थोड़ा ही रक्तस्राव हुआ था लेकिन अचानक हालत गिरने लगी। बूढ़ी लेङ्खेन ने उनकी ऐसे देखभाल की थी जैसे माँ बच्चे की नहीं करती। वह उनके पास ऊपर गई और फिर नीचे आ गई। बोली, वह तंद्रा में हैं, आप ऊपर जा सकते हैं। जब हम कमरे में पहुँचे तब वह सो रहे थे, सदा के लिए सो रहे थे। उनकी साँस और नाड़ी बन्द हो चुकी थी। उन दो क्षणों में वह शान्तिपूर्वक और बिना कष्ट के विदा हो चुके थे।

"प्राकृतिक आवश्यकता से जितनी भी घटनाएँ होती हैं, वे चाहे जितनी भयानक हों, वे अपने साथ सान्त्वना भी लाती हैं। वही बात यहाँ भी लागू होती है। हो सकता है कि डॉक्टरों के कौशल से वह कुछ साल और जीवित रहते, यहाँ-वहाँ घूमते, एक असहाय मनुष्य की तरह जीते, अचानक न मर कर तिल-तिल करके मरते और डॉक्टरों के कौशल की वाहवाही होती। लेकिन हमारे मार्क्स यह कभी सहन न करते। अपनी तमाम अपूर्ण कृतियों के सामने रहते हुए जीना, उन्हें पूरा करने के लिए ललचाना और फिर भी उन्हें पूरा न कर पाना, यह मौत से हज़ार गुना ज़्यादा कटु होता। एपीक्यूरस के शब्द दोहराते हुए वह कहा करते थे कि मौत मरने वाले के लिए नहीं बच रहने वाले के लिए मुसीबत होती है। इसके बदले कि हम उस महान् प्रतिभा को क्षीण होकर घिसटते देखते और डॉक्टरों की विद्या का यश फैलता और दुनियादार बुद्धिमान—जिन्हें अपनी सामर्थ्य के दिनों में उन्होंने इतनी बार खदेड़ दिया था—उन्हें मुँह चिढ़ाते, नहीं, इसके बदले जो कुछ हुआ, वह अच्छा है, हजार बार अच्छा है, यह हज़ार बार अच्छा है कि हम दो दिन में उन्हें उसी समाधि-स्थल पर ले जाएँगे जहाँ उनकी पत्नी सदा के लिए विश्राम कर रही है।

"और इससे पहले जो कुछ हो चुका था, जिसके बारे में डॉक्टर उतना नहीं जानते जितना मैं जानता हूँ, उसके बाद मेरी समझ में और कोई चारा नहीं था।

"जो भी हो, मानवजाति में एक मस्तिष्क कम हो गया और ऐसा मस्तिष्क जो कि हमारे युग का सबसे बड़ा मस्तिष्क था। सर्वहारा आन्दोलन आगे बढ़ता जाता है लेकिन उसका वह केन्द्रीय व्यक्तित्व नहीं रहा जिसका मुँह फ्रांसीसी, रूसी, अमरीकी और जर्मन कठिन समय आने पर अपने आप जोहते थे और सदा ऐसी स्पष्ट और असंदिग्ध सलाह पाते थे जैसी एक महान् प्रतिभा और

परिस्थिति की पूरी-पूरी समझदारी ही दे सकती है। धूर्तों को, नहीं तो स्थानीय व्यक्तियों और छुटभैयों को अब खुल खेलने का मौका मिल जायगा। अंतिम विजय निश्चित है लेकिन टेढ़े-मेढ़े रास्ते, अस्थायी और स्थानीय भूलें—जो अभी भी इतना बराई नहीं जा पातीं—ऐसी चीजें और भी आम हो जाएँगी। खैर, इस सबका सामना करना होगा। और हम लोग हैं किसलिए ?

"और अभी हम हिम्मत हारने वाले नहीं हैं।"

ऐंगेल्स ने यह पत्र १५ मार्च १८८३ को ज़ोर्गे (Sorge) के नाम लिखा था। उसी दिन उन्होंने बेकर को पत्र में लिखा था, "हमारी पार्टी के सबसे बड़े मस्तिष्क की चिंतन-क्रिया बन्द हो गई है, मेरी जानकारी में जो सबसे विशाल हृदय था, उसकी धड़कन बन्द हो गई है। बहुत संभव है कि आन्तरिक रक्तस्राव की बात रही हो। १८४८ के पुराने सैन्यदल (ओल्ड गार्ड) में से अब हमीं-तुम बच रहे हैं। तो हम दोनों दरार में खड़े होंगे। गोलियों की बौछार है, आसपास मित्र गिर रहे हैं, लेकिन हम दोनों ने पहली बार तो यह दृश्य देखा नहीं है। और यदि हम दोनों में से किसी के गोली लगे तो लग जाय—मैं बस इतना चाहता हूँ कि वह सीधे और भरपूर लगे और हमें देर तक तड़पने के लिए न छोड़े।"

ऐंगेल्स के हृदय में मार्क्स के लिए जितना प्रेम था, उतना पारिवारिक आदि अन्य मानव-सम्बन्धों में दुर्लभ है। यह दो क्रान्तिकारी व्यक्तित्वों, दो महान् विचारकों का प्रेम था। इस प्रेम को दृढ़ किया था ऐंगेल्स और मार्क्स की प्रबल इच्छाशक्ति ने, संसार को बदलने की अप्रतिहत आकांक्षा ने। इन दोनों मित्रों ने मज़दूरों और मुफलिसों का दुख-दर्द समझा था, उनका संगठन और उनके संघर्ष का नेतृत्व किया था, एक साथ वर्गशत्रुओं और तरह-तरह के स्वार्थियों और धूर्तों का सामना किया था और एक साथ मिलकर मजदूरवर्ग और मानव जाति की मुक्ति के लिए वैज्ञानिक समाजवाद की स्थापना की थी। यह मैत्री अनुपम थी, पीड़ित जनता की मुक्ति के लिए यह मैत्री एक महान् प्रेरक शक्ति थी। यह एक क्रांतिकारी भाईचारे का आदर्श था जिसके बिना जनता का संगठन और उसकी मुक्ति असंभव है।

इस मित्रता को स्मरण करते हुए लेनिन ने बड़ी सहृदयता से लिखा था, "प्राचीन गाथाओं में मित्रता के अनेक मर्मस्पर्शी उदाहरण मिलते हैं। यूरोप का सर्वहारा वर्ग कह सकता है कि उसका विज्ञान दो विद्वानों और योद्धाओं ने रचा था जिनके परस्पर सम्बन्ध मानव-मैत्री की सबसे मर्मस्पर्शी प्राचीन कथाओं से बढ़कर हैं। ऐंगेल्स सदा ही—और कुल मिलाकर ठीक ही—अपने को मार्क्स के बाद रखते थे। उन्होंने एक मित्र को लिखा था, 'मार्क्स के जीवन-काल में

मेरी भूमिका गौण रही।' जीवित मार्क्स के लिए उनका प्रेम और मृत मार्क्स की स्मृति के लिए उनकी श्रद्धा अपार थी। इस कठिन योद्धा और कठोर विचारक का हृदय प्रेम से ओतप्रोत था।"

समाजवाद की वैज्ञानिक विचारधारा के जन्मदाताओं का यह नैतिक और मानवतावादी पक्ष ध्यान देने योग्य है।

मार्क्स (१८१८-१८८३) और ऐंगेल्स (१८२०-१८९५) ने वैज्ञानिक समाजवाद की स्थापना की। उनके ऐतिहासिक कार्य की व्याख्या करते हुए लेनिन ने लिखा है कि उन्होंने सबसे पहले यह दिखलाया कि मज़दूरवर्ग और उसकी माँगें वर्तमान आर्थिक व्यवस्था का अनिवार्य परिणाम हैं। पूंजीपतियों के साथ यह व्यवस्था लाज़मी तौर से सर्वहारा वर्ग की रचना और संगठन करती है। मानवजाति का उद्धार सहृदय व्यक्तियों के शुभ प्रयत्नों से न होगा वरन् संगठित मज़दूरों के वर्ग-संघर्ष से ही यह मुक्ति संभव होगी। समाजवाद कल्पनाशील व्यक्तियों का स्वप्न नहीं है; वह वर्तमान समाज की उत्पादक शक्तियों का अनिवार्य परिणाम और अंतिम उद्देश्य है। मानवजाति का तमाम लिखित इतिहास वर्ग-संघर्ष का इतिहास है। यह इतिहास कुछ सामाजिक वर्गों पर अन्य वर्गों की विजय और शासन का इतिहास है। वर्ग-संघर्ष और वर्ग-शासन की बुनियाद व्यक्तिगत संपत्ति और अराजक [सामाजिक आवश्यकताओं की दृष्टि से अनियमित] उत्पादन है। जब तक यह बुनियाद नहीं मिटती, तब तक कुछ वर्गों पर अन्य वर्गों की विजय और शासन का क्रम भी चलता रहेगा।

मार्क्स और ऐंगेल्स ने वैज्ञानिक समाजवाद का निर्माण हवा में नहीं किया। उनसे पहले मनुष्य ने जो सांस्कृतिक निधि अर्जित की थी, उसी को आगे विकसित करके मार्क्स और ऐंगेल्स ने वैज्ञानिक समाजवाद की स्थापना की। लेनिन ने इस परम्परागत विकास-क्रम पर बहुत जोर दिया है और बतलाया है कि मार्क्स की प्रतिभा इसी बात में थी कि प्रगतिशील मानव-मस्तिष्कों ने जो समस्यायें उठायी थीं, उनका उन्होंने जवाब दिया। जर्मन जाति के दर्शन, अंग्रेज़ जाति के अर्थशास्त्र और फ्रांसीसी जाति के समाजवाद का सही वारिस लेनिन के शब्दों में मार्क्स के सिद्धांत थे। यहाँ पहले हम जर्मन दर्शन और वैज्ञानिक भौतिकवाद के सम्बन्ध की चर्चा करेंगे।

हम पहले देख चुके हैं कि किसी समय मार्क्स और ऐंगेल्स जर्मन भाववादी विचारक हेगेल के अनुयायी थे। १८४५ में दोनों मित्रों ने हेगेल के बाद के जर्मन दर्शन की आलोचना लिखना शुरू किया था। यह आलोचना दो वृहत् खंडों में समाप्त हुई थी और प्रकाशक के यहाँ पहुँच भी गई थी। लेकिन नयी विचारधारा थी, पुस्तक न छपी और पाण्डुलिपि को चूहे खा गये। मार्क्स और

ऐंगेल्स के दार्शनिक विचार उनकी रचनाओं में बिखरे पड़े हैं। मार्क्स की मृत्यु के बाद ऐंगेल्स ने "लुडविग फायरबाख" नाम की पुस्तक में जर्मन दर्शन पर अपने विचारों को क्रमबद्ध रूप दिया है।

हेगेल की विचारधारा का महत्त्व बतलाते हुए ऐंगेल्स ने "ऐंटीडूर्यरिंग" में लिखा है कि हेगेल ने पहली बार समस्त संसार, प्राकृतिक, ऐतिहासिक और मानसिक संसार, को एक गतिशील क्रम के रूप में देखा। संसार सतत गति, परिवर्तन, रूपान्तर और विकास का क्रम है। हेगेल ने यह दिखलाने की कोशिश की कि इस गति और विकास के परस्पर अन्तर्सम्बन्ध क्या हैं। हेगेल यह कार्य पूरा नहीं कर सके लेकिन उनका युगान्तरकारी महत्त्व यह था कि उन्होंने यह समस्या पेश की। हेगेल भाववादी थे। वह समझते थे कि उसके मन में उठने वाले विचार वास्तविक वस्तुओं और क्रमों का, बहुत कुछ सूक्ष्म, प्रतिबिम्ब नहीं हैं। वह समझते थे कि वस्तुएँ और उनका विकास किसी "विचार" (आइडिया) का मूर्त रूप हैं जो संसार के पहले ही कहीं न कहीं विद्यमान था। ऐंगेल्स ने हेगल के भाववादी चिन्तन की आलोचना करते हुए लिखा है कि इस पद्धति से संसार की वस्तुओं का वास्तविक सम्बन्ध उलट-पलट जाता है। हेगेल की मूल धारणा यह थी कि मानव-इतिहास विकास का एक क्रम है। क्रम है, इसीलिए इस सम्बन्ध में किसी तथाकथित शाश्वत सत्य की खोज से सदा के लिए अन्तिम बौद्धिक निर्णय तक नहीं पहुँचा जा सकता। लेकिन हेगेल का दावा था कि उन्होंने इस शाश्वत सत्य का पता लगा लिया है। ऐंगेल्स का कहना है कि बाह्य जगत् का व्यवस्थित ज्ञान पीढ़ी-दर-पीढ़ी महान् प्रगति कर सकता है लेकिन ऐसा प्राकृतिक और ऐतिहासिक ज्ञान जो सर्वव्यापी और सदा के लिए पूर्ण (फाइनल) हो, असंभव है।

"लुडविग फायरबाख" में हेगेल की विचारधारा का क्रांतिकारी पक्ष दिखलाते हुए ऐंगेल्स ने उसकी एक स्थापना की चर्चा की है: "जो कुछ यथार्थ है, वह तर्कसंगत है; जो कुछ तर्कसंगत है, वह यथार्थ है।" सत्ताधारी वर्ग इसका यह अर्थ लगाता था कि उसकी निरंकुशता यथार्थ थी, इसलिए तर्कसंगत भी थी। लेकिन हेगेल के अनुसार जो कुछ भी है, वह सभी यथार्थ नहीं है। १८वीं सदी में फ्रांसीसी राजतंत्र इतना अयथार्थ हो चुका था, इतना असंगत और अनावश्यक हो चुका था, कि फ्रांसीसी राज्यक्रांति यथार्थ थी, राजतन्त्र अयथार्थ। इस तरह विकास-क्रम में जो पहले यथार्थ होता है, वही आगे चल कर अयथार्थ हो जाता है, अपनी आवश्यकता खो देता है, उसके अस्तित्व का अधिकार मिट जाता है, वह तर्कसंगत नहीं रहता। "और गतिरुद्ध यथार्थ के बदले एक नवीन जीवन्त यथार्थ आता है—शांतिपूर्वक, यदि प्राचीन में इतनी

बुद्धि हुई कि संघर्ष के बिना चल बसे, बलपूर्वक, यदि वह इस आवश्यकता का विरोध करे।" (ऐंगेल्स)

इस तरह हेगेल ने वह सूत्र दिया जिससे मानव-कर्म और चिन्तन की सभी उपज अपनी चरम पूर्णता खो बैठे। दर्शन का काम सत्य का पता लगाना है। यह सत्य अब अपने में पूर्ण आप्त वाक्यों का समूह न रह गया। सत्य ज्ञान की प्रक्रिया ही में निहित है, वह विज्ञान के सुदीर्घ ऐतिहासिक विकास में निहित है। अपरिवर्तनशील, सर्वव्यापी त्रिकालसत्य असम्भव है; इसी तरह अपरिवर्तनशील, आदर्श और पूर्ण मानव-समाज भी असम्भव है। मानव-प्रगति के अनन्त क्रम में एक के बाद एक आने वाली परिस्थितियाँ केवल अस्थायी मंज़िलें हैं। हर मंज़िल आवश्यक है, इसलिए देश-काल की जिन परिस्थितियों में उसका जन्म होता है, उनके लिए वह न्यायसंगत होती है। लेकिन उस मंज़िल के गर्भ में नयी और उच्चतर परिस्थितियों का विकास होता है और तब वह मंजिल न्याय-संगत नहीं रह जाती। उसके बदले एक उच्चतर परिस्थिति आयेगी जो आगे चलकर खुद भी नष्ट हो जायगी। ऐंगेल्स ने इसे द्वन्द्वात्मक दर्शन कहा है जो पूर्ण मानव समाज की कल्पना और सर्वव्यापी शाश्वत सत्य की धारणा का खंडन करता है। इस दर्शन के लिए पूर्ण और शाश्वत कुछ भी नहीं है। वह हर वस्तु का अस्थायी रूप प्रकट करता है। अस्तित्व में आने और निर्वाण प्राप्त करने का क्रम ही स्थायी है।

ऐंगेल्स ने दिखलाया है कि हेगेल की तर्क-पद्धति द्वन्द्वात्मक है लेकिन वह दर्शन में शाश्वत और सर्वव्यापी सत्य की प्रतिष्ठा करता है। इस तरह उसके चिन्तन का क्रांतिकारी पहलू उसके पुरानपंथी पहलू के नीचे दब जाता है। मनुष्य की यह स्वाभाविक इच्छा होती है कि सभी असंगतियों पर विजय प्राप्त करके वह शाश्वत सत्य के दर्शन कर ले। लेकिन अपने विकासक्रम में संपूर्ण मानवजाति ही जिस सत्य को पा सकती है, उसे एक ही दार्शनिक नहीं प्राप्त कर सकता। इसलिए अप्राप्य सर्वव्यापी शाश्वत सत्य के बदले प्राप्य सापेक्ष सत्य की खोज करना दार्शनिक का कर्तव्य हो जाता है।

हेगेल पर क्षुद्र लेखकों के आक्रमण होते देखकर मार्क्स ने "पूंजी" की भूमिका में हेगेल को महान् विचारक और स्वयं को उसका शिष्य घोषित किया था। हेगेल के द्वन्द्व-सिद्धांत के क्रांतिकारी और रहस्यवादी पक्षों की चर्चा करते हुए मार्क्स ने "पूंजी" की भूमिका (दूसरा संस्करण) में लिखा है, "अपने रहस्य-मय रूप में द्वन्द्ववाद जर्मनी में फैशन हो गया क्योंकि ऐसा लगता था कि द्वन्द्व मौजूदा परिस्थितियों को गौरव प्रदान करता है और उनका रूपांतर कर देता है। अपने तर्क-संगत रूप में वह पूंजीशाही और उसके कठमुल्ले प्रोफेसरों के

लिए त्याज्य है। कारण यह कि विद्यमान परिस्थितियों के ज्ञान और उनकी स्वीकृति में द्वन्द्ववाद उनका अभाव, उनका अनिवार्य विघटन भी शामिल करता है। द्वन्द्ववाद के लिए ऐतिहासिक रूप से विकसित प्रत्येक सामाजिक रूप अस्थिर और गतिशील है, इसलिए वह जहाँ उसका क्षणिक अस्तित्व स्वीकार करता है, वहाँ उसके अस्थायित्व को कम स्वीकार नहीं करता। द्वन्द्ववाद अपने ऊपर किसी चीज़ को हावी होने नहीं देता और उसका तत्त्व आलोचनात्मक और क्रांतिकारी है।"

हेगेल एक भाववादी विचारक था, लेकिन इसी कारण मार्क्स और ऐंगेल्स ने उसकी विचारधारा से किनाराकशी नहीं कर ली। उन्होंने उसके चिन्तन के क्रांतिकारी तत्त्व को पहचाना और उसे विकसित किया। यह पद्धति बहुत महत्त्वपूर्ण है जिससे हम पुराने विचारकों का सही मूल्यांकन करना सीखते हैं। मार्क्स ने लिखा है कि उन्होंने "पूँजी" के प्रकाशन से तीस साल पहले ही हेगेल के द्वन्द्ववाद के रहस्यमय पक्ष की आलोचना की थी। हेगेल से अपनी पद्धति का भेद बतलाते हुए उन्होंने लिखा है, "मेरी द्वन्द्वात्मक पद्धति हेगेल पद्धति से भिन्न ही नहीं है वरन् उसकी ठीक उल्टी है।" हेगेल के लिए मनुष्य की चिंतन-क्रिया वास्तविक संसार की मूल प्रेरक शक्ति है और यथार्थ जगत् "विचार" का बाह्य रूप है। इसके विपरीत मार्क्स के लिए मनुष्य का विचार-जगत् उसके मन में भौतिक जगत् का ही प्रतिबिम्ब है और वह विचारों का रूप धारण करता है। "हेगेल में द्वन्द्ववाद रहस्यमय बन जाता है। लेकिन इससे इस बात में रुकावट नहीं पड़ी कि हेगेल ने सबसे पहले व्यापक और सचेत ढंग से उसकी क्रिया का आम रूप पेश किया था। हेगेल का द्वन्द्ववाद सिर के बल खड़ा है। रहस्यमय रूप के भीतर उसके तर्क-संगत तत्त्व को जानना है तो उसे फिर से सीधे खड़ा करना होगा।"

हेगेल के द्वन्द्ववाद की सीमाएं बतलाते हुए ऐंगेल्स ने "लुडविग फायरबाख" में लिखा है कि हेगेल के यहाँ द्वन्द्ववाद का जो रूप था, उसे कायम रखते हुए उसका उपयोग न हो सकता था। हेगेल के लिए विचार के स्वतः विकास का नाम द्वन्द्ववाद है। निरपेक्ष विचार अनन्त काल से विद्यमान है और समस्त विद्यमान संसार की जीवित आत्मा है। प्रकृति और मानव-इतिहास में जो द्वन्द्वात्मक विकास दिखाई देता है, वह विचार की स्वतः प्रगति की छायामात्र है। मार्क्स और ऐंगेल्स ने द्वन्द्व की इस धारणा को बदला और उसे बाह्य जगत् तथा चिन्तन का साधारण नियम बतलाया।

द्वन्द्वात्मक चिंतन का इतिहास बतलाते हुए ऐंगेल्स ने "ऐंटीड्यूरिंग" में नयी और पुरानी चिन्तन-पद्धति का भेद स्पष्ट किया है। जब हम प्रकृति और

मानव जाति के इतिहास पर विचार करते हैं, तब वस्तुओं के परस्पर संबन्धों और प्रतिक्रियाओं का अनन्त प्रपंच दिखाई देता है। हर चीज़ गतिशील दिखाई देती है, बदलती है, अस्तित्व में आती है और फिर तिरोहित हो जाती है। पहले समूचा चित्र दिखाई देता है और विशेष वस्तुएँ आँख से ओझल रहती हैं। क्या गतिशील है, क्या परिवर्तित होता है, इस पर ध्यान देने के बदले परिवर्तन और गतिशीलता पर हमारी नजर जाती है। प्राचीन यूनानी दर्शन में संसार की यह कल्पना मिलती है। हिरैक्लाइटस के अनुसार हर चीज़ है भी और नहीं भी है क्योंकि हर चीज़ गतिशील है। लेकिन विशेष वस्तुओं को समझने के लिए यह आवश्यक होता है कि हम उन्हें उनके ऐतिहासिक या प्राकृतिक सम्बन्धों से अलग करके परखें, अलग से उनके लक्षण, कारण और परिणाम आदि की परीक्षा करें। यह काम प्रकृतिविज्ञान और ऐतिहासिक खोज का है जो यूरोप में सुचारु ढंग से १५वीं शताब्दी से आरंभ हुआ। चार सौ वर्षों की खोजबीन के फलस्वरूप विशेष वस्तुओं की जानकारी बढ़ी लेकिन इससे एक दृष्टिकोण यह बना कि वस्तुओं को उनके प्राकृतिक या ऐतिहासिक सम्बन्धों से अलग करके और स्थिर रूप में देखा जाय। अंग्रेज विचारक बेकन और लॉक ने वस्तुओं को परखने का जड़ दृष्टिकोण अपनाया जिसे मेटाफिज़िक्स कहा जाता है।

इस जड़ दृष्टिकोण के लिए वस्तुएँ और उनके मानसिक प्रतिबिंब-विचार एक-दूसरे से अलग हैं। इनका परस्पर विभेद शाश्वत माना जाता है। वस्तु या तो है या नहीं है; जो परिणाम है, वह कारण नहीं हो सकता, जो कारण है, वह परिणाम नहीं हो सकता। यह बात सही इसलिए लगती है कि विशेष वस्तुओं पर विचार करते हुए हम अक्सर भूल जाते हैं कि वे परस्पर संबन्धित हैं, उद्भव और निर्वाण होता है, वे स्थिर नहीं गतिशील हैं। द्वन्द्ववाद के लिए वस्तुएँ परस्पर सम्बन्धित हैं और गतिशील हैं, उनका उद्भव और निर्वाण होता है। डारविन ने दिखलाया कि वर्तमान वनस्पति और पशुजगत् विकास का परिणाम है। उसकी खोज से पुराने जड़ दृष्टिकोण को भारी धक्का लगा। वस्तुओं की गति का कारण अन्तर्विरोध है। लेनिन ने किसी वस्तु विशेष के विरोधी दो अंगों की पहचान को द्वन्द्ववाद का सारतत्त्व कहा है। प्रकृति के समस्त क्रमों में यह विरोधी तत्त्वों की एकता मौजूद रहती है। किसी वस्तु के विकास के ज्ञान का अर्थ उसके विरोधी तत्त्वों की एकता का ज्ञान है। इन विरोधी तत्त्वों के संघर्ष का नाम विकास है। विकास के संबंध में एक धारणा यह है कि वस्तुएँ घटती-बढ़ती रहती हैं, उनकी आवृत्ति होती है। इस धारणा में गति की प्रेरक शक्ति आँखों से ओझल रहती है या उसे वस्तु से बाहर ईश्वर

आदि के रूप में कल्पित किया जाता है। लेनिन ने इस धारणा को शुष्क और निर्जीव बतलाया है। दूसरी धारणा यह है कि वस्तु विशेष में दो विरोधी तत्त्व एक-दूसरे के विरोधी, फिर भी संबद्ध रहते हैं। इस धारणा से पता चलता है कि हर विद्यमान वस्तु का स्वतः चालन क्यों होता है। इस धारणा से ही समझ में आता है कि किसी क्रम की श्रृंखला अचानक क्यों टूट जाती है, कोई वस्तु अपने से विपरीत पदार्थ में क्यों बदल जाती है, प्राचीन का नाश और नवीन का अभ्युदय क्यों होता है। विकास और गति निरपेक्ष हैं; एक-दूसरे से भिन्न तत्त्वों का संघर्ष निरपेक्ष है। उन विरोधी तत्त्वों की एकता सापेक्ष और अस्थायी है। वस्तुवादी द्वन्द्ववाद के लिए निरपेक्ष और सापेक्ष एक-दूसरे से भिन्न होते हुए भी संबद्ध हैं। सापेक्ष के अन्दर निरपेक्ष मौजूद रहता है। जड़ दृष्टिकोण के लिए जो सापेक्ष है, वह शुद्ध सापेक्ष है, उसका निरपेक्ष से कोई संबन्ध नहीं रहता।

सापेक्ष और निरपेक्ष का संबन्ध ज्ञान के द्वन्द्व सिद्धांत को समझने के लिए बहुत महत्त्वपूर्ण है। इस सिद्धांत के विरुद्ध यह प्रचार किया जाता है कि उसके लिए सभी ज्ञान सापेक्ष है, इसलिए अनिश्चित है; निश्चित और निरपेक्ष ज्ञान योग अथवा ब्रह्म-साक्षात्कार द्वारा प्राप्त होता है। लेनिन ने अपनी पुस्तक "भौतिकवाद और अनुभवजन्य आलोचना" में कहा है कि वस्तुगत सत्य की अस्वीकृति अज्ञेयवाद है यानी यह कहना है कि हम कुछ जान ही नहीं सकते। अनुभव से हमें वस्तुगत यथार्थ का पता चलता है। हमारे इन्द्रियबोध का एक वस्तुगत स्रोत है जो मनुष्य से स्वतन्त्र है। इस वस्तुगत यथार्थ को पदार्थ, वस्तु या भूत (मैटर) कहते हैं। जिस यथार्थ का ज्ञान हमें इन्द्रियबोध से होता है लेकिन जो इन्द्रियबोध से स्वतंत्र है, उसे भूत कहते हैं। वस्तुगत सत्य को स्वीकार करना—ऐसे सत्य को स्वीकार करना जो मनुष्य पर निर्भर नहीं है—किसी न किसी रूप में निरपेक्ष सत्य को स्वीकार करना है। मानव-चिंतन निरपेक्ष सत्य देता है; यह सत्य अनेक सापेक्ष सत्यों से निर्मित होता है। वैज्ञानिक विकास की हर मंज़िल निरपेक्ष सत्य की राशि में कुछ कण जोड़ देती है लेकिन हर वैज्ञानिक स्थापना की सीमाएँ सापेक्ष होती हैं, ज्ञान के प्रसार के साथ घटती-बढ़ती रहती हैं। द्वन्द्ववाद में सापेक्षवाद का तत्त्व रहता है लेकिन सापेक्षवाद का नाम द्वन्द्ववाद नहीं है। मार्क्स और एंगेल्स के लिए ज्ञान सापेक्ष है, इस अर्थ में कि वस्तुगत सत्य के निकट पहुँचने की हमारी ऐतिहासिक सीमाएँ होती हैं, इस अर्थ में नहीं कि वस्तुगत सत्य है ही नहीं। लेनिन के अनुसार मार्क्स की पद्धति पर चल कर "हम वस्तुगत सत्य के निकट और निकटतर पहुँचते जाते हैं (लेकिन उसे पूर्णता में कभी ग्रहण नहीं कर सकते); अन्य पद्धतियों का अनु-

सरण करके सिवा उलझन और झूठ के कुछ हाथ न लगेगा।''

जो लोग इन्द्रियबोध को भ्रम मानते हैं, उन्हें लेनिन ने ऐंगेल्स के इन शब्दों में उत्तर दिया है कि हमारे कर्मों की सफलता साबित करती है कि हमारा इन्द्रियबोध पदार्थों की वस्तुगत प्रकृति के अनुकूल है। भ्रम और यथार्थ का भेद समझने की कसौटी मनुष्य का कर्म है। इस सम्बन्ध में ऐंगेल्स ने "लुडविग फायरबाख" में लिखा है कि किसी प्राकृतिक क्रम को हम स्वयं रच दें तो उसके सम्बन्ध में हमारा विचार सही साबित होगा। पेड़-पौधों और पशुओं में जो रासायनिक तत्त्व मौजूद थे, वे तब तक अज्ञेय रहे, जब तक रसायन-शास्त्र ने उन्हें बनाना शुरू नहीं कर दिया। ऐंगेल्स के अनुसार यह गोचर भौतिक जगत् जिसके हम स्वयं अंग हैं, एक मात्र यथार्थ है। हमारी चेतना, हमारी चिंतन-क्रिया देखने में चाहे जितनी अतीन्द्रिय मालूम पड़े, एक भौतिक इन्द्रिय मस्तिष्क की उपज है। पदार्थ मन की उपज नहीं है; मन ही पदार्थ की श्रेष्ठ उपज है। ऐंगेल्स से पहले का भौतिकवाद यांत्रिक था। उसके लिए मनुष्य एक विकासमान जीव न होकर यंत्र के समान था। इसके सिवा उस भौतिकवाद के लिए प्रकृति का इतिहास न था; विकास देश (स्पेस) में तो होता था लेकिन काल में नहीं। नये भौतिकवाद के लिए प्रकृति का भी इतिहास है, समस्त विकास देशकाल के भीतर ही हुआ है।

विकास के विभिन्न पहलुओं की चर्चा करते हुए लेनिन ने (मार्क्स पर अपने लेख में) लिखा है कि विकास की धारणा लोगों की चेतना में घर कर गई है लेकिन हेगेल के आधार पर मार्क्स और ऐंगेल्स की विकास-संबन्धी व्याख्या अधिक व्यापक है। इस व्याख्या के अनुसार विकासक्रम में पहले की मंजिलें—ऊपर से देखने में—दोहराई जाती हैं लेकिन उसी रूप में नहीं; उनकी आवृत्ति उच्चतर सतह पर होती है। यह विकास सीधी रेखा में न होकर शंखाकार गति से होता है। विकासक्रम शृंखलाबद्ध न होकर झटके से, शृंखलाभंग द्वारा, परिणाम के गुण में परिवर्तन द्वारा भी होता है। किसी वस्तु या समाज के विकास की प्रेरणा उसके भीतर की शक्तियों और प्रवृत्तियों के विरोध और संघर्ष से उत्पन्न होती है।

द्वन्द्व ज्ञान प्राप्त करने की पद्धति है। किसी वस्तु का ज्ञान प्राप्त करने के बदले द्वन्द्व के नियमों की आवृत्ति से समस्या हल नहीं होती। मार्क्स ने जब "पूंजी" लिखी, तब उन पर अनेक विरोधियों ने यह आरोप लगाया था कि वह द्वन्द्ववाद के अनुकूल बनाने के लिए यथार्थ को तोड़ते-मरोड़ते हैं। ऐसे आरोपों का उत्तर देते हुए लेनिन ने ("जनता के दोस्त कौन हैं" पुस्तक में) लिखा है कि मार्क्स और ऐंगेल्स की द्वन्द्वात्मक पद्धति समाजशास्त्र की वैज्ञानिक पद्धति के अलावा और कुछ नहीं है जिसके लिए समाज एक सतत विकासमान सजीव इकाई है। समाज के अध्ययन के लिए उसके संचालन और विकास के नियमों की छानबीन आवश्यक होती है।

इस पद्धति से मार्क्स और ऐंगेल्स ने पूंजीवादी समाज का विश्लेषण किया और मनुष्य की मुक्ति का मार्ग बतलाया।

९. पूँजीवादी दासता और मानव-मुक्ति

अपने भौतिकवादी दृष्टिकोण के अनुकूल मार्क्स और एंगेल्स ने समाज-विज्ञान की रचना की। मनुष्य की सामाजिक चेतना उसके सामाजिक अस्तित्व का परिणाम है। "अर्थशास्त्र की आलोचना को देन" में मार्क्स ने लिखा है, "अपने जीवन के सामाजिक उत्पादन में मनुष्य ऐसे निश्चित संबन्ध कायम करते हैं जो लाज़मी होते हैं और मनुष्य की इच्छाओं से स्वतंत्र होते हैं। पैदावार के ये सम्बन्ध उत्पादन की भौतिक शक्तियों के विकास की एक निश्चित मंज़िल से मेल खाते हैं। इन उत्पादन-सम्बन्धों का कुल जोड़ समाज की आर्थिक बनावट है। यही वह असली बुनियाद है जिस पर कानून और राजनीति की सारी इमारत खड़ी होती है और जिसके अनुकूल सामाजिक चेतना के विभिन्न रूप होते हैं। भौतिक जीवन की पैदावार का तरीका आमतौर से सामाजिक, राजनीतिक और बौद्धिक जीवन का क्रम निश्चित करता है। मनुष्यों की चेतना उनकी सत्ता निश्चित नहीं करती वरन् इसके विपरीत उनकी सामाजिक सत्ता उनकी चेतना को निश्चित करती है। विकास की एक मंज़िल तक पहुँच कर समाज की भौतिक उत्पादक शक्तियाँ उस समय के उत्पादन-सम्बन्धों से टकराती हैं। इसी बात को कानूनी शब्दावली में यों कहा जा सकता है कि वे उत्पादक शक्तियाँ सम्पत्ति के जिन सम्बन्धों में काम करती आती थीं, उनसे टकराती हैं। ये सम्बन्ध उत्पादक शक्तियों के विकास के रूप न रहकर उनके लिए बेड़ियाँ बन जाते हैं। तब सामाजिक क्रांति का युग शुरू होता है। आर्थिक बुनियाद बदलने के साथ ऊपर की समूची भारी इमारत भी बहुत कुछ जल्दी ही बदल जाती है। इस तरह की तब्दीलियों पर विचार करते हुए एक भेद सदा ध्यान में रखना चाहिए। एक तो उन आर्थिक परिस्थितियों की भौतिक तब्दीली होती है जो प्रकृति-विज्ञान के नपे-तुले तरीके से निश्चित की जा सकती है। दूसरी कानूनी, राजनीतिक, धार्मिक, सौन्दर्य-सम्बन्धी या दार्शनिक तब्दीली होती है, संक्षेप में यह कि विचारधारा के रूप बदलते हैं जिन रूपों में मनुष्य इस संघर्ष के प्रति सचेत होते हैं और निपटारे के लिए लड़ते हैं। जैसे किसी

व्यक्ति के बारे में हमारी धारणा इस बात पर निर्भर नहीं होती कि वह अपने बारे में क्या सोचता है, उसी तरह इस परिवर्तन-काल के बारे में स्वयं उस काल की चेतना के आधार पर हम राय कायम नहीं कर सकते। इसके विपरीत भौतिक जीवन की असंगतियों के आधार पर, समाज की उत्पादक शक्तियों और पैदावार के सम्बन्धों की मौजूदा टक्कर के आधार पर इस चेतना की व्याख्या करनी चाहिए। कोई भी समाज-व्यवस्था तब तक खत्म नहीं होती जब तक उसके अन्दर गुंजाइश रहते हुए तमाम उत्पादक शक्तियाँ विकसित नहीं हो जातीं। पैदावार के नये और उच्चतर सम्बन्ध तब तक कभी सामने नहीं आते जब तक कि उनके जीवन की भौतिक परिस्थितियाँ पुराने समाज के गर्भ में ही पुष्ट न हो चुकी हों। इसलिए मनुष्य जाति अपने सामने हमेशा ऐसे ही काम रखती है जिन्हें वह कर सकती है। कारण यह कि इस विषय को नज़दीक से देखने पर हमेशा हम यही पायेंगे कि काम तभी सामने आते हैं जब उन्हें पूरा करने के लिए ज़रूरी भौतिक परिस्थितियाँ पहले ही मौजूद हों या कम से कम निर्माण की हालत में हों।"

इस तरह मार्क्स ने अपने भौतिकवादी दर्शन को इतिहास पर लागू किया। लेनिन ने इस कार्य का यह महत्त्व बतलाया है कि पहले के इतिहास-लेखन की दो खामियाँ दूर हुईं। पहले के इतिहासकार मनुष्य की ऐतिहासिक कार्यवाही का अध्ययन करते हुए केवल उसके उद्देश्य और इच्छाओं की परीक्षा करते थे। वे इस बात की छानबीन न करते थे कि ये इच्छाएँ और उद्देश्य पैदा क्यों होते हैं। वे यह न जानते थे कि मनुष्यों के सामाजिक संबन्ध किन नियमों के अनुसार विकसित होते हैं। भौतिक उत्पादन के विकास की मंज़िल को ध्यान में रखते हुए वे सामाजिक सम्बन्धों के मूल का पता न लगाते थे।

इसके सिवा पहले के इतिहासकार आम जनता की कार्यवाही पर ध्यान न देते थे। ऐतिहासिक भौतिकवाद से यह सम्भव हुआ कि जनता की सामाजिक अवस्था और उस अवस्था के परिवर्तन का वैज्ञानिक अध्ययन किया जाय। पहले के इतिहास में जहाँ-तहाँ से बटोर कर तथ्य एकत्र किये जाते थे और ऐतिहासिक विकास-क्रम के कुछ पहलू ही पेश किये जाते थे। मार्क्स और ऐंगेल्स ने इतिहास के अध्ययन का एक नया रास्ता दिखलाया। तमाम विरोधी प्रवृत्तियों के समुच्चय का अध्ययन करो, समाज के विभिन्न वर्गों की उत्पादन सम्बन्धी परिस्थितियों के अनुकूल उनकी व्याख्या करो, कुछ प्रमुख विचारों पर ज़ोर देने या उनकी व्याख्या करने में आत्मगत दृष्टिकोण और निरंकुशता से काम न लो, यह दिखलाओ कि सभी विचारों और प्रवृत्तियों की जड़ उत्पादन की भौतिक शक्तियों की अवस्था में है, इस तरह सामाजिक व्यवस्था के उद्-

भव, विकास और पतन का व्यापक अध्ययन सम्भव होगा। मनुष्य अपना इतिहास स्वयं निर्मित करते हैं लेकिन मार्क्स और ऐंगेल्स ने इस रहस्य का सूत्र बतलाया कि लोगों की इच्छाएँ और उद्देश्य किस तरह निश्चित होते हैं, विभिन्न विचारों और प्रवृत्तियों में संघर्ष क्यों होता है, भौतिक जीवन के उत्पादन की वे वस्तुगत परिस्थितियाँ कौन-सी हैं जो मनुष्य की तमाम ऐतिहासिक कार्यवाही का आधार हैं और इन परिस्थितियों के विकास के नियम कौन-से हैं।

ऐतिहासिक भौतिकवाद ने विभिन्न विचारों और रुझानों की टक्कर को समझने के लिए यह सूत्र दिया कि इस टक्कर का स्रोत समाज के विभिन्न वर्गों की जीवन-पद्धति और स्थिति का भेद है। इसका यह अर्थ नहीं है कि इतिहास के निर्माण में विचारधारा का महत्त्व नहीं होता। मार्क्स के शब्दों में जब कोई सिद्धांत जनता के हृदय में घर कर लेता है तो वह एक भौतिक शक्ति बन जाता है। यहाँ इस बात पर ध्यान देना ज़रूरी है कि मनुष्य एक व्यवस्था से दूसरी व्यवस्था में नपे-तुले ढंग से नहीं पहुँच जाता; यह क्रम काफ़ी उलझा हुआ होता है जिससे एक व्यवस्था के अवशेष दूसरी में पाये जाते हैं। "कम्युनिस्ट घोषणापत्र" में मार्क्स और ऐंगेल्स ने कहा था कि इतिहास के प्राचीन युगों में समाज में अनेक स्तर थे। प्राचीन रोम में पैट्रीशियन, नाइट (योद्धा), प्लीबियन (जनसाधारण) और गुलाम थे। मध्यकाल में सामंत, उनके अधीन जागीरदार, संघों के आचार्य, कुशल विद्यार्थी, अपरेंटिस और अर्ध-दास थे। इन सभी स्तरों के भीतर और छोटे-बड़े स्तर थे। आधुनिक पूंजीवादी समाज में वर्ग-संघर्ष और स्वष्ट तथा प्रत्यक्ष हो गया है। लेकिन औद्योगिक क्रांति के बाद सर्वहारा के अतिरिक्त अन्य सभी स्तर अचानक नष्ट नहीं हो गये। 'कम्युनिस्ट घोषणापत्र में मध्यवर्ग के अन्दर छोटे मैनूफैक्चरपति, दूकानदार, कारीगर और किसान को गिनाया गया है। इस पर लेनिन ने टिप्पणी की है कि सामाजिक विज्ञान का तक़ाजा है कि हम वर्तमान में प्रत्येक वर्ग के विकास की परिस्थितियों का विश्लेषण करके उसकी स्थिति की वस्तुगत छानबीन करें। माओ जे दुंग का लेख "चीनी समाज के वर्गों का विश्लेषण" (१९२६) इस पद्धति की बहुत अच्छी मिसाल है। इसमें बतलाया गया है कि ज़मींदार और दलाल पूंजीपति अन्तरराष्ट्रीय पूंजीशाही के अधीन हैं। उनका अस्तित्व और विकास साम्राज्यवाद पर निर्भर है। चीन के मध्यवर्ग में शहर और देहात के पूंजीपति हैं जो चीनी जनता के मुक्ति-संग्राम की ओर ढुलमुल रुख अपनाते हैं। निम्न पूंजीपतियों में अपनी ज़मीन के मालिक किसान, दस्तकार और विद्यार्थी, शिक्षक, वकील, क्लर्क, छोटे व्यापारी आदि हैं। इनके अन्दर भी विभिन्न स्तर हैं जिनका मुक्ति-संग्राम की ओर विभिन्न रवैया होता है। इनके सिवा सर्वहारा और अर्ध-सर्वहारा वर्ग

भी हैं। वर्गों के इस विश्लेषण के आधार पर माओ दुंगज़े और चीनी कम्यु-निस्ट पार्टी ने मुक्ति-आंदोलन के लिए जनता का विशाल और शक्तिशाली मोर्चा बनाया।

मार्क्स ने यूरोप की आधुनिक समाज-व्यवस्था का विश्लेषण करके पूंजी की उत्पत्ति और उसके द्वारा सर्वहारा के शोषण का रहस्य बतलाया। मार्क्स के आर्थिक सिद्धांतों की व्याख्या करते हुए लेनिन ने बतलाया है कि बिकाऊ माल (कौमोडिटी) पहले तो मनुष्य की कोई ज़रूरत पूरी करने वाली वस्तु है। यह उसका उपयोग-मूल्य हुआ। इसके सिवा किसी दूसरी वस्तु से उसका विनिमय भी हो सकता है। यह उसका विनिमय-मूल्य अथवा केवल मूल्य हुआ। वर्तमान समाज में विनिमय द्वारा अनेक तरह के उपयोगी मूल्यों का परस्पर आदान-प्रदान होता है। इन वस्तुओं में जो सामान्य गुण है, वह यह कि वे श्रम की उपज हैं। श्रम द्वारा उत्पादित वस्तुओं के विनिमय में विभिन्न प्रकार के श्रम का साधारणीकरण होता है। उत्पादक तो विभिन्न तरह के श्रम द्वारा अलग-अलग वस्तुएँ पैदा करते हैं लेकिन विनिमय द्वारा वे एक-दूसरे के बराबर ठह-राई जाती हैं। इन सब वस्तुओं में जो चीज़ समान रूप से विद्यमान है, वह विशेष प्रकार का अलग-अलग श्रम नहीं है वरन् एक साधारण और निर्विशेष मानवश्रम विद्यमान रहता है। हर वस्तु सामाजिक रूप से आवश्यक श्रमकाल का एक अंश प्रकट करती है। वस्तु का घनत्व इस बात से निश्चित होता है कि उसके उत्पादन के लिए सामाजिक रूप से कितना श्रमकाल ज़रूरी है। जब हम विनिमय द्वारा विभिन्न वस्तुओं का साधारणीकरण करते हैं, तब उनके उत्पा-दन में खर्च किये हुए तरह-तरह के मानवश्रम का साधारणीकरण भी करते हैं। "मूल्य के रूप में सभी वस्तुएँ संचित श्रमकाल हैं।" (मार्क्स)। विनिमय के आम चलन के साथ सोना विनिमय का साधारण माध्यम हो जाता है। पैसे की वजह से व्यक्तिगत श्रम की सामाजिक विशेषता छिपी रहती है, वे सामा-जिक बन्धन छिपे रहते हैं जिनसे अलग-अलग उत्पादक एक ही बाज़ार से संबद्ध रहते हैं। मार्क्स ने दिखलाया है कि पैसे ("मनी") का चलन वस्तुओं के विनि-मय की एक निश्चित मंज़िल का द्योतक है। वह वस्तुओं के बराबर की चीज़ है, या चलन (सर्कुलेशन) का साधन है, या दूसरों के श्रम की तनखाह है, या संचित द्रव्य (होर्ड) है या सब काम में आने वाला (यूनीवर्सल) है, इससे पता चलता है कि सामाजिक उत्पादन-क्रम की मंजिल कौन-सी है।

बिकाऊ माल के उत्पादन की एक विशेष मंज़िल में पैसा (मनी) बदल कर पूंजी बन जाता है। इसके लिए आवश्यक होता है कि एक ओर तो पैसे वाले, पैदावार के साधनों, जीविका के साधनों के स्वामी हों जो दूसरों की श्रम-शक्ति

खरीद कर अपने पास संचित मूल्यों को बढ़ाने के लिए उत्सुक हों। दूसरी ओर अपनी श्रम-शक्ति बेचने वाले स्वाधीन श्रमिक हों। इन श्रमिकों के पास न तो किसानों की तरह पैदावार के साधन हैं, न वे गुलामों और अर्धदासों की तरह स्वयं पैदावार के साधनों का अंग हैं। इसलिए ये सर्वहारा (संपत्तिहीन) अपनी श्रमशक्ति बेचने के लिए स्वतंत्र हैं। बाज़ार में दो छोरों पर इन दो तरह के लोगों के एकत्र होने से पूँजीवादी उत्पादन के लिए बुनियादी परिस्थितियाँ तैयार हो जाती हैं। पूँजीवादी उत्पादन-पद्धति की बुनियाद यह है कि उत्पादक उत्पादन के साधनों का स्वामी नहीं रहता। इससे उत्पादन और जीविकोपार्जन के सामाजिक साधन पूँजी बन जाते हैं और उत्पादक पगार पाने वाले मज़दूर बन जाते हैं। सामन्ती व्यवस्था का अर्धदास अब मुक्ति पाता है, कारीगर अपने संघ से मुक्ति पाता है लेकिन ये स्वाधीन जन अब हाट में खुद अपने को बेचने आते हैं। उत्पादन के जो साधन उनके पास थे, वे लूट लिए गए हैं; पुरानी सामंती व्यवस्था में उनकी जीविका की जो भी गारंटी थी, वह ख़त्म हो जाती है। (पूंजी, खण्ड १ अध्याय २६)

पूँजीपति मज़दूर की श्रमशक्ति खरीदता है। इस श्रमशक्ति का मूल्य उतना ही है जितना श्रमिक और उसके बाल-बच्चों को ज़िन्दा रखने के लिए काफी हो। श्रमशक्ति खरीदकर पूंजीपति मज़दूर से, मान लीजिए १२ घंटे, काम कराता है। छह घंटे में मज़दूर इतना उत्पादन कर लेता है कि उसका और उसकी बीबी-बच्चों का पेट पाला जा सके। सामाजिक दृष्टि से आवश्यक श्रम-काल की मेहनत उसने पूरी कर दी। बाकी छह घंटों में वह अतिरिक्त माल तैयार करता है। अपनी आवश्यकताओं के अलावा यह अतिरिक्त माल वह पूंजीपति के लिए बनाता है। इसी को अतिरिक्त मूल्य कहते हैं। इसके लिए पूंजीपति उसे कुछ नहीं देता। यही मज़दूर के शोषण का रहस्य है।

पूंजीपति मशीनों और कच्चा माल वगैरह पर जो पैसा खर्च करता है, वह स्थिर पूँजी है। श्रमशक्ति पर जो पैसा वह लगाता है, वह अस्थिर पूँजी है। इस पूंजी का मूल्य श्रम के दौर में बढ़ता है और अतिरिक्त मूल्य को जन्म देता है। पूंजीपति मजदूर का कितना शोषण करता है यह जानने के लिए समग्र पूंजी से अतिरिक्त मूल्य की तुलना न करनी चाहिए। केवल अस्थिर पूंजी से अतिरिक्त मूल्य की तुलना करनी चाहिए। ऊपर की मिसाल में अतिरिक्त मूल्य की दर सौ फीसदी है।

इस तरह पूंजीपति श्रमशक्ति हमेशा सस्ती खरीदता है। उसके द्वारा जो माल तैयार होता है, उसे महँगा बेचता है। इस तरह वह धन बटोरता जाता है। मार्क्स ने इस समस्या को हल किया कि पूंजीपति के लिए सदा ही सस्ता

माल (श्रमशक्ति) खरीदना और तैयार माल को महँगा बेचना क्यों सम्भव होता है। "इस समस्या का हल मार्क्स के काम की सबसे युगांतरकारी सफलता थी। अब अर्थशास्त्र के राज्य में प्रकाश फैल गया जहाँ पूँजीवादी और समाजवादी दोनों ही तरह के अर्थशास्त्री घोर अँधेरे में टटोलते रहे थे। इस हल का पता लगने के दिन से वैज्ञानिक समाजवाद का जन्म होता है और इस समाधान के चारों ओर उसकी रचना हुई है।" (एंगेल्स : ऐंटी-ड्यूरिंग, भाग २, अध्याय ७)।

पूंजीपति काम के घंटे बढ़ाकर अतिरिक्त मूल्य बढ़ाता है। इसीलिए मज़दूर वर्ग ने काम के घंटे कम करने के लिए बराबर संघर्ष किया है। इस तरह जो अतिरिक्त मूल्य पैदा होता है, वह निरपेक्ष रहता है। १९वीं सदी में कारखानों के बारे में नियम बनने से काम के घंटे कम हुए। काम का दिन छोटा होने पर जो अतिरिक्त मूल्य पैदा होता है, वह सापेक्ष कहलाता है। अतिरिक्त मूल्य का एक अंश पूंजीपति नये उत्पादन में लगाता है। पूंजी के एकत्रीकरण द्वारा मज़दूरों की जगह मशीनों से काम लेकर पूंजीपति स्वयं अधिक धनी बनता हुआ दूसरों को और गरीब बनाता है। साथ ही वह फालतू मज़दूरों की एक रिज़र्व फौज खड़ी कर लेता है जिससे वह उत्पादन को और तेजी से बढ़ा सकता है। पूंजीपति के लिए यह आवश्यक होता है कि तबाह होने से बचने के लिए वह मशीनों में बराबर सुधार करता रहे। मशीनों के चलन से लाखों कारीगरों की जगह थोड़े से मशीन चलाने वाले मज़दूरों ने ली; मशीनों के सुधार से खुद मशीन चलाने वाले मज़दूर ही बेकार होते हैं (एंगेल्स, ऐंटी-ड्यूरिंग, भाग ३, अध्याय २)। मज़दूरवर्ग के ख़िलाफ़ संघर्ष में मशीनें पूंजी के हाथ में एक प्रबल अस्त्र बन जाती हैं। श्रमकाल कम करने के लिए मशीनें एक शक्तिशाली साधन हैं। इनके द्वारा पूंजीपति श्रमिक और उसके बाल-बच्चों के हर क्षण का उपयोग अपनी पूंजी का मूल्य बढ़ाने के लिए करता है। कुछ मज़दूर तो काम में पिस जाते हैं, कुछ को काम ही नहीं मिल पाता। बड़े पैमाने के उद्योग-धन्धे चलाने वाला पूंजीपति दुनिया भर में अपने तैयार माल के गाहक ढूंढ़ता फिरता है लेकिन अपने देश के मजदूरों को भुखमरी की-सी हालत में रखता है और इस तरह अपने घरेलू बाजार को ही कमजोर बनाता है।

पूंजीपति मशीनों के सुधार द्वारा उत्पादनक्षेत्र तो बढ़ाता है लेकिन जिस बाज़ार में उसे माल खपत करना होता है, उसका प्रसार उत्पादन का साथ नहीं दे पाता। इसी से उत्पादन का संकट पैदा होता है। १८२५ में ही पूं‍ ‍ादी उत्पादन में संकट पैदा हो गया था। एंगेल्स ने लिखा है कि तब से प्रायः हर दस साल बाद "सभ्य" देशों के उत्पादन और विनिमय में गड़बड़ पैदा हो जाती

है। "व्यापार ठप हो जाता है, बाज़ार तुपा पड़ा रहता है, माल के अम्बार लगे रहते हैं लेकिन बिकता नहीं है, तात्कालिक धन (रेडी मनी) ग़ायब हो जाता है, उधार मिलता नहीं है, कारखाने बन्द पड़े रहते हैं और मज़दूरों को खाने-पहनने भर को नहीं मिलता क्योंकि उन्होंने खाने-पहनने की बहुत ज़्यादा सामग्री पैदा कर दी है।" (एँगेल्स, उप०)। एँगेल्स के अनुसार १८२५ से १८७७ तक पाँच बार इस तरह का संकट पैदा हो चुका था और छठा शुरू हो रहा था। इस तरह के संकटों में उत्पादन-पद्धति विनिमय-पद्धति के ख़िलाफ़ विद्रोह करने लगती है। उत्पादक शक्तियाँ उत्पादन-पद्धति की सीमाओं को लाँघ चुकी होती हैं और उसके ख़िलाफ़ विद्रोह करने लगती हैं। उत्पादन के साधन, जीविकोपार्जन के साधन, काम करने वाले मज़दूर, सम्पत्ति और उत्पादन के सभी तत्त्वों की इफरात रहती है लेकिन यहाँ इफरत्त ही तंगी और मुसीबत का कारण बन जाती है। पूँजीवादी समाज में उत्पादन के साधन तब तक काम नहीं कर सकते जब तक कि वे पूँजी का रूप न ले लें। इसी कारण मज़दूर निठल्ले बैठे रहते हैं और उन्हें काम नहीं मिलता। उत्पादन की पूँजीवादी पद्धति कितनी असमर्थ है, यह प्रकट हो जाता है। वह उत्पादक शक्तियों को अपने काबू में नहीं रख सकती। "ये उत्पादक शक्तियाँ आगे बढ़ती हैं और यह माँग करती हैं कि वे जो पूँजी का रूप धारण किए हुए हैं, वह खत्म हो और उनका जो असली रूप है—सामाजिक उत्पादक शक्तियों वाला रूप—वह स्वीकार किया जाय" (एँगेल्स)। पैदावार का नियमन करने के लिए बड़े पैमाने पर एक ही धन्धा चलाने वाले पूँजीपति किसी देश में अपना "ट्रस्ट" बना लेते हैं अर्थात् उत्पादन का संचालन करने के लिए अपना संघ बना लेते हैं। वे तै करते हैं कि कुल कितना माल तैयार किया जायगा और उसे किस भाव से बेचा जायगा। रोजगार मंदा पड़ने पर ऐसे संघ अक्सर टूट जाते हैं, इसलिए पूँजीपति और भी केन्द्रीकरण की ओर बढ़ते हैं। आपसी होड़ के बदले इजारा कायम होता है। एँगेल्स ने १८९० में बनने वाली ऐसी अंग्रेजों की एक इजारेदार कम्पनी का उल्लेख किया है जिसने अल्कली का सारा उत्पादन अपने हाथ में कर लिया था। "संघों में होड़ की स्वच्छन्दता इजारे के अपने विरोधी रूप में परिवर्तित हो जाती है।" (उप०)। थोड़े से कूपन काटने वालों का गुट सारे समाज का खुला शोषण करता है।

राज्यसत्ता को पैदावार का प्रबन्ध अपने हाथ में लेना पड़ता है। पूँजीपति का सामाजिक कर्तव्य अब वेतनभोगी कर्मचारी करते हैं, उसका काम सट्टेबाज़ी करना और मुनाफ़ा बटोरना भर रह जाता है। राज्यसत्ता उस व्यवस्था की रक्षा करती है जिसमें पूँजीवादी उत्पादन-पद्धति सुरक्षित रहती है। "आधुनिक

राज्यसत्ता, उसका जो भी रूप हो, वास्तव में पूँजीवादी मशीन है, वह पूँजीपतियों की राज्यसत्ता है, आदर्श सम्बद्ध (ऐग्रीगेट) पूँजीपति है।" (उप०)। जितना ही ज़्यादा उत्पादक शक्तियों को वह अपने नियंत्रण में लेती है, उतने ही ज़्यादा नागरिकों का शोषण करती है। पूँजीवादी सम्बन्ध खत्म नहीं होते वरन् वह अपना चरम रूप धारण करते हैं। इस समस्या का हल यह है कि आधुनिक उत्पादक शक्तियों का सामाजिक रूप अमल में स्वीकार किया जाय; उत्पादन, वस्तुओं पर अधिकार और विनिमय की पद्धति को पैदावार के साधनों के सामाजिक रूप के अनुकूल बनाया जाय। यह तभी हो सकता है जब समाज उत्पादक शक्तियों पर अधिकार कर ले। उत्पादन की पद्धति और वस्तुओं का रूप प्रकृति के अन्ध नियमों की भाँति कार्य करता है, वह ध्वंस और हिंसा की राह से लागू होता है, समय-समय पर पैदावार और विनिमय की पद्धति की सीमाएँ तोड़ देता है और स्वयं उत्पादकों का नुकसान करता है। जब उत्पादक सचेत होकर उसे लागू करते हैं तब वह अव्यवस्था और संकट के बदले "उत्पादन को बढ़ाने का प्रबल अस्त्र बन जाता है।" (उप०)

यहाँ हिंसा-अहिंसा का प्रश्न ध्यान देने योग्य है। हिंसा पूँजीवादी उत्पादन-पद्धति में छिपी हुई है। पूँजीपति अमल में यह स्वीकार नहीं करते कि उत्पादन के साधनों ने सामाजिक रूप ले लिया है। नतीजा यह होता है कि पैदावार और विनिमय समाज के हित में न होकर थोड़े से मुनाफा कमाने वाले पूँजीपतियों के हित में होते हैं। इसीलिए इफरात के बीच भुखमरी और मज़दूरों के रहते हुए कामबंदी होती है। ऐंगेल्स का कहना है कि समाज के अन्दर काम करने वाली शक्तियों को जब तक हम पहचानते नहीं हैं, तब तक वे अंध, हिंसक और ध्वंसात्मक तरीके से काम करती हैं। लेकिन एक बार जब हम उन्हें समझ लेते हैं, वे किस दिशा में काम करती हैं और उनका प्रभाव क्या होता है, यह जान लेते हैं तब क्रमशः उन्हें अपने अधीन करना और अपने उद्देश्यों की पूर्ति के लिए उनका उपयोग करना बिल्कुल हम पर निर्भर है। यह बात आधुनिक उत्पादक शक्तियों पर लागू होती है। पूँजीवादी उत्पादन-पद्धति के हिमायती इन शक्तियों के सामाजिक रूप को मानने से इन्कार करते हैं। यह सामाजिक रूप अमल में स्वीकार करने पर वही उत्पादक शक्तियाँ समाज की अनुचर बन जाती हैं।

मार्क्स और ऐंगेल्स ने आधुनिक पूँजीवादी समाज की गति के आर्थिक नियमों के आधार पर समाजवाद की अनिवार्यता सिद्ध की थी। लेनिन ने मार्क्स के बाद की परिस्थितियों का विवेचन करते हुए लिखा है कि श्रम का समाजीकरण सहस्रों रूपों में बराबर आगे बढ़ रहा है। मार्क्स के बाद पचास वर्षों में बड़े पैमाने के

उत्पादन की बढ़ती से यही जाहिर होता है। पूंजीपतियों के कार्टेल, सिंडीकेट और ट्रस्ट बन गये हैं और महाजनी सीमाएँ और शक्तियों में भारी इजाफा हुआ है। समाजवाद की अनिवार्यता का यह मुख्य भौतिक आधार है। इस अनिवार्यता को चरितार्थ करने वाली बौद्धिक, नैतिक और भौतिक शक्ति सर्वहारा वर्ग है।

अपनी प्रसिद्ध पुस्तक "पूंजीवाद की चरम अवस्था—साम्राज्यवाद" (१९१६) में लेनिन ने पूंजीवाद के इस नये इजारेदार रूप की विस्तृत व्याख्या की है। १८६०-१८७० में पूंजीवाद के अन्दर खुली होड़ का बोलबाला था। १८७३ के आर्थिक संकट के बाद पूंजीपतियों के अनेक कार्टेल बने लेकिन ये अभी अपवाद रूप थे। १९००-०३ के आर्थिक संकट के बाद कार्टेल, पूंजीपतियों के ये संघ, बाजार बाँट लेते हैं और तै करते हैं कि कितना माल तैयार किया जाएगा, किस भाव बेचा जाएगा और अन्त में वे मुनाफा बाँट लेते हैं। होड़ के बदले एकाधिकार की स्थापना से पैदावार के समाजीकरण में भारी प्रगति होती है। पैदावार में केन्द्रीकरण बहुत बढ़ जाता है। पूंजीपतियों के संघ एक या अनेक देशों का कच्चा माल कूत लेते हैं और उसे हथिया भी लेते हैं। कुशल मजदूर, यातायात के साधन, माल की खपत के लिए बाज़ार—इन सभी में इजारा कायम हो जाता है। पैदावार तो समाजगत हो जाता है लेकिन उपज पर अधिकार व्यक्तिगत ही रहता है। इजारेदार पूंजीपति दूसरे पूंजीपतियों को खत्म कर देते हैं। अपना इजारा कामय करने के लिए उन्हें धरम-ईमान की बिल्कुल चिन्ता नहीं रहती। पहले महायुद्ध के समय में ही इजारेदारों द्वारा छोटे पूंजीपतियों का नाश अमरीका में इतना आम हो गया था कि लेनिन ने अपनी पुस्तक में उसे "अमरीकी नुस्खा" कहा है।

होड़ के बदले इजारे की स्थापना को लेनिन ने आधुनिक पूंजीवादी व्यवस्था की अत्यन्त महत्त्वपूर्ण विशेषता कहा है। वर्तमान काल में इजारेदार संघों (मोनोपली) का कायम होना पूंजीवाद के विकास का आम और बुनियादी नियम है। इससे आर्थिक संकट दूर नहीं होते वरन् पूंजीवादी पैदावार की भीतरी अराजकता और बढ़ जाती है। खेती और उद्योग-धन्धों के बीच की विषमता और तीव्र हो जाती है। कोयला, लोहा आदि के बड़े उद्योगों पर जोर ज्यादा रहता और है पैदावार के दूसरे क्षेत्रों में सन्तुलित विकास का अभाव रहता है।

पैदावार में केन्द्रीकरण और एकाधिकार की स्थापना के अलावा आधुनिक पूंजीवाद की दूसरी विशेषता बैंक-पूंजी की भूमिका है। बैंकों का काम लेन-देन में मध्यस्थता करना है। लेन-देन के सिलसिले में चारों तरफ़ से धन बटोर कर बैंक उसे पूंजीपतियों के हवाले करते हैं और इस तरह जोड़ा हुआ धन मुनाफा

कमाने वाली सक्रिय पूंजी का रूप ले लेता है। क्रमशः ये बैंक पूंजीपतियों का सारा पैसा, छोटे-मोटे कारबारियों का पैसा अपने हाथ में करके इजारेदार बन बैठते हैं। एक या अनेक देशों के कच्चे माल पर भी उनका इजारा कायम हो जाता है। बड़े बैंक छोटे बैंकों को खत्म कर देते हैं या उन्हें अपने दायरे में लेकर उन्हें हज़म कर लेते हैं। बैंक पूंजी द्वारा बिखरे हुए हजारों कारोबार एक ही राष्ट्रीय अथवा अन्तराष्ट्रीय पूंजीवादी आर्थिक इकाई के अंग बन जाते हैं। बैंक राष्ट्रीय और अन्तरराष्ट्रीय पैमाने पर पैदावार के साधनों पर नियन्त्रण रखते हैं। बैंक-पति विभिन्न पूंजीपतियों की स्थिति की जाँच करते हैं और फिर उन्हें अपने नियन्त्रण में लाकर उनके भाग्य-विधाता बन जाते हैं। उद्योगपति महाजन पर निर्भर हो जाता है। उद्योग-धन्धों और व्यापार के साथ बैंकों का घनिष्ठ सम्बन्ध स्थापित हो जाता है। बैंकपति उद्योग-धन्धों में शेयर खरीद लेते हैं, उनके डायरेक्टरों के बोर्ड में बैंक-डायरेक्टर शामिल हो जाते हैं और औद्योगिक पूंजी और बैंक-पूंजी एक-दूसरे से घुल-मिल जाती हैं। इस तरह महाजनी पूंजी समाज पर अपना प्रभुत्व कायम करती है। यही नहीं, एक विशेष जाति के महाजन दूसरी जाति के पूंजीपतियों को अपना कर्ज़दार बना लेते हैं। पहले महायुद्ध के समय फ्रांसीसी बैंकपतियों को यूरोप का महाजन कहा जाता था। औद्योगिक विकास अवरुद्ध होने पर भी फ्रांसीसी महाजन सूदखोरी द्वारा धन बटोरते जाते थे। लेनिन ने दिखलाया है कि पहले महायुद्ध के समय विश्व महाजनी पूंजी (फिनान्स कैपिटल) का अस्सी प्रतिशत भाग जर्मनी, अमरीका, इंगलैंड और फ्रान्स—इन चार देशों के हाथ में था। "इस तरह किसी-न-किसी रूप में लगभग सारा संसार इन चार अन्तरराष्ट्रीय बैंकपतिदेशों, विश्व की महाजनी पूंजी के इन चार 'स्तंभों' का ऋणी है या उन्हें खिराज देता है।" (लेनिन)

महाजनी पूंजी के इस प्रभुत्व की एक विशेषता यह होती है कि बाहर के बाज़ार में पूंजी का निर्यात शुरू होता है। औद्योगिक पूंजीवाद की मुख्य विशेषता बाहर के बाज़ार में तैयार माल का निर्यात था; महाजनी पूंजी की मुख्य विशेषता पूंजी का निर्यात है। ब्रिटिश पूंजी ब्रिटिश उपनिवेशों में लगाई गई। उपनिवेश तैयार माल की खपत के लिए बाज़ार मात्र न रहकर पूंजी-निर्यात के लिए क्षेत्र बन जाते हैं। फ्रांसीसी पूंजी खासकर यूरोप में लगाई गई। "यह सरकारी उधार (गवर्नमेंट लोन) के रूप में मुख्यतः उधार वाली पूंजी है, उद्योग-धन्धों में लगाई हुई पूंजी नहीं" (लेनिन)। जर्मन पूंजी यूरोप और अमरीका दोनों में लगी हुई थी। सारी दुनिया में महाजनी पूंजी का जाल बिछ जाता है। उपनिवेशों में कायम किए हुए बैंक इस कारोबार में महत्त्वपूर्ण भूमिका पूरी करते हैं। जिन देशों में पूंजी लगाई जाती है, उनमें पूंजीवाद का प्रसार और तेज़

होता है लेकिन इसीसे पूंजी का निर्यात करने वाले देश के विकास में एक हद तक रुकावट भी आ सकती है।

लेनिन ने पूंजीवाद के उन समर्थकों को जवाब दिया है जो यह कहते थे कि पूंजी का निर्यात करने वाले देश अपने यहाँ खेती का विकास करके अपनी जनता की दशा सुधार सकते हैं। लेनिन का कहना था कि पूंजीवाद यह सब कर सके तो वह पूंजीवाद न रह जाय। विषम विकास और जनता की बदहाली इस उत्पादन-पद्धति की बुनियाद और शर्तें हैं। जिस अतिरिक्त पूंजी का निर्यात किया जाता है, वह अपने ही घर में जनता का जीवन-स्तर ऊँचा करने के लिए इस कारण इस्तेमाल नहीं की जाती कि इससे पूंजीपतियों का मुनाफा कम हो जाएगा। पिछड़े हुए देशों में पूंजी का निर्यात करके यह मुनाफा बढ़ाया जाता है। इन पिछड़े हुए देशों में पूंजी कम होती है, ज़मीन सस्ती होती है, पगार कम देनी पड़ती है, कच्चा माल सस्ता होता है और मुनाफ़ा भारी मिलता है। ये पिछड़े हुए देश अन्तरराष्ट्रीय पूंजीवादी-कारोबार में सिमट आये हैं, इनमें रेलें बन गई हैं या बनाई जा रही हैं और औद्योगिक विकास के लिए मूल शर्तें पूरी हो गई हैं। इसलिए इनमें पूंजी लगाई जाती है। इसके सिवा लेनिन के अनुसार "कुछ देशों में पूंजीवाद ज़रूरत से ज़्यादा पक चुका है" और वहाँ पूंजी लगाने से काफ़ी मुनाफा न मिलेगा; इसलिए पूंजी का निर्यात होता है।

पूंजी का निर्यात बढ़ने से पूंजीपति-संघों में अन्तरराष्ट्रीय पैमाने पर समझौते होते हैं। उनके प्रभाव-क्षेत्र बँट जाते हैं और इस तरह वे दुनिया को आपस में बाँट लेते हैं। लेनिन ने दिखलाया है कि बिजली, तेल, व्यापारी जहाजों आदि के कारोबार में ये विशाल अन्तरराष्ट्रीय संघ किस तरह काम करते हैं। इन इजारेदार-संघों द्वारा संसार का बँटवारा पूंजी के केन्द्रीकरण का परिणाम है। यह केन्द्रीकरण इस हद तक बढ़ा है कि मुनाफ़ा कमाने के लिए पूंजीपतियों के सामने यही रास्ता रह जाता है। यह बँटवारा इजारेदारों की पूंजी और शक्ति के अनुसार होता है। महाजनी पूंजी पूर्ण रूप से स्वाधीन देशों को भी अपने अधीन कर लेती है लेकिन "अधिकतम मुनाफ़ा" (लेनिन) कमाने में उसे सुविधा होती है यदि देश राजनीतिक रूप से भी पराधीन हो। उपनिवेशों के अलावा अर्द्ध-स्वाधीन देशों को अपने प्रभाव-क्षेत्र में लाने के लिए संघर्ष तीव्र हो उठता है। उपनिवेश होने से इजारेदारों को होड़ का भय नहीं रहता और सफलता की पूरी गारंटी रहती है। "जितना ही पूंजीवाद विकसित होता है, उतना ही कच्चे माल की ज़रूरत पड़ती है, होड़ उतनी ही कठोर हो जाती है और सारी दुनिया में कच्चे माल की तलाश और भी सरगर्मी से होती है और उपनिवेश प्राप्त करने के लिए संघर्ष और भी तीव्र हो जाता है।" (लेनिन)। इज़ारेदार पूंजीवाद की

वैदेशिक नीति का सारतत्त्व यह है कि बड़ी पूंजीवादी ताकतें संसार के आर्थिक और राजनीतिक बँटवारे के लिए प्रयत्न करती हैं। देशों की पराधीनता के अनेक रूप होते हैं। कुछ देश वैज्ञानिक दृष्टि से स्वाधीन होते हैं लेकिन आर्थिक और कूटनीतिक जाल में फँसे रहते हैं। इस सिलसिले में लेनिन ने अँग्रेज़ों के व्यापारी उपनिनेश अर्जेण्टीना की मिसाल दी है जो कहने को स्वाधीन देश था।

इस इजारेदार पूंजीवाद को लेनिन ने जाँगरचोर की संज्ञा दी है। कामचोरी उसकी विशेषता है। पूंजीवादी इजारे में "अनिवार्य रूप से ठहराव और पतन का रुझान पैदा होता है। जब इजारेदारी भाव, अस्थायी रूप से ही सही, कायम हो जाते हैं, तब कौशल सम्बन्धी प्रगति और फलतः सभी प्रगति के लिए प्रेरणा एक हद तक ख़त्म हो जाती है और उस हद तक यह आर्थिक सम्भावना पैदा होती है कि जानबूझ कर कौशल-सम्बन्धी प्रगति रोकी जाय। यह ठीक है कि कौशल-सम्बन्धी सुधार लागू करके पैदावार की लागत कम करने और मुनाफा बढ़ाने की सम्भावना परिवर्तन की दिशा में प्रेरित करती है। फिर भी ठहराव और पतन की ओर रुझान, जो मोनोपली की एक विशेषता है, कायम रहती है और कुछ उद्योग-धन्धों में, कुछ देशों में कुछ समय के लिए यह रुझान ज़ोर पकड़ लेता है।" (लेनिन)। थोड़े से देशों के पूंजीपति अपने इजारे से भारी मुनाफ़ा कमाते हैं और इसलिए यह आर्थिक सम्भावना पैदा होती है कि मज़दूरों में ऊपर वाले स्तर को पैसा देकर फुसला लें। इससे मज़दूर वर्ग में अवसरवाद को दृढ़ सहायता मिलती है। इस सम्बन्ध में लेनिन ने मार्क्स के नाम ऐंगेल्स के पत्र का हवाला दिया है जिसमें मज़दूर वर्ग के एक हिस्से को फुसलाने का ज़िक्र है। ऐंगेल्स ने लिखा था, "अँग्रेज़ सर्वहारा दिन पर दिन पूंजीवादी बनता जा रहा है। सभी देशों में सबसे अधिक पूंजीवादी यह देश, लगता है, पूंजीपति वर्ग के अलावा पूंजीवादी अभिजात वर्ग और पूंजीवादी सर्वहारा वर्ग भी प्राप्त करना चाहता है। सारी दुनिया का शोषण करने वाली जाति के लिए यह एक हद तक युक्तिसंगत है।"

लेनिन ने इजारेदार पूंजीवादी अथवा साम्राज्यवाद की राजनीतिक विशेषता यह बतलाई है कि वह हर तरह से प्रतिक्रियावादी है। उसके निम्न पूंजीवादी आलोचकों के बारे में उन्होंने लिखा है कि वे साम्राज्यवाद और पूंजीपति-संघों के अटूट सम्बन्ध को स्वीकार करने में झिझकते थे। इसलिए उनकी आलोचना एक "पवित्र कामना" मात्र थी। लेकिन इजारेदार-संघों की नीति की छानबीन करने से पता चलता है कि दुनिया के बँटवारे के लिए युद्ध होते हैं और युद्धों के बीच सुलह के समय पूंजीपति जो दलबन्दी करते हैं, वह युद्ध की तैयारी के लिए होती है। जातीय उत्पीड़न बढ़ जाता है और दूसरों की राष्ट्रीय स्वाधीनता का

उल्लंघन करने की बार-बार कोशिश की जाती है। लेनिन ने इजारेदार पूंजीवाद को पतनशील पूंजीवाद कहा है। साथ ही सावधान भी किया है कि इसका यह अर्थ नहीं है कि पूंजीवाद की तीव्र प्रगति नहीं हो सकती। "कुल मिलाकर पूंजीवाद पहले से कहीं ज़्यादा तेज़ी से बढ़ रहा है। लेकिन यह बढ़ती आमतौर से दिन पर दिन ज़्यादा विषम ही नहीं होती जाती, उसकी विषमता, खासतौर से, उन देशों के ह्रास में प्रकट भी होती है जो पूंजी में सबसे धनी हैं (जैसे कि इंगलैंड)।" इसलिए लेनिन ने इस पूंजीवाद को गतिरुद्ध पूंजीवाद भी कहा है।

इजारेदार पूंजी के बारे में लेनिन ने जो बातें लिखी हैं, वे स्वयं पूंजीवादी अर्थशास्त्रियों के दिए हुए तथ्यों से सिद्ध होती है। इस सम्बन्ध में एस० जे० फ़्लिक की पुस्तक "दि अमेरिकन इकौनौमी" (न्यूयौर्क, १९४८) का हवाला दिया जा सकता है। १९४० में संयुक्त राष्ट्र अमरीका की राष्ट्रीय आय सौ बिलियन डालर थी। दूसरे महायुद्ध से पहले राष्ट्रीय आय इस संख्या तक कभी न पहुँची थी। "फिर भी उसी वर्ष बेकारों के रजिस्टर में अस्सी लाख से ज़्यादा लोगों के नाम दर्ज थे जो काम करने के लिए तैयार थे, लेकिन जिन्हें उपयुक्त पारिश्रमिक देने वाला काम न मिलता था।" (पृ० ३)। इससे सिद्ध होता है कि इजारेदार पूंजी का मुनाफा बेहिसाब बढ़ने पर भी आम जनता की समस्या हल नहीं होती वरन् बेकारी—सरकारी तौर पर स्वीकृत बेकारी—अभूतपूर्व पैमाने पर बढ़ जाती है।

बीसवीं सदी में अमरीकी अर्थतंत्र के भीतर जो मुख्य परिवर्तन हुए हैं, वे ये हैं—(१) बड़े कारबारियों (बिग बिज़नेस) की प्रमुखता, (२) खुली होड़वाले बाज़ार के बदले एक मिले-जुले अर्थतंत्र की ओर—यानी अंशतः होड़वाले बाज़ार और अंशतः इजारेदारी के बाज़ार की ओर—संक्रमण, (३) अन्तरराष्ट्रीय महाजन-राष्ट्र (क्रेडिटर नेशन) के रूप में संयुक्त राष्ट्र अमरीका का अभ्युदय, (४) आर्थिक कार्यवाही का नियमन करने वाले (रेगूलेटर) रूप में राज्यसत्ता यानी संघीय शासन (फेडरल गवर्नमेंट) का प्रादुर्भाव, और (५) आर्थिक संकटों (बिज़िनेस साइकिलों) का और तीव्र होना। (उप० पृ० ५३)।

लेनिन के बाद जो विशेष परिवर्तन हुआ, वह यह कि चार बड़े महाजन राष्ट्रों में संयुक्त राष्ट्र अमरीका ने सबसे बाज़ी मार ली। विश्व पैमाने पर पूंजी का केन्द्रीकरण और बढ़ा। अमरीका अन्तरराष्ट्रीय महाजन बना। राज्यसत्ता (पूंजीपतियों के हित में) आर्थिक कार्यवाही का नियमन करने लगी। बाज़ार में इजारेदारों का प्रभुत्व बढ़ा। साथ ही अबाध प्रगति के बदले आर्थिक संकट और तीव्र हुए। ये सब तथ्य इजारेदार पूंजी के बारे में लेनिन की स्थापनाओं को पुष्ट करते हैं।

फ्लिक का कहना है कि ताज़े फलों, शाक, माँस, दूध वगैरह में अनियंत्रित होड़ चलती है लेकिन राष्ट्रीय पैमाने पर विज्ञापित वस्तुओं में एक-सा भाव कायम रखा जाता है। "मोटर बनाने वालों और उन्हें वितरित करने वालों दोनों में होड़ मौजूद रहती है। लेकिन आर्थिक वर्ष (मॉडेल यीअर) भर कीमतें निश्चित रहती हैं। कम्पनी ने जो भाव पहले से तै किया है, उसके हिसाब से बेचते हुए बिक्री मंदी हो जाय तो उत्पादन कम कर दिया जाता है और भाव ज्यों का त्यों रखा जाता है।" (उप० पृ० ६०)। एकाधिकारी पूंजी अपना मुनाफ़ा कायम रखने के लिए बिक्री की दर न घटा कर उत्पादन ही घटा देती है, यह तथ्य इसकी बहुत अच्छी मिसाल है। यह एक तरह का इजारा हुआ। फ्लिक के अनुसार इसे इजारेदारी होड़ (मोनोपलिस्टिक कम्पटीशन) कहते हैं।

इसके सिवा रेलें वगैरह: सार्वजनिक व्यवहार का कारबार (पब्लिक यूटीलिटीज़) हैं। इनमें कंपनियों को शासन की ओर से चार्टर मिलता है जो "उनके विशेष बाज़ारों में नये आने वालों के प्रवेश से उनकी रक्षा करता है" (उप० पृ० ६०)। भाव क्या होगा और पैदावार कितनी होगी, इसका नियमन शासन द्वारा होता है। इस तरह के इजारे में भी हम शासन और पूँजीपतियों का घनिष्ठ सम्बन्ध देखते हैं। फ्लिक के अनुसार यह "फ्रैंचाइज़ मोनोपली" (शासन-स्वीकृत इजारा) है।

तीसरी तरह का इजारा इस प्रकार है। लोहा, नमक, रांगा, कोयला, कागज, बिजली आदि में सबसे बड़ी कंपनी "नेता" कहलाती है। भाव और उत्पादन की मात्रा यह 'नेता" तै करती है। इस इजारे का सूत्र है, "नेता के पीछे चलो।" कोई बाकायदा समझौता नहीं किया जाता क्यों कि इस तरह की कार्यवाही ट्रस्ट-विरोधी कानूनों का उल्लंघन करेगी। फिर भी नेता भाव में कोई तब्दीली करे तो उस धंधे के दूसरे फर्म आमतौर से तुरंत उसका अनुसरण करेंगे। (पृ० ६१) इसे "भावनेतृत्व" (प्राइस लीडरशिप) कहते हैं। लोहे और कोयले के बड़े उद्योग-धन्धों में इजारेदार पूंजी व्यवहार में कानूनों का उल्लंघन करके अपना अधिकतम मुनाफा कायम रखती है।

इसके सिवा होड़वाले बाज़ार में भी उत्पादक और व्यापारी अक्सर अपनी संस्थाओं में संगठित रहते हैं। इन व्यापारी संस्थाओं ने अपने कार्य में श्रम-विभाजन किस तरह कर लिया है, इसकी रोचक मिसाल अमरीका में मिलती है। कुछ तो कारबार-सम्बन्धी सूचताएँ इकट्ठी करने और अपने सदस्यों में इन्हें वितरित करने तक अपने को सीमित रखती हैं। दूसरी संस्थाएँ विधान-सभाओं के सामने किसी विशेष उद्योग या धन्धे की ओर से लॉबी-कार्य करती हैं [यानी जनता द्वारा निर्वाचित लोकसभाओं के सदस्यों को पूँजीपतियों के हित विशेष

में प्रभावित करती हैं]। इसके बाद तीसरी तरह की व्यापार-संस्थाएँ विज्ञापन वगैरह के ज़रिये अपने सदस्यों की उपज की बिक्री बढ़ाती हैं या संबन्धित फर्म भाव में कोई तब्दीली कर रहे हों तो इस सिलसिले में सूचना का आदान-प्रदान करती हैं। (उप० पृ० ६१)। उत्पादन और वितरण के समाजीकरण की यह एक और मिसाल है।

अमरीका पूँजीवादी संसार में सबसे बड़ा महाजन कैसे बना, यह ध्यान देने योग्य है। १८६० से १९१४ तक यूरोप के पूँजीपतियों ने अमरीका के उद्योग-धन्धों में सात बिलियन (एक बिलियन एक हज़ार मिलियन के बराबर और एक मिलियन दस लाख के बराबर) से ऊपर डालर लगाये थे। इसमें आधे से ज़्यादा पूँजी रेलों में लगी थी। इस बीच विदेश में लगी हुई अमरीकी पूंजी साढ़े तीन बिलियन डालर से कुछ ऊपर थी। "प्रथम विश्व युद्ध ने पाँच वर्षों की छोटी अवधि में अमरीका की अन्तरराष्ट्रीय कर्जदार की स्थिति बदल दी" (उप० ६३)। यूरोप के राष्ट्र अमरीका से युद्ध का सामान खरीदते थे। अमरीका में लगी हुई पूँजी से उन्होंने इसका भुगतान किया। पहला महायुद्ध ख़त्म होने के बाद अमरीका में विदेशी पूँजी आधी से कम रह गई। विदेश में जो अमरीकी पूँजी लगी थी, वह दुगनी हो गई। इसके सिवा विदेशी हुकूमतों ने अमरीका से युद्ध के लिए कर्ज लिया। अमरीका दस बिलियन डालर से ऊपर रकम पाने का हकदार महाजन बन गया। युद्ध के बाद अमरीकी पूँजी का निर्यात बढ़ा। यूरोप के अलावा दक्खिनी अमरीका, कैनाडा, आस्ट्रेलिया और एशिया में यह पूँजी लगाई गई। "विदेश में पूँजी लगाने वालों में अमरीका ने विश्व में प्रमुख स्थान बना लिया" (उप० पृ० ६३)। इससे पहले इंगलैंड प्रमुख महाजन था और उसकी पूँजी उसके उपनिवेशों और अधीन राज्यों (डोमीनियनों) में लगी हुई थी। प्रथम महायुद्ध के पहले जितनी ब्रिटिश पूँजी बाहर लगी थी, युद्ध के बाद बाहर लगी हुई अमरीकी पूँजी उसकी ड्योढ़ी हो गई। इन निर्यात-पूँजी का चालीस फीसदी यूरोप में लगा था, लगभग २९ फीसदी कैनाडा में (अर्थात् पहले महायुद्ध के बाद अमरीकी पूँजी ने ब्रिटिश प्रभावक्षेत्र में प्रवेश करना शुरू कर दिया था), बाईस फीसदी से कुछ ऊपर दक्खिनी अमरीका में और ८३० मिलियन डालर सुदूर पूर्व, खासतौर से, जापान में। (उप० पृ० ६४)। इसके सिवा अमरीकी पूँजीपति-संघों ने विदेश के मातहत और "दोस्त" पूंजपति संघों (foreign subsidiaries and "friendly" corporations) में पूँजी लगाई। इस तरह प्रथम विश्वयुद्ध के बाद महाजनी पूँजी का जाल और फैला और उसके मुख्य सूत्र अमरीका के हाथ में थे।

"दूसरे विश्व-युद्ध में अमरीका अपने मित्र राष्ट्रों के लिए शस्त्रागार बन

गया" (उप० पृ० ६४)। १६३५ से १६४१ तक अमरीका के पास आठ बिलियन से बढ़कर बाईस बिलियन डालर सोने की निधि (गोल्ड स्टाक) इकट्ठा हो गई। फ्लिक का कहना है कि दूसरा महायुद्ध पहले से भी ज्यादा ध्वंसकारी हुआ है और अमरीका ही बड़े पैमाने पर उधार दे सकता है। "हम कितना उधार देने के लिए राज़ी होंगे, यह घर और बाहर दोनों जगह की आर्थिक और राजनीतिक परिस्थितियों पर निर्भर है।" (उप०)। विश्व पैमाने पर दूसरे देशों के अन्दरूनी मामलों में हस्तक्षेप करने की जो अमरीकी नीति आज प्रत्यक्ष दिखाई देती है, उसका आर्थिक कारण अमरीकी महाजनी-पूंजी की यह स्थिति है। "इस प्रकार संयुक्त राष्ट्र की प्रमुख महाजनी स्थिति (the leading financial position) ने अमरीकी पूँजीवाद को एक झोंक में आज की दुनिया की प्रमुख शक्ति बना दिया है। इसलिए संयुक्त राष्ट्र की विश्वनीति अमरीकी उद्योग-धन्धों, व्यापार और पूंजी (finance) के विश्वहितों से घनिष्ठ रूप से सम्बद्ध है। इसी कारण दुनिया के दूसरे हिस्सों की राजनीति और आर्थिक गतिविधि के प्रति अमरीकी अर्थतंत्र पहले से भी ज्यादा सजग हो गया है।" (उप०)। दूसरे शब्दों में अमरीकी इजारेदार जो युद्ध की धुआँधार तैयारियाँ कर रहे हैं, कम्युनिज़्म से सारे संसार की रक्षा करने की जो कसमें खाते हैं, उसका रहस्य अमरीकी पूंजी के विश्वहितों की रक्षा करना है।

इन विश्वहितों से अमरीकी जनसाधारण के हित भिन्न हैं। इजारेदार पूंजी द्वारा उत्पादन और वितरण पर नियंत्रण रहने पर भी आर्थिक संकट कम नहीं होते, प्राकृतिक विध्वंसकार्यों की तरह ये संकट अमरीकी जनता—और अमरीकी अर्थतन्त्र से बँधे हुए दूसरे देशों की जनता—को त्रस्त करते हैं। इन संकटों का सम्बन्ध उत्पादन और वितरण के उन अंगों से ज्यादा है जहाँ पूंजी का केन्द्रीकरण अधिक हुआ है। "खेतों की उपज इतना नहीं जितना हमारे अर्थतन्त्र के औद्योगिक और व्यापारी अंग आर्थिक संकटों की आवृत्ति का कारण है।" (उप० पृ० ७२)। ये संकट प्राकृतिक नहीं मानवकृत हैं। "इस प्रकार बुनियादी तौर से उद्योग और व्यापार में काम करने वाले व्यक्तियों के निर्णय समृद्धि से मंदी की ओर समय-समय पर संकट पैदा करते हैं। इसलिए आधुनिक संकट मानवकृत हैं, प्रकृति का नतीजा नहीं।" (उप०)

समृद्धि यानी पूंजीपतियों के कारबार की समृद्धि के बाद जब आर्थिक संकट शुरू होता है तब "उत्पादन पर रोक लगाई जाती है और मज़दूर निठल्ले बैठ जाते हैं। पूंजी लगाने वाले चौकन्ने हो जाते हैं; उद्योग-धन्धे और प्रसार के लिए वे धन उधार लेने की इच्छा नहीं करते। प्रसार के दिनों में बैंक उदारता से उधार देते हैं, वे अब उधार की रकम कम देते हैं।" (उप० पृ० ७३)। संकट की

गति पहले धीमी होती है; कुछ दिन के बाद उसकी गति तीव्र और व्यापक हो जाती है। फ्लिक के अनुसार १८७३ का संकट छह साल रहा, १६०७ का संकट १६१३ में खत्म हुआ और "१६३० की मंदी लगभग दस साल तक रही" (उप० पृ० ७४)। इससे सिद्ध होता है कि संकटों की आवृत्ति ही नहीं होती, उनकी तीव्रता और उनकी अवधि भी बढ़ जाती है। १६१३ के संकट के बाद पहला महायुद्ध हुआ; १६३० का संकट दस साल चला यानी उसकी परिणति दूसरे महायुद्ध में हुई। संकट और युद्ध—वह भी साधारण युद्ध नहीं, विश्वयुद्ध—मानव-सभ्यता को इजारेदार पूँजी की ये देन हैं।

फॉस्टर ने अमरीका के इतिहास में पहले महायुद्ध का विश्लेषण करते हुए लेनिन की इस स्थापना पर ज़ोर दिया है कि वर्तमान काल में पूंजीवाद का विकास हर देश में एक-सी गति से न होकर विषम गति से होता है। १६०४ तक सैनिक और औद्योगिक दृष्टि से जर्मनी इंगलैंड से ज़्यादा शक्तिशाली हो गया था। जर्मनी के पास उपनिवेश बहुत कम थे, ब्रिटेन के पास बहुत ज़्यादा। इस विषम स्थिति के कारण दुनिया के बँटवारे के लिए युद्ध हुआ। इस युद्ध में साढ़े छह करोड़ सैनिकों का बटोर हुआ। ८५,३८,३१५ सैनिक मारे गये; २,१२,१६, ४५३ सैनिक घायल हुए और ७३,५०,६१६ सैनिक लापता हुए या बंदी बनाये गये। इसके सिवा लाखों नागरिक भी युद्ध के कारण मारे गये जिनकी इनमें गिनती नहीं है।

पहले महायुद्ध से पूँजीवाद का संकट हल न हुआ। यूरोप में इजारेदार पूँजी ने फासिस्ट व्यवस्था कायम की। जनता के नागरिक अधिकार खत्म करके पूँजी ने आतंक द्वारा विरोध को दबाकर युद्ध की तैयारी की। फॉस्टर के शब्दों में "इजारेदार पूंजी, विश्व साम्राज्यवाद, के पास पूंजीवाद के आम संकट का बुनियादी उत्तर था (और अब भी है)—फासिस्टवाद।" जर्मनी, इटली, जापान एक तरफ़, ब्रिटेन, अमरीका और फ्रांस दूसरी तरफ—इन दो पूंजीवादी गुटों के हितों में परस्पर संघर्ष होने से युद्ध हुआ। जहाँ तक मज़दूर-आंदोलन को दबाने और सोवियत संघ से लड़ने का सम्बन्ध था, सभी इजारेदारों की सहानुभूति जर्मनी के साथ थी। इस युद्ध में सात करोड़ से ऊपर सैनिकों का बटोर हुआ। १,५६,७७,८७६ सैनिक मारे गये। युद्ध के कारण सवा करोड़ से ऊपर नागरिक मारे गये। घायल, लापता और मारे गये कुल लोगों की तादाद चार करोड़ साठ लाख के लगभग आँकी गई है। पहले महायुद्ध की अपेक्षा इस युद्ध में चौगुनी धनराशि खर्च की गई।

दूसरे महायुद्ध में पूंजीवादी देशों की भारी क्षति हुई लेकिन इस बीच अमरीका ने पच्चीस बिलियन डालर तक की उत्पादक शक्ति बढ़ाई। जर्मनी

के पास महायुद्ध छिड़ने के पहले जितने भारी उद्योग-धन्धे थे, उतने अमरीका ने युद्ध के दौरान में और बढ़ा लिए, यानी जर्मनी जितनी औद्योगिक शक्ति का इजाफा किया (फॉस्टर, दोनों अमरीकी महाद्वीपों का राजनीतिक इतिहास, पृ० ४५२)। एक लेखक के अनुसार अमरीका अपनी उत्पादन-क्षमता से पूरा काम ले तो उसकी औद्योगिक उपज बाकी पूँजीवादी संसार से दुगनी होगी। युद्ध के बल पर अमरीका पूँजीवादी संसार का सिरमौर बना। १९४९ में पूँजीवादी संसार का ७३ फीसदी सोना अमरीका के पास था (उप०)। अपनी मार्शल योजना आदि के द्वारा अमरीका ने यूरोप के देशों को अपना याचक बनाकर उन पर अपना प्रभुत्व कायम कर लिया। अमरीकी इजारेदारों ने अपने "मित्र" ब्रिटेन को उसके बाज़ारों से धकियाना शुरू किया १९२९ में अंग्रेजों ने अर्जेन्टीना में जो पूँजी लगाई थी, वह २०१४ मिलियन डालर थी; अमरीकी पूँजी केवल ७७० मिलियन डालर थी। दूसरे महायुद्ध के बाद ब्रिटिश पूँजी ६८८ मिलियन डालर ही रह गई लेकिन अमरीकी पूँजी १०२ बिलियन डालर हो गई। दक्खिनी अमरीक में जितनी कुल अमरीकी पूँजी लगी हुई है, उतनी (छह बिलियन डालर) अकेले कैनाडा में लगी है। इसका अर्थ यह है कि कैनाडा अंग्रेज़ों के बदले अमरीकियों के आर्थिक नियंत्रण में आ गया है। कुछ अमरीकी पत्र यह माँग भी करने लगे हैं कि उसे संयुक्त राष्ट्र अमरीका में मिला लिया जाय (फॉस्टर ने ४ जून १९५० की वालस्ट्रीट जर्नल का हवाला दिया है)।

अक्तूबर १९५२ में अन्तरराष्ट्रीय परिस्थिति का विश्लेषण करते हुए सोवियत नेता मलेंकोव ने कहा था कि युद्ध से अमरीका ने खूब धन कमाया और अमरीकी धन कुबेरों ने विश्व में अपनी आर्थिक स्थिति दृढ़ की। अपने प्रतिद्वन्द्वियों की कमज़ोरी से लाभ उठाकर अमरीका ने पूँजीवादी विश्व-बाज़ार का काफ़ी हिस्सा अपने कब्ज़े में कर लिया। उधार और "सहायता" के ज़रिये अमरीका ने दूसरों के उपनिवेशों पर दखल किया और उनके कच्चे माल के स्रोत हथिया लिये। इससे अमरीका और दूसरे पूँजीवादी देशों में अन्तर्विरोध बढ़ा। विश्व प्रभुत्व कायम करने के लिए अमरीका ने हथियारबंदी शुरू की और इससे अमरीकी इजारेदारों ने भारी मुनाफ़ा कमाया। बुल्गानिन ने अगस्त १९५५ में प्रधान सोवियत के सामने भाषण करते हुए कहा था कि १९४८-४९ के आर्थिक वर्ष में अमरीका ने १२,९०० मिलियन डालर सीधे फौजी मद में खर्च किये। यह रकम कुल बजट का ३२·०६ फीसदी थी। १९५३-५४ के साल अमरीका ने फौजी मद में ४६,५०० मिलियन डालर खर्च किये। यह रकम कुल बजट का ६७·०६ फीसदी थी। इस तरह पाँच साल में अमरीका का फौजी खर्च साढ़े तीन गुना बढ़ गया। इसी बीच ब्रिटेन ने अपना खर्च ७६८ मिलियन पाउंड

(कुल बजट का २४·२ फ़ीसदी) से बढ़ा कर १,६३७ मिलियन पाउंड (कुल बजट का ३८·३ फीसदी) किया। १९४९ में फ्रांस का फौजी खर्च २,८९,००० मिलियन फ्रैंक (कुल बजट का २३·८ फीसदी) था। १९५४ में यह खर्च बढ़कर ११,९२,००० मिलियन फ्रैंक (कुल बजट का ३२·५ फीसदी) हो गया था। ये आँकड़े इस बात का स्पष्ट प्रमाण हैं कि पूँजीवादी देश किस तरह युद्ध की तैयारी में लगे हुए हैं। इनमें सबसे बड़े पैमाने की तैयारी अमरीका की है। इस तैयारी से जनता पर भारी टैक्स लगता है, उसके खाने-खरचने का सामान तैयार नहीं हो पाता, बेकारी दूर नहीं होती—इन सब बातों से इजारेदारों को कोई मतलब नहीं है। उपनिवेशों की जनता साम्राज्यवादी शोषण से मुक्ति चाहती है और उसके लिए संघर्ष करती है तो ये इजारेदार उसे शस्त्रबल से कुचल देते हैं। अंग्रेज़ों ने कीन्या और मलाया में, फ्रांसीसियों ने अल्जीरिया में भयानक नरसंहार रचा है। कानून और जनतंत्र के हामी अंग्रेज साम्राज्यवादियों ने ब्रिटिश गिआना की निर्वाचित सरकार हटाकर अपना निरंकुश शासन चलाया है। अमरीकी साम्राज्यवादियों ने गुआतेमाला में खुली फौजी दखलंदाज़ी करके वहाँ अपने पिट्ठुओं की सरकार बनाई। पूर्वी पाकिस्तान की जनता ने चुनाव द्वारा लीग का शासन उलट दिया लेकिन अमरीकी इशारे पर वहाँ संयुक्त मोर्चे की सरकार न बनी। कश्मीर में अंग्रेज़ों के संकेत पर पाकिस्तान ने हमला किया और अमरीकी हथियारों के बल पर सैनिक उकसावा पैदा कर रहा है। अरबों के ख़िलाफ ब्रिटेन और अमरीका इजरायल द्वारा फौजी उकसावा पैदा कर रहे हैं। यू० ऐन० ओ० का फैसला होने के पहले ही अमरीका ने कोरिया में फौजें भेजीं, वहाँ की भारी धन-जन हानि की, वियेतनाम के युद्ध में फ्रांसीसी साम्राज्यवादियों की मदद की। गोआ के मामले में अमरीका पुर्तगाल के अधिका समर्थन करता है। ताइवान के टापू को अमरीकी जहाजी बेड़े घेरे हुए हैं और उसे चीनी राष्ट्र से मिलकर एक नहीं होने देते। यद्यपि अमरीकी साम्राज्यवाद को अनेक बार सामरिक और राजनीतिक पराजय सहनी पड़ी है, फिर भी उसकी हथियारबन्दी जारी है, सारी दुनिया में उसके फौजी अड्डे कायम हैं और इसलिए युद्ध का ख़तरा भी बराबर बना हुआ है। यह खतरा सारी दुनिया के लिए, एशिया और भारत के लिए भी है।

३० सितम्बर १९५४ को पेकिंग में भाषण करते हुए ख्रुश्चेव ने कहा था, "लेकिन हम इस बात को नज़रंदाज़ नहीं कर सकते कि शांति के दुश्मन इस बात पर तुले बैठे हैं कि मानव जाति को एक दूसरे विश्व-युद्ध में झोंक दें और जनवादी देशों की जनता जो शान्तिपूर्ण रचना का काम कर रही है, उसे भंग कर दें। अन्तरराष्ट्रीय तनाव बढ़ाने के उद्देश्य से साम्राज्यवादी हमलावर उक-

सावा पैदा किये चले जा रहे हैं। सैकड़ों तथ्य यह बतलाते हैं कि वे सज्जन जो पीड़ित देशों के शोषण से खुशहाल रहने के आदी रहे हैं, साम्राज्यवाद से मुक्ति पा चुकने वाले देशों की जनता को फिर गुलाम बनाने की कोशिशों से बाज नहीं आ रहे। शांतिप्रेमी जनता जानती है कि साम्राज्यवादी हमलावर एशिया के लोगों पर बलपूर्वक अपना प्रभुत्व लादना चाहते हैं। अमरीकी फौज ने चीनी द्वीप ताइवान पर कब्ज़ा कर रखा है और वहाँ जो कुओमिंतांग दलों ने अड्डा जमा रखा है, उन्हें साम्राज्यवादी हथियारबन्द करते हैं और उनकी सहायता करते हैं। कोरिया पर हमला करके उन्होंने चीन के खिलाफ युद्ध छेड़ने की कोशिश की थी। कोरिया के जनराज्य की सेना और वीर चीनी स्वयंसेवकों ने हमलावरों का जोश ठंडा कर दिया है।"

जेनेवा सम्मेलन में सोवियत संघ, फ्रांस, ब्रिटेन और अमरीका के नेता मिले। अन्तरराष्ट्रीय तनाव कुछ कम हुआ। पूँजीवादी देशों के नेताओं ने शान्ति कायम रखने के लिए सहयोग की इच्छा प्रकट की। "लेकिन दुनिया की जनता यह सहयोग की इच्छा ही कायम नहीं रखना चाहती। वह चाहती है कि जो रास्ता खुल गया है, उस पर ठोस कदम उठाये जाएँ जिससे कि अन्तरराष्ट्रीय शांति और सुरक्षा कायम रखने और दृढ़ करने में वास्तविक योगदान हो।" (३० जुलाई १९५५ को चाऊ एन लाई के भाषण से)। जेनेवा सम्मेलन में कोरिया के बारे में कोई समझौता न हुआ। अमरीका ने १६ मई १९५५ को कम्बोदिया से फौजी सहायता देने का समझौता करके जेनेवा-सम्मेलन में कम्बोदिया की स्वीकृत तटस्थता का उल्लंघन किया।

३० जनवरी १९५६ को अन्तरराष्ट्रीय परिस्थिति पर अपने भाषण में चाऊ एन लाई ने कहा था, "सारी दुनिया देखती है कि अमरीकी हमलावर लड़खड़ाती हुई औपनिवेशिक व्यवस्था को खड़ा रखने के लिए ही पूरा जोर नहीं लगा रहे हैं वरन् आज संसार के सबसे बड़े उपनिवेशवादी वे खुद हैं। सारी दुनिया में फौजी अड्डों का जाल बिछाकर, फौजी गुट संगठित करके और कम विकसित देशों को तथाकथित 'सहायता' देकर वे अपना औपनिवेशिक शासन फैलाने और विश्व-प्रभुत्व कायम करने की कोशिश कर रहे हैं।" चाऊ एन लाई ने बतलाया कि अमरीकी हमलावर हर समाजवादी देश में तोड़-फोड़ संगठित करने का कार्यक्रम चला रहे हैं। जो देश अपनी स्वाधीनता की रक्षा करना चाहते हैं, उनमें हथियारों के बल पर राजकीय परिवर्तन कराने में वे संकोच नहीं करते। उन्होंने कहा कि संसार की आम जनता के दबाव के कारण "अमरीकी सरकार को कभी-कभी ऐसे कदम उठाने पड़ाते हैं जो वस्तुगत रूप से अन्तरराष्ट्रीय तनाव कम करने में सहायक होते हैं। लेकिन अमरीकी हमलावर तनाव में कोई वास्त-

विक कमी नहीं देखना चाहते । उन्हें डर लगता है कि हथियारबन्दी की बढ़ती और युद्ध की तैयारियों से इजारेदार पूंजी को जो मुनाफ़ा मिलता है, वह कम न हो जाय । इसलिए हर बार जब विश्व-तनाव में थोड़ी कमी होती है, तब वे इस बात की ज़ोरों से कोशिश करते हैं कि तनाव बढ़े और तनाव में ज्यादा कमी न हो ।" तनाव का मुख्य कारण अमरीकी इजारेदारों का मुनाफ़ा है और जब तक यह इजारेदार पूंजी कायम है, तब तक युद्ध का ख़तरा भी बना रहेगा ।

हथियारबन्दी कायम रखने के लिए अमरीकी इजारेदार झूठे प्रचार द्वारा अपने देश में जनता के अन्दर युद्ध का भय कायम रखते हैं । उनका मुख्य अस्त्र कम्युनिस्ट "गुप्तचरों" से अमरीका की रक्षा के लिए षड्यन्त्र रचना है । इस सम्बन्ध में झूठे अपराध लगाकर उन्होंने रोजेन बर्ग दम्पत्ति की हत्या की जिसके बारे में ब्रिटिश दार्शनिक लार्ड बर्ट्रेण्ड रसेल ने कहा है कि जर्मन नाज़ियों की तरह अमरीकी गुप्तचर विभाग ने उनकी हत्या कराई है । मज़दूर आन्दोलन का दमन करने के लिए इजारेदार खरीदे हुए नेताओं, झूठे मुकदमों वग़ैरह से ही काम नहीं लेते, वे सीधे शस्त्रबल का उपयोग भी करते हैं । अगस्त ११५५ में न्यूकैसल, इण्डियाना में हड़ताल हुई । कम्पनी ने हड़ताल-तोड़कों के ज़रिये काम चालू रखने की कोशिश की लेकिन सफल न हुए । सितम्बर में मज़दूरों ने न्यू कैसल फाउण्ड्री पर कब्जा कर लिया और ९ दिन तक कब्जा किए रहे । अक्तूबर में मज़दूरों ने एक शान्तिपूर्ण प्रदर्शन किया जिस पर गोली चलाई गई और नौ मजदूर घायल हुए । ६ अक्तूबर को टैंकों के साथ छह सौ सैनिकों ने न्यू कैसल को घेर लिया । उन्होंने फाउण्ड्री पर कब्जा कर लिया और मज़दूरों को आतंकित करने के लिए सड़कों पर गश्त लगाने लगे । १० अक्तूबर को इण्डियाना के पूर्वी हिस्से में मार्शल लॉ जारी कर दिया गया; और भी टैंकों के साथ चार सौ सैनिक और भेज दिए गए । इस तरह फौज के बल पर इजारेदार मज़दूर-संघर्ष दबा रहे हैं । (न्यू टाइम्स, २० अक्तूबर १९५५) ।

इजारेदारों के खिलाफ़ उनके घर में ही मज़दूरों और अन्य शान्तिप्रेमी जनता का प्रतिरोध बढ़ रहा है । जिन पिछड़े हुए देशों को वे अपने चंगुल में फँसाना चाहते हैं, उनसे तनातनी बढ़ रही है । लंका में कोटलावाला की हार दिखलाती है कि एशिया में अमरीका-परस्त नेताओं की राजनीति जनता को पसन्द नहीं है । मिस्र, भारत बर्मा, अफगानिस्तान, इण्डोनीशिया आदि देश अमरीकी गुटबाज़ी का विरोध करते हैं । जॉर्डन जैसे छोटे से देश की जनता ने अपनी हुकूमत को मजबूर किया कि बगदाद गुट में शामिल न हो और अँग्रेज़ सेनापति और दूसरे अँग्रेज अफसरों को बर्ख़ास्त करे । इसके सिवा साम्राज्यवादी देशों के अन्दर तनाव बढ़ रहा है । फ्रांसीसी प्रधान मन्त्री मोले ने अमरीकी पत्र "यू०

ऐस० न्यूज ऐण्ड वर्ल्ड रिपोर्ट" से एक भेंट में कहा था, "हम लोगों में से हर एक अलगाव में, अक्सर एक-दूसरे से होड़ करता हुआ घूमता है। यह बात समझने के लिए इतना ही देखना काफी है कि अरब जगत् में क्या हो रहा है। वहाँ हम में से हर एक अपने पेट्रोल की रक्षा के लिए सारे मध्य पूर्व में आग लगा देने की तैयारी के सिलसिले में है।" साम्राज्यवादी देश सोवियत संघ और अन्य समाजवादी देशों के खिलाफ ही युद्ध की तैयारी नहीं करते, वे भीतर-भीतर एक-दूसरे के खिलाफ भी युद्ध की तैयारी करते हैं। 'सोवियत संघ में समाजवाद की आर्थिक समस्याएँ" नाम की पुस्तक में स्तालिन ने लिखा था कि दूसरे महायुद्ध का सबसे महत्त्वपूर्ण आर्थिक परिणाम पूँजीवाद के विश्वव्यापी बाज़ार का छिन्न-भिन्न होना है। पूँजीवादी बाज़ार के मुकाबले में एक समाजवादी बाज़ार कायम हो गया है। इससे पूँजीवादी देशों का शोषण-क्षेत्र कम हो गया है। वे अपनी कठिनाइयाँ दूर करने के लिए हथियारबन्दी, मार्शल योजना आदि का सहारा ले रहे हैं। बाज़ारों के लिए पूँजीवादी देशों में अब भी होड़ कायम थी, इसलिए स्तालिन के अनुसार पूँजीवादी देशों के बीच युद्ध भी अनिवार्य था।

इस सम्बन्ध में सोवियत कम्युनिस्ट पार्टी की बीसवीं काँग्रेस में ख्रुश्चेव ने कहा था, "बाज़ारों की समस्या और भी तीखी हो रही है। कारण यह कि नये और बढ़ते हुए समाजवादी विश्व-बाज़ार के निर्माण के फलस्वरूप पूँजीवादी विश्व-बाजार की सीमाएँ दिन पर दिन संकुचित होती जाती हैं। इसके सिवा औपनिवेशिक जुआ उतार फेंकने पर कम विकसित देश अपने उद्योग-धन्धों का विकास शुरू करते हैं। इसका अनिवार्य फल यह होता है कि औद्योगिक उपज के लिए बाज़ार और भी संकुचित होते हैं। इस सबका अर्थ यह है कि साम्राज्यवादी शिविर में बाजारों और प्रभाव-क्षेत्रों के लिए संघर्ष और भी तीव्र होगा।" ख्रुश्चेव के अनुसार अमरीका ने दूसरे महायुद्ध के बाद पूँजीवादी विश्व-बाजार में जो एकाधिकारी पद पाया था, वह ख़त्म हो गया है। १९४७ में विश्व-निर्यात में अमरीकी हिस्सा ३२·५ फीसदी था। बाद को यह १९ फीसदी तक आ गया। १९४७-४८ में पूँजीवादी संसार की औद्योगिक पैदावार में अमरीकी हिस्सा ६० फीसदी था, अब केवल पचास फीसदी है। सामने और बाजार नहीं हैं, इसलिए पैदावार में महत्त्वपूर्ण बढ़ती की सम्भावना नहीं है। ब्रिटेन और फ्रांस ने अपनी युद्धपूर्व की स्थिति लगभग प्राप्त कर ली है। उसके सिवा पच्छिमी जर्मनी और जापान भी प्रतिद्वन्द्वी के रूप में सामने आ गए हैं। उन्होंने भी अपनी युद्धपूर्व की स्थिति प्राप्त कर ली है। "आज इन देशों में से हर एक के निर्यात की बढ़ती प्रतिद्वन्द्वियों के बीच तीव्र संघर्ष के फलस्वरूप ही सम्भव है।" पच्छिमी जर्मनी और जापान की बढ़ती हुई कार्यवाही ब्रिटेन को पसन्द नहीं है और इन

देशों को इस बात से असन्तोष है कि ब्रिटेन उन्हें अपने बाज़ारों से बाहर रखता है। इन सभी को अमरीका से असन्तोष है जिसने एकतरफ़ा व्यापार चलाकर विश्व-बाज़ार को अव्यवस्थित कर दिया है, दूसरों के माल की आमद पर अपने बाजार में रोक लगा रखी है, पूर्व के देशों से व्यापार पर प्रतिबन्ध लगा रखे हैं, वगैरह। "पूंजीवादी देशों के बीच आर्थिक संघर्ष बराबर जोर पकड़ता जा रहा है।" सहयोग के नाम पर अमरीकी इजारेदार ब्रिटिश साम्राज्य के मर्मस्थलों पर अधिकार करते जाते हैं। उधर दो महायुद्धों का अनुभव बतलाता है कि "बाजारों के लिए संघर्ष करने में जर्मन इजारेदार कुछ भी उठा नहीं रखते।" दुनिया का बँटवारा करने के लिए साम्राज्यवादी देश हमेशा फौजी गुट बनाते हैं। विश्व-प्रभुत्व कायम करने के लिए कम्युनिस्ट-विरोध द्वारा आँखों में धूल झोंकते हैं। "यहाँ नयी चीज़ यह है कि संयुक्तराष्ट्र अमरीका हर तरह की सन्धियों और गुटों के ज़रिये पूंजीवादी संसार में अपने लिए प्रभुत्व की जगह कायम करना चाहता है और गुटों में शामिल होने वाले अपने साथियों को अपने आज्ञाकारी अनुचर बनाकर रखना चाहता है।" ऐसी स्थिति में "यदि मज़दूर वर्ग एक होकर संगठित शक्ति के रूप में सामने आये और दृढ़ता से काम करे तो युद्ध न होगा।" सोवियत कम्युनिस्ट पार्टी की बीसवीं काँग्रेस में कगानोविच ने स्तालिन के शब्द दोहराते हुए कहा था कि शान्तिरक्षा का भार जनता खुद ले ले और अन्त तक उसके लिए प्रयत्न करे तो शान्ति कायम रहेगी।

आज जनता के भाग्य का फैसला साम्राज्यवादियों पर निर्भर नहीं है। पूंजीवादी देशों की जनता, वहाँ का मज़दूर वर्ग और समाजवादी देश युद्ध रोकने के लिए एक विराट शक्ति बनकर खड़े हुए हैं।

१०. समाजवाद की ओर

पूंजीवादी उत्पादन-पद्धति के साथ समाजवादी विचारधारा का जन्म हुआ। पूंजीवादी शोषण के साथ मज़दूर वर्ग का संघर्ष आरम्भ हुआ। विभिन्न देशों और विभिन्न समय पर इस संघर्ष ने सत्ता पर अधिकार और समाजवाद की रचना के लिए उद्योग का रूप भी लिया। "फ्रान्स का गृहयुद्ध" की भूमिका में ऐंगेल्स ने (१८९१ में) लिखा था कि १७८९ से ही फ्रान्स का आर्थिक और राजनीतिक विकास इस तरह हुआ था कि पैरिस में कोई भी क्रांति बिना सर्वहारा रूप लिए न हो सकती थी। १८४८ में फ्रान्स के पूंजीपति वर्ग ने मतदान में सुधार के लिए आन्दोलन किया। शासन से संघर्ष करते हुए उसे जनता का सहारा लेना पड़ा। शासन और उसके विरोधियों का संघर्ष जब चरम सीमा को पहुँच गया तब "मज़दूरों ने सड़कों पर लड़ाई शुरू की" (ऐंगेल्स)। मज़दूरों ने प्रजातन्त्र स्थापित किया और उसे "सामाजिक" प्रजातन्त्र कहा। इसका अर्थ उनके लिए स्पष्ट न था लेकिन वे सशस्त्र थे और नयी तरह का प्रजातन्त्र चाहते थे। पूंजीवादी नेताओं के पैर मज़बूत होते ही उन्होंने पहला काम यह किया कि मज़दूरों को निःशस्त्र किया। जून १८४८ में उन्होंने मज़दूरों को विद्रोह करने पर मजबूर किया। पाँच दिन के वीरतापूर्ण संघर्ष के बाद मज़दूर पराजित हुए। निरस्त्र बन्दियों का भयानक नरमेध हुआ।

१८७० में जर्मनी और फ्रान्स में युद्ध हुआ। फ्रान्सीसी राजतन्त्र ढह गया और फ्रांस को प्रजातन्त्र घोषित किया गया। पैरिस के जो निवासी हथियार उठाने योग्य थे, वे राष्ट्रीय रक्षादल में शामिल हो गये। इस रक्षादल में मज़दूरों की संख्या सबसे ज्यादा थी। लेकिन आरम्भ से ही पूंजीवादी शासन और मज़दूरों में संघर्ष छिड़ गया। ८ जनवरी १८७१ को पैरिस ने जर्मन सेना के सामने आत्म-समर्पण कर दिया। जर्मन फौजों ने पैरिस में प्रवेश किया लेकिन वे पैरिस के कुछ पार्कों में ही डेरा डाल सकीं। हथियारबन्द मज़दूर उन फौजों का घेरा डाले हुए थे और यह देखते थे कि समझौते के अनुसार उन्हें जो भूमि दी गई है, उसके बाहर वे कदम न उठायें। पूंजीवादी हुकूमत के नेता थियेर(Thiers) ने मज़दूरों की तोपें लेने के लिए फौज भेजी। पैरिस के घेरे के समय चन्दा करके

मज़दूरों ने ये तोपें बनवाई थीं। मज़दूरों ने तोपें देने से इन्कार कर दिया और वारसाई-स्थित सरकार से युद्ध छेड़ दिया। २६ मार्च को पैरिस कम्यून का निर्वाचन हुआ और २८ मार्च को उसकी घोषणा कर दी गई। शहर के विभिन्न मोहल्लों में सार्वजनिक मताधिकार द्वारा जो म्यूनिसिपल कौंउसिलर (नगर-पालिका के सदस्य) चुने गए थे, उन्हीं से कम्यून बना। इनमें अधिकांश मज़दूर थे या मज़दूर वर्ग के स्वीकृत प्रतिनिधि थे। कम्यून की केन्द्रीय समिति ने अपने घोषणा पत्र में कहा था, "शासक वर्ग के विश्वासघात और असफलताओं के बीच पैरिस के सर्वहारा समझ गये हैं कि सार्वजनिक कार्यों की बागडोर अपने हाथ में लेकर परिस्थिति को सँभालने का समय आ गया है।"

कम्यून ने स्थायी सेना भंग कर दी और घोषणा की कि एकमात्र सैन्य शक्ति राष्ट्रीय रक्षादल होगा जिसमें हथियार उठाने योग्य सभी नागरिक भर्ती होंगे। उसने तय किया कि कोई भी छह हजार फ्रैंक से ज्यादा तनखाह न पा सकेगा। चर्च (संगठित धर्मतन्त्र) को राज्यसत्ता से अलग कर दिया गया। चर्च की सम्पत्ति राष्ट्रीय सम्पत्ति बना दी गई। १६ अप्रैल को कम्यून ने आज्ञा निकाली कि उद्योगपतियों ने जो कारखाने बन्द कर दिये हैं, उनकी गणना की जाय; उनमें जो मज़दूर काम करते थे, उनकी सहयोग-समितियाँ बनाकर कारखाने चालू किए जायँ और इन सहयोग-समितियों को एक संघ में संगठित करने की योजना बनाई जाय।

लेकिन इस बीच पूंजीवादी शासन की फौज पैरिस पर गोलाबारी कर रही थी। जिन लोगों ने जर्मन गोलाबारी का विरोध किया था, वही मज़दूरों का शासन कायम होने पर उस पर गोले बरसाने लगे। जो फ्रांसीसी सैनिक जर्मन सेना के बन्दी थे, वे वापस माँगे गये जिससे कि वे पैरिस पर कब्जा करने में मदद दें। आठ दिन की लड़ाई के बाद कम्यून का प्रतिरोध खत्म हुआ और तब हफ्ते भर से निरस्त्र पुरुषों, स्त्रियों और बच्चों का जो नरमेध बराबर बढ़ता गया था, वह अपनी चरम सीमा को पहुँच गया (एंगेल्स)। इसके बाद सैकड़ों की तादाद में गिरफ्तारियाँ हुईं जिनमें बहुतों को यों ही गोली से उड़ा दिया गया और बाकी को फौजी अदालत के सुपुर्द कर दिया गया। इस तरह मज़दूरों का पहला राज्य भयानक नरमेध द्वारा नष्ट कर दिया गया।

मार्क्स ने लिखा है कि कम्यून एक नये ढंग का प्रजातंत्र था। वह साम्राज्य का ठीक उल्टा था। पैरिस के मज़दूरों ने राजतंत्र खत्म करने के बाद जिस "सामाजिक प्रजातंत्र" की बात की थी, वह इस अस्पष्ट इच्छा को प्रकट करता था कि वह राजतंत्र का रूप धारण करने वाले वर्ग-शासन को ही न हटाये वरन् वर्ग-शासन मात्र को हटा दे। दूसरे शब्दों में पैरिस के मज़दूर पूंजीपतियों के

शासन का कोई भी रूप स्वीकार करने के पक्ष में न थे। यही आशा उन्होंने "सामाजिक प्रजातंत्र" के शब्दों द्वारा प्रकट की थी। "उस प्रजातंत्र का निश्चित रूप (पौज़िटिव फॉर्म) कम्यून था" (मार्क्स)। पैरिस कम्यून फ्रांस के सभी औद्योगिक केन्द्रों के लिए आदर्श रूप था। पैरिस और अन्य केन्द्रों में कम्यून-व्यवस्था कायम होने पर देश के शेष भागों में केन्द्रबद्ध हुकूमत के बदले उत्पादकों का स्वायत्त शासन कायम होता। मार्क्स के अनुसार कम्यून ने राष्ट्रीय संगठन का एक मोटा मसौदा बनाया था जिसे विकसित करने का उसे मौका न मिला था। इसमें लिखा था कि छोटे से छोटे गाँव का भी राजनीतिक रूप कम्यून जैसा होगा और गाँवों में स्थायी फौज के बदले राष्ट्रीय सेना (नेशनल मिलीशिया) होगी जिसमें थोड़े दिन तक हर नागरिक को काम करना पड़ेगा। हर जिले की ग्राम-पंचायतें केन्द्रीय नगर में अपनी प्रतिनिधि-सभा के जरिये शासनकार्य चलातीं। ये नगर सभायें पैरिस की राष्ट्रीय सभा को प्रतिनिधि भेजतीं। इनमें से हर प्रतिनिधि कभी भी वापस बुलाया जा सकता था; वह अपने मतदाताओं के निर्देश-पत्र के अनुसार चलने को बाध्य था। केन्द्रीय शासन के जो थोड़े-से किंतु महत्त्वपूर्ण काम रह जाते, उन्हें कम्यून के जिम्मेदार कर्मचारी पूरा करते। "राष्ट्र की एकता को खण्डित न करना था। इसके विपरीत कम्यून-संविधान द्वारा उसे संगठित होना था। राज्यसत्ता का दावा था कि वह उस एकता का प्रतीक है, स्वयं राष्ट्र (नेशन) से स्वतंत्र और उससे श्रेष्ठ है यद्यपि वह राष्ट्र की एक कामचोर उपज थी। इस राज्यसत्ता के ध्वंस द्वारा राष्ट्र की एकता वास्तविक रूप लेती। पुरानी शासन-सत्ता के जो अंग केवल दमन के लिए थे, उनकी चीर-फाड़ तो होती लेकिन जो उसके वैध कार्य थे, वे पूरे समाज के ऊपर श्रेष्ठ बन बैठने वाली सत्ता से छीनकर समाज के जिम्मेदार कर्मचारियों को सौंप दिये जाते। यह फैसला करने के बदले कि शासक वर्ग का कौन-सा सदस्य तीन या छह साल में पार्लियामेंट के अन्दर जनता का गलत प्रतिनिधित्व करेगा, सार्वजनिक बालिग मताधिकार कम्यून-व्यवस्था द्वारा जनता की सेवा करता" (मार्क्स)। इस तरह मार्क्स के अनुसार मज़दूर-राज्य सार्वजनिक मताधिकार का नाश नहीं करता वरन् पूँजीवादी शासकों के फरेब से निकालकर उसका सही उपयोग करता है।

कम्यून के आलोचकों का कहना था कि वह सभ्यता की बुनियाद संपत्ति का खात्मा करना चाहता है। इसका उत्तर मार्क्स ने इन शब्दों में दिया है, "हाँ सज्जनो, कम्यून चाहता था कि उस वर्ग-सम्पत्ति को खत्म कर दे जिसके कारण बहुतों का श्रम थोड़े-से लोगों की सम्पत्ति बनता है। उसका उद्देश्य था—संपत्ति हरण करने वालों का अपहरण। भूमि और पूंजी, ये उत्पादन के साधन अभी

मुख्यत: श्रम को गुलाम बनाने और उसका शोषण करने के लिए हैं। कम्यून चाहता था कि इन्हें स्वाधीन और संघबद्ध श्रम के साधन मात्र बनाकर व्यक्तिगत संपत्ति को वास्तविक रूप दे (make individual property a truth)।" (मार्क्स)। कम्यून ने महाजनों से मध्यवर्ग की रक्षा की। "साम्राज्य ने सार्वजनिक संपत्ति स्वाहा करके उन्हें आर्थिक रूप से तबाह कर दिया था।" आर्थिक सट्टेबाज़ी और पूंजी के केन्द्रीकरण द्वारा मध्यवर्ग तबाह हो रहा था। अपने विलासी जीवन द्वारा पूँजीपतियों ने मध्यवर्ग की नैतिकता को धक्का दिया था। युद्ध में उन्हें ढकेल कर उन्होंने मध्यवर्ग की राष्ट्रीय चेतना को कुचला था। कम्यून ने किसानों से कहा कि उसकी विजय में ही किसानों की एकमात्र आशा है। किसानों के अधिकार रौंदने वाले जमींदार बने हुए थे; पूंजीपतियों ने उन पर टैक्स लगाया था और जर्मनों को हर्जाना देने का मुख्य भार किसानों पर डाल रखा था। कम्यून ने घोषित किया कि जिन लोगों ने सचमुच फ्रांस को युद्ध में घसीटा है, वे हर्जाने का भुगतान करेंगे। "कम्यून किसानों को शोषक करों से मुक्त कर देता, उन्हें सस्ते में चलने वाली शासन-व्यवस्था देता, वकील-मुहर्रिर-अमीनों की वर्तमान शोषक न्यायव्यवस्था के बदले उनके चुने हुए और उन्हीं के प्रति ज़िम्मेदार कर्मचारी देता।"

इस तरह पैरिस कम्यून "फ्रांसीसी समाज के सभी स्वास्थ तत्त्वों का सच्चा प्रतिनिधि और इसलिए सच्ची राष्ट्रीय सरकार था" (मार्क्स)। साथ ही वह मज़दूरों की सरकार था, इसलिए अंतरराष्ट्रीय था। "जर्मन फौज के मुकाबले में जिसने फ्रांस के दो सूबे जर्मनी में मिला लिए थे, कम्यून ने तमाम दुनिया की श्रमिक जनता को फ्रांस में मिला लिया।" कम्यून ने एक जर्मन मजदूर को श्रम मंत्री बनाकर अपनी अन्तरराष्ट्रीयता का परिचय दिया।

कम्यून ने पैरिस के नैतिक जीवन में जो परिवर्तन किया, उस पर मार्क्स ने जोर दिया है। पैरिस ब्रिटिश जमींदारों, गुलामों के भूतपूर्व अमरीकी स्वामियों, रूसी भूदासों के भूतपूर्व मालिकों आदि का अड्डा न रह गया। चोरी डकैती बंद हो गई "और दरअसल फर्वरी १८४८ के दिनों के बाद पहली बार पैरिस की सड़कें सुरक्षित थीं और वह भी बिना किसी तरह की पुलिस के।" पैरिस की वेश्याओं के बदले वहाँ की "सच्ची नारियाँ फिर सतह पर दिखाई दीं—प्राचीन काल की नारियों की तरह, वीर, विशाल-हृदय और कर्मठ।" जर्मन और फ्रांसीसी पूंजीपतियों के सैनिकों ने—विजेताओं और विजितों ने—मिलकर पैरिस के मज़दूरों का खून बहाया था। मार्क्स ने इस पर टिप्पणी की है कि "वर्गशासन अब अपने को राष्ट्रीय पोशाक में नहीं छिपा सकता; सर्वहारा के खिलाफ़ राष्ट्रीय सरकारें एक हैं।" पूंजीपति वर्गशासन के इस अन्तरराष्ट्रीय

रूप पर कुछ न कहते थे लेकिन अन्तरराष्ट्रीय मज़दूरसंघ का विरोध करते न थकते थे क्योंकि वह "पूंजी के विश्वव्यापी षड्यंत्र के खिलाफ श्रम का उससे उल्टा अन्तर्राष्ट्रीय संगठन था।" पैरिस कम्यून के बाद से अन्तर्राष्ट्रीय पूंजी का षडयंत्र मानवता को दो महायुद्धों में झोंक चुका है। उसी के साथ श्रम का अन्तर्राष्ट्रीय संगठन भी बढ़ा है और पूंजी का विरोधी प्रचार भी। पैरिस कम्यून मज़दूर वर्ग के नये सघर्ष और भावी समाजवादी व्यवस्था की अग्रसूचना था। "कम्यून की व्यवस्था कायम करने वाला मज़दूरों का पैरिस नये समाज के गौरवशाली अग्रदूत के रूप में हमेशा याद किया जायगा। उसके शहीद मज़दूरवर्ग के विशाल हृदय में प्रतिष्ठित हैं। उसका नाश करने वालों को इतिहास ने उस गहराई में गाड़ दिया है जहाँ से उनके पुरोहितों का तमाम पूजा-पाठ भी उनका उद्धार न कर सकेगा।"

कम्यून की स्थापना के कुछ महीने पहले मार्क्स ने पैरिस के मज़दूरों को चेतावनी दी थी कि शासन को उलटने की कोशिश से निराशा ही हाथ लगेगी। लेकिन जब मजबूरी से मज़दूरों को लड़ना पड़ा तो मार्क्स ने सर्वहारा क्रांति का बड़े उत्साह से स्वागत किया। लेनिन ने "राज्यसत्ता और क्रांति" में पैरिस कम्यून पर मार्क्स के विचारों का विश्लेषण करते हुए कहा है कि मार्क्स के लिए यह क्रांति एक ऐसा अमली कदम थी जो सैकड़ों कार्यक्रमों और बहसों से ज्यादा महत्त्वपूर्ण था। १८७२ में मार्क्स और ऐंगेल्स ने "कम्युनिस्ट घोषणापत्र" की भूमिका में लिखा था, "कम्यून से एक बात खास तौर से सिद्ध हो गई थी और वह यह कि मज़दूर वर्ग सीधे राज्यसत्ता की मशीन पर अधिकार नहीं कर सकता और उसे अपने उद्देश्य के लिए इस्तेमाल नहीं कर सकता।" "फ्रांस का गृहयुद्ध" में ही मार्क्स ने यह बात कही थी और "कम्युनिस्ट घोषणापत्र" में एक संशोधन के रूप में उन्होंने उसे रखा था। १२ अप्रैल १८७१ को मार्क्स ने अपनी पुस्तक "अठारहवीं ब्रुमेयर" का हवाला देते हुए कुगेलमन को लिखा था कि यूरोप में हर वास्तविक जन-क्रान्ति की बुनियादी शर्त यह है कि "नौकरशाही फौजी मशीन को एक हाथ से दूसरे हाथ में न बदलकर उसका ध्वंस किया जाये।" मार्क्स के अनुसार पैरिस के मज़दूर यही कर रहे थे।

मार्क्स ने राज्यसत्ता की मशीन के ध्वंस की बात यूरोप के लिए कही थी। इस पर लेनिन की टिप्पणी है कि १८७१ में इंगलैंड एक विशुद्ध पूंजीवादी देश था जहाँ फौजशाही (मिलिटरिज्म) नहीं थी और काफी हद तक नौकरशाही भी नहीं थी। इसलिए वहाँ राज्यसत्ता की मशीन का ध्वंस किये बिना जनक्रांति संभव थी। लेनिन के अनुसार १९१७ में ब्रिटेन और अमरीका में फौजशाही नौकरशाही मशीन पुष्ट हो चुकी थी, इसलिए वहाँ भी राज्यसत्ता की मशीन

का ध्वंस किये बिना क्रांति सम्भव न थी। लेनिन के अनुसार पैरिस कम्यून ने पुरानी राज्यसत्ता की मशीन का ध्वंस करके उसकी जगह बिल्कुल नयी संस्थाएँ कायम कीं। पूंजीपतियों का प्रतिरोध दबाना अभी आवश्यक था। "कम्यून के लिए यह खास तौर से आवश्यक था; उसकी पराजय का एक कारण यह था कि उसने काफी दृढ़ता से यह काम नहीं किया।" लेकिन प्राचीन वर्गयुक्त समाज में दमन का काम हमेशा अल्पसंख्यक लोग करते आये हैं। अब बहुसंख्यक जनता ही यह काम करती है। अब दमन के लिए एक "विशेष शक्ति" की जरूरत नहीं होती बल्कि बहुसंख्यक जनता की "साधारण शक्ति" ही उत्पीड़कों का दमन करती है। कम्यून के सिलसिले में मार्क्स ने पार्लियामेंटशाही की जो आलोचना की थी, उस पर लेनिन ने कहा है कि पूंजीवादी पार्लियामेंटशाही का सारत्व है कि कुछ वर्षों में एक बार तै कर देना कि शासक वर्ग का कौन-सा सदस्य पार्लियामेंट में जाकर जनता का दमन और उत्पीड़न करेगा। लेनिन ने यह भी कहा है कि मार्क्स पूंजीवादी पार्लियामेंटों में काम करने के विरुद्ध नहीं थे, खासकर उन दिनों जब क्रांतिकारी उभार न हो। मार्क्स और लेनिन और उनके अनुयाइयों पर अक्सर यह आरोप लगाया जाता है कि वे जनता की प्रतिनिधि-संस्थाओं को खत्म कर देना चाहते थे। इस सम्बन्ध में लेनिन के ये शब्द ध्यान देने योग्य हैं: "पार्लियामेंट शाही से निकलने का रास्ता अवश्य ही प्रतिनिधि-संस्थाओं और निर्वाचन-सिद्धान्त को निर्मूल करना नहीं है बल्कि प्रतिनिधि-संस्थाओं को 'बातें करने की दूकान' के बदले काम करने की संस्थाएँ बनाना है।" इससे स्पष्ट है कि लेनिन के लिए प्रतिनिधि-संस्थाएँ आवश्यक ही नहीं थीं, पुरानी प्रतिनिधि-संस्थाओं को बदलकर वह रूप भी दिया जा सकता था जिससे बातें करने की दूकानों के बदले वे काम करने की संस्थाएँ बनें। कम्यून ऐसी ही संस्था थी। लेनिन के लिए पार्लियामेंटशाही का अर्थ था, बातों की दूकान लगाना, शासक वर्ग के कुछ व्यक्तियों को समय-समय पर जनता के उत्पीड़न के लिए चुन लेना। इसीलिए वे प्रतिनिधि-संस्थाओं का समर्थन करते थे लेकिन पार्लियामेंटशाही का विरोध करते थे। उन्होंने आगे लिखा है कि यदि पूंजीवादी समाज की थोथी आलोचना ही नहीं करना, तो "हमें पार्लियामेंटशाही के बिना जनतंत्र की कल्पना करनी चाहिए और हम ऐसी कल्पना कर सकते हैं यद्यपि हम प्रतिनिधि-संस्थाओं के बिना जनतंत्र की, सर्वहारा जनतंत्र की भी कल्पना नहीं कर सकते।"

पैरिस कम्यून के बार मजदूर वर्ग द्वारा सत्ता के लिए दूसरा महत्त्वपूर्ण संघर्ष १९०५ में हुआ। लेनिन के अनुसार १९०५ और १९१७ की रूसी क्रांतियों ने भिन्न परिस्थितियों में पैरिस कम्यून का काम आगे बढ़ाया। २२

जनवरी १९०५ को रूसी मज़दूरों का एक विशाल जलूस अपनी दशा सुधारने की माँगें रखने के लिए ज़ार के महल के सामने इकट्ठा हुआ। इस पर फौज ने निरस्त्र मज़दूरों पर हमला किया जिसमें एक हजार से ज्यादा लोग मारे गये और दो हज़ार से ऊपर घायल हुए। इससे मज़दूर आन्दोलन दबा नहीं वरन् और तेजी से फैला। "१९०५ की क्रांति पर भाषण" में लेनिन ने कहा है कि २२ जनवरी १९०५ का ऐतिहासिक महत्त्व यह है कि उससे रूसी जनता में नयी राजनीतिक चेतना के प्रसार का पता चलता है। २२ जनवरी से पहले रूसी क्रांतिकारियों की संख्या बहुत कम थी। थोड़े से दिनों में यह संख्या बढ़कर हज़ारों तक पहुँच गई। क्रांतिकारी आन्दोलन किसानों और फौज के सैनिकों में फैल गया। क्रांति का मुख्य साधन थी आम हड़ताल। लेनिन के अनुसार इस क्रांति की विशेषता यह थी कि इसका सामाजिक तत्त्व पूंजीवादी-जनवादी था। उसका उद्देश्य जारशाही के बदले एक जनवादी प्रजातंत्र कायम करना था, सामंतों की बड़ी-बड़ी रियासतें छीन लेना और काम के आठ घंटे निश्चित करना था। प्रायः ये सभी उद्देश्य फ्रांस की पूंजीवादी क्रांति ने पूरे किये थे। लेकिन १९०५ में संघर्ष के तरीके सर्वहारा क्रांति के थे। इस क्रांति में प्रमुख शक्ति सर्वहारा वर्ग था। इसके सिवा संघर्ष के खास सर्वहारा-साधन—हड़ताल—का उपयोग जनजागरण के लिए मुख्य साधन के रूप में किया गया था। १९०५ से पहले के दन वर्षों में कुल मिलाकर ४,३०,००० मजदूरों ने हड़तालों में भाग लिया था। लेकिन क्रांति के पहले महीने जनवरी १९०५ में ४,४०,००० मज़दूरों ने उनमें भाग लिया। जितने मज़दूरों ने पहले दस साल में भाग लिया था, उनसे ज्यादा मजदूरों ने केवल एक महीने की हड़तालों में भाग लिया। इससे लेनिन ने यह नतीजा निकाला है कि सर्वहारा वर्ग में विशाल शक्ति छिपी होती है और क्रांतिकारी उभार के दिनों में वह शान्तिपूर्ण साधारण दिनों की अपेक्षा अपनी लड़ाकू शक्ति सौ गुना ज्यादा विकसित कर सकता है। बड़े औद्योगिक केन्द्रों के मज़दूर सबसे आगे थे। धातु के कारखानों में काम करने वाले मज़दूर शेष सर्वहारा के हिरावल थे। इन्हें सबसे ज्यादा मजदूरी मिलती थी और वर्ग-चेतना उनमें सबसे ज्यादा विकसित थी। उनकी हड़तालें आर्थिक से ज्यादा राजनीतिक थीं। लेनिन के अनुसार आर्थिक संघर्ष मजदूरों को राजनीतिक लड़ाई लड़ने वाला बना देता है। इन संघर्षों से मज़दूर वर्ग शिक्षित हुआ। "आम जनता की वास्तविक शिक्षा स्वयं उस जनता के स्वतंत्र, राजनीतिक और खास तौर से क्रांतिकारी संघर्ष से कभी अलग नहीं की जा सकती। केवल संघर्ष मज़दूर वर्ग को शिक्षित करता है। केवल संघर्ष उसकी शक्ति की विशालता प्रकट करता है, उसकी दृष्टि को प्रसार देता है, उसकी योग्यता बढ़ाता है,

उसकी समझ को साफ करता है, उसकी इच्छाशक्ति को मज़बूत बनाता है; और इसलिए प्रतिक्रियावादियों को भी स्वीकार करना पड़ा कि १९०५ के साल ने, संघर्ष के साल ने, पागलपन के साल ने निश्चित रूप से दादापंथी रूस को दफना दिया।"

हड़तालों की वजह से और रूस-जापान युद्ध की कठिन-शिक्षा से किसानों में जागृति पैदा हुई। "रूसी गाँव में एक नयी तरह का वर्गचेतन, नौजवान किसान सामने आया। वह 'हड़तालियों' का साथ करता था, अखबार पढ़ता था, शहरों की घटनाओं के बारे में किसानों को बतलाता था, गाँव वालों को राजनीतिक माँगें समझाता था और बड़े ज़मींदारों, पुरोहितों और सरकारी कर्मचारियों के खिलाफ लड़ने के लिए उनका आह्वान करता था।" लेनिन का यह वर्णन पढ़कर "प्रेमाश्रम" के बलराज का स्मरण हो आता है जो किसानों को देश-विदेश की बातें बतलाता है और ज़मींदारों के कारिन्दों की मनमानी का विरोध करता है। किसानों ने बड़ी रियासतों पर हमला किया और अनाज लूटकर बाँट लिया। फ़ौज के अन्दर बगावतें हुईं। फौजें जारशाही का दृढ़ आधार थीं। लेकिन मज़दूरों की हड़तालों और किसान-आन्दोलनों के मिल जाने पर जारशाही का यह दृढ़ आधार भी हिल गया।

संघर्ष के दौरान में नये जनसंगठन सामने आये। ये संगठन सोवियतें या पंचायतें थीं। अनेक नगरों में मज़दूर-प्रतिनिधियों की सोवियतों ने अस्थायी सरकर का रूप ले लिया। ज़ारशाही से पीड़ित ग़ैररूसी जातियों ने भी क्रांति में योग दिया। दिसम्बर १९०५ में मोस्को के आठ हज़ार सशस्त्र मज़दूरों ने ज़ार सरकार से नौ दिन तक संघर्ष किया। ज़ार को मौस्को-स्थित फौज का भरोसा न था। बाहर से फौज बुलाकर ही विद्रोह का दमन किया जा सका। क्रांति को दबाने के लिए ज़ारशाही ने धार्मिक दंगे कराये। सौ नगरों में चार हजार यहूदी मारे गये और दस हज़ार घायल हुए। मौस्को-विद्रोह के लिए जो क[illegible] थे कि शस्त्रबल से सत्ता हथियाने के लिए यह एक गुट का प्रयत्न था, उन्हें जवाब देते हुए लेनिन ने लिखा था, "वास्तव में रूसी क्रांति का समूचा विकास अनिवार्य रूप से ज़ार-सरकार और वर्ग-चेतन सर्वहारा के हिरावल के बीच सशस्त्र और अनिवार्य संघर्ष की ओर ले जा रहा था।"

१९०५ की क्रांति थोड़े से क्रांतिकारियों का षड्यंत्र न थी वरन् वास्तविक जन-क्रांति थी। फिर भी ज़ारशाही बर्बरतापूर्वक उसका दमन करने में समर्थ हुई। उसकी कमज़ोरियों का ज़िक्र करते हुए लेनिन ने लिखा है कि आम जनता अब भी बहुत सीधी-सादी थी। अन्याय देख कर उसे जल्दी ही गुस्सा आ जाता था, लेकिन वह जल्दी ही शान्त भी हो जाती थी। उसने लगातार डटकर विरोध

करना न सीखा था । उसका उद्देश्य स्पष्ट न था, "उसके सामने यह बात स्पष्ट न थी कि बहुत ही जोरदार ढंग से लगातार सशस्त्र संघर्ष चलाने से ही, फौजी और नागरिक अधिकारियों पर पूर्ण विजय से ही, सरकार को उलटने और सत्ता पर अधिकार करने से ही क्रान्ति की सफलता निश्चित हो सकती है ।" सैनिकों ने अपने अफसरों को अनेक बार गिरफ्तार किया और फिर उन्हें छोड़ दिया । वे अफसरों के वादों और फुसलाने में आ जाते थे । इसलिए उन्हें सैनिकों को दबाने का मौका मिला । किसानों ने जमीदारों की रियासतों के छठे हिस्से को ही ठिकाने लगाया, बाकी ज़मीन पड़ी रहने दीं । किसान असंगठित और बिखरे हुए थे और यह क्रांति की पराजय का एक मुख्य कारण था । "मौस्को-विद्रोह से सबक" में लेनिन ने लिखा है कि हर वास्तविक जन-आंदोलन में फौज का ढुलमुल होना अवश्यंभावी है" लेकिन फौज को अपनी ओर करने में सरकार ने ज्यादा कोशिश की, क्रांतिकारी पीछे रहे । क्रांति की पराजय का यह भी एक कारण था । इसके सिवा रूसी समाजवादियों में अनेक अवसरवादी नेता थे जो जमकर संघर्ष करने के पक्ष में न थे । ऐसे ही नेता प्लेखानोव थे । उपर्युक्त लेख में लेनिन ने इनके बारे में लिखा है, "प्लेखानोव का कहना है कि हड़ताल बे मौके हुई, उसे शुरू न करना था और हमें 'हथियार न उठाने चाहिए ।' सभी अवसरवादी इस राय को लपक लेते हैं । इस राय से ज्यादा अदूरदर्शिता दूसरी नहीं हो सकती । इसके विपरीत हमें और दृढ़ता से, शक्ति से और आवश्यक ढंग से हथियार उठाने चाहिए थे । जनता को यह समझना चाहिए था कि शांतिपूर्ण हड़तालें अपने आप में व्यर्थ हैं और निर्मम, निर्भय सशस्त्र संघर्ष आवश्यक है ।" मार्क्स ने पैरिस कम्यून का समर्थन किया और प्लेखानोव ने १९०५ की क्रांति में मजदूरों के हथियार उठाने की निन्दा की थी, इन दो बातों की तुलना करते हुए लेनिन ने "राज्यसत्ता और क्रांति" में लिखा है, "मार्क्स ने (पंडितों की तरह) 'बे मौके' आंदोलन की निन्दा करने का जड़ दृष्टिकोण नहीं अपनाया जैसे कि रूस में मार्क्सवाद से गद्दारी करने वाले बदनाम प्लेखानोव ने किया था कि नवम्बर १९०५ में तो उसने मजदूरों और किसानों के संघर्ष के बारे में बढ़ावा देते हुए लिखा था लेकिन दिसम्बर १९०५ के बाद उदारपंथियों की तरह चिल्लाया, उन्हें हथियार न उठाने चाहिए थे ।" मार्क्स और प्लेखानोव का भेद बतलाते हुए इसी पुस्तक में लेनिन ने आगे लिखा है, "लेकिन मार्क्स के लिए क्रान्तिकारी द्वन्द्ववाद कभी खोखले फैशनेबुल शब्दमात्र, खेलने का झुनझुना नहीं था जैसा कि प्लेखानोव, कॉट्स्की आदि ने उसे बना दिया है ।" सोवियत संघ की कम्युनिस्ट पार्टी के इतिहास में स्तालिन ने लिखा है, "मेनशेविकों का तर्क यह था कि विद्रोह अनावश्यक और अनर्थकारी है, क्रांति

में उसके बिना भी काम चल सकता है और सफलता सशस्त्र विद्रोह से नहीं संघर्ष के शान्तिपूर्ण तरीकों से मिलेगी।"

रूसी राज्य एशिया और यूरोप दोनों महाद्वीपों में फैला हुआ था। इसलिए १६०५ की क्रांति का असर दोनों महाद्वीपों पर पड़ा। लेनिन ने तुर्की, ईरान और चीन की क्रांतियों तथा वियेना और प्राग के मज़दूर-आंदोलन को उससे प्रभावित बताया था। यही नहीं, १६०५ की क्रांति "यूरोप की भावी क्रांति की भूमिका" भी थी। फरवरी १६१७ में रूसी जनता ने ज़ारशाही का खात्मा कर दिया। इस क्रान्ति के दौर में दो तरह की सत्ता कायम हुई (लेनिन का लेख : "ए डुएल पावर" अर्थात् दो तरह की सत्ता)। एक तरफ तो पूंजीपतियों की अस्थायी सरकार कायम हुई, दूसरी तरफ मज़दूरों और सैनिकों के प्रतिनिधियों की सोवियतें थीं। यह दूसरी हुकूमत कमजोर थी लेकिन उसका अस्तित्व था और वह विकासमान थी। यह सत्ता पार्लियामेंट वाले पूंजीवादी-जनवादी प्रजातन्त्र से भिन्न थी। जनता की पहल पर यह क्रान्तिकारी अधिनायकत्व कायम हुआ था। "यह सत्ता ठीक उस तरह की है जैसा १८७१ का पैरिस कम्यून था।" पुलिस और फौज के बदले यहाँ जनता ही सशस्त्र थी और हथियारबंद मज़दूर और किसान राज्य में व्यवस्था कायम किये हुए थे। नौकरशाह और राज्य कर्मचारी या तो हटा दिये गये थे और उनकी जगह जनता का सीधा शासन कायम कर दिया गया था या कम से कम वे विशेष नियंत्रण में रखे गये थे। पैरिस कम्यून की यही मूल विशेषताएँ थीं। "इसी सत्य को प्लेखानोवों ने (घोर अन्ध राष्ट्रवादियों ने जिन्होंने मार्क्सवाद से गद्दारी की है), कॉट्स्कियों ने ('केन्द्र' के लोगों ने यानी वे जो अन्ध राष्ट्रवाद और मार्क्सवाद के बीच ढुलमुल रहते हैं) और आमतौर से उन सभी सोशल डिमोक्रैटों, समाजवादी क्रांतियों आदि-आदि ने, जिनके हाथ में इस समय अधिकार है, भुला दिया है।"

वर्ग-चेतना और संगठन की कमी के कारण इन सोवियतों ने क्रमशः सत्ता पूंजीवादी सरकार को सौंप दी। फरवरी क्रांति के पहले राज्यसत्ता सामन्त वर्ग के हाथ में थी, क्रांति के बाद सत्ता पूंजीपति-वर्ग के हाथ में आयी। प्रेत्रोग्राद में सत्ता मज़दूरों और सैनिकों के हाथ में थी। "नयी हुकूमत उनके खिलाफ़ हिंसा का प्रयोग नहीं करती और न कर सकती है क्योंकि जनता से अलग पुलिस और फौज नहीं है, जनता के सिर पर सवार कोई सर्वशक्तिमान नौकरशाही नहीं है" (लेनिन का लेख, "कार्यनीति पर पत्र")। फरवरी क्रांति में मज़दूरों ने हिस्सा लिया था। क्रांति के दौर में उन्होंने शस्त्र उठाये और अपनी सोवियतें बनाईं। इस तरह दो तरह की सत्ता कायम हुई। इस स्थिति में यदि आवश्यक

वर्गचेतना और संगठित होता तो ज़ारशाही से लड़ने वाले सशस्त्र मज़दूर शांति-पूर्ण उपायों से पूंजीपतियों से सत्ता छीन सकते थे। लेकिन मजबूती से कदम न उठाने के कारण उन्होंने उल्टे सत्ता पूंजीवादी हुकूमत को सौंप दी।

फरवरी क्रांति में मज़दूरवर्ग के पीछे आम जनता ही न थी, पूंजीपति वर्ग भी था। (देखिये "युद्ध और शांति" नाम से सोवियत कम्युनिस्ट पार्टी (बोल-शेविक) की सातवीं कांग्रेस में लेनिन की रिपोर्ट)। इसीलिए १९०५ में जार-शाही पर जो विजय न मिली थी, वह अब सुलभ हो गई। "३-४ मई की घटनाएँ प्रदर्शनों और कुछ-कुछ सशस्त्र विद्रोह जैसी चीज़ का सम्मिश्रण थीं। पूंजीवादी सरकार के पतन के लिए इतना काफ़ी था। इसके बाद समझौते का लम्बा दौर शुरू हुआ; जो निम्न पूंजीवादी हुकूमत कायम हुई थी, उसकी प्रकृति से यही तर्क-संगत परिणाम निकलता था।" जब जनता ने समझ, लिया कि सोवियत शासन अनिवार्य हो गया है तब "गृहयुद्ध हकीकत बन गया। क्रांति के आरंभ में, युद्ध के ही आरंभ में, हमने साम्राज्यवादी युद्ध के गृहयुद्ध में बदलने की जो बात कही थी—और जिसे काफ़ी समाजवादी हल्कों में संदेह, यहाँ तक कि मजाक की निगाह से भी देखा गया था—वह युद्ध में लगे हुए सबसे बड़े और सबसे पिछड़े हुए देशों में से एक में ७ नवम्बर १९१७ को हुई। इस गृहयुद्ध में जनता का बहुसंख्यक भाग हमारी ओर था और इसीलिए इतनी अत्यधिक सरलता से हमें विजय मिली।"

लेकिन यह इजारेदार पूंजी का युग था। पूंजीवाद के विषम विकास की वजह ये जहाँ एक देश में क्रांति सम्भव हुई, वहाँ साम्राज्यवाद के अन्तरराष्ट्रीय रूप के कारण समाजवादी क्रांति की उससे टक्कर भी अवश्यंभावी थी। रूसी क्रांति का यह एक महत्त्वपूर्ण सबक है। लेनिन के अनुसार सोवियत क्रांति की सरल विजय का कारण "अन्तरराष्ट्रीय परिस्थितियों का एक विशेष ऊहापोह था जिसने अस्थायी तौर पर साम्राज्यवाद से हमारी रक्षा की"। विश्व साम्राज्यवाद अपने भीतरी युद्ध के कारण दो गुटों में बंटा हुआ था। लेकिन अन्तरराष्ट्रीय साम्राज्यवाद सोवियत संघ के साथ शांतिपूर्वक रहने को तैयार न था। लेनिन ने इस बात पर अनेक बार ज़ोर दिया था। उपर्युक्त रिपोर्ट में उन्होंने कहा था, "अन्तरराष्ट्रीय पूंजीवाद, अपनी विशाल पूंजी के साथ, अपने अत्यन्त संगठित सैनिक कौशल के साथ, जो अन्तरराष्ट्रीय पूंजी का वास्तविक गढ़ है, किसी भी परिस्थिति में किसी भी शर्त पर, सोवियत प्रजातन्त्र के साथ-साथ नहीं रह सकता। अपनी वस्तुगत स्थिति के कारण और उसमें निहित पूंजीपति-वर्ग के आर्थिक हितों के कारण वह ऐसा नहीं कर सकता, अपने व्यापारी सम्बन्धों और अन्तर्राष्ट्रीय वित्त-सम्बन्धों के कारण वह ऐसा नहीं कर सकता।"

साम्राज्यवादी प्रचारक कहते हैं कि सोवियत संघ युद्ध करना चाहता है। वे इस बात को छिपाते हैं कि युद्ध का कारण इजारेदार पूंजी की अन्तर्राष्ट्रीय व्यवस्था है जो बाजारों का बँटवारा करने के लिए और विश्व-प्रभुत्व के लिए युद्धों को जन्म देती है। इजारेदार महाजन हथियारबंदी से भारी मुनाफा ही नहीं कमाते, वे अपने प्रतिद्वंदियों को परास्त करने और समाजवादी व्यवस्था का नाश करके विश्व-प्रभुत्व कायम करने की तैयारी भी करते हैं।

१९१६ में लेनिन ने अपने लेख "सर्वहारा क्रांति का युद्ध-सम्बन्धी कार्य-क्रम" में बतलाया था कि साम्राज्यवाद किस तरह के युद्धों को जन्म देता है। पहले तो राष्ट्रीय उत्पीड़न बढ़ा कर वह उपनिवेशों और पराधीन देशों के स्वाधीनता-संग्राम अनिवार्य बना देता है। चीनी जनता का स्वाधीनता-संग्राम ऐसा ही युद्ध था। यहाँ भी साम्राज्यवाद ने दखलंदाजी की, विशेष रूप से च्याङ काई शेक गुट की मदद करके साम्राज्यवाद ने चीन की भारी धन-जन-हानि की व्यवस्था कर दी। इसके सिवा "गृहयुद्ध भी युद्ध है। जो भी वर्ग-संघर्ष को स्वीकार करता है, वह गृहयुद्ध को स्वीकार किये बिना नहीं रह सकता। हर वर्ग-युक्त समाज में वह वर्ग-संघर्ष का स्वाभाविक और कुछ परिस्थितियों में अनिवार्य प्रसार, विकास और तीव्र रूप है।" प्रथम महायुद्ध के बाद इस तरह के गृहयुद्ध यूरोप में हुए लेकिन मज़दूर-वर्ग के दृढ़ संगठन के अभाव में, जैसे कि जर्मनी में, पूंजीपति विजयी हुए। इसीलिए लेनिन का कहना था, "केवल एक देश का नहीं वरन् समस्त संसार का पूंजीपति-वर्ग अब परास्त हो जायगा, अन्तिम रूप से पराजित हो चुकेगा और उसका स्वत्वहरण हो चुकेगा (एक्स-प्रोप्रियेटेट), तभी युद्ध असम्भव होंगे।" किसी देश में समाजवाद की ओर संक्रमण शांतिपूर्ण ढंग से होता है या बलपूर्वक, यह उस देश के पूँजीपति वर्ग पर ही निर्भर नहीं है, यह अन्तर्राष्ट्रीय साम्राज्यवाद पर भी निर्भर है जो दूसरे देशों में खुली दखलंदाजी करता है। वियतनाम, कोरिया और जर्मनी के विभाचन और इन देशों में दो तरह की व्यवस्था का कारण वहाँ के पूँजीपति वर्ग के अलावा अमरीकी साम्राज्यवाद भी है। इसलिए इजारेदार पूंजी के इस विश्व-व्यापी प्रसार और फौजी गुटबन्दी के युग में युद्ध या शान्ति का सवाल और समाजवाद की ओर शान्तिपूर्ण या बलपूर्वक संक्रमण का सवाल इजारेदार पूंजी की वस्तुगत स्थिति और उसकी अन्तर्राष्ट्रीय फौजी गुटबन्दी को नज़रंदाज़ करके हल नहीं किया जा सकता।

लेनिन ने जिस प्रकार साम्राज्यवाद की हिंसक युद्ध-वृत्ति से सावधान किया है, उसी प्रकार सत्ताधारी वर्ग द्वारा बल-प्रयोग के प्रति भी सचेत किया है। "फ्रांस का गृहयुद्ध" की ऐंगेल्स द्वारा लिखित भूमिका का उल्लेख करते हुए

लेनिन ने "राज्यसत्ता और क्रांति" में लिखा है, "यहाँ विषय में मूल तत्त्व की —और प्रसंगवश राज्यसत्ता के प्रश्न की भी—बहुत अच्छी व्याख्या की गई है : क्या पीड़ित वर्ग के पास हथियार हैं ?" पीड़ित वर्ग सशस्त्र हो तो प्रायः रक्तपात के बिना मज़दूर वर्ग सत्तारूढ़ हो सकता है जैसा कि अन्तरराष्ट्रीय हस्तक्षेप के पहले रूस में हुआ था। लेनिन ने इसी पुस्तक में काट्स्कीपंथी अवसरवादियों का खंडन करते हुए लिखा है कि राज्यसत्ता वर्ग-शासन का साधन है और वर्ग-विरोध निपटाया नहीं जा सकता। ये लोग जिस बात को भूल जाते हैं या नजरंदाज करते हैं, वह यह है कि यदि राज्यसत्ता न निपटने वाले वर्ग-विरोधों का परिणाम है और यदि वह समाज से ऊपर स्थित एक शक्ति है और उससे बराबर अलग होती जाती है तो "यह स्पष्ट है कि पीड़ित वर्ग की मुक्ति बलपूर्वक क्रांति के बिना ही नहीं, राज्यसत्ता के यंत्र के नाश के बिना भी —जिस यन्त्र को शासक वर्ग ने बनाया था और जिसमें समाज से यह 'अलगाव' निहित है—असम्भव है।" लेनिन का विचार था कि मज़दूर वर्ग को इस सत्य से परिचित होना चाहिए कि "पूंजीवादी राज्यसत्ता की जगह सर्वहारा राज्यसत्ता की स्थापना बलपूर्वक क्रांति के बिना असम्भव है।" लेनिन ने दिखलाया है कि पूंजीपति-वर्ग किस तरह पूंजीवादी-जनवादी प्रजातन्त्र को पूंजी की रक्षा के लिए इस्तेमाल करता है। इसके लिए वह सार्वजनिक बालिग मताधिकार का उपयोग भी करता है। ऐंगेल्स का कहना था कि इस तरह का मताधिकार "मज़दूर वर्ग की परिपक्वता की सूचना है। इसके सिवा आधुनिक राज्यसत्ता में वह और कुछ न हो सकता है, न होगा।" मेनशेविक आदि अवसरवादी सब कुछ इस मताधिकार द्वारा ही कर लेना चाहते हैं, यह कहते हुए लेनिन ने टिप्पणी की है, "वे इस गलत विचार में खुद विश्वास करते हैं और जनता में उसका प्रचार करते हैं कि 'आधुनिक राज्यसत्ता में' सार्वजनिक मताधिकार वास्तव में श्रमिक जनता का बहुमत प्रकट कर सकता है और उसे व्यावहारिक रूप देना निश्चित कर सकता है।" इस सम्बन्ध में सोवियत कम्युनिस्ट पार्टी की बीसवीं कांग्रेस में ख्रुश्चेव ने कहा है कि विश्व पैमाने पर समाजवादी शक्तियाँ बढ़ी हैं और पूंजीवाद बहुत कमजोर हो गया है। इसलिए अनेक पूंजीवादी देशों में मज़दूर वर्ग को यह मौका मिलता है कि वह बहुसंख्यक जनता को अपने नेतृत्व में संगठित करे और अवसरवादियों का जमकर मुकाबला करते हुए "पार्लियामेंट में स्थायी बहुमत प्राप्त कर ले और उसे पूंजीवादी जनतन्त्र की संस्था के बदले जनता की इच्छा के वास्तविक साधन का रूप दे दे। ऐसी हालत में यह संस्था, जो बहुत से खूब विकसित पूंजीवादी देशों में परंपरागत है, वास्तविक जनतन्त्र, श्रमिक जनता के जनतन्त्र की संस्था बन सकती

है। जनता के क्रांतिकारी आंदोलन का समर्थन पाकर मज़दूर वर्ग पूँजीवादी और भूतपूर्व पराधीन देशों में पार्लियामेंट का स्थायी बहुमत प्राप्त करके बुनियादी सामाजिक परिवर्तन कर सकता है।" इसी तरह युद्ध के बारे में उनका कहना है कि जब तक साम्राज्यवाद है तब तक युद्ध भी अनिवार्य है, यह स्थापना तब की गई थी जब साम्राज्यवाद व्यापक विश्व-व्यवस्था था और युद्ध न चाहने वाली सामाजिक और राजनीतिक शक्तियाँ कमजोर थीं, अच्छी तरह संगठित न थीं और इसलिए साम्राज्यवादियों को युद्ध छोड़ने के लिए मजबूर न कर सकती थीं। अब समाजवाद और शांति का खेमा इतना मजबूत है कि जनता युद्ध रोक सकती है। "इन परिस्थितियों में लेनिन की यह स्थापना कि जब तक साम्राज्यवाद है, तब तक युद्धों को जन्म देने वाला आर्थिक आधार भी है, लागू होती है। इसीलिए हमें खूब सतर्क रहना चाहिए। जब तक दुनिया में पूँजीवाद है तब तक इजारेदार पूँजी के हितों का प्रतिनिधित्व करने वाली प्रतिक्रियावादी शक्तियाँ फौजी जुआ और आक्रमण की ओर अपना अभियान जारी रखेंगी और युद्ध छेड़ने की कोशिश कर सकती हैं। लेकिन युद्ध भाग्य-लेख की तरह अनिवार्य नहीं है। आज साम्राज्यवादियों को युद्ध छेड़ने से रोकने वाली ऐसी विशाल साधनयुक्त भारी सामाजिक और राजनीतिक शक्तियाँ हैं जो, यदि वे सचमुच युद्ध शुरू करने की कोशिश करें तो, हमलावरों को मुँह तोड़ जवाब दे सकें और उनकी दुःसाहसिक योजनाएँ खत्म कर दें।"

सोवियत क्रान्ति का तात्कालिक उद्देश्य सामन्तवाद के अवशेष खत्म करना था यानी पूंजीवादी जनवादी क्रान्ति के बचे हुए काम पूरे करने थे ("अक्तूबर क्रान्ति की चौथी वर्षी" पर लेनिन का लेख)। ज़मींदारी प्रथा और भूदास प्रथा के अवशेष पूरी तरह खत्म कर दिए गए। स्त्रियों को समान अधिकार दिए गए, रूस में रहने वाली तमाम जातियों को समानता और भाईचारे के आधार पर जीवन बिताने का अवसर मिला। सोवियत क्रान्ति के चार वर्ष बाद लेनिन ने लिखा था, "हम सचेत ढँग से, जानबूझ कर और बिना मुड़े हुए समाजवादी क्रान्ति की ओर प्रगति कर रहे हैं और हम जानते हैं कि पूंजीवादी-जनवादी क्रान्ति से हमें अलग करने वाली बीच में कोई चीनी दीवार नहीं है। हम यह भी जानते हैं कि (अन्ततोगत्वा) संघर्ष ही यह तै करेगा कि हम कितनी प्रगति करते हैं और किस हद तक अपनी विजय को दृढ़ करने में सफल होते हैं।"

सोवियत समाजवादी क्रान्ति के तात्कालिक कर्तव्य पूंजीवादी-जनवादी क्रांति के थे। मज़दूर वर्ग के संगठन, मज़दूर वर्ग के हिरावल दस्ते कम्युनिस्ट पार्टी के नेतृत्व, सोवियतों यानी जनता की पंचायतों के हाथ में सत्ता आने और मज़दूर-

किसान एकता की वजह से यह क्रान्ति सफल हुई। समाजवादी युद्ध को गृह-युद्ध में बदलने की लेनिनवादी कार्यनीति चरितार्थ हुई। साम्राज्यवादियों के आपसी संघर्ष के कारण सोवियत जनता को अपेक्षाकृत आसानी से सत्ता प्राप्त करने में सुविधा हुई। लेकिन अन्तरराष्ट्रीय साम्राज्यवाद ने युद्ध समाप्त होते ही सोवियत संघ में श्रमिक जनता के वर्ग-शत्रुओं से मिलकर सशस्त्र दखलन्दाज़ी आरम्भ कर दी। तब से अब तक प्रायः हर देश में स्वाधीनता और समाजवाद के आन्दोलनों को दबाने में इजारेदार पूँजी आर्थिक, राजनीतिक और फौजी दखलन्दाज़ी करती रही है। रूस में यह दखलन्दाज़ी परास्त की गई। एक बार सत्ता प्राप्त करने पर सोवियत जनता उसकी रक्षा के लिए प्राणों की बाज़ी लगाकर लड़ी। इसके सिवा दूसरे देशों के मज़दूरवर्ग ने इस प्रथम समाजवादी राज्यसत्ता की रक्षा के लिए अपने यहाँ के पूँजीपतियों की दखलन्दाज़ी के खिलाफ संघर्ष किया।

श्री के० ऐस० हिर्लेकर ने सोवियत संघ पर अपने सुन्दर संकलन (K. S. Hirlekar : Soviet Russia; बम्बई, १९४४) में लिखा है कि सोवियत संघ में जितने बुनियादी परिवर्तन हुए हैं, उनमें कृषि-सम्बन्धी परिवर्तन सबसे महत्त्वपूर्ण है। धरती पर ज़ार-परिवार, अभिजात वर्ग और धनी किसानों का अधिकार था। क्रान्ति से पहले ३० फीसदी किसानों के पास घोड़े नहीं थे; ३४ फीसदी के पास हलमाची न थी; १५ फीसदी किसानों के पास ज़मीन ही न थी और वे ज़मीदारों और धनी किसानों की चाकरी करते थे। अब पंचायती खेतों में किसान जनता संगठित है। उत्पादन के साधनों पर किसानों का सामूहिक अधिकार है और खेती की आमदनी श्रम के हिसाब से बाँट ली जाती है। पंचायती खेती में आधुनिक विज्ञान और कौशल से काम लिया जाता है। मशीन और ट्रैक्टर स्टेशनों द्वारा जनता की हुकूमत किसानों की मदद करती है कि वे नये कौशल से लाभ उठा सकें। ज़ार के समय की गरीबी, भुखमरी और अविद्या हमेशा के लिए दूर हो गई है। रवीन्द्रनाथ ठाकुर ने "रशियार चिठि" में लिखा था, "एक दिन शाम को मॉस्को शहर की एक बाड़ी में गया। वह किसानों के ठहरने का स्थान था। किसी उपलक्ष्य में जब वे गाँव से शहर आते हैं तो कुछ दिन सस्ते में यहाँ ठहरते हैं। उनसे मेरी बातचीत हुई। जिस दिन उस तरह की बातचीत अपने देश के किसानों के साथ होगी, उसी दिन साइमन कमीशन का जवाब दे सकूँगा।" और भी, "उस दिन मौस्को के कृषि-आवास में जाकर स्पष्ट रूप से अपनी आँखों देखा कि दस साल की अवधि में रूस के किसान भारतवर्ष के किसानों को कितना पीछे छोड़ आये हैं। उन्होंने किताब पढ़ना ही नहीं सीखा, उनका मन बदल गया है, वे मनुष्य बन गये हैं। शिक्षा की बात करने से ही बात

पूरी नहीं होती। कृषि की उन्नति के लिए सारे देश ने एक होकर जो विराट उद्यम किया है, वह भी असाधारण है। भारतवर्ष की ही तरह यह देश कृषि-प्रधान है। इसलिए यथासम्भव कृषि की बढ़ती के बिना देश के आदमी की रक्षा नहीं की जा सकती। ये लोग यह बात भूले नहीं। ये लोग अतिदु:साध्य साधन में प्रवृत्त हैं।" पददलित जनता द्वारा मनुष्यत्व की प्राप्ति—रवीन्द्रनाथ के लिए सोवियत रूस का यह सबसे चमत्कारी परिवर्तन था। उन्होंने लिखा है, "अपनी आँखों से न देखता तो किसी तरह विश्वास न कर पाता कि अशिक्षा और अपमान के निम्नतम स्तर से उठाकर आज केवल दस साल में लाखों मनुष्यों को इन्होंने क ख ग घ ही नहीं सिखाया, मनुष्यत्व से सम्मानित भी किया है।" यह उन्नति क्यों हुई, इस के बारे में उन्होंने लिखा है, "अपने से बार-बार यह प्रश्न किया है—इतना बड़ा चमत्कार किस प्रकार सम्भव हुआ? मेरे मन में यही उत्तर उठा कि यहाँ लोभ की रुकावट कहीं नहीं है।" समाजवादी क्रान्ति एक व्यापक सामाजिक क्रान्ति है; वह एक नैतिक क्रान्ति भी है। व्यक्तिगत मुनाफा कमाने वाला सिद्धान्त जिस व्यवस्था का आधार है, उसके बदले पूरे समाज के लिए उत्पादन और वितरण के सिद्धान्त के आधार पर इस नये समाज की रचना होती है। यह रचना एक लम्बे संघर्ष के दौर से गुज़र कर होती है। कारण यह कि प्राचीन व्यवस्था और संस्कारों के अवशेष जल्दी निर्मूल नहीं होते।

समाजवाद में प्रत्येक व्यक्ति को उसके श्रम के अनुसार पारिश्रमिक दिया जाता है। यह नियम स्वत: पूंजीवादी व्यवस्था की देन है। मार्क्स ने "गोथा कार्यक्रम की आलोचना" में लासाल की इस धारणा का खण्डन किया था कि समाजवाद में श्रमिक को अपना पूरा श्रमफल मिल जाता है। समाज के समग्र श्रम से उत्पादन के प्रसार, पुरानी मशीनों के बदले नयी मशीनें लगाने आदि के लिए रिज़र्व फण्ड काटना जरूरी होगा। खाने-खरचने के साधनों से भी शासन, स्कूल, अस्पताल आदि चलाने के लिए एक फण्ड काटना होगा। लेनिन ने "राज्यसत्ता और क्रान्ति" में दिखलाया है कि मार्क्स ने समाजवाद की रचना की ठोस परिस्थितियों का अध्ययन किस तरह किया है। मार्क्स ने लिखा था कि श्रमिक जनता की पार्टी के कार्यक्रम की जांच करते हुए हमें उस नये समाज की चर्चा करनी है जो अचानक अपनी बुनियाद पर नहीं उठ खड़ी हुई, बल्कि जैसी वह पूंजीवादी समाज से उभर कर आती है, जो इस प्रकार हर तरह से, आर्थिक, नैतिक और बौद्धिक तरह से, उस पुरानी समाज के गर्भ-चिह्न धारण किए रहती है जहाँ से उसका उद्‌भव हुआ है। इसे मार्क्स ने कम्युनिस्ट समाज की पहली या निचली मंज़िल कहा है। इसी को समाजवादी व्यवस्था कहते हैं। लेनिन के अनुसार इस व्यवस्था में उपात्दन के साधन

लोगों की व्यक्तिगत सम्पत्ति नहीं रहते। उन पर सारे समाज का अधिकार होता है। समाज का हर व्यक्ति सामाजिक रूप से कुछ आवश्यक श्रम करता है और इसी के अनुसार उसे पारिश्रमिक मिलता है। यह समानता का अधिकार है, फिर भी मार्क्स के शब्दों में यह एक "पूंजीवादी अधिकार" है। लेनिन कहते हैं कि हर अधिकार असमान लोगों पर, तरह-तरह के लोगों पर समान मापडण्ड, एक-सा ही मानदण्ड लागू करता है। जो लोग समझते हैं कि समाजवाद में सम्पत्ति का समान वितरण होता है और मनुष्य की व्यक्तिगत भिन्नता का ध्यान नहीं रखा जाता, उनके लिए लेनिन ने लिखा है, "लेकिन लोग एक से नहीं हैं। कोई सबल है, कोई विवाहित है, कोई अविवाहित है। किसी के ज्यादा बच्चे हैं, किसी के कम, इत्यादि।" इससे मार्क्स ने नतीजा निकाला है कि समान उपज देकर, और इसलिए खाने-खरचने की सामाजिक निधि से समान भाग पाकर वास्तव में एक व्यक्ति दूसरे से ज्यादा पाएगा, वह दूसरे की ज्यादा धनी होगा, इत्यादि। इस प्रकार समाजवादी व्यवस्था में सब समान नहीं हो जाते। मनुष्य द्वारा मनुष्य का शोषण खत्म हो जाता है क्योंकि अब कल-कारखानों, भूमि आदि को व्यक्तिगत सम्पत्ति बनाना सम्भव नहीं है। पैदावार के साधनों पर जो थोड़े-से आदमियों ने कब्ज़ा जमा रखा था, समाजवाद इस अन्याय को खत्म कर देता है। लेकिन एक दूसरा "अन्याय" और रह जाता है और वह यह कि खाने-खरचने की चीजें व्यक्ति की मेहनत के हिसाब से बाँटी जाती हैं, व्यक्ति की आवश्यकताओं के हिसाब से नहीं। हर एक को मेहनत के अनुसार पारिश्रमिक मिले, यह पूंजीवादी नियम वितरण की विषमता दूर नहीं करता। मार्क्स का कहना है कि "कम्युनिस्ट समाज की उस पहली मंज़िल में ये दोष अनिवार्य हैं जो पूंजीवादी समाज की लम्बी गर्भ-पीड़ा के बाद अभी उत्पन्न हुई है। अधिकार समाज की आर्थिक व्यवस्था और उसके द्वारा निश्चित सांस्कृतिक विकास से कभी ऊंचा नहीं हो सकता।" इसलिए कौशल और उत्पादन की महती उन्नति के बाद ही यह सम्भव होता है कि प्रत्येक व्यक्ति को उसकी आवश्यकता के अनुसार खाने-खरचने की सामग्री दी जा सके। समाजवादी व्यवस्था के दोष दूर करने के लिए "अधिकार को, समान न होकर, असमान होना पड़ेगा" (मार्क्स)। कम्युनिस्ट समाज में जब उत्पादक शक्तियाँ बढ़ती हैं, सहयोग द्वारा सम्पत्ति-अर्जन के स्रोत खुल जाते हैं, श्रम जीवनयापन का साधन न रहकर जीवन की आवश्यकता बन जाता है, बौद्धिक और शारीरिक श्रम का भेद मिट जाता है, तब मार्क्स के अनुसार वह संकुचित पूंजीवादी अधिकार भी खत्म हो जाता है, और समाज का सिद्धान्त यह होता है, हर एक अपनी योग्यता के अनुसार काम करे और उसे अपनी आवश्यकता के अनुसार खाने-

खरचने की सामग्री मिले।

सोवियत रूस के पास पहले मशीन बनाने वाले कारखाने नहीं थे जैसे कि अभी हिन्दुस्तान के पास नहीं हैं। जो कल-कारखाने थे, उनका सामान ज्यादा-तर पुराना पड़ चुका था। देश की रक्षा के लिए तोपें, हवाई जहाज, टैंक वगैरह बनाने के कारखानों की भी ज़रूरत थी। पूंजीवादी देशों से उधार मिलने की संभावना न थी। न सोवियत रूस के पास ऐसे उपनिवेश थे जिन्हें लूट कर नये उद्योग-धन्धों के लिए मजदूर वर्ग पूंजी जुटाता जैसे इंगलैंड ने भारत को लूटकर जुटाई थी। सोवियत समाज ने पूंजी के साधन अपने देश में ही ढूंढ़े। मजदूर वर्ग ने कारखाने, मिलें, बैंक, देश-विदेश का व्यापार अपने हाथ में कर लिया था। इनका मुनाफा अब पूंजीपतियों को न मिलता था; वह अब उद्योगीकरण में लगाया गया। लगान के भार से मुक्त होकर किसान भी उद्योगीकरण में मदद दे सकते थे। १९२६-२७ में सोवियत राज्य ने १,००,००,००,००० रूबल उद्योग धन्धों में लगाये, तीन साल बाद यह रकम बढ़ाकर पंचगुनी कर दी गई। द्नीपर नदी पर जल-विद्युत् केन्द्र बना, तुर्किस्तान साइबेरिया रेलवे बनी, स्तालिनग्राद में ट्रैक्टरों का कारखाना बना, इत्यादि।

रूस का उद्योगीकरण पूंजीवादी घेरे के अन्दर हो रहा था। इजारेदार पूंजी रूस के खिलाफ कागजी प्रचार करके ही सन्तुष्ट न थी। जून १९२७ में वार्सा-स्थित सोवियत राजदूत की हत्या कर दी गई। बर्लिन, पेकिंग, शांघाई और तिनत्सिन में सोवियत दूतावासों और व्यापार-प्रतिनिधियों पर एक साथ हमले किए गए। ये घटनाएँ साबित करती हैं कि साम्राज्यवादी सोवियत संघ के खिलाफ उकसावा पैदा कर रहे थे। स्वयं सोवियत देश के अन्दर त्रात्स्की के साथी और अनुयायी लेनिनवादी नीति का विरोध कर रहे थे और इस तरह स्तालिन के शब्दों में चेम्बरलेन से लेकर त्रात्स्की तक सोवियत शासन के खिलाफ एक संयुक्त मोर्चा बन गया था। त्रात्स्की की नीति को लेकर सोवियत संघ की कम्युनिस्ट पार्टी में बहस चली। त्रात्स्की-ज़िनोवियेव गुट के लिए चार हज़ार सदस्यों ने अपना मतदान किया और ७,२४,००० सदस्यों ने केन्द्रीय समिति के पक्ष में मतदान किया। त्रात्स्की की सोवियत-विरोधी कार्यवाहियों के कारण १४ नवम्बर १९२७ को उसे पार्टी से निकाल दिया गया। इस गुट के बचे हुए नेता यह कोशिश करते रहे कि किसी तरह पार्टी और जनता का विश्वास हासिल करके फिर अवसर मिलते ही विश्वासघात करें। सोवियत संघ की कम्युनिस्ट पार्टी के इतिहास में राजनीतिक घोखेबाजों के बारे में बहुत ठीक लिखा गया है कि ये जनता और मजदूर वर्ग की पार्टी को धोखा देकर अपने जघन्य उद्देश्य पूरा करने की कोशिश करते हैं। इनका कोई सिद्धान्त नहीं होता; ये गिरगिट की तरह रंग बदल कर

क़िसी भी तरह जनता के विश्वासपात्र बने रहना चाहते हैं। जनता के दुश्मनों से भी सहायता लेने में उन्हें संकोच नहीं होता बशर्ते कि वे फिर उपयुक्त अवसर आते ही राजनीतिक मंच पर आ कूदें और जनता की गर्दन पर सवार होकर उसके शासक बन जाएँ।

सोवियत संघ में पुराने बुद्धिजीवियों के बीच ऐसे लोग थे जो देश के उद्योगीकरण में हर तरह की रुकावटें डाल रहे थे, यहाँ तक कि तोड़-फोड़ भी करते थे। इनमें बहुत-से पकड़ कर जेलों में बन्द कर दिये गये। इस सम्बन्ध में अमरीकी पत्रकार लुई फिशर ने १९३२ में लिखा था, "इस बात से कोई इंकार नहीं करता कि रूसी इंजीनियरों ने तोड़फोड़ किया है और कर रहे हैं। रूस में काम करने वाले अमरीकी विशेषज्ञों ने बार-बार छापे के अक्षरों में और आपसी बातचीत में यह कहा है। परिस्थितिगत प्रमाण से भी यही सिद्ध होता है। लेकिन इसका यह अर्थ नहीं कि एक समूचे वर्ग को अपराधी समझा जाय और उसे गिरफ्तार कर लिया जाय जबकि उस वर्ग के बहुत-से सदस्य सच्चे और वफ़ादार नागरिक हैं।" (सिडनी और बिएट्रिस वेबकृत "सोवियत कम्युनिज्म : एक नयी सभ्यता", तीसरा संस्करण, १९४४, में उद्धृत; पृ० ४५७)। १९३४ में सोवियत नेता किरोव की हत्या कर दी गई। इससे पहले लेनिन के भी गोली मारी गई थी। इन घटनाओं से पता चलता है कि सोवियत शासन के विरोधी हर तरह के आतंक से काम लेने को तैयार थे। सिडनी और ब्रिएट्रिस वेब के अनुसार किरोव की हत्या के बाद सोवियत शासन ने आतंक से काम लिया।

१९३४ में सौ व्यक्तियों ने "हथियार लिए हुए (कुछ के पास बम भी थे)" सोवियत संघ की पच्छिमी सीमा से "ग़ैर कानूनी तौर पर और गुप्त रूप से" सोवियत संघ में प्रवेश किया (सोवियत कम्युनिज्म, पृ० ९२६)। इनमें से प्रायः सबके सब पकड़ लिए गये। १९३६-३७ में कामेनेव, जिनोवियेव, प्याताकोव, सेरेब्रियाकोव आदि के मुकदमे चले। अभियुक्तों ने अपने दोष स्वीकार किये; इस पर पूंजीवादी पत्रों ने प्रचार किया कि उन्हें किसी तरह की यंत्रणा देकर दोष स्वीकार करा लिए गये हैं। अभियुक्तों द्वारा अपराधों की स्वीकृति सुनकर "जिसकी पुष्टि एक हद तक जर्मन और जापानी राजनीतिज्ञों के कुछ असावधानी से दिये हुए प्रकाशित वक्तव्यों से होती थी, जनवरी १९३७ में मुकदमे में उपस्थित ब्रिटिश और अमरीकी पत्रकारों को विश्वास हो गया कि उन पर राज्यद्रोह के षड़यंत्र करने का जो अपराध लगाया गया है, वह सही है। खुले मुकदमे की कार्यवाही और उसमें दिये हुए वक्तव्यों की पूरी रिपोर्ट पढ़ कर हमारी धारणा भी यही बनती है" (सोवियत कम्युनिज्म, पृ० ९२७)। वेब-

दम्पति का विचार है कि अभियुक्त दोषी थे। यद्यपि यह सिद्ध नहीं होता कि उनके कार्यों के लिए त्रात्स्की दोषी था। उनका यह भी कहना है कि त्रात्स्की के प्रति हमदर्दी के कारण लोग यह भूल गये कि "उसने स्तालिन की सरकार को उखाड़ फेंकने के लिए बारबार उकसावा और माँगें प्रकाशित की थीं।" सन् ३७ के मुकदमे में सोवियत-स्थित अमरीकी राजदूत डेवीज़ मौजूद था। उसने अभियुक्तों के बारे में अपनी पुस्तक "मिशन टू मौस्को" में लिखा है, "अभियुक्तों की शक्ल-सूरत से कोई खास बात न मालूम होती थी। वे खाते-पीते, हट्टे-कट्टे और चंगे मालूम होते थे। प्याताकोव पहला गवाह था। और वह माइक्रोफोन के सामने ऐसे खड़ा हुआ था जैसे कोई कॉलेज का प्रोफेसर लेक्चर दे रहा हो। रादेक किसान की पोशाक में था और दाढ़ी के नीचे थोड़े से बालों से उसका व्यक्तित्व उभर आया था। वह मानता था कि वह षड्यंत्र के राजनीतिक नेताओं में से है और यद्यपि उसने विशेष अपराधों में भाग नहीं लिया था, फिर भी उसे उनकी जानकारी थी। वह इसकी जिम्मेदारी से इंकार न करता था। गवाही देते हुए उसने इस बात का सबूत दिया था कि वह बड़ा ही जानदार आदमी है। अंत में उसने कहा कि अदालत को याद रखना चाहिए कि उसी ने त्रात्स्की के षड्यंत्र का भंड़ाफोड़ किया था, यानी वह न होता तो सरकार मुकदमा न चला सकती। मोरालोव छह फ़ीट से भी ज्यादा ऊँचा सिपाही जैसा आदमी था और एक सादा रूसी सलूका गर्दन तक पहने था। उसकी सहज बातचीत से मालूम होता था कि वह सच बोल रहा है।" डेवीज़ ने सोवियत-स्थित अन्य दूतावासों से बातचीत की। उसने लिखा है कि एक को छोड़कर सभी ने यह मत प्रकट किया कि सोवियत राज्य खत्म करने के लिए निश्चय ही षड्यन्त्र किया गया था।

षड्यंत्रकारियों को आशा थी कि साम्राज्यवादियों द्वारा आक्रमण होने पर वे उनकी मदद करेंगे और सोवियत शासन को उलट देंगे। लेकिन सोवियत शासन की सतर्कता के कारण हिटलर को नौर्वे और फ्रांस की तरह सोवियत संघ में पाँचवाँ दस्ता न मिला।

दूसरे महायुद्ध तक खेती के पंचायतीकरण और देश के उद्योगीकरण द्वारा सोवियत संघ की कायापलट हो चुकी थी। हिर्लेकर के अनुसार ज़ारशाही रूस के मुकाबले में सोवियत संघ की औद्योगिक पैदावार नौ गुना बढ़ चुकी थी। १६१३ की तुलना में सोवियत उद्योग-धंधों की प्रगति ६०८.८ फीसदी थी। "बढ़ती की रफ्तार के विचार से संसार में समाजवादी उद्योग-धंधों का स्थान पहला है" (हिर्लेकर, सोवियत रूस, पृ. १२)। जारशाही के समय दस फीसदी लोगों को राष्ट्रीय आय का अस्सी फीसदी भाग मिलता था; अब सारी राष्ट्रीय आय जनता के हित में

खर्च की जाती है। समाजवादी व्यवस्था की शक्ति इस बात से आँकी जा सकती है कि गृहयुद्ध के बाद सोवियत संघ में पुराने नगरों का नवनिर्माण ही नहीं हुआ वरन् "दो सौ नये नगर बसाये गये" (उप. पृ. १०)। यह मजदूर वर्ग के अधिनायकतत्व से संभव हुआ। पूँजीवादी देशों में इसे आमतौर से तानाशाही, जनतंत्र का नाश आदि कहा जाता था। "सर्वहारा क्रांति और ग़द्दार कॉट्स्की" में लेनिन ने इस संबंध में लिखा था, मध्यकालीनता के मुकाबले में पूँजीवादी जनतंत्र एक महान् ऐतिहासिक प्रगति है। फिर भी वह सीमित, कटा-छँटा, झूठा और धूर्ततापूर्ण, अमीरों के लिए स्वर्ग और शोषितों, गरीबों के लिए भुलावा बना रहता है और पूंजीवाद के अन्तर्गत ऐसा बने बिना रह नहीं सकता।" पूँजीवादी जनतंत्र में अधिकारों का उपयोग किस तरह होता है, इस बारे में लेनिन ने आगे लिखा है, "आधुनिक राज्यसत्ताओं के बुनियादी कानून ले लो, उनका शासन ले लो, सभा करने, प्रेस की स्वाधीनता या 'कानून के सामने सभी नागरिकों की समानता' ले लो और तुम्हें हर क़दम पर पूँजीवादी जनतंत्र की धूर्तता दिखाई देगी जिससे हर ईमानदार और वर्गचेतन मजदूर परिचित है। कितनी भी जनतांत्रिक क्यों न हो, कोई भी राजसत्ता ऐसी नहीं है जिसके विधान में ऐसी बचाव की जगह या रोकथाम की शर्तें न हों जिनके अनुसार 'शान्ति (पब्लिक आर्डर) भंग होने' पर यानी अगर शोषित वर्ग अपनी दासता की स्थिति 'भंग' करे और ग़ैर-दासता के तरीके से व्यवहार करने की कोशिश करे, तो पूँजीपतियों के लिए मज़दूरों के खिलाफ फौज भेजने, मार्शल लॉ की घोषणा करने आदि की संभावना पक्की न हो। कॉट्स्की बेशर्मी से पूँजीवादी जनतंत्र को रंग-चुन कर पेश करता है और ऐसी बातें बताना भूल जाता है जैसे कि अमरीका या स्विट्जरलैंड के सबसे ज्यादा जनवादी और प्रजातंत्रपंथी पूँजीपति हड़ताली मज़दूरों से कैसा व्यवहार करते हैं। और भी, जो पूँजीवादी राज्यसत्ता सबसे ज़्यादा जनवादी है, वहाँ भी पूँजीपतियों द्वारा घोषित 'जनतंत्र' की ऊपरी (फॉर्मल) समानता और सर्वहारा को पगार कमाने वाला गुलाम बना देने वाले हजारों वास्तविक प्रतिबन्धों और पेचीदगियों के बीच घोर अंतर्विरोध दिखाई देता है। यह अंतर्विरोध ही है जो पूँजीवाद के सड़ेपन, धोखाधड़ी और धूर्तता के प्रति आम जनता की आँखें खोल रहा है।" इसके विपरीत "सर्वहारा जनतंत्र ने, जिसका एक रूप सोवियत शासन है, जनतंत्र का ऐसा विकास और प्रसार किया है जो संसार के लिए अब तक अभूतपूर्व है। जनतंत्र का यह प्रसार और विकास बहुसंख्यक जनता के लिए ही है, शोषित और श्रमिक जनता के लिए है।" सोवियत और पूँजीवादी शासनतंत्रों की तुलना करते हुए लेनिन ने लिखा था कि पूँजीवादी जनतंत्र में कौशल और दाँवपेंच से पूँजीपति शासन-

कार्य से आम जनता को अलग रखते हैं। पैरिस कम्यून के बाद सोवियत सरकार वह पहली हुकूमत है जो शासन कार्य में शोषित जनता को शामिल करती है। पूंजीवादी देशों में पीड़ित जनता हजार अड़चनों के कारण पार्लियामेंटों में हिस्सा नहीं ले सकती। इसके विपरीत "सोवियतें मेहनती और शोषित जनता का संगठन हैं। ये जनता की सहायता करती हैं कि वह स्वयं हर संभव रूप में राज्यसत्ता का संगठन और संचालन करें। और इस कार्य में श्रमिक और शोषित जनता के अग्रदल, शहर के सर्वहारा को विशेष सुविधा होती है क्योंकि वह बड़े धंधों द्वारा सबसे अच्छी तरह संगठित रहता है।" समाजवादी जनतंत्र में संपत्ति के विशेषाधिकार, ऊँचे स्तर के लोगों से सम्बन्ध आदि खत्म हो जाते हैं। "प्रेस की स्वाधीनता धूर्तता नहीं रहती क्योंकि छापेखाने और कागज़ के गोदाम पूंजीपतियों से ले लिए जाते हैं। यही बात सबसे अच्छी इमारतों, प्रासादों, भवनों और सामन्तों के महलों पर लागू होती है। सोवियत सरकार ने एक बार ही इस तरह की हजारों इमारतें शोषकों से लीं और इस तरह सभा करने के अधिकार को—जिसके बिना जनतंत्र धोखे की टट्टी है—लाख गुना ज्यादा 'जनतांत्रिक' बना दिया। गैरस्थानीय सोवियतों के लिए अप्रत्यक्ष चुनाव के मुकाबले में सोवियतों की कांग्रेसें करना ज्यादा आसान होता है। इससे समूचा तंत्र कम खर्च वाला, ज्यादा लचीला, मज़दूरों और किसानों के लिए ऐसे समय ज्यादा सुलभ हो जाता है जबकि जीवन में ज्वार उठ रहा है और यह आवश्यक है कि जनता बहुत जल्दी अपने प्रतिनिधि को वापस बुला सके या सोवियतों की आम कांग्रेस में उसे भेज सके। सर्वहारा जनतंत्र किसी भी पूंजीवादी जनतंत्र से लाख गुना ज्यादा जनतांत्रिक है। सोवियत सत्ता सबसे ज्यादा जनतांत्रिक, पूंजीवादी प्रजातंत्र से लाख गुना ज्यादा जनतांत्रिक है।"

अनेक समितियों द्वारा तैयार किया हुआ सोवियत संविधान का मसौदा १२ जून १९३६ को जनता के सामने बहस के लिए रखा गया "और सोवियत संघ के सभी नागरिकों को आज़ादी से उसकी आलोचना करने और बिना किसी भी प्रतिबंध के उसमें अपने इच्छित संशोधन पेश करने का आमंत्रण दिया गया। इस पर मसौदे के १३ अध्यायों और १४६ धाराओं पर देशव्यापी बहस हुई। यह सार्वजनिक बहस अपने प्रसार और अपनी विविधता में अभूतपूर्व थी। मसौदा हजारों समाचारपत्रों में ही नहीं, सस्ती पुस्तिका रूप में भी कुल मिलाकर छह करोड़ प्रतियों और एक दर्जन विभिन्न भाषाओं में पूरा का पूरा छापा गया। बीसियों रेडियो स्टेशनों से उसका अध्याय-अध्याय विस्तार किया गया। हजारों लाउडस्पीकरों द्वारा और बीस लाख से ऊपर घरेलू रेडियो सेटों द्वारा जनता ने उसे सुना। पोलैंड की सीमा से लेकर प्रशान्त सागर के तट तक गाँव की गलियों

और शहर के सभा-भवनों तक कारखानों और खेतों में व्याख्या और आजादी से बहस के लिए अगनित आम सभाएँ की गईं—रिपोर्ट के अनुसार इनकी संख्या ५,१७,००० थी। अनुमान किया गया था कि कुल मिलाकर इनमें तीन करोड़ पैंसठ लाख जनता ने भाग लिया। इसके फलस्वरूप मौस्को की उपसमितियों के पास डेढ़ लाख से ऊपर सुझाव और आलोचनाएँ आयीं। इनका सारतत्त्व लेकर उन उपसमितियों ने लगभग सौ उपयोगी आलोचनाएँ पेश कीं। इनमें से अधिकांश ने मसौदे में जो बातें अकस्मात् छूट गई थीं, उन्हें पेश किया था या शाब्दिक सुधार किया था। इनेगिने छोटे सुधारों के अलावा आधे दर्जन महत्त्वपूर्ण संशोधन कांग्रेस की स्वीकृति के लिए रखे गये।" (सोवियत कम्यूनिज़्म, पृ० ६१६-६२०)। इस कांग्रेस में ६३ भाषाएँ बोलने वाली जातियों के २०१६ प्रतिनिधियों ने दस दिन तक बहस की। "जिन संशोधनों की सिफारिश की गई थी, वे सभी स्वीकृत हुए" (उ० पृ० ६२०)। इस तरह ५ दिसम्बर १६३६ को नया संविधान सर्वसम्मति से स्वीकृत हुआ।

सिडनी और ब्रिएट्रिस वेब ने संविधान की विशेषताओं की चर्चा करते हुए लिखा है कि प्रतिनिधियों का प्रत्यक्ष निर्वाचन सोवियत संघ के लिए नयी चीज न थी। "वर्षों से नगरों और गाँवों दोनों में उसका चलन था। १६३६ से पहले के आम चुनाव में ६ करोड़ १० लाख से ऊपर की निर्वाचक जनता में से सात करोड़ सत्तर लाख लोग सोवियतों के लिए प्रत्यक्ष मतदान कर चुके थे।" (उप० पृ० ६२०)। इस संविधान द्वारा शहरों और गाँवों के निर्वाचकों में कोई भेद न रखा गया। सार्वजनिक बालिग मताधिकार से किसी भी नागरिक को वंचित न रखा गया—जब तक कि उसे न्यायालय के दण्ड द्वारा कुछ काल के लिए नागरिक अधिकारों से ही वंचित न किया गया हो या डाक्टरों के अनुसार उसका दिमाग खराब न हो। "अब से अन्यायपूर्ण ढंग से अर्जित सम्पत्ति, पहले के समाजविरोधी पेशे, भूतपूर्व जार से पारिवारिक सम्बन्ध भी और धार्मिक संघ की सदस्यता सोवियत नागरिक को मतदान करने से न रोकेगी।" (उप० पृ० ६२१)। वेब दम्पति के अनुसार १७७६ में अमरीकी विद्रोहियों ने जो स्वाधीनता का घोषणापत्र निकाला था और १७८७ में संयुक्त राष्ट्र अमरीका का जो संविधान बना था, दोनों की ही बुनियाद मुनाफा कमाने के लिए संपत्ति पर अनियंत्रित व्यक्तिगत अधिकार था। इस सम्बन्ध में अमरीकी पूंजीवाद के प्रशंसक एक अर्थशास्त्री ने स्वीकार किया है, "आय पैदा करने वाली सम्पत्ति पर स्वामित्व और उपयोग का अधिकार एक मूल बुनियाद है जिस पर इस देश का निर्माण हुआ है।······आगे चलकर व्यक्ति द्वारा संपत्ति के स्वच्छन्द अर्जन और उपभोग का अधिकार संयुक्त राष्ट्र अमरीका के

संविधान में शामिल कर लिया गया···मनुष्य कितनी संपत्ति अर्जित कर सकता है, इस पर कोई भी प्रतिबंध न लगांया गया था। इसके सिवा इस पर भी प्रतिबन्ध न थे कि व्यक्ति किस तरह अपनी संपत्ति का उपभोग करे या उसे करना मालिक अपनी जमीन में घनी खेती कर चाहिए। सकता है, उसे पड़ती भी छोड़ सकता है। वह जो चाहे फसल उगाये, जो खनिज मिलें, उन्हें निकाले।" (ऐस० जे० फ्लिक, दि अमेरिकन इकौनोमी, पृ० ३१-३२)। सोवियत संविधान मुनाफा कमाने वाली व्यक्ति सम्पत्ति की रक्षा नहीं करता। वह शोषक वर्ग का संविधान नहीं है। वह व्यक्तिगत को नागरिक स्वाधीनता ही नहीं देता, उसे जीविकोपार्जन के लिए काम की गारन्टी भी देता है।

सोवियत-संविधान के मसौदे पर अपने भाषण में स्तालिन ने इस प्रश्न का उत्तर दिया था कि सोवियत संघ में एक ही पार्टी क्यों है। "पार्टी किसी वर्ग का हिस्सा, उसका सबसे आगे बढ़ा हुआ हिस्सा होती है। जिस समाज में विरोधी वर्ग हैं, जिनके हित एक-दूसरे के विरोधी हैं और उनमें मेल नहीं हो सकता, जिसमें उदाहरण के लिए पूंजीपति और मज़दूर, जमींदार और किसान, धनी और गरीब किसान वगैरह हैं, उसी में अनेक पार्टियाँ हो सकती हैं और पार्टियों के लिए स्वाधीनता हो सकती है। लेकिन सोवियत संघ में पूंजीपति, जमींदार, धनी किसान जैसे वर्ग नहीं हैं। सोवियत संघ में केवल दो वर्ग हैं—मज़दूर और किसान, जिनके हित एक-दूसरे के विरोधी होना तो दूर रहा, इसके विपरीत मैत्री के हैं। इसलिए सोवियत संघ में अनेक पार्टियों के अस्तित्व के लिए कोई आधार नहीं है, फलतः इन पार्टियों की स्वाधीनता के लिए कोई आधार नहीं है। सोवियत संघ में केवल एक पार्टी, कम्युनिस्ट पार्टी के लिए आधार है। सोवियत संघ में केवल एक पार्टी, कम्युनिस्ट पार्टी रह सकती है जो साहसपूर्वक अन्त तक मज़दूरों और किसानों के हितों की रक्षा करती है।"

सोवियत संघ एक बहुजातीय देश है। सभी जातियों का संगठन समानता और स्वाधीनता के आधार पर हुआ है। इनकी शिक्षा-व्यवस्था, सांस्कृतिक कार्यवाही आदि उनकी अपनी-अपनी भाषाओं में होती है। मध्य एशिया की पिछड़ी हुई जातियाँ समाजवादी व्यवस्था में अपना अभूतपूर्व विकास करके अज्ञान और गरीबी का अपना पुराना जीवन बहुत पीछे छोड़ चुकी हैं। सोवियत-समाज की आन्तरिक एकता का आधार किसान-मज़दूर एकता है, मज़दूर-वर्ग की पार्टी का नेतृत्व है, वैज्ञानिक समाजवाद की विचारधारा द्वारा पथ-निर्देशन है। दूसरे महायुद्ध में इस आंतरिक एकता की कठिन परीक्षा हुई लेकिन सोवियत समाज उस भयानक युद्ध की कसौटी पर खरा उतरा। नाज़ी चतुरंगिनी के सामने स्तालिनग्राद तक हट कर, फिर बर्लिन तक उस चतुरंगिनी

को खदेड़ कर, युद्ध-मोर्चे के पीछे छापेमार लड़ाई चलाकर, आधे पेट खाकर या भूखे रहकर दुश्मन की गोलाबारी के बीच युद्ध-सामग्री तैयार करके सोवियत जनता ने दिखा दिया कि जनतंत्र और स्वाधीनता का वास्तविक अर्थ क्या होता है, समाजवादी व्यवस्था में शोषणमुक्त मानव में कौन-से नये गुणों का विकास होता है, सामन्ती-पूंजीवादी शिकंजे से मुक्त होने पर त्रस्त और शोषित जनता कैसी अजेय शक्ति बन जाती है। इन सफलताओं का श्रेय किसी एक व्यक्ति को नहीं, सम्पूर्ण सोवियत समाज और उसका नेतृत्व करने वाली सोवियत संघ की कम्युनिस्ट पार्टी (बोल्शेविक) और स्तालिन को है।

दूसरा महायुद्ध जिस समय छिड़ा, उस समय सोवियत जनता अपनी तीसरी पंचवर्षीय योजना पूरी करने में लगी हुई थी। युद्ध ने इस कार्य में बाधा ही नहीं डाली, सोवियत उद्योग-धन्धों और खेती को भारी क्षति भी पहुँचायी। लेकिन १९४८ में ही सोवियत संघ की कुल औद्योगिक पैदावार १९४० के युद्धपूर्व स्तर तक पहुँच गई थी। उद्योग-धन्धों को बहाल करने और शान्तिकालीन अर्थतन्त्र के अनुकूल पैदावार का संगठन करने का काम सोवियत संघ ने बिना किसी बाहरी मदद के अपनी ही क्षमता के भरोसे किया। यही नहीं, युद्ध के बाद औद्योगिक प्रगति की रफ्तार १९४० की अपेक्षा बढ़ी हुई थी। १९४९-५१ में जितना इस्पात तैयार हुआ, उतना युद्धपूर्व की रफ्तार से नौ साल में तैयार होता। रफ्तार का यही अनुपात बिजली के उत्पादन में भी था। इन वर्षों में जितना कोयला प्राप्त किया गया, उतना युद्ध से पहले छह वर्षों में प्राप्त होता (सोवियत संघ की कम्युनिस्ट पार्टी की १९वीं कांग्रेस में मलेंकोव की रिपोर्ट)। इस बीच सोवियत संघ के पूर्वी प्रदेशों में भारी औद्योगिक प्रगति हुई। इन प्रदेशों में १९४० की अपेक्षा १९५२ में औद्योगिक पैदावार तीन गुना बढ़ी। अपनी पंचवर्षीय योजना के अनुसार सोवियत संघ ने १९४० की अपेक्षा कुल औद्योगिक पैदावार को १९५५ तक तीनगुना बढ़ाने का लक्ष्य सामने रखा। यह योजना चार साल चार महीने में पूरी हुई। इस योजना की पूर्ति के समय सोवियत संघ की औद्योगिक पैदावार में संयुक्तराष्ट्र अमरीका के मुकाबले में तीन गुनी सालाना औसत बढ़ती हुई। (सोवियत संघ की कम्युनिस्ट पार्टी की २०वीं कांग्रेस में ख्रुश्चेव की रिपोर्ट)। सोवियत संघ की छठी पंचवर्षीय योजना पूरी होने पर सोवियत संघ की औद्योगिक पैदावार १९४० की अपेक्षा पाँच गुनी से ज्यादा हो जायगी। सोवियत संघ अपनी समाजवादी व्यवस्था के कारण अपनी ही औद्योगिक प्रगति नहीं कर रहा, वह चीन जैसे विशाल देश के औद्योगीकरण में भारी सहायता कर रहा है और उसने भारत जैसे गैर-समाजवादी देशों की सहायता करनी आरम्भ कर दी है। सोवियत

संघ और चीन के साथ अन्य समाजवादी देश भी अपने चौमुखी विकास में लगे हुए हैं। इसके विपरीत अमरीका हथियारबन्दी और युद्ध की तैयारियों द्वारा अपना आर्थिक संकट टालने का प्रयत्न करने में लगा है। ख्रुश्चेव की रिपोर्ट के अनुसार १९४८ के अन्त में अमरीका में एक गम्भीर आर्थिक संकट शुरू हुआ था। कोरिया के युद्ध के लिए जोरदार हथियारबन्दी के कारण वह संकट रुक गया। १९२९ में पैदावार की संख्या १०० मानी जाय तो १९५२ में अमरीकी उद्योग-धन्धों की पैदावार २१० थी और १९५५ में बढ़कर २३४ हुई। लेकिन सोवियत संघ में इसी क्रम से १९५२ की औद्योगिक पैदावार १४२१ थी और १९५५ में बढ़कर वह २०४१ हुई। इससे समाजवादी और पूंजीवादी देशों की औद्योगिक प्रगति के अनुपात का पता चल जाता है। यही कारण है कि समाजवादी नेताओं को पूर्ण विश्वास है कि वे पूंजीवाद को शान्तिपूर्ण होड़ में परास्त कर देंगे। और यही कारण है कि अमरीकी इजारेदार सह-अस्तित्व और शांतिपूर्ण होड़ से इतना घबड़ाते हैं और युद्ध में ही अपनी मुक्ति देखते हैं।

११. एशिया में नवजागरण

पहले महायुद्ध ने पूंजीवाद का विश्वव्यापी घेरा तोड़ दिया था। संसार के छठे भाग में मानव-शोषण की सभ्यता खत्म हुई। सोवियत समाजवादी क्रान्ति का गहरा असर उपनिवेशों और पराधीन देशों के मुक्ति-आंदोलन पर पड़ा, पूंजीवादी देशों के मज़दूर-आंदोलन पर पड़ा। इटली और जर्मनी में इजारेदार पूंजी ने अपनी खूनी तानाशाही कायम की। इन दो राष्ट्रों ने जापान के साथ मिलकर अपना आक्रामक गुट बनाया। ब्रिटेन, फ्रांस और अमरीका के इजारेदारों को नाज़ी जर्मनी से बड़ी आशा थी कि वह सोवियत संघ को खत्म करके उन्हें सदा के लिए कम्युनिज़्म के खतरे से बचा देगा। इसीलिए ये इजारेदार गुट नाज़ी जर्मनी की आक्रामक नीति से समझौता करते रहे और उसे बढ़ावा देते रहे। दूसरे महायुद्ध की शुरूआत सोवियत संघ पर हमले के बदले फ्रांस, पोलैंड आदि पर हमलों से हुई। जब सोवियत संघ पर हमला हुआ तब एक विराट फासिस्ट-विरोधी मोर्चा बना जिसमें सोवियत संघ और अन्य देशों की जनता के उद्देश्य कुछ और थे, ब्रिटेन, अमरीका आदि के इजारेदारों के उद्देश्य कुछ और थे।

दूसरे महायुद्ध में सोवियत संघ विजयी हुआ। जर्मनी, जापान, इटली आदि की शक्ति क्षीण हुई। ब्रिटेन और फ्रांस की भी वह शक्ति न रह गई। युद्ध से अमरीकी इजारेदारों ने खूब फायदा उठाया। लेकिन कुल मिलाकर पूंजीवाद की स्थिति कमज़ोर हुई। यूरोप में चेकोस्लोवाकिया, पोलैंड, हंगरी, पूर्वी जर्मनी आदि देश विश्व-पूंजीवाद की परिधि के बाहर निकल गये। कोरिया के आधे हिस्से में साम्राज्यवाद का अधिकार खत्म हुआ। वियतनाम का स्वाधीनता-आंदोलन तेज़ी से आगे बढ़ा। लेकिन विश्व-पूंजीवाद को सबसे करारा धक्का चीन के विजयी मुक्ति-संग्राम से लगा। मानव-जाति का चतुर्थांश पूंजीवादी दायरे से बाहर निकला। इसका गहरा असर एशिया की अन्य जातियों के मुक्ति-आंदोलन पर पड़ा। केवल एशिया में नहीं, विश्व-पैमाने पर पूंजीवाद और समाजवाद की शक्ति का सन्तुलन बदल गया। समाजवाद अब एक

विश्व-व्यवस्था बन गया। पूँजीवाद का बाजार और संकुचित हुआ। चीन कहने के लिए स्वाधीन राष्ट्र था। वास्तव में उसकी स्थिति अर्ध-उपनिवेश की थी। १८४० में अंग्रेज उपनिवेशवादियों ने चीन पर हमला करके "अफीम का युद्ध" किया था। १८५७ में जब भारत की जनता अंग्रेज दस्युओं से लड़ रही थी, तभी चीन की जनता अंग्रेज और फ्रांसीसी हमलावरों से लड़ रही थी। १८९४ में चीनी जनता ने जापानी हमलावरों से युद्ध किया। ये युद्ध बीसवीं सदी तक चलते रहे। इन युद्धों में चीन का सामन्ती शासक वर्ग देश की रक्षा करने में असमर्थ रहा। पहले महायुद्ध के बाद चीन के मज़दूर वर्ग ने स्वाधीनता-आंदोलन में आगे बढ़कर हाथ बटाया। १९११ में ही चीन में सामन्त-विरोधी क्रांति हुई थी लेकिन यह क्रांति सफल न हुई। साम्राज्यवादी ताकतें चीन के सामन्तों को आपस में लड़ाकर वहाँ अपना प्रभुत्व फैलाने की कोशिश करती रहीं। सन् १९२७ में विदेश प्रभुओं के चाकर च्याङकाई शेक ने विश्वासघात करके मजदूर वर्ग और उसके नेताओं का भारी जन-संहार किया। इसके बाद उसने बार-बार कोशिश की कि चीन के मुक्ति-आंदोलन को सैन्य-बल से कुचल दे, लेकिन इसमें उसे कभी भी सफलता न मिली। जनवरी १९३५ में चीन की कम्युनिस्ट पार्टी ने नया नेतृत्व चुना जिसके सिरे पर माओ जे दुंग थे। चीनी क्रांतिकारियों में आत्मसमर्पण अथवा दुःसाहसिकता के जो भटकाट थे, वे खत्म हुए और चीनी जनता माओ जे दुंग और कम्युनिस्ट पार्टी के दृढ़ नेतृत्व में जापानी आक्रमणकारियों के विरुद्ध संगठित हुई। च्यांग काई शेक जापान से ज्यादा घर के सामन्त-विरोधी आंदोलन और चीनी कम्युनिस्ट पार्टी से डरता था। युद्धकाल में ही उसने अनेक बार चीनी कम्युनिस्ट पार्टी और उसके आजाद किये हुए इलाकों को खत्म करने की कोशिश की। जापान के विरुद्ध सोवियत सेना के अभियान से चीन जल्दी ही स्वाधीन हो गया, लेकिन जापान की खाली जगह में रूस ने नहीं अमरीका ने प्रवेश किया। अमरीकी सहायता से च्यांग काई शेक ने सारे चीन पर अधिकार कर लिया और फिर चीनी कम्युनिस्ट पार्टी और सामन्त-विरोधी आंदोलन को खत्म करने की कोशिश करने लगा। उसने माओ जे दुंग द्वारा की हुई एकता के सारे प्रयत्नों को ठुकरा दिया और अमरीका से करोड़ों डालर और युद्ध-सामग्री पाकर चीन को अमरीकी उपनिवेश बनाने का स्वप्न देखने लगा। लेकिन चीनी जनता की संगठित शक्ति के सामने डालर और हवाई जहाज सब बेकार हुए। उसे भग्नकर ताइवान द्वीप में शरण लेनी पड़ी जहाँ अमरीकी युद्धपोत उसकी रक्षा के लिए अब भी खड़े हैं। दूसरे महायुद्ध के बाद अमरीकी इजारेदार जिस विश्व-प्रभुत्व की नीति पर चल रहे थे, उसकी सफलता के लिए चीन पर विजय पाना आवश्यक था। कोरिया

में अमरीकी फौजों द्वारा युद्ध इसी चीन-विजय की योजना का अंग था। वियेतनाम पर एटम बम गिराने की धमकी और फ्रांसीसी हमलावरों की सहायता भी उसी योजना के अन्तर्गत थी। सीटो पैक्ट, तिब्बत को लेकर भारत को भड़काने की कोशिशें, संयुक्त राष्ट्र संघ में चीन के प्रवेश पर निषेध, चीन से अन्य पूंजीवादी देशों के व्यापार पर प्रतिबन्ध आदि अमरीकी दांवपेंच उसी नीति के अन्तर्गत हैं। इससे स्पष्ट है कि चीनी जनता को आसानी से विजय नहीं मिली, न उस विजय की रक्षा करना ही सरल है। यदि कोरिया में चीनी स्वयंसेवक वीरता से न लड़े होते तो एशिया की राजनीति आज कुछ दूसरी ही होती। कोरिया में अमरीकी दखलंदाजों की कमजोरी प्रकट हो गई और उसका प्रभाव एशिया के अन्य देशों की राजनीति पर भी पड़ा।

चीनी जनता अब समाजवाद के निर्माण में लगी हुई है। उसके हाथ में अब सत्ता है। यह सत्ता उसने घरेलू और विदेशी शत्रुओं से एक लम्बे संघर्ष के बाद प्राप्त की है। मज़दूर वर्ग और किसानों के हाथ में सत्ता हो तो पूंजीवाद को शांतिपूर्ण ढंग से खत्म करके समाजवाद की रचना की जा सकती है। चीनी जनता के संविधान के आरम्भ ही में लिखा हुआ है कि सौ वर्ष के वीरतापूर्ण संघर्ष के बाद कम्युनिस्ट पार्टी के नेतृत्व में चीनी जनता ने साम्राज्यवाद, सामन्तवाद और नौकरशाह पूंजीवाद पर विजय प्राप्त की तथा चीन के नये जनतन्त्र में यह निश्चित है कि शोषण-गरीबी को शांतिपूर्ण ढंग से खत्म किया जा सकेगा। ल्यू शाओ ची ने संविधान के मसौदे पर अपनी रिपोर्ट में कहा था, "पिछले सौ वर्षों में चीन की क्रांतिकारी और क्रांति-विरोधी ताकतों के बीच एक दिन को भी संघर्ष बन्द नहीं हुआ।" इस संघर्ष के फलस्वरूप चीनी जनता के हाथ में सत्ता आने के बाद ही समाजवाद की ओर शांतिपूर्ण संक्रमण सम्भव हुआ है। चीन में सत्ता जन-संसदों के रूप में संगठित है। करोड़ों आदमी जो पहले राज्य के कामकाज की जरा भी चिन्ता न करते थे, अब देश के राजनीतिक जीवन में सक्रिय भाग लेने लगे हैं। सारे देश की जनता ने अच्छी तरह समझ लिया है कि अपने देश पर शासन करने के लिए जनता के पास राजनीतिक संगठन का सबसे बढ़िया रूप जन-संसद है। (ल्यू शाओ-ची)। "आज का चीन" ("चाइना टुडे", इलाहाबाद, १६५२) में पं० सुन्दरलाल ने लिखा है, "चीनी लोग पार्लियामेंटशाही जनतन्त्र में विश्वास नहीं करते। वे आधार से ऊपर की ओर चलते हैं, निर्वाचित ग्राम-समितियों से निर्वाचित जिला समितियों की ओर, इत्यादि।" (पृ० ६०)। इस सम्बन्ध में आर० के० करंजिया ने लिखा है, "भारत, ब्रिटेन और पच्छिमी जनतन्त्र के अन्य पुजारियों के विपरीत चीनी लोग अपनी संसदों और पार्लियामेंटों में अपने प्रतिनिधियों को भेजकर सो नहीं

जाते कि उन्हें वापस बुलाने का अधिकार तो है नहीं, करें क्या ! चीनी जनता को यही अधिकार नहीं है कि जब चाहे तब उन्हें वापस बुला ले वरन् वह जन-अदालतों में उन पर मुकदमा चला सकती है, जब वे अनुचित व्यवहार करें तब उन्हें हटा कर उन्हें दण्ड दे सकती है।" (उप० पृ० ४१४)।

चीन का जनतन्त्र पूंजीवादी जनतन्त्र नहीं है; वह वास्तविक जनता का राज्य है जिसमें सत्ता धनी वर्गों के हाथ में न होकर जनसाधारण के हाथ में है। जनवादी केन्द्रीयता के उसूल पर चीनी जनता अपनी संसदों द्वारा अपना शासन-कार्य चलाती है। एशिया में कोई ऐसा देश नहीं जो इतना एकताबद्ध हो और जहां के शासन-कार्य में जनता इतना सक्रिय भाग लेती हो। पूंजीवादी देशों में फौज जहां जन-आंदोलनों को दबाने के काम आती है, चीन में फौज के सिपाही जब फौजी काम में नहीं लगे होते तब "प्रायः सारे दिन खेतों में काम करते हैं और इस तरह देश में खेती की पैदावार बढ़ाते हैं।" (पंडित सुन्दर-लाल, आज का चीन, पृ० २१)। १९२७-३६ के गृहयुद्ध में चीनी जनता ने अपनी क्रांतिकारी फौज बनाई। १९३७-४५ के जापान-विरोधी संग्राम में यह फौज विकसित और परिपक्व हुई। जुलाई सन् १९४६ में जब अमरीकी साम्राज्य-वाद और च्यांग काई शेक ने गृहयुद्ध छेड़ दिया, उस समय इस शत्रुदल के पास तेंतालीस लाख फौज थी जिसे छह बिलियन अमरीकी डालरों की युद्ध-सामग्री से सुसज्जित किया गया था। चीनी जनता की फौज इसकी एक तिहाई से भी कम थी और युद्ध-सामग्री आदि में तो वह बहुत पीछे थी। लेकिन सात साल में बारह-तेरह लाख की जन-सेना बढ़कर बीस लाख हो गई और च्यांग की फौज के ग्यारह लाख बीस हजार सैनिक बेकार कर दिये गये। "सिपाहियों की कमी पूरी करने के लिए जन-सेना ज्यादातर युद्धबंदियों और उन कुओ-मिन्तांग सैनिकों पर निर्भर रहती थी जो बड़ी तादाद में आत्मसमर्पण करते थे। वे सब श्रमिक वर्गों से आते थे; शिक्षा और सुधार के बाद वे जल्दी ही जन-सेना के बहादुर और वफादार सिपाही बनाये जा सकते थे।" (जू देह, १ जुलाई १९५१ के "पीपुल्स चाइना" में लेख)। इस तरह कुल मिलाकर १७,७०,००० कुओमिन्तांग सैनिक जनसेना की ओर आ गये। सेना जनता से अभिन्न है, इसलिए वह शक्तिशाली अमरीकी साम्राज्यवाद द्वारा समर्थित च्यांग काई शेक की भारी फौज को परास्त कर सकी। यह सेना जनता की उत्पीड़क न बन कर उसकी स्वाधीनता और शांति की रक्षक है।

सेना की तरह न्याय-व्यवस्था भी बदल गई है। न्याय भारी-भरकम पोथियों में बन्द नहीं है। कृषि-सुधार, मजदूर-सभा-सम्बन्धी, नये विवाह-सम्बन्धी कानूनों आदि से न्याय का काम चल जाता है। अदालत में जनता

मौजूद रह सकती है। किसी भी मुकदमे के सम्बन्ध में किसी के पास कोई सूचना हो तो वह न्यायाधीश को दे सकता है। मुकदमा चलते समय अदालत की आज्ञा से कोई भी व्यक्ति कोई सवाल कर सकता है या अपनी राय जाहिर कर सकता है। (पं० सुन्दरलाल, आज का चीन, पृ० ३१०; उपर्युक्त तथ्य सुन्दरलाल जी ने एक चीनी वक्ता से प्राप्त करके दिये हैं।) चीन में कोर्ट-फीस नहीं है, सादे कागज पर अर्जी लिखकर दी जा सकती है। "चीन में बहुत ही सस्ते में और हर एक के लिए न्याय पाना सम्भव है।" (उप० पृ० ३७०-७१)। एक मुकदमे में श्री करंजिया उपस्थित थे। उसके बारे में उन्होंने लिखा है, "सजा सुनाने के पहले और बाद को सारी अदालत ने खुली बहस की। जो भी बोलना चाहता था, उठकर बोला। आप मानेंगे कि यह सच्चा जनतन्त्र, जनता का जनतन्त्र, नया जनतन्त्र था।" (उप० पृ० ४१४)। इस तरह न्याय-व्यवस्था जनता को सताने, उसे लूटने और पैसे वालों को न्याय बेचने के लिए नहीं है वरन् वह जनता के हित में अन्याय दूर करके उसके पूर्ण विकास के लिए है।

पुरानी सत्ता के ध्वंस और नयी जनसत्ता के निर्माण से ही चीनी जनता पूर्ण स्वाधीनता में जीवन बिताती हुई अपनी अदम्य संगठित शक्ति से समाजवाद का निर्माण कर रही है।

चीन में अनेक भाषाएँ बोलने वाली अनेक जातियाँ रहती हैं। इन्हें अपना सारा कामकाज अपनी भाषा में करने और उसे विकसित करने का पूरा अधिकार है। संविधान की धारा ३ में लिखा हुआ है कि "सभी जातियों को अपनी बोलने और लिखने की भाषाओं को इस्तेमाल करने और विकसित करने तथा अपने रवाज कायम रखने अथवा उन्हें सुधारने की स्वतन्त्रता है।" धारा ७१ के अनुसार "स्वायत्त शासन वाले प्रदेशों, चाऊ और कमिश्नरियों (काउन्टी) की खुद-मुख्तार हुकूमतों की सभी संस्थाएँ अपने काम में उस स्थान में आमतौर से व्यवहृत बोली और लिखी जाने वाली भाषा या भाषाओं का उपयोग करती हैं।" और धारा ७७ के अनुसार "सभी जातियों के नागरिकों को अधिकार है कि अदालत की कार्यवाही में वे अपनी बोलने और लिखने की भाषाएँ इस्तेमाल करें। उस स्थान में आमतौर से व्यवहृत बोलने या लिखने की भाषा से वादी या प्रतिवादी अपरिचित हो तो अदालत अनुवाद की व्यवस्था करेगी।" चीन की बहुसंख्यक जनता चीनी-भाषी है लेकिन वह छोटी-छोटी गैर-चीनी जातियों को दबाने और उन पर चीनी भाषा लादने की कोशिश नहीं करती। इस तरह चीनी जनतन्त्र में सभी जातियों को बराबरी का दर्जा मिला है और उन्हें अपने विकास की पूरी सुविधाएँ हैं।

चीनी संविधान में धार्मिक स्वाधीनता, कला और विज्ञान में कार्य करने

का स्वाधीनता, पुराने उत्पीड़क वर्गों के सदस्यों को श्रम द्वारा अपना सुधार करने की स्वाधीनता और नागरिकों के लिए किसी भी राज्यकर्मचारी के खिलाफ शिकायत करने की स्वाधीनता निश्चित है। चीनी संविधान का मसौदा तैयार करने में ही आठ हज़ार व्यक्तियों ने भाग लिया था। मसौदे पर बहस करने में पन्द्रह करोड़ लोगों ने भाग लिया। उसके बाद वह राष्ट्रीय जन-संसद में स्वीकृति के लिए रखा गया। इतनी बहस और जनता की इतनी बड़ी संख्या में भाग लेने का कारण यह था कि यह जनता का संविधान था, पूँजीपतियों की स्वार्थ-रक्षा के लिए जनता के उत्पीड़न का साधन न था।

गृहयुद्ध के बाद चीन की आर्थिक व्यवस्था बिल्कुल विश्रृंखल हो गई थी। खेती की उपज २५ फीसदी, हल्के उद्योग-धन्धों की उपज ३० फीसदी और भारी उद्योग-धन्धों की उपज ७० फीसदी कम हो गई थी। कुओमिन्ताङ शासन में अगस्त १९३७ से लेकर अगस्त १९४८ तक चीजों की कीमत साठ लाख गुना बढ़ गई थी! अगस्त १९४८ में जो स्वर्ण-युआन के नोट चलाये गये, वे सालभर से कम में रद्दी कागज़ भर रह गये। (नये चीन की आर्थिक सफलताएँ, पेकिंग, १९५२, में शुएह मू-चियाओ का लेख)। १९३९ के अन्त में द्वितीय महायुद्ध छिड़ने से पहले की अपेक्षा १७ करोड़ ६८ लाख गुना ज्यादा कागज़ के नोटों का चलन था। दस हज़ार चीनी डालरों से माचिस की एक सींक भी न खरीदी जा सकती थी, पूरी माचिस की कौन कहे। (पं० सुन्दरलाल द्वारा "आज का चीन" में उद्धृत तथ्य, पृ० १८२)। अमरीकी इजारेदारों ने अपने "फ्री वर्ल्ड" में यह हालत कर रखी थी। इस विषम परिस्थिति में चीनी कम्युनिस्ट पार्टी और चीनी जनता ने जो महान् परिवर्तन किया, वह विश्व इतिहास की अभूतपूर्व घटना है। उन्होंने आर्थिक व्यवस्था को ही नहीं सुधारा, वरन् चीनी जनता के नैतिक जीवन में भारी क्रांति की। उनके धैर्य, संगठन, कार्यक्षमता और समझ की जितनी भी प्रशंसा की जाय थोड़ी है।

चीनी क्रान्ति के फलस्वरूप "मूल उद्योग-धंधे समूची जनता की संपत्ति बना दिये गये। इनमें बड़े बैंक, बड़े औद्योगिक और व्यापारी कारोबार और रेलें—जिन पर पहले साम्राज्यवाद और नौकरशाह-दलाल पूँजीपति वर्ग का इजारा था—शामिल थीं। उसके फलस्वरूप भूमि पर जमींदारों के स्वामित्व के बदले किसान-स्वामित्व कायम हुआ।" (चीन की प्रथम पंचवर्षीय योजना पर ली फू-चुन की रिपोर्ट)। चीन में पूँजीवाद खत्म नहीं किया गया लेकिन बड़े बैंक और बड़े औद्योगिक और व्यापारी कारोबार जन-संपत्ति बना लिए गये। इस तरह चीन के नये जनतंत्र का झुकाव आरम्भ से ही समाजवाद की ओर था। "चीनी जन-प्रजातंत्र की स्थापना से ही चीन समाजवाद के मार्ग पर चलता

रहा है।" (संविधान के मसौदे पर ल्यू शाओ ची की रिपोर्ट)। चीन के समाजवादी निर्माण में राज्यगत उद्योग-धंधों का भारी हाथ है। १९५० में इस तरह के धंधों से जो आमदनी होती थी, वह राज्य की कुल आय का ३४·०८ फीसदी थी। लेकिन १९५४ में यह आमदनी बढ़कर कुल आय का ६३·५८ फीसदी हो गई। "राज्यगत धंधे समाजवादी हैं। इनमें काम करने वाले मज़दूर पूंजीपतियों के लिए अतिरिक्त मूल्य पैदा नहीं करते। वे अपने लिए और अपने देश के लिए संपत्ति पैदा करते हैं। चीनी मज़दूरों को इस बात पर उचित गर्व है कि वे गरीबी और शोषण से मुक्त समाजवादी व्यवस्था के निर्माण के लिए काम कर रहे हैं। यह ऐसी परिस्थति है जो उनकी पहल करने की शक्ति और तमाम रचनात्मक क्षमता को छूट दे देती है और तब मानव-श्रम पैदावार को बराबर बढ़ाता है और उत्पादन का खर्च बराबर कम होता जाता है। बड़े पैमाने के आर्थिक निर्माण के दौर में उत्पादकता में लगातार बढ़ती और खर्च में लगातार कमी से देश के लिए भारी पूंजी प्राप्त होती है।" (वाङ् चिङ्-चिह: "चीन उद्योगीकरण के लिए कैसे पूंजी एकत्र करता है"; "पीपुल्स चाइना", १६ जनवरी १९५५)।

बड़े बैंकों, बड़े औद्योगिक और व्यापारी कारोबार पर समाज का अधिकार होने से औद्योगिक विकास के लिए पूंजी एकत्र करने में सुविधा होती है। बड़े पैमाने पर आर्थिक निर्माण यदि पूंजीपतियों के मुनाफे के लिए न हो तो मजदूर उत्पादकता बढ़ाते हैं, उत्पादन के खर्च में कमी होती है और उद्योगीकरण के लिए भारी निधि एकत्र होती है। चीन के उद्योगीकरण की यह महत्त्वपूर्ण सीख है। चीन में १९५० से १९५३ तक चीनी मज़दूरों की औसत तनख्वाह में ८४ फीसदी बढ़ती हुई। इस बीच चीजों की कीमत स्थिर रही। उनके काम करने की परिस्थितियों में जो सुधार हुआ, बीमे आदि की सुविधाएँ मिलीं, वे दरकिनार। मज़दूरों ने अक्तूबर १९५१ से लेकर अक्तूबर १९५२ तक एक वर्ष में ही रैशनलाइजेशन के सुझावों द्वारा तीन लाख मिलियन युआन की बचत की और इस तरह १९५३ और ५४ में तिनत्सिन और शांघाई की मिलों ने लाखों मिलियन युआन की बचत की। १९५४ में केन्द्रीय सरकार ने साठ लाख मिलियन के बौंड बिक्री के लिए रखे जिससे कि आर्थिक रचना के लिए पूंजी एकत्र हो सके। जनता ने कूती हुई रकम से ५३ फीसदी ज्यादा के बौंड खरीदे। जनता अपनी बचत का जो हिस्सा बैंकों में जमा करती थी, वह १९४९ में १,००,७०० मिलियन युआन था। फरवरी १९५८ में यह रकम १,५५,००,००० युआन हो गई थी! चीन में समाजवादी धंधे बढ़ रहे हैं, पूंजीवादी धंधे कम हो रहे हैं। १९५० में पूंजीवादी धंधों से कर-रूप में कुल राष्ट्रीय आय का ३२·९२ फीसदी

प्राप्त होता था; १९५४ में यह अंश १५·४ फीसदी ही रह गया। इस तरह चीन के उद्योगीकरण के लिए पूंजी एकत्र करने वाली मुख्य शक्ति मज़दूर वर्ग और समाजवादी उद्योग-धंधे हैं। चीन की मिसाल यह बतलाती है कि सत्ता श्रमिक जनता के हाथ में हो तो पिछड़े हुए देश में पूंजीवादी पद्धति की अपेक्षा कहीं ज्यादा तेजी से उद्योगीकरण किया जा सकता है।

उद्योगीकरण में किसान भी सहायता देते हैं। वे कृषिकर देते हैं और राज्य को अपनी उपज बेचते हैं। १९५० में कृषिकर कुल राष्ट्रीय आय का २९·६३ था। १९५४ में यह १३·४३ फीसदी कर दिया गया। किसानों से एक ही कर लिया जाता है। १९५१ में यह कृषिकर किसानों की कुल आमदनी का १७ फीसदी था। १९५२ में वह उनकी कुल आमदनी का १२ फीसदी रह गया। १९५३ से १९५५ तक केन्द्रीय सरकार ने कृषिकर को इतना ही रहने दिया। जहाँ बाढ़ या सूखा पड़ा, वहाँ यह कर माफ कर दिया गया और राज्य ने सहायता के उपाय किये। १९५४ में राज्य ने खेती की उन्नति में १,१९,४२,९०० मिलियन युआन खर्च किये। किसानों की कौशल-सम्बन्धी मदद की, उचित भाव पर उनकी उपज खरीदी और उन्हें औद्योगिक माल दिया। इसके फलस्वरूप १९५० से ५२ तक किसानों की क्रयशक्ति ७६ फीसदी बढ़ी।

श्रमिक जनता के हाथ में सत्ता होने से किसान तबाह नहीं हुए, मज़दूरों की तनख्वाह में कटौती नहीं हुई, विदेशी पूंजीपतियों के सामने हाथ फैलाने की नौबत नहीं आयी, जनता का जीवन-स्तर बढ़ता गया और उद्योगीकरण की और भी तीव्र प्रगति हुई। उद्योगीकरण का यह समाजवादी मार्ग था; चीनी जनता ने उसी को अपनाया। चीनी जनता की सफलता देखकर आज किसी में यह कहने का साहस नहीं है कि उद्योगीकरण के समाजवादी मार्ग को गलत कहे। ल्यू शाओ ची ने संविधान पर अपनी रिपोर्ट में उन लोगों को चेतावनी दी है जो चीन में पूंजीवाद के विकास का स्वप्न देख रहे हैं। इसे उन्होंने खतरनाक भ्रम कहा है। पूंजीवाद के प्रसार का अर्थ जनता का शोषण और उत्पीड़न है। तब चीनी जनता वह रास्ता क्यों अपनाये? इसके सिवा ल्यू शाओ ची का तर्क है कि जो लोग इस बात की ज़िद करते हैं कि चीन में पूंजीवादी विकास ही हो, वे साम्राज्यवाद से मिल जाएँगे। चीन की व्यवस्था में समाजवाद और पूंजीवाद दोनों हैं, लेकिन यह संक्रमण की अवस्था है, स्थायी नहीं। ल्यू शाओ ची ने उन लोगों की आलोचना की है जो इस मिली-जुली व्यवस्था को कायम रखना चाहते हैं। दोनों साथ नहीं रह सकते, राष्ट्रीय अर्थतंत्र में एक का ही पूर्ण विकास संभव है। इसीलिए चीनी जनता ने पहले जो सामान्य कार्यक्रम अपनाया था, अब वह उससे आगे बढ़ रही है। पूंजीवादी उद्योग-धंधों और व्यापार को समाज-

वादी रूप देने के लिए एक संक्रमण की मंजिल है—राज्यगत पूंजीवाद (स्टेट कैपिटलिज्म)। पूंजीवादी शासन के राज्यगत पूंजीवाद से यह भिन्न है। जब सत्ता श्रमिक जनता के हाथ में है तब पूंजीपति मनचाहा मुनाफा नहीं कमा सकते। उन पर राज्यसत्ता का नियंत्रण रहता है। पूंजीपति उत्पादन और वितरण का काम राज्यसत्ता के निर्देश और नियंत्रण में करते हैं। इस संक्रमणकालीन रूप द्वारा चीनी जनता क्रमश: पूंजीवादी पद्धति को पूरी तरह निर्मूल करके समाजवादी व्यवस्था विकसित करेगी। साथ ही चीन में देहात में पूंजीवाद की बढ़ती रोकने और समाजवाद की तैयारी की पेचीदा समस्या भी है। "हर एक ने देखा है कि पिछले वर्षों में देहात में पूंजीवाद की ओर विकसित होने की अपने-आप फूटने वाली प्रवृत्ति दिन पर दिन ज़ोर पकड़ती जाती है और हर जगह धनी किसान पैदा होते जाते हैं। बहुत-से खाते-पीते मध्यम किसान बनने की कोशिश कर रहे हैं। उत्पादन के काफ़ी साधन न होने से बहुत-से गरीब किसान अब भी गरीबी के चंगुल से नहीं छूटे। कुछ कर्ज़ में फँसे हैं; दूसरे अपनी ज़मीन बेच रहे हैं या उठा रहे हैं। यदि यह प्रवृत्ति बेरोक बढ़ती रहती है तो देहात में धनी-निर्धन का भेद दिन पर दिन बहुत ही विषम होता जाएगा।" (माओ ज़े दुंग : "कृषि-सहयोग की समस्या"; पीपुल्स चाइना, १ नवम्बर १९५५)। इसलिए चीनी किसानों में सहकारिता-आन्दोलन ज़ोर पकड़ रहा है। पंचवर्षीय योजना पर ली फू-चुन की रिपोर्ट के अनुसार १९५७ तक एक तिहाई किसान-परिवार कृषि-उत्पादकों की सहयोग-संस्थाओं में शामिल हो जाएँगे।

चीन के औद्योगिक विकास में सोवियत सहायता का महत्त्वपूर्ण हाथ है। सोवियत संघ ने धन ही उधार नहीं दिया, अपने विशेषज्ञ भी भेजे हैं जो चीनी जनता के नव निर्माण में सहायता दे रहे हैं। सरदार पणिक्कर ने रूसी विशेषज्ञों के बारे में पं० सुन्दरलाल से कहा था, देखने की बात है कि "ये रूसी विशेषज्ञ चीन में प्राय: चीनी गाँववालों की तरह रहते हैं और चीनी ग्राम-जीवन की सभी कठिनाइयाँ सहते हैं। अपना एक व्यक्तिगत अनुभव बतलाता हूँ। एक बार एक हवाई अड्डे में रुकना पड़ा जहाँ छह रूसी विशेषज्ञ काम कर रहे थे। उनका शौचालय खुले में बना था; भारत के कुछ गाँवों में जैसा बना होता है, उससे यह बदतर था। ये रूसी विशेषज्ञ अपने हाथों पाखाना साफ़ करते थे; वे भंगी का काम खुद करते थे और घर में झाड़ू लगाते थे। उनकी स्त्रियों ने मेरे लिए तक यह सब किया। चीन में आये हुए रूसी विशेषज्ञ अपने-अपने काम में सचमुच विशेषज्ञ ही थे; चीनी जनता से उन्हें यों एकात्म होते देखकर मैं चकित रह गया।" (आज का चीन, पृ० ५७-५८)। कोई आश्चर्य नहीं कि चीनी और सोवियत जनता में अटूट मैत्री है और विश्व-शान्ति की रक्षा का

वह मुख्य साधन है।

चीन की प्रथम पंचवर्षीय योजना के पूरे होने पर यानी अगले साल, १९५७ में, समाजवादी व्यवस्था की नींव पड़ चुकेगी। एक पिछड़े हुए पराधीन देश के बदले जनता का चीन भारी औद्योगिक विकास करता हुआ समाजवाद के प्रशस्त मार्ग पर चल पड़ेगा।

अपनी आर्थिक उन्नति के साथ चीन ने जो नैतिक उन्नति की है, वेश्यावृत्ति ख़त्म कर दी है, भिखारी देखने को नहीं मिलते, चोरी-डकैती निर्मूल हो गई है, स्वास्थ्य-रक्षा के प्रयत्नों से चीनी जनता ने सभी विदेशी मेहमानों को चकित कर दिया है, स्त्रियों की स्वाधीनता और जाग्रति, बहु-विवाह, बाल-विवाह आदि का खात्मा, शिशुओं की देख-भाल, कला और संस्कृति में उन्नति—सभी ओर संगठित सत्ताधारी जनता ने अपनी सफलताओं से एशिया में नये युग का सूत्रपात किया है। उसकी सफलताएँ इस बात का जीता-जागता उदाहरण हैं कि एक बार शोषण से मुक्त होकर संगठित जनता अपनी रचनात्मक क्षमता का कैसा चमत्कारी उपयोग करती है।

चीन की तरह भारतीय जनता ने भी अँग्रेजी राज के कायम होने के समय और उसके बाद बराबर अपनी स्वाधीनता के लिए संघर्ष किया है। चीन में जहाँ मुख्य जाति चीनीभाषी है और ग़ैरचीनी जातियों की जन-संख्या बहुत कम है, वहाँ भारत में अनेक भाषाओं और अनेक जातियों के लोग सामाजिक विकास की भिन्न-भिन्न मंज़िलों में रहे हैं। १८वीं सदी में अँग्रेज़ न तो सैनिक क्षमता में और न आर्थिक विकास में हमसे आगे बढ़े हुए थे। लेकिन चाणक्य का देश कूटनीति में उनसे परास्त हुआ। अँग्रेजों ने यहीं की धन-जन-शक्ति से देश पर अपना अधिकार किया। यहाँ के सामंतों को एक-दूसरे से लड़ाकर, उनकी सहायता करने के बहाने उनके राज्य हड़प करके, सामन्तों में अँग्रेजी राज के सहयोगी ढूँढ़कर विलेज़ली और उनके अनुवर्तियों ने यहाँ अपनी सत्ता कायम की। जब तक यूरोपवासी देशी सैनिकों की सहायता के बिना लड़े, तब तक उन्हें यहाँ सफलता न मिली। भारतीय सैनिक यूरोप के सिपाहियों के लिए यमदूत के समान थे। जॉन क्लार्क मार्शमैन नामक इतिहासकार ने भारत के इतिहास में लिखा है कि एक समय निरपवाद रूप से यूरोप वालों को देशी फौजों से "अस्वस्थ भय" था। मार्शमैन की समझ में यह भय क्लाइव ने दूर कर दिया लेकिन हकीकत यह है कि भय दूर हुआ साहबों को भात खिलाकर और खुद माड़ पीकर लड़ने वाले हिन्दुस्तानी सिपाहियों के सहयोग से।

अँग्रेजों ने एक प्रदेश को जीतने के लिए दूसरे प्रदेश के सिपाही इस्तेमाल किये। भारत में जातियों की बहुलता से उन्होंने फायदा उठाया। फिर भी भार-

तीय जनता वीरता से लड़ी। अक्सर अपने सामंती नेताओं के दगा कर जाने पर भी सैनिकों ने युद्ध किया। यदि भारतीय जनता में एकता होती तो भारत का इतिहास दूसरा होता। भारत की पिछड़ी हुई जातियों ने विशेष रूप से विदेशी हमलावरों के ख़िलाफ़ हथियारबंद लड़ाई चलाई। १८५७ के पहले ही १८५५ में संथालों ने विद्रोह किया था। सन् ५७ के विद्रोह में सैनिकों और किसानों ने अनेक जगह शत्रु से जमकर युद्ध किया। हिन्दीभाषी प्रदेश में विद्रोह के अन्दर हिन्दू-मुसलमान दोनों शामिल हुए और उनके प्रतिरोध को कुचलने के लिए भारत के ही अन्य प्रदेशों से सैनिक लाये गये। प्रथम विश्व-युद्ध के समय असम की वन्य जातियों ने अँग्रेजों से बार-बार टक्कर ली। पहाड़ी इलाकों में "शान्ति" कायम रखने के लिए अँग्रेजों को भारत के पूर्वी प्रदेश में बराबर फौज रखनी पड़ती थी। मद्रास प्रेसीडेन्सी की वन्य जातियों को अँग्रेज १९२२ तक दबाने में पूरी तरह सफल न हुए थे। जे० कोटमैन ने भारत पर १९२७-२८ के सालों की रिपोर्ट देते हुए लिखा था कि भारत-सरकार ने १८५२ के बाद वज़ीरिस्तान के खिलाफ़ १७ बार मुहीम चलाई थी और १९११ के बाद चार बार। १९३०-३१ में भारत के उत्तर में पहाड़ी जातियों की सशस्त्र कार्यवाही देश के राजनीतिक आन्दोलन से संबद्ध और प्रभावित थी। १९३०-३१ की भारत-सम्बन्धी सरकारी रिपोर्ट में यह तथ्य स्वीकार किया गया है। १९३७ में टोरीखेल-विद्रोह को दबाने के लिए पचास हजार फौज इस्तेमाल की गई (भारत और पाकिस्तान यीअर बुक, १९४९; पृ० ६७२)। इस तरह भारत के उत्तर, दक्षिण और पूर्व में पहाड़ों और जंगलों में रहने वाली जातियों ने लगभग दूसरे महायुद्ध के आरंभ तक अँग्रेजों के खिलाफ समय-समय पर अपना प्रतिरोध जारी रखा। ये भारत के सबसे पिछड़े हुए इलाके थे; इन प्रदेशों की जनता को हिन्दुस्तानी महाजनों और अँग्रेज साम्राज्यवादियों ने सामाजिक विकास में आगे बढ़ने से रोका था। इनका प्रतिरोध भी सबसे शक्तिशाली था। जहाँ यह प्रतिरोध नहीं था, साम्राज्यवाद ने आस्ट्रेलिया और अमरीका की तरह इनका नाम-निशान तक मिटा देने की नीति बरती। जनगणना की रिपोर्टों से पता चलता है कि अनेक जातियों के नाम १९३१ में हैं तो १९४१ में उनका अस्तित्व ही नहीं रह गया। और बहुत-सी जातियों की संख्या दस साल में बढ़ने के बदले और घटी है। मिसाल के लिए बंगाल में भोटिया, चकमा और हाड़ी लोग १९३१ में क्रमशः २९,९७५; १,३५,५०८ और १४,३३४ थे; १९४१ में वे २१,०२३; १,२५,६२० और ७,७७६ रह गये। साम्राज्यवाद के नरभक्षी रूप का यह भी एक प्रमाण है।

अंग्रेजों ने भारत में रैयतवारी, ज़मींदारी और पक्का बन्दोबस्त की चाहे

जो विभिन्न व्यवस्थाएँ की हों, राज्यसत्ता द्वारा किसानों के सबसे बड़े शोषक अंग्रेज़ ही रहे। इसी कारण स्वाधीनता-आंदोलन में इस बात की माँग बार-बार की गई कि देशव्यापी पैमाने पर लगान देना बंद कर दिया जाय। अंग्रेज़ी राज्य में भारत का सामंत वर्ग उतना स्वाधीन भी न था जितना चीन में। यहाँ का सामन्त वर्ग अंग्रेज़ों की कठपुतली था। उसमें बड़े-बड़े नवाब और राजा प्रमुख थे। सामन्तों के ऊपर अंग्रेज़ी प्रभुत्व होने के कारण उनका शोषण और भी तीव्र हुआ। मध्यकाल में सदा पुलिस-कचहरी की जो सुविधायें सामन्तों को प्राप्त न थीं, वे सब अंग्रेजी राज ने मुहय्या कर दीं। कश्मीर, त्रावनकोर-कोचीन, हैदराबाद आदि के "देशी राज्यों" में यह शोषण भयानक था; इसीलिए १९४५-४७ के जन-आंदोलनों में यहाँ की जनता ने आगे बढ़कर हिस्सा लिया।

अंग्रेज़ी राज में अकाल और महामारी साधारण बातें हो गईं। १९वीं सदी के आखिरी २५ वर्षों में दस लाख से ऊपर आदमी भुखमरी के शिकार हुए (विलियम डिग्बी, प्रौस्पेरस ब्रिटिश इण्डिया; पृ० १३४)। बंगाल के भयानक अकाल में थोड़े-से समय के अन्दर इससे तिगुने से ज्यादा आदमी काम आये। साम्राज्यवाद के घोर हिंसक रूप का इससे भयानक प्रदर्शन इतिहास में दूसरा नहीं है।

भारतीय उद्योग-धन्धों के नाश के बारे में डिग्बी ने लिखा है, "इन का निर्ममता से नाश किया गया है और शताब्दी (अर्थात् १९वीं शताब्दी) के आरम्भ में इस बात को छिपाने का प्रयास भी नहीं किया गया कि इस विनाश से अंग्रेज़ी उद्योग-धन्धों को लाभ होने वाला था।" (उप० पृ० ८५)। १८५५ में ऑकलैंड ने बंगाल में श्रीरामपुर के पास रिशड़ा में पहली जूट मिल कायम की। बम्बई में पहली सूती मिल १८५६ में कायम हुई। १९०० तक भारत की मुख्य रेलवे लाइनें बन चुकी थीं। भारत के महाजनों ने अंग्रेज़ों की दलाली करके मुनाफा कमाया और बाद में उसे उद्योग-धन्धों में लगाया। "भारत का आर्थिक विकास" (१९४६) में वीरा ऐन्स्टे ने लिखा है कि भारत के कच्चे माल और ब्रिटेन में मशीनों से तैयार किये हुए माल को जहाज़ों से ढोने और बाजार में उसकी खरीद-फरोख्त करने में पारसियों ने मुख्य हिस्सा लिया और इस तरह "भारत के प्राकृतिक साधनों की शोषण-योजना में उन्होंने अपने को छोटा साझीदार (जूनियर पार्टनर्स) बन जाने दिया।" जूट के धन्धे में अंग्रेज़ों का प्रभुत्व था। चाय और नील का सारा कारोबार उनके हाथ में था। सूती उद्योग-धन्धों में अधिकतर पूंजी भारतीय थी। अंग्रेज़ और भारतीय पूंजी-पतियों के सहयोग का विशेष रूप ज्वाइन्ट स्टाक कंपनियाँ थीं। इनके जरिये अंग्रेज़ पूंजीपति भारत के उद्योग-धन्धों पर अपना नियन्त्रण रखते थे। वीरा

ऐन्स्टे ने इस सिलसिले में लिखा है, "इस तरह बीसवीं सदी के आरम्भ में भारत के विदेशी व्यापार और बड़े पैमाने के उद्योग-धन्धों का एक बड़ा हिस्सा विदेशी (मुख्यतः ब्रिटिश) पूंजी पर निर्भर था और उन ज्वाइन्ट स्टाक कम्पनियों के नियंत्रण में था जिनकी रजिस्ट्री बाहर (मुख्यतः इंगलैंड में) हुई थी।" बीसवीं सदी में अंग्रेज़ भारत में अपना तैयार माल बेचकर ही इस देश को न लूटते थे वरन् यहाँ का "औद्योगिक विकास" करके भी जनता का शोषण करते थे। यह महाजनी पूंजी का युग था और शोषण के तरीके बदल गये थे। डिग्बी के शब्दों में "आधुनिक इंगलैंड भारतीय सम्पदा से बड़ा बना है। यह सम्पदा उसके स्वामी ने राज़ी से हवाले नहीं कर दी वरन् बलवान् की शक्ति और कौशल से उसे हथियाया गया है। १८वीं और २०वीं सदी में अन्तर केवल इतना है कि अब जो सम्पदा मिलती है, वह पहले से कहीं ज्यादा है और वह 'क़ानून के अनुसार' प्राप्त की जाती है। दिखाई देता है कि ब्रिटिश पूंजी लगाई जा रही है, ब्रिटिश माल खरीदा जा रहा है और जो खरीदा जाय, उसके पैसे देने होते हैं।" (प्रोस्पेरस ब्रिटिश इण्डिया, पृ० २५)। अंग्रेजों द्वारा भारत के "उद्योगीकरण" का यही रहस्य है।

भारतीय पूंजीवाद अंग्रेज़ों पर इतना निर्भर था कि प्रारम्भ में उसकी राजनीति अंग्रेज़ों के सामने प्रार्थना-पत्र देने तक सीमित थी। लेकिन २०वीं सदी में जब वह थोड़ा और विकसित हुआ तब उसने अंग्रेज़ों से अपना अन्तर्विरोध दूर करने के लिए जन-आंदोलनों का सहारा भी लिया। एक ओर वह काफ़ी हद तक अंग्रेज़ी शोषण में साझीदार था, दूसरी ओर वह खुद भी इस शोषण का शिकार था और पराधीनता के कारण पूरी तरह हाथ-पैर न फैला सकता था। इसीलिए स्वाधीनता-आंदोलन में उसका रवैया ढुलमुलपन का था। वह अंग्रेज़ों का विरोध करता था लेकिन उस विरोध को सीमित भी रखना चाहता था। वह जन-आंदोलनों का उपयोग भी करता था लेकिन उन्हें अपनी निश्चित की हुई सीमाओं से बाहर भी निकलने न देना चाहता था। भारतीय पूंजीवाद इस बारे में बड़ा सतर्क रहा है कि आंदोलन का अधिनायकत्व उसके हाथ से निकल कर दूसरे वर्गों के हाथों में न पहुँच जाय। दक्षिण अफ्रीका में भारतीय व्यापारियों के हितों के लिए संघर्ष में कुलियों का सहयोग लेकर महात्मा गांधी ने जन-आंदोलन के संचालन का नया रास्ता निकाला। यहाँ के भारतीय कुलियों की यंत्रणा को व्यापारियों की यंत्रणा के सामने गांधी जी ने मक्खी के क़ाटने जैसा ("a mere fleabite") बतलाया (Satyagraha in South Africa, पृ० ६६)। वहाँ के व्यापारियों ने अपने प्रति किये जाते हुए अन्याय को दूर करने के लिए कुलियों का सहयोग प्राप्त न किया था। उन्होंने उसके बारे में लिखा

है, "शायद किसी को यह सूझा नहीं कि उनका समर्थन प्राप्त करे। कुछ को यह बात सूझी भी तो उन्हें भय था कि आंदोलन में उनको शामिल होने देने से बात बिगड़ न जाय।" गांधी जी की विशेषता यह थी कि वे जन-आंदोलन में श्रमिक वर्ग को शरीक करते हुए भी बात को बिगड़ने से बचाये रहते थे।

यद्यपि गांधी जी अहिंसा का सिद्धांत मानने वाले थे, फिर भी अंग्रेज़ों और बोअरों के युद्ध में उन्होंने अंग्रेज़ों का साथ दिया। यह नहीं कि न्याय अंग्रेजों के साथ था। उन्होंने इस प्रश्न पर लिखा था, "इस बात को बहुत कुछ स्वीकार करना होगा कि न्याय बोअरों के साथ है।" (उप० पृ० ११५)। अंग्रेजों की सहायता देने का कारण भारतीय जनता का हित था जिसे गांधी जी ने इन शब्दों में प्रकट किया था, "यदि हम आज़ादी पाना चाहते हैं और ब्रिटिश साम्राज्य के सदस्यों के रूप में खुशहाल होना चाहते हैं तो हर मुमकिन सांधन से युद्ध में अंग्रेज़ों की सहायता देकर वह सब प्राप्त करने का यह सुवर्ण अवसर है।" (उप० ११५)। प्रथम विश्व-युद्ध में गांधीजी ने दक्षिण अफ्रीका से लन्दन पहुँचकर अंग्रेज़ों को सहायता का वचन दिया। हर देश स्वाधीनता प्राप्त करने के अपने ढंग अपनाता है। रूस में लेनिन ने जारशाही के ख़ातमे का नारा दिया था; भारत में गांधी जी ने ब्रिटिश फौज में भर्ती होने के लिए आंदोलन किया। युद्ध के बाद १९१९ में देश के अन्दर अंग्रेज़ी राज के खिलाफ़ तीव्र असन्तोष बढ़ा। बम्बई के मज़दूरों ने हड़तालें कीं। रौलट कानून के खिलाफ़ जनता ने ज़बर्दस्त प्रतिरोध प्रदर्शित किया। हिन्दू-मुसलमानों के भाईचारे से अंग्रेज़ आतंकित हुए; जलियाँवाला में उनका दमन नग्न रूप में प्रकट हुआ। गांधी जी ने जन-प्रतिरोध को सत्याग्रह की लीक पर चलाने की कोशिश की। ६ अप्रैल १९१९ की हड़ताल में जनता ने साहस के साथ भाग लिया। हड़ताल के एक हफ्ते बाद गांधी जी ने "हिमालय पहाड़ जैसी भूल" का उल्लेख करके सत्याग्रह वापस ले लिया।

सन् २० में मज़दूरवर्ग ने अपने प्रमुख अस्त्र हड़ताल द्वारा जन-आंदोलन में भाग लेना शुरू किया। गांधी जी ने असहयोग आंदोलन छेड़ा। इस आंदोलन से जनता के उन हिस्सों में भी राजनीतिक चेतना फैली जो अभी तक राजनीति से दूर थे। हिंदू-मुस्लिम एकता के अभूतपूर्व दृश्य दिखाई दिये। विदेशी वस्त्रों के बहिष्कार की धूम मच गई। लेकिन गांधी जी दो बातों से सशंक थे, एक तो मज़दूरों की हड़ताल से और दूसरे किसानों के लगानबंदी के आंदोलन से। दूसरे शब्दों में किसान और मज़दूर जिस रास्ते से स्वाधीनता-आंदोलन में भरपूर हिस्सा ले सकते थे, वह रास्ता गांधी जी को पसन्द न था। उन्होंने १६ फरवरी १९२१ के "यंग इंडिया" में लिखा था, "ऐसे मज़दूर-नेताओं की कमी नहीं है

जो समझते हैं कि राजनीतिक उद्देश्यों के लिए हड़तालें कराई जा सकती हैं। मेरी राय में ऐसे उद्देश्य के लिए मजदूर-हड़तालों का उपयोग करना बहुत भारी गलती होगी।" इस तरह मज़दूरों को आंदोलन में सक्रिय भाग लेने से उन्होंने रोका। लगानबन्दी का आंदोलन बहुत कारगर साधन है, यह गांधी जी मानते थे। १६ जनवरी १६२१ के "यंग इंडिया" में उन्होंने लिखा था, "मैं जानता हूँ कि लगानबन्दी किसी शासन को तुरन्त उलटने का साधन है।" फिर भी उन्होंने किसानों को सलाह दी कि वे जमींदारों को लिखित या परम्परा से चला आता हुआ लगान देना बन्द न करें (यंग इंडिया, १८ मई १६२१)। चौरी चौरा काण्ड में जनता को हिंसा का रास्ता अपनाते देखकर गांधी जी ने आंदोलन रोक दिया। आंदोलन रोकने से गाँधीजी के सहयोगियों पर जो असर पड़ा, वह सुभाषचन्द्र बोस और जवाहरलाल नेहरू की कृतियों में पढ़ा जा सकता है। बोस के शब्दों में पीछे हटने की आज्ञा "एक राष्ट्रीय दुर्घटना" थी और नेहरू के लिए "लोगों के दिल बैठ गये।"

१६२६ में मेरठ का मुकदमा चला कर अंग्रेज़ शासकों ने कोशिश की कि स्वाधीनता-आंदोलन में मज़दूर वर्ग और उसके नेतृत्व को भाग न लेने दे। उन्हीं दिनों वायसराय की एक घोषणा पर कांग्रेसी नेतृत्व ने भारतीय आवश्यकताओं के अनुकूल डोमिनियन-विधान बनाने में अंग्रेज़ शासकों से सहयोग का वादा किया। इस वक्तव्य पर गांधी जी तथा अन्य नेताओं के हस्ताक्षर थे (आज का भारत, अध्याय १७)। जनता की बढ़ती हुई राजनीतिक चेतना के फलस्वरूप डोमिनियन-विधान बनाने की इच्छा रखते हुए भी कांग्रेसी नेतृत्व ने पूर्ण स्वाधीनता का लक्ष्य घोषित किया और २६ जनवरी १६३० को पहला स्वाधीनता-दिवस मनाया गया। २ मार्च १६३० को गांधी जी ने वायसराय को लिखा, "हिंसा की पार्टी प्रभावशाली होती जा रहा है" और उनका उद्देश्य अंग्रेज़ों की संगठित और हिन्दुस्तानियों की असंगठित हिंसा से देश की रक्षा करना है। नमक कानून तोड़ने का कार्यक्रम रख कर गांधी जी ने मज़दूरों और किसानों को हड़ताल और लगानबन्दी के द्वारा आंदोलन में व्यापक हिस्सा लेने से फिर रोका। लेकिन पेशावर में वीर गढ़वाली सैनिकों ने पठानों पर गोली चलाने से इन्कार कर दिया और यह सूचना दे दी कि अंग्रेज़ी राज भारतीय सेना के भरोसे ज़्यादा दिन नहीं चल सकता। शोलापुर में जनता ने एक हफ्ते तक नगर पर अपना अधिकार कायम रखा। इससे पता चलता है कि जनआंदोलन क्रांतिकारी रूप ले रहा था। लेकिन गांधी-इर्विन समझौते और गोलमेज़ सम्मेलन से अंग्रेज़ों को मौका मिला कि बिखरे हुए आंदोलन को कुचल दें।

सन् ३५ में अंग्रेज़ों ने भारत-विधान बनाया जिसका सभी ने विरोध

किया। कांग्रेसी नेतृत्व को यह विधान मंजूर न था लेकिन सन् ३७ में उसने प्रांतों में अपने मंत्रिमण्डल बनाये। इससे कांग्रेस के परम्परागत नेतृत्व का गौरव न बढ़ा वरन् १६३६ में कांग्रेसी सभापति के चुनाव में वामपक्ष के नेता सुभाषचन्द्र बोस ने पट्टाभि सीतारमैया को परास्त कर दिया जिसे गांधी जी ने अपनी हार माना। लेकिन कांग्रेस के भीतर वामपक्ष बहुत कमज़ोर था और सुभाष बोस को ही अलग होकर फॉर्वर्ड ब्लॉक बनाना पड़ा। युद्ध छिड़ने पर बम्बई के नब्वे हज़ार मज़दूरों ने एक दिन की राजनीतिक हड़ताल की जो युद्ध छिड़ने के बाद संसार में मज़दूरों की पहली युद्ध-विरोधी हड़ताल थी। कांग्रेसी मंत्रिमंडलों का कायम रहना संभव न था; उन्हें त्यागपत्र देना पड़ा। जुलाई १६४० में कांग्रेस ने प्रस्ताव पास किया कि केन्द्रीय धारा-सभा की विश्वास-भाजन एक अस्थायी सरकार बनायी जाय तो देश की सुरक्षा के संगठन में कांग्रेस पूरी ताकत लगा देगी। अभी सोवियत संघ युद्ध में शामिल न हुआ था। दक्षिण-पूर्वी एशिया में जापान का अभियान भी शुरू न हुआ था, लेकिन युद्ध में सहयोग का लालच देकर भारतीय पूंजीपति अस्थायी सरकार बनाने की सुविधा प्राप्त करना चाहते थे। अंग्रेज़ यह कीमत चुकाने के लिए तैयार न थे। गांधी जी ने व्यक्तिगत सत्याग्रह आरम्भ किया जिसका उद्देश्य आंदोलन को नपी-तुली सीमाओं में रखना था। सोवियत संघ पर नाज़ी हमले के बाद दिसम्बर १६४१ में जवाहरलाल नेहरू ने घोषणा की कि "संसार की प्रगतिशील ताकतें उस दल के साथ हैं जिसमें रूस, ब्रिटेन, अमरीका और चीन हैं।" आज का भारत, अध्याय १६)। जापान का अभियान शुरू होने पर भारतीय पूंजीपति-वर्ग ने सोचा कि अब थोड़े-से समय में एक तेज आंदोलन से सत्ता पर अधिकार किया जा सकता है। व्यक्तिगत सत्याग्रह के बदले कांग्रेसी नेतृत्व ने भारत छोड़ो आंदोलन शुरू किया। अंग्रेज़ों ने बर्बरता से उसका दमन किया। बाद में कांग्रेसी नेतृत्व ने तोड़-फोड़ की ज़िम्मेदारी से इन्कार किया। युद्ध के बाद जब भारत में जबर्दस्त क्रांतिकारी ज्वार उठा और बम्बई के नाविकों ने सशस्त्र विद्रोह किया तब कांग्रेसी नेतृत्व ने इस आंदोलन को अनुकूल परिस्थितियों में विजय की मंजिल की ओर न बढ़ाकर समझौते के रास्ते चलना ज़्यादा पसन्द किया और भारत के बँटवारे की कीमत पर अंग्रेज़ों से राजनीतिक सत्ता प्राप्त की। देश के स्वाधीनता-आंदोलन में भारत के पूंजीवादी नेतृत्व की प्रभुता का यह लाजमी परिणाम था। मज़दूर-वर्ग ने सन् ४६ के संघर्षों में आगे बढ़कर हिस्सा लिया लेकिन वह भारत-विभाजन को न रोक सका। इसका कारण उस समय कम्युनिस्ट पार्टी के अन्दर पूरनचन्द जोशी का सुधारवादी नेतृत्व था जिसने कांग्रेस-लीग एकता का नारा इस तरह लागू किया कि लीग की बँटवारे की माँग का

और फलतः माउंटबैटेन-योजना का—समर्थन हो।

कांग्रेसी नेतृत्व ने जिस तरह देश के स्वाधीनता-आंदोलन में भाग लिया था, उसी तरह वह समाजवादी उद्देश्य लेकर नव-निर्माण भी कर रहा है। भारत-सरकार जहाँ दो शक्तिशाली गुटों से अपने को अलग रखने की घोषणा करती है, संयुक्तराष्ट्र संघ में चीन के प्रवेश, अणु अस्त्रों और फौजी गुटों का विरोध करती है, वहाँ देश के अन्दर देशी-विदेशी पूंजीपतियों के शोषण की रक्षा भी करती है और भूमि-सुधार इस तरह करती है कि किसानों की हालत में कोई भी मौलिक परिवर्तन नहीं हुआ।

भारतीय पूंजीपतियों में एक हिस्सा विदेशी पूंजी की आमद और उसके साथ मिलकर शोषण करने के पक्ष में है। २५ मार्च १९४९ के "ईस्टर्न इकॉनोमिस्ट" ने मथाई के भाषण पर टिप्पणी करते हुए लिखा था, "डॉ० मथाई का मुख्य जोर विदेशी पूंजी पर नहीं है बल्कि विदेशियों से सहयोग (फौरेन कोलैबोरेशन) पर है। यह बिल्कुल ठीक है। इस सहयोग का अर्थ है कि कारोबार में विदेशी पूंजी ही न लगेगी वरन् उसके व्यावहारिक संगठन और प्रबन्ध में भी विदेशियों का सहयोग होगा। इसके अनेक दृष्टियों से बहुत लाभ हैं। उधार लेने वाले को पूंजी ही नहीं मिलती बल्कि दूसरे साधन भी जो उतने ही महत्त्वपूर्ण हैं, प्राप्त होते हैं, अर्थात्—विदेशी विनिमय, मशीन आदि का सामान (कैपिटल गुड्स), कौशल-सम्बन्धी जानकारी और प्रबन्ध करने का अनुभव। विदेशी सहयोग से ये सब चीज़ें स्वतः प्राप्त हो जाती हैं जब कि केवल उधार लेने से हमारे सामने यह काम फिर भी बाकी रह जाता है कि धीरे-धीरे, और कठिनाई से, वे दूसरी चीज़ें प्राप्त करें जिनकी हमें लगभग उतनी ही आवश्यकता है।"

इस तरह के पूंजीपति पहले से चली आती हुई विदेशी पूंजी की रक्षा ही नहीं करना चाहते वरन् और विदेशी पूंजी की आमद भी चाहते हैं और उसके सहयोग से मुनाफा कमाने के मन्सूबे बाँधते हैं। स्वाधीन भारत में विदेशी पूंजी की रक्षा ही नहीं की गई, विदेशी पूंजी की आमद बढ़ी भी है। "रिज़र्व बैंक ऑव इण्डिया बुलेटिन" (नवम्बर १९५४) के अनुसार १९४८ से १९५३ तक—स्वाधीनता के पाँच वर्षों में—भारत में लगाई हुई ब्रिटिश पूंजी १३७ करोड़ रुपये बढ़ी है। इससे स्पष्ट है कि स्वाधीनता से ब्रिटिश पूंजी द्वारा भारत के शोषण में कोई बाधा नहीं पड़ी। इस बीच कुल ब्रिटिश पूंजी जो यहाँ लगाई गई, वह ३४७ करोड़ रुपये हैं। भारत में लगाई हुई कुल विदेशी पूंजी का ८० प्रतिशत से ऊपर भाग ब्रिटिश पूंजी है। इसका अर्थ यह है कि सारी दुनिया के पूंजीपतियों को अंग्रेजों की तुलना में यहाँ केवल २० फीसदी हिस्सा मिला है;

मुख्य विदेशी शोषक ब्रिटेन है।

कई कारोबार ऐसे हैं जिनमें ब्रिटिश पूंजी ने अपना इजारा कायम कर रखा है। इस्पात के बनाने में मंगानीज़ की आवश्यकता होती है। इस पदार्थ की खानें अंग्रेज़ों के हाथ में हैं। इसकी पैदावार सबसे ज्यादा सोवियत संघ में होती है, उसके बाद दूसरा नम्बर भारत का है। इस इजारे से ब्रिटिश पूंजी-पति मुनाफा ही नहीं कमाते, वे इस पदार्थ का उपयोग भारत के बदले अपने यहाँ इस्पात के धन्धे को बढ़ाने के लिए करते हैं। कोयले की खानों पर ब्रिटिश पूंजी का प्रभुत्व है। देश में ताँबा कम है लेकिन उसके उत्पादन पर भी ब्रिटिश पूंजी हावी है। सोने की खान पर ब्रिटिश पूंजीपतियों का अधिकार है। चाय के बागों पर अंग्रेज़ों का एकाधिकार विख्यात है। (१७ जुलाई १९५५ के "न्यू एज" में "राष्ट्रीय अर्थतंत्र के नव-निर्माण के लिए कम्युनिस्ट पार्टी के प्रस्ताव")।

पच्छिमी बंगाल के उद्योग-धन्धों में कुल जितने मज़दूर काम करते हैं, उनका ६६ फीसदी भाग उन धन्धों में मज़दूरी करता है जिन पर ब्रिटिश पूंजी का अधिकार है। इस तरह बंगाल के अधिकांश मज़दूर विदेशी पूंजी के शोषण के शिकार हैं। (भूपेश गुप्त : "पच्छिमी बंगाल के अर्थतंत्र की कुछ विशेषताएँ", मासिक न्यू एज, अप्रैल १९५४)। ब्रिटिश पूंजी के प्रभुत्व का एक तरीका मैनेजिंग एजेन्सी फर्म हैं। भारत के ६०० औद्योगिक कारबारों में २५० ऐसे हैं जिनका प्रबंध ९ ब्रिटिश मैनेजिंग एजेन्सी फर्मों में हाथ में है। (डॉ० एम०एम० मेहता : भारतीय उद्योग-धन्धों में संघबद्धता का आंदोलन, जे० के० रिव्यू, जनवरी-फरवरी १९५२)। भूपेश गुप्त के अनुसार कलकत्ते की २४ ब्रिटिश एजेंसी फर्में ४४४ कम्पनियों पर नियन्त्रण रखती हैं। "देश के आर्थिक जीवन पर इन फर्मों का प्रभाव विनाशकारी होता है और उनकी सारी कार्यवाही का उद्देश्य यह होता है कि भारत को अंग्रेज़ों के आर्थिक प्रभुत्व में रखें। वे व्यवस्थित ढंग से पश्चिमी बंगाल और वास्तव में सारे भारत की आर्थिक व्यवस्था के विकास को रोक रही हैं। मैनेजिंग एजेंसी व्यवस्था खत्म करने की लोकप्रिय माँगों के बावजूद कांग्रेस हुकूमत उसे अशोभन ढंग से कायम रखे हुए है और उसे पालती-पोसती रही है।" (भूपेश गुप्त का उप० लेख)।

भारत के कुछ पूंजीपति जहाँ विदेशी पूंजी का स्वागत करते हैं, वहाँ अन्य पूंजीपति उसका विरोध भी करते हैं और यह माँग करते हैं कि विदेशी पूंजी की आमद बंद की जाय। अगस्त १९५३ में बेंगाल नैशनल चेम्बर ऑव कॉमर्स ने यह शिकायत की थी कि "भारत में जो विदेशी फर्में मज़बूती से जमी हुई हैं, और जिन्हें देशी बाज़ार का अधिकांश भाग (लायन्स शेयर) प्राप्त है, उनसे देश के अन्दर होड़ करने में विशुद्ध भारतीय फर्मों को नुकसान में रहना पड़ता

है।" (भूपेश गुप्त : उप० लेख)। बेंगाल चेम्बर्स के अनुसार ऐसी वस्तुओं के आयात में सुविधाएँ दी गई हैं जो भारत में बनती हैं जैसे काँच का सामान, पेन्सिलें, ओयल प्रेशर लैम्प, रेफ्रीजिरेटर, सड़कों पर प्रकाश की सामग्री, स्विच, फ्यूज़ आदि। इससे भारतीय उद्योग-धन्धों को भारी हानि उठानी पड़ती है। इसी तरह साबुन के कारोबार में लगभग ७० फीसदी बाज़ार लेवर ब्रदर्स नाम की ब्रिटिश फर्म के हाथ में है जिससे भारतीय साबुन के धन्धों को हानि उठानी पड़ती है। १९४९ में अखिल भारतीय साबुन-उत्पादक संघ ने सरकार के प्रति विरोध प्रकट किया था कि दक्षिण भारत में एक विदेशी फर्म को साबुन बनाने के लिए लाइसेन्स दिया जा रहा था। सरकार पर ऐसे विरोधों का विशेष प्रभाव पड़ता नहीं दिखाई देता।

बम्बई के इंडियन मर्चेन्ट्स चेम्बर के सभापति श्री प्राणलाल देवकरन नानजी ने १९५२ में अपने भाषण में कहा था, "पिछले दिनों विदेशी फर्मों ने ऐसी रोज़मर्रा के काम की चीजों की पैदावार बढ़ाई है जिनके उत्पादन में विशेष कौशल की जरूरत नहीं है और जिनको बनाने में भारतीय फर्मों ने अपना काम बढ़ाया है और काफी प्रगति की है। विदेशी फर्मों ने इतना प्रसार किया है कि उस तरह के कारोबार में देशी फर्मों की भावी योजनाएँ ही संकट में नहीं पड़ गईं बल्कि उनकी पैदावार का मौजूदा स्तर और उत्पादन-सामर्थ्य भी संकट में है। भविष्य के प्रति शंकित होने के कारण बहुत-से धंधों में विदेशी होड़ बढ़ती देखकर उनके मालिकों ने अपना कारोबार और अपने अधिकार अपने विदेशी प्रतिद्वन्द्वियों के हाथ बेच दिये हैं।"। (न्यू एज, २ नवम्बर १९५२ में उद्धृत)। गांधी जी ने स्वदेशी के लिए आन्दोलन किया, हजारों आदमियों ने दमन का सामना किया और स्वाधीन भारत में विदेशी होड़ के कारण देशी कारोबार के विदेशियों के हाथ बिकने की नौबत आ रही है।

बंगाल के इंजीनियरिंग उद्योग-धंधों पर निर्णायक प्रभुत्व अँग्रेजी पूंजी का है। बैंक और बीमे के कारोबार पर बंगाल में अँग्रेजी पूंजी हावी है। अँग्रेज बैंक जहाँ भारी मुनाफा कमा रहे हैं, वहाँ १९४७ के बाद पच्छिमी बंगाल के ८३ बैंक दिवालिया हो चुके हैं। (भूपेश गुप्ता : उप० लेख)।

इससे स्पष्ट है कि भारत में विदेशी पूंजी के आयात पर रोक लगाये बिना और जो पूंजी लगी है उसके राष्ट्रीयकरण के बिना भारत का पूर्ण औद्योगिक विकास सम्भव नहीं है। समाजवादी विकास दरकिनार, पूंजीवादी विकास भी इन शर्तों के पूरी हुए बिना कठिन है। भारतीय कम्युनिस्ट पार्टी ने बार-बार ब्रिटिश पूंजी के राष्ट्रीयकरण की माँग रखी है लेकिन केन्द्रीय शासन उसे अन-सुनी करके टालता आया है। भारतीय पूंजीपति जब विदेशी पूंजी पर रोक

लगाने की माँग करते हैं, तब भी कांग्रेसी शासन अपनी नीति बदलने को तैयार नहीं होता। अभी १० मई १९५६ को बंगाल में इण्डियन चेम्बर्स ऑफ कामर्स की नयी इमारत का उद्घाटन करते हुए केन्द्रीय मंत्री श्री टी० टी० कृष्णमाचारी ने कहा कि विदेशी पूंजी की आमद की आलोचना करने से पहले याद रखना चाहिए कि जिन क्षेत्रों में भारतीय पूंजी नहीं लगाई जाती, उनमें एक हद तक विदेशी पूंजी अवश्य आयेगी।

विदेशी पूंजी की होड़ के सामने जहाँ देशी पूंजी ठहर नहीं पाती, वहाँ केंद्रीय मंत्री दोष भारतीय पूंजी को देते हैं, न कि विदेशी पूंजी और अपनी नीति को। राष्ट्रीयता और समाजवाद की सरस चर्चा की आड़ में भारत का केन्द्रीय शासन भारतीय पूंजीपतियों के मुकाबले में विदेशी पूंजीपतियों को सुविधाएँ देता है, विदेशी पूंजी का राष्ट्रीयकरण तो दूर, वह उसके प्रसार पर भी रोक लगाने को तैयार नहीं है। विदेशी पूंजी के शोषण और प्रसार की रक्षा करना भी केन्द्रीय शासन की अन्तरराष्ट्रीयता का एक पहलू है।

विदेश से भारत के व्यापार पर भी अँग्रेजों का प्रभुत्व है। डॉ० आर० ऐल० वार्ष्णेय के अनुसार ब्रिटेन से मशीन आदि के कुल निर्यात का १५ फीसदी अंश भारत आता है और 'भारत के बाजार में अँग्रेजों के पैर मज़बूती से जमे हुए हैं।" (डॉ० वार्ष्णेय : इण्डियाज़ फौरेन ट्रेड, १९५४, पृ० १०५-१०७)। देश के नव-निर्माण के लिए अपने प्रस्तावों में कम्युनिस्ट पार्टी ने कहा था, "हमारे वैदेशिक व्यापार पर ब्रिटिश इजारेदारों का कब्जा है, इसलिए वह साम्राज्य-वादी विश्व बाजार में, मुख्यतः ब्रिटिश और अमरीकी बाज़ार में सीमित है। इस स्थिति को दूर करने के लिए भारतीय कम्युनिस्ट पार्टी ने यह प्रस्ताव रखा था कि वैदेशिक व्यापार पर राज्यगत इजारा कायम किया जाय। (न्यू एज, १७ जुलाई १९५५)।

इस बीच भारत में अमरीकी पूंजी की आमद भी बढ़ी है। रिज़र्व बैंक ऑफ इण्डिया की बुलेटिन (नवम्बर १९५५) के अनुसार १९४७ से १९५३ तक भारत में लगाई हुई अमरीकी पूंजी १३ करोड़ रुपये बढ़ी है। यह पूंजी अधिकतर व्यापार के क्षेत्र में लगाई गई है। डॉ० वार्ष्णेय के अनुसार अमरीका ने भारत से व्यापार में युद्ध-पूर्व से अपनी स्थिति सुधार ली है और इंगलैंड के बाद हमारे आयात-निर्यात व्यापार में अमरीका का नम्बर है। (उपर्युक्त पुस्तक, पृ० १२५)। अँग्रेजों के हर प्रभाव-क्षेत्र में अमरीका प्रवेश कर रहा है। भारत में भी वह क्रमशः प्रवेश करने की कोशिश कर रहा है। यह दूसरा खतरा है जिससे भारतीय जनता को सावधान रहना है।

ऊपर के विवेचन से यह निष्कर्ष निकलता है कि स्वाधीन भारत में ब्रिटिश

इजारेदारों का मुनाफा कम नहीं हुआ, और बढ़ा है। विदेशी पूंजी पर प्रतिबन्ध और उसका राष्ट्रीयकरण तथा वैदेशिक व्यापार पर राज्यगत इजारा न केवल जन-साधारण के हित में है वरन् भारतीय पूंजीपतियों के हित में भी है।

विदेशी पूंजी के शोषण का यह अर्थ नहीं है कि युद्धोत्तर काल में भारतीय पूंजीवाद ने प्रगति नहीं की। पूंजी का केन्द्रीकरण भारत में भी हो रहा है। डॉ० एम० एम० मेहता ने भारतीय पूंजीपतियों के बारे में लिखा है, "लाभदायी वैदेशिक व्यापार से उन्होंने जो बेहिसाब मुनाफा कमाया है, वह सब अपने कारोबारों को बढ़ाने और नये कारोबार कायम करने के लिए उन्होंने लगाया है।" (जे० के० रिव्यू, जनवरी, फरवरी १९५२)। भारत में भी पूँजीपति अपने संघ बनाने लगे हैं। इसमें मैनेजिंग एजेन्सी वाली व्यवस्था सहायक होती है। डॉ० मेहता के अनुसार जूट, कागज, सीमेंट और चाय के मैनेजिंग एजेन्टों ने कोयले की ज़रूरत पूरी करने के लिए अपनी खानें चालू की हैं और कच्चा माल ढोने और तैयार माल भेजने के लिए जहाज़ों की कम्पनियाँ खोली हैं। डालमिया जैन गुट के नियंत्रण में ४५ औद्योगिक कारोबार हैं, जे० के० गुट के नियंत्रण में ४२, थापर गुट के नियंत्रण में ३२ और बिड़ला गुट के नियंत्रण में २४ औद्योगिक कारोबार हैं। अनेक मैनेजिंग एजेन्सियाँ कई तरह के औद्योगिक कारोबारों में पूंजी लगाती हैं, उनका प्रबंध करती हैं और उन्हें अपने नियंत्रण में रखती हैं। डॉ० मेहता ने ऐण्ड्रीव यूल एण्ड कंपनी की मिसाल दी है जिसके प्रबन्ध में १० जूट की और १७ चाय की कम्पनियाँ, दस कोयले की खानें, एक शक्कर मिल, एक कागज की मिल, दो बिजली की, दो इंजिनियरिंग की सौर छह विविध कम्पनियाँ हैं। इसी तरह मैक्लिऔड्स के पास जूट, चाय, इंजिनियरिंग, यातायात आदि की कम्पनियों का प्रबन्ध है। जुग्गीलाल कमलापति और डालमिया जैन के लिए डॉ० मेहता का कहना है कि आटा, साबुन और तेल की मिलों से लेकर इंजिनियरिंग और रासायनिक कारोबार तक हर तरह के उद्योग उनके नियंत्रण में हैं। उनके हाथ में सूती, जूट और ऊन की मिलें, बीमा कम्पनियाँ, इंजिनियरिंग और रासायनिक कारखाने और बैंक हैं। डालमिया के एक कारोबार रोहतास इण्डस्ट्रीज के अन्तर्गत एक सीमेंट का कारखाना, एक शक्कर मिल, एक कागज का कारखाना, एक वनस्पति तेल की मिल आदि-आदि धंधे हैं।

भारत के पूंजीपतियों में विवाह-सम्बन्ध भी आर्थिक महत्त्व रखते हैं और उन्हें संघबद्ध करने में मदद देते हैं। जनवरी, फरवरी १९५२ की जे० के० रिव्यू में ऐसे ही दो विवाहों का सचित्र समाचार छपा है जिससे कि सिंघानिया-मोदी और सिंघानिया रुइया-परिवार परस्पर सम्बद्ध हुए हैं। सिंघानिया खानदान के बारे में लिखा है, "जे० के० की फर्म सर्वोच्च औद्योगिक संघों में से है जो

औद्योगिक कार्यवाही के हर क्षेत्र में सक्रिय है।" रुइया परिवार बैंकपति, सूती व्यापारी, कपड़े के आयात-निर्यात का व्यापारी आदि है। विवाह के औद्योगिक महत्त्व के बारे में लिखा है, "तीन उदीयमान घराने विवाह के पवित्र बंधन में बँधे हैं, इसलिए इस घटना से औद्योगिक जीवन को अवश्य ही नयी प्रेरणा मिलेगी।" इससे एक ओर तो यह मालूम होता है कि विवाह के पवित्र बंधन का उपयोग मुनाफे की बढ़ती के लिए किस तरह हो सकता है, दूसरी ओर यह कि भारतीय पूंजीपति किस तरह संघबद्धता की ओर बढ़ते हुए देश के आर्थिक जीवन पर हावी होते जा रहे हैं।

बड़े पूंजीपतियों ने अनेक धन्धों में अपना कारबार ही नहीं बढ़ाया, कुछ विशेष धन्धों में मिलकर इजारा भी कायम किया है। १९३६ में ११ सीमेंट कम्पनियों ने स्वेच्छा से अपना कारबार बन्द करके एसोशियेटेड सीमेंट कम्पनी लिमिटेड बनाई। भारत और पाकिस्तान में सीमेंट के जो २५ कारखानें हैं, उनमें १५ पर इस कम्पनी का नियन्त्रण है। लोहे और इस्पात के धन्धों में ९० फीसदी से ऊपर की उत्पादन-सामर्थ्य पर मार्टिन बर्न एण्ड कम्पनी तथा टाटा इन्डस्ट्रीज लिमिटेड का नियन्त्रण है। माचिसों के धन्धे पर स्वीडिश ट्रस्ट का लगभग इजारा है। डॉ० मेहता का कहना है कि "टाटा, बिड़ला, डालमिया और सिंघानिया अब विशाल ट्रस्टों के रूप में विकसित हो रहे हैं और देश की उत्पादन-सामर्थ्य का काफी हिस्सा इनके निर्देश और नियन्त्रण में है।"

१९५४ में व्यक्तिगत पूंजी लगाने के बारे में जिस श्रोफ कमेटी ने रिपोर्ट दी थी और जिसे केन्द्रीय शासन ने काफी महत्त्व दिया था, उसके सदस्य भारत के बड़े-बड़े इजारेदार थे। इनके बारे में पी० राममूर्ति ने लिखा था, "यह याद रखना चाहिए कि ये बड़े-बड़े बैंकपति बड़े उद्योगपति भी हैं—वास्तव में वे भारत के देशी-विदेशी उच्चतम इजारेदार-गुटों के प्रतिनिधि हैं।"(न्यू एज, ३१ अक्तूबर १९५४)। अन्य देशों की तरह भारत में भी औद्योगिक और बैंक-पूंजी का गठ-बन्धन बढ़ रहा है जो इजारेदार पूंजीवाद की एक विशेषता है।

भारत में देशी-विदेशी पूंजी के अन्तर्विरोध के साथ इजारेदार और गैर-इजारेदार पूंजी का अन्तर्विरोध भी बढ़ रहा है। इस विरोध के प्रकट होने का एक रूप भाषावार प्रान्तों के निर्माण का आन्दोलन है जिसका सबसे ज्यादा विरोध इजारेदार गुट करते हैं। इन इजारेदार गुटों के उद्योगधन्धों का राष्ट्रीय-करण देश के हित में होगा, उससे गैर-इजारेदार पूंजीपतियों का हित भी होगा। भारत के आर्थिक विकास की यह मांग है कि विदेशी पूंजी और इजारेदार गुटों के कारबार के राष्ट्रीयकरण के लिए ज़ोरदार आन्दोलन हो जिसमें जनता के सभी हिस्से—गैर-इजारेदार पूंजीपति भी—शामिल हों। इस राष्ट्रीयकरण से

मज़दूरों की हालत सुधरेगी और जो मुनाफा इजारेदारों को मिलता है, उसे देश के उद्योगीकरण में लगाया जा सकेगा।

१९५१ से १९५४ तक भारत की औद्योगिक पैदावार ३७ फीसदी और खेती की पैदावार १५ फीसदी बढ़ी है (रजनी पाम दत्त, न्यू एज, ११ सितम्बर १९५५)। लेकिन इससे जनता की हालत में ३७ या १५ फीसदी सुधार नहीं हुआ। उत्पादन के बढ़ने से बड़े पूँजीपतियों और व्यापारियों ने लाभ उठाया है। शासनतन्त्र के अन्दर जो भ्रष्टाचार फैला हुआ है, वह सरकारी रिपोर्टों से ही प्रकट है। शासन-तन्त्र कुछ लोगों के हर तरह से मुनाफा कमाने का साधन बन गया है। इस बीच जहाँ पैदावार बढ़ी है, वहाँ १९५४ में कारखानों में काम करने वालों की संख्या ५०,००० कम हो गई है (पी० राममूर्ति, न्यू एज, २३ जनवरी १९५५)। पैदावार बढ़ती है, मुनाफ़ा बढ़ता है और मज़दूरों में बेकारी भी बढ़ती है। सरकार ने कपास के दाम कम किए—जिससे किसान घाटे में रहा—और निर्यात-कर हटा दिया जिससे बाहर कपड़ा भेजकर देशी पूँजीपतियों ने खूब पैसा कमाया (उप०)। जुलाई १९४८ में इन्डस्ट्रियल फिनान्स कौर्पोरेशन कायम किया गया जिससे उद्योग-धन्धों को उधार पूँजी दी जा सके। इसकी पाँच करोड़ की पूँजी में सरकार और रिजर्व बैंक ने एक करोड़ दिया। इससे जिन पूँजीपतियों को उधार रकमें दी गई हैं, वे वही हैं जो कॉर्पोरेशन के सदस्य हैं। बेंगाल पौट्रीज़ को बीस लाख और जे इंजिनियरिंग वर्क्स को २६ लाख रुपये उधार दिये गये और इनके मालिक सर श्री राम हैं जो कौर्पोरेशन के सभापति हैं। (ज्ञान विकास मित्र, न्यू एज, १४ दिसम्बर १९५२)। इस तरह राज्यसत्ता कुछ पूँजीपतियों के मुनाफा कमाने का साधन बन जाती है। फलतः कुछ पूँजीपतियों द्वारा शासन की सहायता से मुनाफेखोरी का विरोध हुआ है और इस विरोध का बढ़ना भी अनिवार्य है। यदि केन्द्र और प्रान्तों में ऐसा शासन हो जो इस तरह पूँजीपतियों के मुनाफा कमाने में सहायता न दे तो देश के उद्योगीकरण में और जल्दी प्रगति हो सकती है।

भारत में बड़े उद्योगधन्धों की कमी है; मशीन बनाने वाले कारखाने हमारे यहाँ नहीं हैं। इनके बिना औद्योगिक दृष्टि से देश पिछड़ा रहेगा। इनके निर्माण के दो रास्ते हैं—एक पूंजीवादी, दूसरा समाजवादी। पूँजीवादी रास्ते से जनता पर कर बढ़ते हैं, देश के धन और श्रम से कुछ पूँजीपति मुनाफा कमाते हैं; समाजवादी रास्ते से जनता की हालत सुधरती है, पूँजीपतियों का मुनाफा उद्योगीकरण में लगता है और उसकी रफ्तार तेज होती है। इसमें सन्देह नहीं कि आगे-पीछे भारतीय जनता इस दूसरे रास्ते को ही अपनायेगी। समाजवाद की विचारधारा की लोकप्रियता देश में बढ़ रही है। जनता में एका हो तो वह इस

नए मार्ग पर बढ़ सकती है। विदेशी पूंजी और इजारेदार गुटों के धन्धों का राष्ट्रीयकरण, गैर-इजारेदार पूंजीपतियों के धन्धों की रक्षा और क्रमशः राज्य-गत पूँजीवाद द्वारा उनका समाजवाद की ओर संक्रमण—भारतीय जनता का हित इस मार्ग का अनुसरण करने में दिखाई देता है।

जहाँ तक खेती का सम्बन्ध है, शासन ने एक हद तक सामन्ती अवशेष खत्म किये हैं। भूमि-सुधारों के बारे में कृषि-सम्बन्धी जाँच कमेटी का कहना है, "जमींदारी और जागीरदारी व्यवस्था खत्म करने से किसानों का सीधा सम्बन्ध राज्य से हो गया है लेकिन आसामियों या खेत मजदूरों की हालत इस कानून से आमतौर पर नहीं बदली।" (ऐग्रीकल्चरल वेजेज़ इन इण्डिया, १९५२, खण्ड १, पृ० २६)। एक ओर तो सामन्ती अवशेष पूरी तरह खत्म नहीं हुए, दूसरी ओर जहाँ खत्म हुए हैं, वहाँ गरीब किसानों और खेत मजदूरों की हालत नहीं सुधरी। इसीलिए विनोबा जी भूदान-आन्दोलन में लगे हुए हैं। इस कार्य में भी उन्हें काँग्रेसी मन्त्रियों से सहायता नहीं मिलती। उन्होंने श्री ऐन०आर० मल्कानी से कहा था, "आप काँग्रेस की बात करते हैं। आप जानते है कि आपके कुछ सर्वश्रेष्ठ मुख्यमन्त्री भूदान के बारे में क्या सोचते हैं? 'क' राज्य के मुख्य मंत्री को लीजिए। वे इसमें विश्वास नहीं करते कि गरीब से ही लेकर गरीब को दिया जाय। जिसे वह जीविकोपार्जन योग्य जमीन (इकॉनॉमिक होल्डिंग) कहते हैं, वह गरीबों के पास हो जाय, इसके लिए वह गरीबों को और जमीन देना चाहते हैं और बेज़मीनों के लिए कुछ और धन्धे तलाश करना चाहते हैं। 'ख' राज्य के मुख्य मन्त्री को लीजिए। वह न 'सीलिंग' में विश्वास करते हैं, न 'फ्लोरिंग' और 'होल्डिंग' में [अर्थात् किसी के पास अधिकतम ज़मीन कितनी हो, जीविकोपार्जन-योग्य जमीन कितनी समझी जाय, इन झंझटों से उन्हें काम नहीं]। 'ग' के मुख्य मन्त्री को भूदान से बड़ी सहानुभूति है लेकिन वे भी रुकते हुए उसका समर्थन करते हैं। ये आपके सर्वश्रेष्ठ हैं और ऐसे भी बहुत नहीं हैं।' (हिन्दुस्तान टाइम्स, १४ मार्च १९५६)। इससे स्पष्ट है कि अधिकांश बड़े काँग्रेसी नेताओं को भूमि-वितरण से दिलचस्पी नहीं है।

भारत के कुछ विशेष भागों में खेत मज़दूरों की संख्या बढ़ रही है। सरकारी जाँच के अनुसार दक्षिण भारत के कुल किसान-परिवारों में आधे से अधिक खेत मज़दूरों के हैं। (ऐग्रीकल्चरल लेबर एंक्वयरी, रिपोर्ट ऑन इन्टेन्सिव सर्वे ऑव ऐग्रीकल्चरल लेबर, १९५४, पृ० १९)। पूर्वी भारत में एक तिहाई किसान परिवार खेत-मज़दूरों के हैं। (उप० पृ० २०)। अखिल भारतीय पैमाने पर एक खेत-मज़दूर की सालाना औसत आमदनी ४४७ रु० है और उसका सालाना औसत खर्च ४६८ रुपये है। इस खर्च का ८५.३ फीसदी भाग केवल खाने प

खर्च होता है, बाकी कपड़े-लत्ते, ब्याह-शादी आदि पर (उप० १६१)। इससे स्पष्ट है कि खेती में कितना गहरा संकट है। दक्षिण भारत की आधी किसान-आबादी और पूर्वी भारत की एक तिहाई किसान-आबादी सरकारी तौर पर खाने-पहनने के न्यूनतम साधन नहीं जुटा पाती। इसके साथ शहरों में बनने वाले माल की महँगाई, करों में वृद्धि, कर्ज और बेगार का अब भी बना रहना, बेदखलों का संकट आदि-ऐसी व्याधियां हैं जिनसे अन्य किसानों की हालत भी अच्छी नहीं है। दिसम्बर १९५१ में जो अखिल भारतीय आर्थिक सम्मेलन हुआ था, उसमें बिहार सरकार के आर्थिक और आँकड़ों के विभाग के निर्देशक ऐस० आर० बोस ने कहा था कि खेती की उपज का भाव चढ़ने से बड़े काश्तकारों को ही फायदा हुआ है जो परिवार की आवश्यकताओं के अलावा उत्पादन करते थे। मुद्राप्रसार से बड़े काश्तकारों में धन का केन्द्रीकरण हुआ था। (जे० के रिव्यू—जनवरी-फरवरी १९५२)। डॉ० आर० वी० राव ने उस सम्मेलन में कहा था कि जमीन पर जोतने वाले का अधिकार होना चाहिए और "खेती की जमीन का फिर से बंटवारा भी नितान्त आवश्यक है।" (उप०)

जमीन का फिर से बँटवारा, अधिकतम भूमि की मात्रा का निश्चित करना, सामन्ती अवशेषों का पूरी तरह खातमा, कर्ज और बेगार से मुक्ति, राज्य की ओर से कर्ज और बीज आदि की सहायता, लगान और सिंचाई आदि के करों आदि में कमी—इन सुधारों से किसानों को तात्कालिक सुविधाएँ मिलेंगी। उद्योगीकरण के विकास के साथ वे भी सहयोग-संस्थाओं में संगठित होकर क्रमशः सामूहिक खेती की ओर संक्रमण कर सकेंगे। भारतीय किसानों की दशा में बुनियादी सुधार तभी हो सकता है जब छोटे पैमाने का उत्पादन छोड़कर वे बड़े पैमाने की सामूहिक खेती की ओर बढ़ें। उस मंजिल तक बढ़ने के लिए उपर्युक्त सुधार तुरन्त आवश्यक हैं जिनके लिए किसान आन्दोलन भी कर रहे हैं। इस प्रकार क्रमशः समाजवादी निर्माण के मार्ग पर बढ़कर भारतीय जनता अपना उद्धार कर सकती है और एक सुखी, समृद्ध और सुसंस्कृत जीवन का निर्माण कर सकती है।

●●●